Figures de la rupture,
figures de la continuité
chez les Anciens

Figures de la rupture, figures de la continuité chez les Anciens

Conférences du P.A.R.S.A.
(Pôle Alpin de Recherches sur les Sociétés Anciennes)

MSH-Alpes
25-26 avril 2002

sous la directionde Marie-Laurence Desclos

Sandrine Alexandre
Anna Beltrametti
Marie-Laure Binzoni
Sandra Boehringer
David Bouvier
Catherine Darbo-Peschanski
Marie-Laurence Desclos
Annick Jaulin
Isabelle Milliat-Pilot
Claude Mosse
Martin Steinrück

RECHERCHES SUR LA PHILOSOPHIE ET LE LANGAGE
N° 27 – 2011

Université Pierre Mendès France, Département de Philosophie
1251 Avenue Centrale, BP 47, 38040 Grenoble cedex 9

Imprimé en France

ISSN 0754-331X
ISBN 978-2-7116-8402-1

Avant-Propos

Marie-Laurence DESCLOS

Continuer : ne pas interrompre. Mais aussi prolonger. Continuité : ce qui est d'une seule tenue, comme la continuité des parties; mais également : répétition incessante, enchaînement. Rompre : mettre en fragments, détruire. Mais aussi faire cesser. Rupture : solution de continuité; mais également : division, séparation. Reste à savoir si la rupture est toujours déchirure ou désunion, et si toujours la continuité s'oppose à la séparation qui divise. Un « essaim » de questions devrait nous permettre de mieux cerner la manière dont rupture et continuité travaillent les textes que nous lisons. Que s'agit-il de ne pas « interrompre »? Un discours? Une succession? Une lignée? Sera-ce par le silence, l'imitation, la réitération? Ou par d'autres moyens qui tiennent davantage à ce qui ne se dit ni ne se voit, mais qui, sous-jacent à ce qui est lu ou entendu, assure la permanence et l'identité qui permettent la variation et le changement, sorte de hupokeímenon textuel? « Prolonger », n'est-ce pas avant tout marquer l'écart, assumer l'opposition? Enchaîner, n'est-ce pas d'abord penser la différence et non pas uniquement la ressemblance? Mais, si le choix est fait de la rupture, avec quoi faut-il rompre? Selon quelles modalités, quelles nécessités, quelles stratégies? Et, surtout, à quelles fins, dans quels buts, pour quels motifs? En d'autres termes, quelles sont les figures de la rupture et de la continuité chez les Anciens? On donnera ici au mot « figure » l'acception qui est la sienne dans la physique des cristaux. Le concept de « figures » y désigne, en effet, les dessins géométriques qui apparaissent sur certaines surfaces cristallisées, du fait même du processus de cristallisation, après qu'on les a polies et attaquées avec de l'acide. Rapprochement insolite, sauf à considérer que c'est précisément ce à quoi vont se livrer les différents articles réunis dans ce volume : faire apparaître, grâce à un traitement adéquat, la manière dont rupture et continuité, du fait même du processus de textualisation, se dessinent différemment à la surface des textes épiques

(D. Bouvier, C. Darbo-Peschanski), méliques (S. Boehringer et J.J. Winkler) ou tragiques (M.-L. Desclos), historiographiques (C. Mossé), biographiques (M. Steinrück) ou philosophiques (S. Alexandre, M.-L. Binzoni, A. Jaulin, I. Milliat).

Une telle entreprise, cependant, ne prend sens qu'adossée à une réflexion sur les relations, complexes, qui unissent les Modernes à « leurs » anciens (A. Beltrametti)[1]. Pour s'en persuader, il convient de relire ces lignes du deuxième tome des Mémoires de Pierre Vidal-Naquet, auquel ce recueil est dédié : « il me reste à répondre à une question que le lecteur doit inévitablement se poser. Y a-t-il un rapport entre mon activité d'historien de la Grèce et mon activité publique, voire politique? Ma réponse est un oui, nuancé comme il se doit. Assurément, je me suis arc-bouté sur la Grèce, dès 1951, pour éviter de tomber dans le piège de l'immédiateté. [...] Je suis autant qu'un autre conscient de la différence énorme qui sépare la démocratie athénienne, directe, écartant femmes, étrangers et esclaves, de la nôtre qui est représentative. Il n'empêche, les mots ont leur importance, et celui de démocratie a eu une sacrée postérité. Loin de quitter le contemporain, j'acquérais sur lui un regard sans doute distancié, mais, je l'espère, lucide »[2]. Peut-on suivre? Peut-on rompre? Nourrissons l'espoir que les pages qui suivent permettront au lecteur d'acquérir à son tour ce regard distancié et lucide sur notre présent.

1. Je fais ici allusion au titre de l'ouvrage publié sous la direction de B. Cassin, *Nos Grecs et leurs modernes*, Paris, Seuil, 1992.

2. P. Vidal-Naquet, *Mémoires 2 – Le trouble et la mémoire (1955-1998)*, Paris, Seuil-La Découverte, 1998, p. 239-240.

*Ruptures et continuités généalogiques dans l'*Iliade *:*
le parthénios entre temps des dieux et temps des hommes

David Bouvier

Tradition poétique et continuité culturelle

Commençons par un détour avant d'en venir à une question plus précise. Difficile d'évoquer le problème de la rupture et de la continuité à propos d'un poème comme l'*Iliade* sans rappeler cette donnée de base : la langue des poèmes homériques est une langue traditionnelle qui n'a pu se développer qu'au fil des siècles. Aucun aède n'a pu inventer à lui seul et en une seule fois une technique poétique aussi complexe et sophistiquée[1]. Ce qui revient à dire que la langue homérique suppose une évolution sur plusieurs générations. Tant sur le plan rythmique que sur le plan syntaxique, elle apparaît comme une adaptation progressive de la langue à une exigence de mémoire. Il est alors tentant de considérer la dimension traditionnelle de la poésie homérique comme une réponse particulière à un besoin plus général de continuité culturelle dans une société par ailleurs soumise à d'importantes et constantes transformations politiques et sociales. Soit! Mais quelle forme de continuité une société gagne-t-elle quand elle perpétue un patrimoine poétique traditionnel? On sait que l'époque héroïque se referme sur elle-même. La poésie qui traverse les siècles évoque paradoxalement un jadis clos sur lui-même. Pour le dire autrement, les aèdes ne travaillent pas à construire une conscience de la continuité historique. Mis à part la tradition, qu'est-ce que les aèdes contribuent à continuer quand ils chantent, en l'adaptant, l'histoire d'un passé qui est toujours celui des mêmes héros?

1. M. Constat de Parry, *L'épithète traditionnelle dans Homère. Essai sur un problème de style homérique*, Paris, Les Belles Lettres, 1928, p. 21 : « Il est évident qu'un seul poète n'aurait jamais pu créer toute cette série de formules ».

Essayons de poser la question sous un autre angle et en examinant le point de vue du public. La poésie des aèdes a traversé les âges parce qu'il y avait, de génération en génération, un public prêt à l'entendre et la réentendre[2]. Aux lignées d'aèdes qui se sont transmis un même art et un même savoir répondent des générations d'auditeurs qui se sont succédées dans l'écoute toujours reprise d'une même histoire partagée. Le savoir collectif se construit ici à travers le temps comme à travers l'espace. Je prendrai l'exemple d'un tableau classique dans un musée prestigieux; le sujet du tableau peut être indifférent; devant lui, à des époques différentes, un aïeul, un père et un fils sont venus, tour à tour, regarder le même tableau. Certes le tableau est un objet culturel partagé mais il est aussi l'objet d'un rituel de visite qui voit se dérouler l'incessant cordon des visiteurs. En Grèce archaïque, le musée n'existe pas et la circulation des objets de mémoire ne passe pas encore par les lieux de consécration[3]. Mais la foule assemblée autour de l'aède marque un lieu de mémoire. Un aïeul, un père et un fils sont, tour à tour, venus s'asseoir autour d'un aède qui chantait le passé des héros.

Travaillant beaucoup sur les conditions des performances poétiques, posant la question d'une récitation intégrale ou partielle, s'interrogeant sur la durée de ces récitations ou improvisations[4], les homéristes ont, en revanche, négligé une donnée qui me semble essentielle, dans la perspective du moins d'une étude de psychologie de la réception : celle du sentiment d'un temps transcendé que la récitation d'une poésie de toujours pouvait offrir aux auditeurs. Lorsqu'il écoutait l'aède, le public grec du VIe siècle savait qu'il entendait une poésie qui, malgré sa constante évolution, avait traversé les âges; il savait que, par son écoute et à travers elle, il venait s'inscrire dans une temporalité particulière où chaque nouvelle performance reproduisait l'autre et où chaque nouvelle génération se confondait, dans l'écoute répétée, avec les précédentes qui, comme elle et avant elle, avaient entendu ces chants. L'écoute de la poésie des aèdes installait l'auditeur dans le temps particulier de la succession des générations

2. Je n'envisage pas ici la question de la constante métamorphose de ce patrimoine traditionnel, réadapté à chaque performance. Il me suffit de considérer qu'il était perçu comme une histoire de toujours. Sur ce type de rapport au passé comme forme de conscience historique, *cf.* mes remarques dans D. Bouvier, « Memoria epica e memoria storica in Grecia antica », dans G. Cajani et D. Lanza (éds.), *L'antico degli antichi*, Palermo, Palumbo, 2002, p. 31-61.

3. Voir mes remarques dans « Reliques héroïques en Grèce ancienne : l'exemple de la lance d'Achille », dans P. Borgeaud et Y. Volokhine (éds.), *Les objets de la mémoire. Pour une approche comparatiste des reliques et de leur culte*, Berne-Berlin, Peter Lang, 2005, p. 73-93.

4. Voir, par exemple, J.A. Notopoulos, « Studies in Early Greek Oral Poetry », *Harvard Studies in Classical Philology* 68, 1964, p. 12 *sq.*

d'auditeurs : elle faisait de lui le maillon nouveau d'une chaîne toujours à rallonger.

La transmission continue du patrimoine autorise-t-elle alors à supposer un autre lien, une autre continuité, celle d'un temps de l'écoute qui remonterait jusqu'à l'âge héroïque pour descendre jusqu'aux hommes d'aujourd'hui[5]? Y a-t-il une chance que cette succession puisse franchir ainsi le fossé de la distance épique[6]? Ou la poésie homérique ne fait-elle que dire la fin du temps héroïque? J'examinerai un aspect plus particulier de cette question qui restera cependant ouverte. Entre le temps du poème, le temps transcendé de l'écoute répétée et le temps privé de l'auditeur, quels liens un poème comme l'*Iliade* contribue-t-il, ou non, à tisser, notamment par l'usage des généalogies?

Temps des héros et temps des hommes

Pour ouvrir l'enquête, rappelons que, dans l'Iliade, il est au moins un héros qui songe à confronter sa propre lignée généalogique avec ce cycle bien plus long d'un temps humain rythmé par le renouvellement des générations. La scène est connue, elle se trouve au chant VI. Sur le champ de bataille, Diomède s'apprête à affronter un héros qu'il n'a encore jamais vu. Reconnaissant le courage de son adversaire, il l'interroge pour savoir s'il n'est pas un immortel venu se battre parmi les hommes : question judicieuse puisque Diomède vient à deux fois, avec la complicité d'Athéna, de s'en prendre à des divinités et qu'il sait le danger encouru dans un tel défi[7]. Glaucos répond :

> Noble cœur, fils de Tydée, pourquoi m'interroger sur mon origine? Comme naissent les feuilles, ainsi naissent les hommes. Les feuilles, les

5. Question sans issue qui revient à s'interroger sur la date finalement inexistante d'une première performance! Au moins, signalera-t-on que l'*Odyssée* rapporte des récits et des chants jadis entendus par Ulysse et les Phéaciens comme aujourd'hui par l'auditeur de l'*Odyssée*. Mais ici importerait-il de travailler sur la distinction entre récit intégré et récit perpétué.

6. Pour une autre manière de mettre en cause le célèbre acquis de la distance épique, *cf.* la provocante formule de M. Detienne, *Comparer l'incomparable*, Paris, Seuil, 2000, p. 75 : « Un obstacle à penser le passé comme autre chose que le présent : Homère ». Sur la position de Detienne, voir les réflexions de F. Hartog, *Régimes d'historicité : présentisme et expériences du temps*, Paris, Seuil, 2003, p. 53-75 qui distingue un point de vue *iliadique* et un point de vue *odysséen*.

7. *Il.* VI 129, V 330-351 et 792-867; pour l'avertissement de ne pas attaquer une divinité, *Il.* V 405-409, 444-453, 819-821. Je reprends partie des remarques qui suivent dans une étude à paraître, « Glaucos ou l'identité complexe d'un Lycien dans l'*Iliade* ».

> unes, le vent les disperse sur la terre, mais la forêt qui refleurit en fait naître d'autres quand revient la saison du printemps. Ainsi, chez les hommes, une génération naît quand une autre s'éteint. (*Il.* VI 145-149; sauf mention particulière, je traduis)

Le contraste est frappant. À Diomède qui s'inquiétait de savoir s'il n'était pas un immortel, Glaucos donne une réponse qui semble refermer les généalogies humaines sur leur propre cycle. Ne pouvait-il pas, pour impressionner son adversaire, faire remonter sa généalogie à quelque dieu? Tant d'autres héros iliadiques le peuvent et le font[8]. Mais poursuivons. Aussitôt évoqué ce cycle sans fin des générations où toute identité individuelle semble vouée à se dissoudre dans la succession de l'espèce – puisque à chaque fois il est un homme pour succéder à un autre – Glaucos n'en continue pas moins son discours en énumérant les héros dont il est issu. Le passage est connu; c'est l'une des plus longues généalogies de l'Iliade. Évoquant Ephyre (plus connue sous le nom de Corinthe), Glaucos rappelle:

> Là vivait Sisyphe qui était le plus astucieux des hommes, Sisyphe fils d'Eole. Celui-ci eut pour fils Glaucos [le vieux], et Glaucos, à son tour, eut pour fils Bellérophon sans reproche à qui les dieux octroyèrent ensemble la beauté et le charme de la force. (*Il.* VI 153-157)

Jusqu'ici Glaucos déroule sa généalogie sans citer de dieux et en ne nommant que des hommes, comme si les femmes pouvaient être oubliées. Par elles, il aurait pu cependant remonter à un dieu, mais gardons ce point pour plus tard[9]. Nommant Bellérophon, Glaucos ouvre une digression pour raconter l'histoire de cet aïeul courtisé par Antéia, l'épouse de Prœtos. Victime des calomnies de cette reine qu'il a repoussée, Bellérophon est envoyé par Prœtos en Lycie, chez un souverain qui reste sans nom et qui n'est autre que le père d'Antéia[10]. Porteur d'un message codé, rédigé par Prœtos et qui ordonne sa mise à mort, Bellérophon est accueilli par le souverain lycien qui lui impose bientôt, pour ne pas le tuer directement,

8. Par exemple, *Il.* XX 206-209 et 215, XXI 157-160 et 188-191.

9. Puisque, selon une tradition ancienne et largement répandue (cf. *Catalogue des femmes*, fr. 43 75-82 MW examiné *infra*), Bellérophon a pour père Poséidon. Le personnage de Glaucos a fait l'objet d'une étude approfondie de M. Corsano, *Glaukos. Miti greci di personnagi omonimi*, Pisa, Ateneo, 1992, en particulier p. 53-65; voir aussi p. 41 où elle envisage la présence de Sisyphe à Ephyre. Remarquons, sans que l'on puisse ici en tirer argument, que Glaucos fait remonter sa généalogie à Eole, connu comme l'ancêtre éponyme des Eoliens.

10. L'*Iliade* n'explicite pas la nature de la relation entre Prœtos et Bellérophon, *cf.* Apollodore, II 3 1.

une série d'épreuves insurmontables : tuer la Chimère invincible, vaincre les fameux Solymes, massacrer les Amazones. À chaque fois, Bellérophon l'emporte et revient vivant. Le souverain lycien organise une dernière embuscade qui échoue avant de se rendre à l'évidence : en Bellérophon, il reconnaît, souligne Glaucos, « le noble descendant d'un dieu : θεοῦ γόνον ἠΰν »[11]; il lui donne sa seconde fille en mariage et lui accorde aussi la moitié des honneurs royaux. Sans préciser le nom de cette fille épousée par son grand-père, Glaucos poursuit son récit en ajoutant qu'elle eut trois enfants, deux garçons, Isandre et son propre père Hippoloque, et une fille, Laodamie, séduite par Zeus, une union dont est né Sarpédon, cousin de Glaucos[12].

Il n'est pas indifférent – et on peut le relever tout de suite – que la seule femme nommée dans la généalogie de Glaucos soit une héroïne séduite par un dieu. Mais à cette exception près, cette généalogie qui énumère six générations reste une lignée exclusivement masculine. Dans l'*Iliade*, le héros se pense et se définit par rapport à ses ancêtres masculins : rien de plus logique et de plus significatif alors que la recommandation paternelle sur laquelle Glaucos conclut sa généalogie : « être, à son tour, toujours le meilleur et surpasser les autres pour ne pas déshonorer la lignée de ses pères (γένος πατέρων) »[13]. Glaucos s'établit définitivement dans le temps humain, il le fait de façon excessive, en oubliant de situer dans sa généalogie cet ancêtre divin qu'il évoque pourtant lorsqu'il rappelle que le roi de Lycie avait reconnu son ancêtre Bellérophon comme le « descendant d'un dieu ». Pourquoi omettre ce dieu dans la généalogie déroulée? Glaucos a-t-il quelque chose à cacher? La parfaite continuité de la lignée patrilinéaire cache-t-elle un secret?

Autre question : quel rapport Glaucos établit-il entre les cinq ancêtres qu'il vient de nommer et cette roue des générations humaines à laquelle il a d'abord fait allusion et qui semble pouvoir tourner sans fin, à l'image de la forêt qui reverdit à chaque nouveau printemps? Car un héros peut mourir dans un duel, une génération entière être balayée par une guerre, mais la race des hommes continue de se reproduire. Que valent cinq générations de héros glorieux ou une lignée particulière dans ce cycle plus vaste qui garantit la reproduction constante de la race des hommes? La métaphore de Glaucos dissout les limites de l'âge héroïque pour placer tous les hommes sous le règne de la même loi temporelle. Peut-on pour

11. *Il.* VI 191.

12. *Il.* VI 198-199.

13. *Il.* VI 208-209 : αἰὲν ἀριστεύειν καὶ ὑπείροχον ἔμμεναι ἄλλων, μηδὲ γένος πατέρων αἰσχυνέμεν...

autant songer à une chaîne de générations qui irait du passé au présent, partant des hommes d'autrefois pour descendre jusqu'aux hommes d'aujourd'hui[14]? Entre le *temps raconté*, interne au récit, et le *temps de la performance*, dans lequel le récit prend place, la distance épique, si souvent invoquée pour isoler l'âge des héros, n'en serait pas moins une distance franchissable. Exemple de Glaucos à l'appui, je peux reformuler ma question initiale : entre le temps des dieux, l'âge des héros et le cycle des générations humaines qui inclut l'auditeur de l'aède, quels liens un poème comme l'*Iliade*, issu d'une tradition séculaire et objet d'une écoute répétée, contribue-t-il à tisser?

L'autre généalogie de Glaucos

Dans une étude attentive à l'emboîtement des différents niveaux discursifs de notre épisode, attentive aussi à la transformation des données traditionnelles en fonction d'un contexte énonciatif (en l'occurrence, interne au poème), C. Calame a posé la question de ce qu'il appelle la dimension pragmatique du récit épique. La façon particulière dont Glaucos relate, avec ses silences et ses distorsions, sa généalogie, obéit pour C. Calame à une finalité ou une intention directement liée à la situation d'énonciation, celle immédiate de l'épisode et celle plus large de l'intrigue qui traverse tout le poème : « Les réorientations du récit de Bellérophon trouvent ainsi leur justification dans une narration mise au service d'un duel verbal marqué par la morale héroïque et aristocratique de l'*Iliade* »[15].

14. Certes, la distance qui sépare l'époque des héros de l'âge des hommes est relevée dans plus d'un passage de l'*Iliade*, mais distance ne signifie pas coupure (cf. *Il.* V 302-304, XII 383, 449, XX 287). Remarquons par exemple comment, en *Il.* I 271-272, Nestor rappelle avoir mené des combats « qu'aucun des mortels d'aujourd'hui (οἳ νῦν βροτοί) » ne pourrait mener (voir aussi *Od.* VIII 221-223). C'est bien parce qu'il s'agit toujours d'une même race humaine que la comparaison entre les générations est intéressante. On prendra donc garde à ne pas projeter dans l'*Iliade*, la conception hésiodique d'une succession des races correspondant à des âges radicalement distincts et coupés les uns des autres : ainsi la quatrième race, celle des héros, aussi appelés demi-dieux, qui appartient, pour Hésiode, à un âge révolu, sans continuité génétique avec l'humanité actuelle (*cf.* Hésiode, *Travaux et les jours,* 156-166 et le commentaire de J.-C. Carrière, « Le mythe prométhéen, le mythe des races et l'émergence de la Cité-Etat », dans F. Blaise, P. Judet de La Combe et P. Rousseau (éds.), *Le métier du mythe*, Lille, Septentrion, 1996, p. 411.

15. C. Calame, *Poétique des mythes dans la Grèce antique*, Paris, Hachette, 2000, p. 86. *Cf.* aussi les remarques de J. Bollack, *La Grèce de personne*, Paris, Seuil, 1997, p. 172-175 qui aborde le traitement de l'histoire de Bellérophon par Pindare, *Olympique* 13, 63-92 et *Isthmique* 7, 42-48.

C'est un point de vue complémentaire qui m'intéresse ici. Si le discours de Glaucos et la manière dont il évoque son passé familial sont déterminés par le contexte de son face à face avec Diomède et par l'idéologie aristocratique, l'épisode offre aussi un modèle de construction ou de perception du temps qui renvoie au contexte d'énonciation externe, puisque chaque auditeur de l'*Iliade* appartient à ce cycle des générations humaines évoqué par Glaucos. Glaucos honore la lignée de ses ancêtres autant qu'il la remet en question : l'oubli de l'ancêtre divin dans une généalogie uniquement humaine et, qui plus est, annoncée par l'image du cycle sans fin des générations mortelles, contrevient à la prétention des familles aristocratiques qui se reconnaissent un ancêtre divin.

On va le vérifier : la lignée ancestrale déroulée par Glaucos sélectionne dans le passé du héros un cheminement généalogique particulier et déterminé par différents facteurs qui relèvent autant du contexte énonciatif interne (Glaucos face à Diomède) que d'une remise en question du temps épique lui-même dans son rapport au temps de la performance[16]. Tout ce qui, dans l'intrigue de l'*Iliade*, touche aux généalogies ou aux cycles des générations ne peut qu'affecter un public qui s'inscrit, par son écoute, dans une lignée ou succession d'auditeurs. La distance épique a trop souvent été invoquée pour occulter la continuité dont le chant lui-même se fait pourtant le relais. Si les hommes d'aujourd'hui ne sont plus aussi forts que les héros d'hier, leur mémoire n'en est pas moins l'héritière directe d'une histoire qui s'est transmise de pères en fils. Glaucos est dans l'*Iliade* le héros qui évoque le cycle ininterrompu de la succession des générations, lui qui par ailleurs manipule sa généalogie personnelle, en ignorant la branche qui pouvait l'attacher à un dieu. Intéressons-nous de plus près à cette manipulation!

C'est une chance, on possède pour Glaucos les fragments d'une autre épopée qui évoquait elle aussi, dans une tradition très différente, sa généalogie[17]. Il s'agit du *Catalogue des femmes* (ou *Ehée*; ci-après indiqué *Catalogue*) attribué à Hésiode. Peut-être composé pour faire suite à la *Théogonie*[18], le *Catalogue* évoque une série de généalogies héroïques issues

16. Très rapidement, « subrepticement », C. Calame, (*Poétique des mythes…, op. cit.*, p. 87) envisage aussi le passage d'une pragmatique interne à une pragmatique extra-discursive en soulignant à ce propos l'attention qu'il convient de prêter aux exigences du genre.

17. Contrairement à ce qu'affirme G.S. Kirk, *The* Iliad. *A commentary. Vol. II, Books 5-8*, Cambridge, Cambridge UP, 1990, p. 178 : « Nothing else is known of Bellerophon's father Glaukos, great-grandfather of the speaker ». Outre le témoignage du *Catalogue*, il importe de signaler la tradition corinthienne représentée notamment par Eumèle de Corinthe, voir la reconstitution de M. Corsano, *Glaukos…, op. cit.*, p. 37 *sq.*

18. Pourquoi pas? C'est du moins l'hypothèse de M.L. West, *The Hesiodic Catalogue of Women*, Oxford, Clarendon Press, p. 2.

d'amours entre un dieu et une mortelle[19]. À l'opposé du récit généalogique de Glaucos dans l'*Iliade*, le *Catalogue* énumère des généalogies, certes patrilinéaires, mais en donnant au récit la structure paradoxale d'un catalogue de femmes séduites par des dieux et mères de héros fondateurs de lignées[20]. Si ces généalogies ne descendent pas jusqu'aux générations contemporaines, elles renvoient cependant à des données ethniques en articulant le temps des héros au temps des dieux par l'intermédiaire de figures féminines. C'est en effet l'ensemble du monde grec qui est structuré par ces généalogies qui retrouvent les origines des différents peuples de la Grèce. Pas de premier homme au singulier mais un catalogue de femmes engendrant des premiers hommes, ancêtres éponymes.

Retraçant, dans sa première partie, les généalogies des trois fils d'Hellen : Dôros, Xouthos et Eole, et privilégiant en particulier la lignée des Eolides, le *Catalogue* confirme-t-il la généalogie que Glaucos se reconnaît dans l'*Iliade*? Dans les années 1940, Pierre Jouguet[21] retrouvait et achetait chez un marchand du Caire un long fragment qui a considérablement enrichi la reconstitution du *Catalogue* et qui contient précisément la mention des quatre premières générations évoquées par le Glaucos de l'*Iliade* : Éole, Sisyphe, Glaucos (l'ancien) et Bellérophon. Mais si la série des ancêtres paternels est la même, une surprise de taille nous attend : là où le héros de l'*Iliade* évoquait une lignée entièrement construite sur une continuité qui donnait à chaque père un fils, sans nommer de femmes, le *Catalogue* évoque de son côté une lignée paternelle interdite de descendance naturelle et où la continuité est rétablie, à deux reprises, par des unions extérieures. Glaucos l'ancien se retrouve deux fois père putatif. Une première fois :

> [Sisyphe] était le premier des hommes pour son intelligence et ses ruses, mais il ne connaissait pas le dessein de Zeus qui tient l'égide : la race (γένος) des Olympiens n'accorderait pas à Glaucos de laisser, issue de Mestra, une descendance (σπέρμα) parmi les hommes. Celle-ci Poséidon qui secoue la terre la fit sienne, l'emportant loin de son père, sur la mer vineuse, jusqu'à Cos baignée des eaux, et cela bien qu'elle fût fort habile. (fr. 43 51-57 MW)

De cette union avec le dieu naquit Eurypyle, lui-même père de deux fils qui périront à la guerre malgré leur force. Le poète du *Catalogue*

19. Relative à la thématique rupture/continuité qui nous occupe ici, *cf.* la remarque de M.L. West, *ibid.*, p. 46 : « In listing a woman's children he keeps sons and daughters separate, at least to the extent of not naming children of different sexes in the same line ».

20. Hésiode, *Catalogue*, fr. 1 15 *sq.* MW.

21. J. Schwartz, *Pseudo-Hesiodea. Recherches sur la composition, la diffusion et la disparition ancienne d'œuvres attribuées à Hésiode*, Leiden, Brill, 1960, p. 5.

revient alors à Sisyphe et à Glaucos pour évoquer une deuxième tentative de mariage, elle aussi infructueuse avec une descendante de Pandion, très certainement la fille de Nisus, mais l'état du fragment ne permet pas de lire le nom[22]:

> Sisyphe l'Eolide éprouva sa volonté en apportant des bœufs, mais il ignorait l'intention de Zeus qui tient l'égide. Sur le conseil d'Athéna, apportant des dons, il vint la demander comme femme [pour Glaucos]. Mais Zeus, assembleur de nuées, d'un signe de sa tête immortelle, refusa qu'il y ait à l'avenir une lignée du fils de Sisyphe. Celle-ci, embrassée par Poséidon s'unit à lui et enfanta dans la demeure Bellérophon sans reproche. (fr. 43 75-82 MW)[23]

Eole, Sisyphe, Glaucos, Bellérophon...Le *Catalogue* ne contredit pas la généalogie que se donne Glaucos dans l'*Iliade* mais il nous informe – et l'information n'est pas moindre – qu'à deux reprises Zeus aurait refusé une descendance à Glaucos (l'ancien). Bellérophon ne serait que son fils putatif. Pour s'être intéressée longuement à la figure de Glaucos et de ses homonymes, Marinella Corsano a pu démontrer, en se référant à la tradition corinthienne également, que la « negazione della paternità » est un thème récurrent de la légende attachée à Glaucos l'ancien[24]. Le verdict est clair : dans le *Catalogue* par deux fois – et une aurait suffit – Zeus refuse que se perpétue une lignée qui remonterait à Glaucos l'ancien et à Sisyphe, cette lignée même que le Glaucos de l'*Iliade* revendique dans un épisode qui semble essentiel pour penser le cycle plus large de la succession des générations. La continuité qui va des pères aux fils serait moins parfaite que le héros de l'*Iliade* ne le prétend. L'écart entre ces deux versions ne semble pas avoir autrement intéressé les homéristes. Il est pourtant extrêmement suggestif. En fait, Glaucos le jeune aurait pour grand-père naturel le dieu Poséidon et non pas Glaucos l'ancien qui n'est que le père putatif. Voilà retrouvée *l'origine divine* que le roi de Lycie avait, dans l'épisode iliadique, reconnue à Bellérophon et que Glaucos avait indiquée au passage de façon fort allusive.

Mon but n'est pas ici de postuler un lien quelconque entre l'*Iliade* et le *Catalogue*, mais on sait que le *Catalogue* utilise des données anciennes et

22. D'après Hygin et la *Bibliothèque* d'Apollodore, on peut rétablir qu'il s'agissait d'Eurynomé ou d'Eurymèdé, réputée pour ses talents et sa beauté; voir Hygin, *Fables*, 157 et, pour Eurymèdé, Apollodore, I 85; *cf.* aussi M.L. West, *The Hesiodic Catalog...*, *op. cit.*, p. 69.

23. Je suis ici le texte établi par Merkelbach et West et adopte leurs propositions pour rétablir les lacunes dont la reconstitution ne pose pas de difficultés majeures; au vers 82, je suis la proposition de Rzach qui reconstitue ἐνὶ μεγάροις τέκ. Voir aussi, J. Schwartz, *Pseudo-Hesiodea...*, *op. cit.*, p. 277.

24. M. Corsano, *Glaukos...*, *op. cit.*, p. 79.

on peut très raisonnablement supposer l'ancienneté de la tradition dont le *Catalogue* se fait l'écho à propos de la généalogie de Glaucos. La question se pose légitimement de savoir pourquoi le Glaucos de l'*Iliade* se prive de mentionner Poséidon parmi ses ancêtres[25], alors même que sa remarque sur l'admiration du roi de Lycie devant l'origine divine de Bellérophon laisse clairement entendre qu'il la connaissait. À l'évidence, il préfère une généalogie uniquement humaine et patrilinéaire à une autre qui révélerait sa rupture, mais qui, passant par une femme, remonterait à un dieu[26]. Veut-il masquer le fait que Glaucos (l'ancien) puisse n'être qu'un ancêtre putatif et son fils un bâtard divin? Le *Catalogue* et l'*Iliade* ont deux manières distinctes de décliner les générations héroïques : deux conceptions du temps héroïques sont ici en cause.

Mais relevons une autre distorsion, tout aussi intéressante, et suggérée par l'analyse du *mariage en gendre* telle que la conduit Claudine Leduc[27]. Après les exploits de Bellérophon, le roi de Lycie[28] le retient chez lui en lui offrant sa fille et la moitié des honneurs royaux, tandis que les Lyciens lui attribuent un lot de terre royal. Dans ce type de mariage, le gendre occupe une place qui fait de lui un frère de son beau-père, tandis que l'enfant né de cette union appartient à la maison de son grand-père paternel dont il perpétue la lignée. La difficulté est que, dans notre texte, Glaucos le jeune décline sa généalogie en remontant clairement à ses ancêtres paternels et en ignorant le lien qui le rattache, par le mariage en gendre de Bellérophon, à la maison du roi de Lycie dont il omet de signaler jusqu'au nom. Ironie peut-être délibérée, mais de cette lignée lycienne qui accueille Bellérophon, Glaucos ne livre qu'un nom : celui d'Antéia, la première fille du souverain donnée en mariage à Prœtos et donc attachée à une autre maison. Pourtant, avec son cousin Sarpédon – auquel il est dans l'*Iliade* fréquemment associé – Glaucos est bien l'un des guides des Lyciens.

25. C'est aussi, dans l'étude déjà mentionnée, la question que se pose C. Calame, *Poétique des mythes…*, *op. cit.*, p. 72 (voir la note 4 pour l'histoire de cette question) et 86. Son analyse s'intéresse plus encore au silence de Glaucos sur les circonstances de la mort de son ancêtre Bellérophon. Reprenant une formule de Diomède qui évoquait le sort de Lycurgue, Glaucos parle de la haine des dieux contre un Bellérophon cheminant dans la plaine d'Errance; mais, relève C. Calame, il ne dit rien sur le cheval Pégase ni sur la démesure de Bellérophon voulant se rendre dans l'Olympe : Glaucos ne retient de son aïeul que la bravoure guerrière dont il se veut l'héritier.

26. Remarquons qu'il en va de même chez Pausanias (II 4 3) et Apollodore (I 9 3 et II 3 1) qui semblent reprendre les indications généalogiques fournies par l'*Iliade*.

27. C. Leduc., « Comment la donner en mariage? La mariée en pays grec », dans P. Schmitt-Pantel (éd.), *Histoire des femmes en Occident. L'antiquité*, vol. 1, Paris, Plon, 1991, p. 259-316, notamment p. 274-277.

28. Identifié comme Iobatès par Leduc mais rappelons que le texte homérique ne donne aucun nom.

C. Leduc a justement souligné, par ailleurs, que Glaucos le jeune porte un nom qui continue de l'associer à sa maison d'origine[29]. Partagé entre un père géniteur (Bellérophon) et un père nourricier (le roi lycien qui est son grand-père maternel), Glaucos est-il autorisé à privilégier la lignée des ancêtres paternels quand matériellement il perpétue la maison de Lycie? Du moins, on ne s'étonnera pas que, face au redoutable Diomède qui a dès ses premiers mots mis en doute les qualités héroïques d'un rival encore inconnu sur le champ de bataille, Glaucos ait préféré se souvenir d'une généalogie qui le fait achéen plutôt que lycien et qui lui permet de souligner la valeur d'ancêtres dont il veut se réclamer. Rien là de surprenant si l'on pense qu'il a intérêt à éviter le combat[30].

Finalement, Glaucos est habile à tenir un double discours. La généalogie qu'il déroule évoque une succession patrilinéaire constitutive du temps des hommes; elle oublie l'interdiction de descendance dont Glaucos l'ancien a été frappé par Zeus; elle oublie le mariage en gendre de Bellérophon qui le rattache à la Lycie, mais elle sait rappeler les exploits de ce dernier et suggérer, au moins, son origine divine. Certes, Glaucos adapte le récit de sa famille à sa situation. Mais en quoi, était-il vraiment contraint de taire la double paternité de son ancêtre Bellérophon? Rappelons que la double paternité, divine et humaine, est l'un des fondements du temps épique qui conjugue temps des hommes et temps des dieux. Pour prouver son origine corinthienne, il suffisait à Glaucos de remonter à Bellérophon et rien alors n'empêchait de rappeler que cet aïeul était fils naturel d'un dieu. Ce n'est peut-être pas une coïncidence si Glaucos, oublieux de son ancêtre divin, est aussi le héros qui a rappelé le cycle continu des générations : Glaucos un héros d'une continuité reconstruite! Un héros propre à suggérer un lien entre le temps des héros et celui des hommes d'aujourd'hui, au détriment d'un ancêtre divin, évoqué au passage, mais soigneusement omis dans la généalogie déroulée.

La généalogie de Sarpédon

On peut ici opposer la généalogie patrilinéaire et exclusivement humaine déroulée par Glaucos à celle de son cousin Sarpédon. Dans l'*Iliade*, Sarpédon est régulièrement désigné comme un fils de Zeus.

29. C. Leduc, « Comment le donner en mariage... », art. cit., p. 277. Voir aussi C. Leduc, « L'adoption dans la cité des Athéniens, VIe siècle-IVe siècle av. J.-C. », *Pallas* 48, 1998, p. 175-202, notamment p. 198.

30. Sur la stratégie rhétorique du discours de Glaucos, *cf.* C. Calame, *Poétique des mythes...*, *op. cit.*, p. 83 qui met en évidence la réorientation de la geste de Bellérophon selon l'idéologie iliadique.

Sarpédon a-t-il seulement un père putatif humain? Il se souvient d'avoir laissé sa femme et ses enfants en Lycie; sur le champ de bataille, il est connu, défié et provoqué comme le héros qui se prétend fils de Zeus; à Glaucos, Sarpédon aime à rappeler comment en Lycie tous deux sont regardés comme des dieux[31]. D'un père humain de Sarpédon, l'*Iliade* ne dit rien. Certes, sur le champ de bataille, il est un ennemi, Tlépolème, rien moins que le fils d'Héraclès, petit-fils de Zeus, pour insinuer la supercherie :

> Sarpédon! [...] On ment, quand on te dit (φασι) descendant de Zeus porte-égide. Tu es trop au-dessous de ces fameux héros qui naquirent de Zeus au temps des anciens hommes. Ils étaient, eux, pareils à ce qu'était, dit-on (φασι), mon père à moi, le puissant Héraclès, aux desseins hardis, au cœur de lion. (*Il.* V 633-639; trad. Mazon)

Après le propos de Tlépolème, le poète enchaîne : « Sarpédon, chef des Lyciens, alors le regarde et dit »; mais Sarpédon répond sans faire la moindre allusion à sa généalogie. Le doute doit-il s'installer sur l'origine de Sarpédon? Ce serait ignorer que l'épisode est annoncé comme l'affrontement « du fils et du petit-fils de Zeus » et que par la suite Sarpédon sera à nouveau désigné comme le fils de Zeus[32]. Sans doute, Tlépolème estime-t-il révolue la génération où l'on pouvait naître de Zeus. Il a ses raisons pour le faire. Petit-fils de Zeus, il ne peut que jalouser un héros plus proche encore du premier des dieux. Entre les deux descendants de Zeus, le duel ne permet de départager personne : chaque héros a blessé l'autre.

Sarpédon et Glaucos, deux cousins, dont les généalogies s'opposent pourtant : l'une, celle de Sarpédon, qui ne mentionne qu'un père divin, l'autre, celle de Glaucos, qui remonte une lignée exclusivement humaine. À Sarpédon trop silencieux sur son éventuel père humain s'oppose Glaucos trop allusif sur son ancêtre divin. L'articulation du temps divin et du temps humain obéit-elle à des règles généalogiques précises? Entre temps des hommes et temps des dieux, quelle forme de continuité les généalogies héroïques de l'*Iliade* entendent-elles suggérer? Les exemples de Glaucos et de Sarpédon apportent deux réponses différentes. C'est ici le thème de la paternité dédoublée, divine et humaine, qui est abordé. Une double paternité, je l'ai dit, qui est l'un des fondements du temps

31. *Il.* V 480, 635, XII 292, 312. Ajoutons qu'en Lycie, il revient aux *kasignêtoi* et aux *étai* de Sarpédon de lui donner une tombe : donc à des *parents* désignés par des termes qui ont une valeur générique et englobante; sur ces termes, *cf.* E. Scheid-Tissinier, « Laos et dèmos, le peuple de l'épopée », *Antiquité Classique* 71, 2002, p. 1-26. En revanche, un historien comme Diodore n'hésite pas à resituer Sarpédon dans une lignée humaine en lui donnant comme père putatif Evandre (V 79).

32. *Il.* V 631, 683, XII 292, XV 67 et XVI 522.

héroïque. J'en complèterai ici l'étude par l'examen d'un passage étonnant, mais peu étudié, de l'*Iliade* où l'on découvre l'unique attestation homérique du terme *parthénios* : une figure qui nous invitera à repenser le statut de Sarpédon.

STATUT DU *PARTHENIOS* DANS LA POÉSIE HOMÉRIQUE

Les poèmes homériques contiennent une occurrence unique d'un terme essentiel pour notre propos et qui, malgré l'unicité de son emploi, désigne un statut plus fréquent qu'il n'y paraît dans les généalogies héroïques[33] : le *parthénios* (παρθένιος), enfant mâle né d'une jeune fille non mariée. Dans une société, où l'on est nécessairement défini par ses ancêtres paternels, le *parthénios*, fils de fille, est par définition une *figure de l'oxymore*[34]. Remarquons, par ailleurs, que dans l'*Iliade* les exemples de *parthénioi* sont toujours des enfants issus d'un dieu et d'une mortelle : seuls les dieux donnent des enfants (et ce sont des garçons) aux filles non mariées[35]. Même si cela reste implicite, Sarpédon semble bien être dans l'*Iliade*, en tant que fils privé d'un père mortel, un *parthénios*.

Le sort du *parthénios* iliadique aurait d'ailleurs pu passer inaperçu s'il n'était, dans l'*Iliade*, un singulier passage où, déroulant le catalogue des chefs myrmidons qui suivent Patrocle, l'aède ne mentionnait à la suite, l'un explicite, l'autre implicite, deux exemples de *parthénioi*. Au chant XVI, Achille poursuit sa grève guerrière mais il a désormais accepté de prêter ses armes à Patrocle pour le laisser marcher à la tête des Myrmidons et repousser l'assaut des Troyens. Suit, selon l'usage épique, le catalogue des chefs myrmidons qui accompagnent Patrocle et qui sont au nombre de cinq[36] : un catalogue rapide mais riches en données. Je ne m'intéresserai ici qu'aux deux premières figures de ce catalogue qui semblent répéter un même scénario.

> 1er chef de file : Ménesthios, fils de Polydore
> Ménesthios à la cuirasse étincelante était le chef de la première file, fils de Spercheios, le fleuve tombé du ciel ; c'était la fille de Pélée, la belle

33. Voir cependant le cas du fleuve Parthenion en *Il.* II 854.

34. Pour reprendre une formule que me souffle Catherine Darbo-Peschanski.

35. *Cf.* aussi *Il.* II 514 (noble vierge, Astyochée est mentionnée pour avoir été séduite par Arès qui lui a donné deux enfants). Pour une approche de la figure du bâtard dans la poésie homérique, *cf.* D. Bouvier, *Le sceptre et la lyre. L'*Iliade *ou les héros de la mémoire*, Grenoble, Jérôme Millon, 2002, p. 318-320.

36. Le chiffre concorde avec la donnée de cinquante vaisseaux conduits à Troie par Achille en *Il.* II 685. Pour une autre formation en cinq corps, cf. *Il.* XII 86 *sq.*

Polydore, qui l'avait enfanté au Spercheios infatigable, mortelle partageant la couche d'un dieu. Mais nominalement (ἐπίκλησιν), c'était à Bôros, fils de Périère, qu'elle avait donné ce fils, parce qu'il l'avait épousée publiquement, après avoir donné pour elle des présents infinis. (*Il.* XVI 168-178)

2e chef de file : Eudore fils de Polymèle
Le fort Eudore commandait la deuxième file, *fils d'une jeune fille* (παρθένιος); celle qui lui avait donné le jour était une fille du chœur, la belle Polymèle, fille de Phylas. Le puissant Tueur d'Argos en tomba amoureux dès qu'il la vit, de ses yeux, au milieu de ses compagnes qui chantaient dans le chœur d'Artémis à l'arc d'or et à la voix retentissante. Vite, montant dans la chambre haute, Hermès le Bienfaisant s'étendit furtivement auprès d'elle et lui donna un fils resplendissant, Eudore, prompt à la course comme à la bataille. Lorsque Ilithye, qui aide à l'accouchement douloureux, porta ce fils à la lumière, dès que ses yeux s'ouvrirent aux rayons du soleil, le fils d'Actor, Echéclès à la fougue puissante la conduisit à sa demeure, après avoir donné pour elle des présents innombrables. Le vieux Phylas nourrit et éleva soigneusement l'enfant, l'aimant comme s'il était son propre fils. (*Il.* XVI 179-192)

En fait, ce catalogue constitue un document privilégié (et inexploité) sur le fonctionnement de la mémoire de l'aède. Le fait n'a pas échappé aux commentateurs du passage. Ménesthios, Eudore et Pisandre, les trois héros qui prennent le commandement des trois premières lignes des Myrmidons, ne se retrouvent nulle part ailleurs ni dans l'*Iliade* ni dans l'ensemble de la poésie archaïque; ils n'existent que dans ce catalogue, inventés et aussitôt oubliés[37]. Richard Janko fait ici une suggestion séduisante : Achille refusant toujours de se battre et Patrocle occupant une place nouvelle, l'aède se trouverait dans l'obligation de remanier le catalogue « traditionnel » des chefs myrmidons pour remplacer les figures d'Achille et de Patrocle : « In fact this catalogue is a well-disguised remodelling of a standard Myrmidon muster-list headed by Achilles and his erstwhile kinsman Patroklos »[38]. Un constat que je partage pour y adjoindre une question que je laisserai ouverte : pourquoi, au moment de remplir

37. C'est également le cas du chef de la troisième ligne : Pisandre; en revanche, Phoinix et Alcimédon sont deux figures bien connues; pour Phoinix : *Il.* IX 168, 430 *sq.*, XXIII 359-361; pour Alcimédon : XVI 466-506. (à noter le parallélisme des vers XVI 179 et 193). Parmi les autres figures, observons que plusieurs ont un lien avec Achille. Polydore (qui n'est mentionnée qu'ici dans les poèmes homériques) est-elle, en tant que fille d Pélée, la sœur d'Achille? Le point est l'objet d'un débat chez les commentateurs antiques déjà, *cf.* A. Severyns, *Le cycle épique dans l'école d'Aristarque*, Paris-Liège, Vaillant-Carmanne-Champion, 1919, p. 250-251.

38. R. Janko, *The Iliad: a Commentary, Books 13-16*, vol. IV, Cambridge, Cambridge UP, 1992, p. 339.

les places libérées par Achille et Patrocle, l'aède songe-t-il à des figures de *parthénioi*? En quoi Achille ou Patrocle peuvent-ils, l'un ou l'autre, voire tous deux, être concernés par cette thématique?

Mais, je m'en tiens ici aux données qui m'intéressent directement. Entre Ménesthios et Eudore, les deux premiers chefs de file, ce sont d'abord les parallèles qui frappent : ils ont en commun d'être nés des amours d'un dieu et d'une jeune fille. Dans les deux cas, la paternité du dieu se trouve ensuite dédoublée par une paternité mortelle; dans les deux cas, le prétendant mortel se révèle prêt à payer une dot importante pour pouvoir épouser une fille-mère et faire sien son enfant. Le parallélisme thématique est prolongé par la ressemblance des deux mères qui semblent constituer une paire de doublets : toutes deux sont qualifiées par l'adjectif « jolie » (καλή) et leurs noms, Polydore (Πολυδώρη) et Polymèle (Πολυμήλη), tout à la fois synonymes, de même valeur métrique et formés avec le même premier élément, renforcent l'allusion au motif de la richesse et de la dot : Polydore est « celle qui a beaucoup à donner » ou mieux encore « pour laquelle on donne beaucoup », Polymèle « celle qui a de nombreux troupeaux » ou mieux « qui en vaut beaucoup ». Notons, à ce propos, l'écho des vers 178 (ὅς ῥς ἀναφανδὸν ὄπυιε πορὼν ἀπερείσια ἔεδνα) et 190 (ἠγάγετο πρὸς δώματ, ἔπει πόρε μυρία ἔεδνα) qui insistent symétriquement sur l'importance de la dot offerte pour la jeune fille et qui glosent le nom des deux jeunes filles épousées[39]. Enfin la richesse de la dot est encore soulignée par le nom du fils de Polymèle : Eudore « celui qui donne bien » ou « qui mérite de beaux dons », un nom qui, en renvoyant aussi bien à celui de sa mère, Polymèle, qu'à celui de Polydore, contribue à renforcer le parallélisme des deux passages.

Mais examinons aussi les différences. Dans le cas de Ménesthios, sa mère, Polydore, devient l'épouse de Bôros qui la prend publiquement pour femme. Pourquoi offre-t-il une dot si riche pour obtenir une fille mère? Une explication s'impose même si le texte homérique reste silencieux sur ce point. Le héros homérique aspire, par définition, à avoir des descendants mâles qui hériteront de ses biens et de son nom. Bôros est à l'évidence un héros sans descendant mâle prêt à payer une riche dot pour obtenir à la fois épouse et fils. Faut-il soupçonner une possible stérilité de Bôros? C'est une thématique que l'*Iliade* tend à refouler mais qui mérite-

39. On pourrait aller plus loin et examiner des parallélismes plus cachés comme celui qui voit Pélée et Actor, respectivement père d'Achille et grand-père de Patrocle, occuper des places symétriques : Pélée est père de Polydore, tandis qu'Actor est père d'Echéclos, qui, dans le deuxième groupe, épouse Polymèle. Mais, l'analyse est vite compliquée par des confusions qui remontent aux mythographes antiques dont dépendent nos sources sur la plupart de ces personnages.

rait d'être mieux analysée. On peut, par ailleurs, penser, surtout si c'est le même Pélée qui est père de Polydore et d'Achille, que Bôros a fait venir Polydore dans sa maison et que Ménesthios perpétue sa propre lignée[40]. Le dieu est le géniteur naturel, lui le père social. La conception épique est telle qu'elle autorise le dédoublement de la paternité sans contradiction lorsqu'elle associe un dieu géniteur et un père putatif mortel.

Examinons à présent le cas du second chef de file des Myrmidons : Eudore. Echéclès est-il dans une situation analogue à celle que nous avons supposée pour Bôros ? Dans son cas, il semble bien qu'il vienne de l'extérieur. Le mariage qu'il contracte avec Polymèle pourrait être un *mariage en gendre* si l'on tient compte du fait qu'il revient à Phylas, père de Polymèle, d'élever l'enfant et de le chérir comme le sien. L'éducation par le grand-père maternel est fréquente quand celui-ci n'a d'autre descendant mâle qu'un fils de sa fille[41]. Rien n'est certain bien sûr mais le *parthénios* divin apparaît ici comme la solution à une double difficulté : sans descendant mâle, Phylas se doit de trouver un gendre qui acceptera de venir dans sa maison. L'*Iliade* connaît plusieurs exemples de héros exilés qui sont ainsi en quête d'un foyer d'accueil. C'est notamment le cas de Pélée et de Phoinix, ce dernier maudit par son père qui le voue à la stérilité[42]. Qui est Echéclès fils d'Actor ? Un héros maudit par son propre père ? Voué à rester sans descendant ? Le personnage n'existe que dans ce passage. Des pistes ouvertes par R. Janko invitent à penser que le personnage a pu être inventé à partir du modèle de Patrocle, petit-fils d'Actor. Des recherches dans le vaste *corpus* de la mythologie grecque nous conduiraient à réunir des données complexes et contradictoires où il semble difficile de faire la part des contaminations et autres confusions.

Quoi qu'il en soit, et dans l'exemple de Ménesthios et dans celui d'Eudore, le *parthénios* divin apparaît comme un enfant précieux pour les lignées mortelles en mal de continuité. Il faut des bâtards divins pour recréer la continuité du temps humain. Fils d'Hermès, un dieu actif pour rétablir des continuités, Eudore, le « bien donné » est à la fois ce descendant mâle qui manquait à Phylas et ce fils qu'Echéclès, sans doute exilé, reçoit sans l'avoir procréé.

Une question encore : quelle lignée perpétuent Ménesthios et Eudore ? Tenons-nous en ici à Eudore. Imaginons un instant qu'il ait à dérouler sa généalogie. Le fera-t-il en suivant la lignée de ses ancêtres mâles : soit

40. On peut logiquement observer que si un seul et même Pélée est père d'Achille et de Polydore, il n'a nulle raison de rechercher un gendre qui viendrait habiter chez lui.

41. J. Bremmer, « The Importance of the Maternal Uncle and Grandfather in Archaic and Classical Greece and Early Byzantium », *ZPE* 50, 1983, p. 173-186, notamment p. 176.

42. D. Bouvier, *Le sceptre et la lyre…*, *op. cit.*, p. 323-325 et 332-337.

Eudore fils d'Echéclès, petit fils d'Actor? Ou en citant le dieu : Eudore, fils d'Hermès? Ou en s'attachant à la maison de son grand-père maternel qui l'a élevé et *adopté* par le mariage en gendre d'Echéclès : Eudore, fils de Polymèle, petit fils de Phylas? Les exemples de Glaucos et de Sarpédon prouvent au moins que le choix est ouvert. L'examen des noms et de la dation du nom peut-il nous aider à préciser les choses?

Noms de *Parthenioi*

On peut rappeler l'usage, en Grèce ancienne, de nommer les enfants naturels d'après leur mère[43]. Dans un poème comme l'*Iliade*, la difficulté tient au fait que la dénomination des héros peut aussi bien refléter les pratiques sociales réelles de dation du nom que répondre à des jeux de correspondances sonores ou thématiques; parfois les deux déterminations se correspondent[44].

Dans le cas de Ménesthios, il est bien précisé que la belle Polydore, fille de Pélée, a eu son fils en partageant la couche d'un dieu mais qu'elle l'a donné *par épiclèse* (ἐπίκλησιν) à Bôros, fils de Périère. C'est ici dans la poésie homérique la seule occurrence du terme *epíklêsin* employé en ce sens. On peut risquer une interprétation d'après les autres emplois. Ailleurs, l'expression *epíklêsin kaléô* signifie *je surnomme*. Conformément aux valeurs du préverbe *épi-* en composition, on peut comprendre la dénomination par *épiclèse* comme l'attribution d'un nom supplémentaire (*je donne un nom en plus* d'où *je surnomme*)[45]. Que l'*épiclèse* puisse également être un *éponyme*, un nom motivé par une dérivation signifiante, comme c'est le cas pour Astyanax ou Alcyoné[46], ne nous surprendra guère dans un monde qui privilégie les noms parlants. Par ailleurs, J. Schwartz relève qu'après Homère l'expression *epíklêsin* a fait fortune à propos des pères putatifs de nombreux héros[47].

La question demeure entière de savoir, dans le cas de Ménesthios, ce que représente ce lien par le nom à son père putatif. Faut-il imaginer que

43. O. Masson, « La plus ancienne inscription crétoise », dans W. Meid *et alii* (éds.), *Studies in Greek Italic and Indo-European Linguistics offered to Leonard R. Palmer*, Innsbruck, Institut fur Sprachwissenschaft der Universität Innsbruck, 1976, p. 169-172 et « Quelques épitaphes grecques », *BCH* 99, 1975, p. 221, notamment note 23 qui contient quelques indications bibliographiques sur la question.

44. Voir aussi mes remarques dans D. Bouvier, *Le sceptre et la lyre...*, *op. cit.*, p. 292 et 404-406.

45. *Il.* XVIII 487, XXII 29, 506. *Cf.* aussi *Hymne homérique à Apollon*, 386.

46. Ainsi, les Troyens appellent-ils le fils d'Hector Astyanax, *par épiclèse* (ἐπίκλησιν), tandis que son père le nomme Scamandrios (*Il.* VI 402-3); pour Alcyoné, *Il.* IX 562.

47. J. Schwartz, *Pseudo-Hesiodea...*, *op. cit.*, p. 513.

tous les fils putatifs ont deux noms? Et que le père reconnaît un nouvel enfant en lui attribuant un second nom (le premier renvoyant à la mère ou au dieu géniteur)? Rien ne le prouve. Dans notre passage, le nom de Ménesthios semble directement inspiré par les sonorités du début du vers 173 : τῆς μὲν ἰῆς στιχὸς où l'on trouve dans l'ordre toutes les syllabes de *Ménesthios.* Mais on peut aussi remarquer que le nom (un hypocoristique sans doute formé à partir de μένω et ¦σθένης) évoque une *force de résistance* qui renvoie à l'épithète ἀκάμας (*infatigable*) qualifiant le Spercheios. Rien n'exclut la double motivation.

Pour notre propos, il suffit cependant de remarquer que le *surnom* du *parthénios* est justifié par le fait qu'il y a bien deux façons de le nommer. Si Ménesthios devient nominalement le fils de Bôros, petit fils de Périère, l'aède ne le désigne pas moins, d'entrée de jeu, comme Ménesthios fils de Spercheios. Voici confirmé le fait que l'aède peut nommer un héros d'après son géniteur divin, au détriment de son père humain. Souvenons-nous du problème posé par Sarpédon. La dation du nom par épiclèse signifierait ici la reconnaissance d'un enfant qui, intégré dans le temps des générations humaines, peut cependant rester, sans contradiction, le fils d'un dieu, temps divin et temps humain se croisant.

Examinons le nom du fils de Polymèle. Mis à part sa présence dans notre passage, Eudore est un personnage tout à fait inconnu et tout suggère qu'il est une création du catalogue des Myrmidons, nommé d'après la thématique du contexte. Si le nom d'Eudore (*donnant bien* ou *bien donné*) renvoie effectivement à l'identité de sa mère (Polymèle)[48], il renvoie aussi au geste de l'homme qui va devenir son père putatif et qui offre à sa mère une dot infinie. On pourrait aussi s'arrêter sur le nom d'Echéclès, que l'on peut comprendre, d'une façon au moins, comme *qui retient un renom/qui a du renom* (*cf.* ἔχω + κλέος)[49]. Echéclès serait alors le héros doté d'un renom qu'il retiendrait faute de pouvoir le transmettre ou qui attendrait de le transmettre.

La difficulté est ici encore de faire la part entre la liberté poétique et les règles qui président, dans la société archaïque, à la dation du nom d'enfants selon leur statut légal ou non. Le nom d'Eudore renvoie ici aussi

48. Comme le remarque O. Masson, « La plus ancienne inscription… », art. cit., p. 171, qui souligne l'emploi d'un métronyme pour un fils naturel. A propos du passage homérique, Masson ajoute qu'Hermès lui-même est qualifié de *Maiadeús* ou « petit de Maia » chez Hipponax, fr. 32 M. La présence d'Hermès dans ce dossier mériterait une analyse conséquente. Toute récente, l'étude de D. Jaillard, *Configurations d'Hermès. Une théogonie hermaïque*, Liège, Kernos, 2007 est particulièrement sensible au rôle de conciliateur des pôles hétérogènes que joue Hermès, rien d'étonnant à le retrouver entre continuité et rupture.

49. Sur les noms qui disent le renom, *cf.* D. Bouvier, *Le sceptre et la lyre…*, *op. cit.*, p. 365-371.

bien à la mère qu'au nouveau père, satisfaisant ainsi et la tendance de nommer un fils (adopté ou légitime) d'après son père et la pratique, notée par O. Masson, de nommer un *parthénios* d'après sa mère. Mais les choses se compliquent encore si l'on observe que le nom d'Eudore renvoie également à Hermès, son géniteur divin.

Hermès, qui joue un rôle dans la cérémonie du mariage, est ici séduit par la vierge Polymèle. Rien d'étonnant quand on sait qu'Hermès est aussi *dieu protecteur de troupeaux* (*épimelios*), chérissant entre tous, dans l'*Iliade*, le héros *polúmelos* (riche en troupeaux) et la terre de l'Arcadie, elle aussi *riche en troupeaux*[50]. Convoyeur de troupeaux, Hermès préside aux échanges qui dynamisent l'économie et dont l'apport de la dot est un aspect. Disons plus simplement qu'en s'éprenant de Polymèle Hermès est fidèle à sa fonction, il offre à la jeune fille un enfant qui lui vaudra d'être plus recherchée encore et d'attirer une dot conséquente. Eudore, synonyme potentiel de *polúmelos*, comme *Polydore* est un synonyme de *Polymèle*, est un parfait qualificatif d'Hermès.

La poésie est-elle riche de trop de suggestions? Que dire de ce nom d'Eudore qui explicite si bien la thématique du passage et qui renvoie, comme pour nous y brouiller, aussi bien à la mère, au dieu géniteur qu'au père putatif qui verse une riche dot? Simple coïncidence? Je ne le crois pas si l'on admet que le *parthénios* est bien, dans la poésie épique, une figure au carrefour de plusieurs lignées, privilégiée pour rétablir une continuité dans une lignée menacée d'extinction[51]. Figure de l'*oxymore*, le *parthénios* est moins ce *fils de fille* désigné comme tel que le héros qui pourra une fois adopté cumuler deux identités. L'examen de la figure du *parthénios*, plus complexe qu'il n'y semblait, nous conduit à un constat plus général : l'*Iliade* ne s'interdit pas de penser la double paternité d'un héros, fils de dieu et d'un mortel, sans trancher entre l'une ou l'autre. Remarque que l'on peut rapidement étayer en soulignant une série d'oscillations, non plus à propos du *parthénios*, mais à propos d'un enfant divin mis au monde par une femme déjà mariée. Au chant V de l'*Iliade*, Aphrodite parle d'Héraclès en le disant fils d'Amphitryon; tandis que Tlépolème et

50. Pour *épimelios*, *cf.* Pausanias, IX 34 3; pour le héros riche en troupeaux chéri entre tous par Hermès, cf. *Il.* XIV 490; pour l'épithète de l'Arcadie, *Hymne homérique à Hermès*, 2. Pour cet aspect d'Hermès, *cf.* J.P. Vernant, *Mythe et Pensée chez les Grecs*, Paris, Maspero, 1978, p. 156-158 et Pausanias, II 3 4.

51. Je n'envisage pas ici l'évolution du statut de *parthénios* dans la cité. Dans l'attente de reprendre ce dossier, je renvoie aux remarques essentielles de N. Loraux, *Les enfants d'Athéna, Idées athéniennes sur la citoyenneté et la division des sexes*, Paris, Maspero, 1981, p. 197-253 ainsi que, traitant aussi de notre passage, D. Ogden, *Greek bastardy in the Classical and Hellenistic Periods*, Oxford, Clarendon Press, 1996, p. 21-25.

l'aède l'évoque, un peu plus loin dans le même chant, comme le fils de Zeus[52].

Voilà qui rend plus singulier le silence gardé dans l'*Iliade* sur l'ancêtre divin de Glaucos et sur l'éventuel père mortel de Sarpédon. Pourquoi le thème de la double paternité est-il ici rejeté?

La leçon de Glaucos

Dans les deux passages examinés du fragment 43 MW du *Catalogue*, Zeus signifie clairement son refus de voir se perpétuer la lignée issue de Sisyphe. Dans l'*Iliade*, en déroulant l'une des plus longues généalogies du poème, Glaucos semble vouloir récuser cette sentence de Zeus en restaurant la continuité de la lignée humaine que le dieu voulait sans suite. Telle qu'il la déroule, sa lignée qui ignore la sanction du dieu apparaît comme un défi. Elle dit la permanence d'une lignée humaine particulière contre le vouloir du plus grand des dieux.

Le préambule de Glaucos sur le cycle continu des générations humaines trouve peut-être ici un sens. Pour Glaucos, les hommes naissent des hommes. Mais il nous faut ici revenir sur la métaphore du cycle des générations à laquelle le héros a recouru. Dans le contexte de l'épopée, une telle métaphore a quelque chose d'inquiétant. Elle efface les lignées familiales particulières au profit du seul *génos* humain. La roue des générations humaines est un cycle anonyme où l'homme perpétue l'homme sans que l'on sache qui est le fils de qui. Or la parole épique des aèdes chante le renom des héros : la façon dont tel fils perpétue l'identité de tel père. Pas plus qu'il ne saurait être une figure anonyme, un héros ne saurait ignorer le nom de ses ancêtres. Dans la roue des générations, le héros doit retrouver le cheminement qui lui permet de remonter à tel ancêtre.

En évoquant la succession tournante des générations humaines, Glaucos a sans doute gagné un modèle qui évoque la permanence de l'homme. À toute une conception épique qui aime à rappeler l'origine divine des lignées héroïques, il a préféré un modèle qui ancre sa lignée dans le temps des hommes. Dans l'*Iliade*, il fallait au moins une figure pour préférer un ancêtre humain à un ancêtre divin et nous inviter à repenser la dimension du temps épique à partir d'une manipulation

52. Comparer *Il.* V 392, 631 et 636-637; voir aussi XIV 266 où Héra le reconnaît fils de Zeus et surtout la revendication de Zeus en XIV 324 et XIX 97 *sq.*

généalogique et d'un modèle impliquant chacun[53]. Pourquoi ce rôle est-il revenu à Glaucos, cousin de Sarpédon ? La question reste ouverte. Glaucos a-t-il voulu défier les dieux en préférant une origine humaine à une origine divine ? A-t-il gagné son pari ? L'ironie du passage est qu'il apparaît finalement comme un piètre descendant de Sisyphe. Que penser en effet de ce héros qui fait remonter sa lignée au plus rusé des Grecs quand lui-même se laisse berner dans un échange où il offre à Diomède de l'or contre du bronze ? Mais trop de questions se sont ici accumulées.

53. Sur l'identité de Glaucos et sur le statut intermédiaire des Lyciens entre Troyens et Achéens, *cf.* D. Bouvier, « Glaucos ou l'identité complexe d'un Lycien », dans M. Mazoyer (éd.), *Homère et l'Anatolie*, Paris, L'Harmattan, 2008, p. 9-30 (travail qui fait écho à la présente étude).

Le discours d'en dessous
Rupture et continuité dans l'épopée

Catherine Darbo-Peschanski

La réflexion sur la rupture et la continuité en Grèce ancienne demande, me semble-t-il, qu'on s'intéresse à ce qu'il est convenu d'appeler le cycle épique et, au-delà, à la continuité dans l'épopée et entre les épopées.

Pourquoi cette question? Parce qu'elle constitue pour moi un préalable à une autre que j'ai traitée longuement ailleurs [1] : celle du rapport entre la continuité épique et l'enchaînement des œuvres dites historiographiques. À partir de Thucydide, en effet, celles-ci prennent le relais du récit conduit dans une œuvre précédente ou, quand elles se font « histoires universelles » visent à embrasser dans leur narration l'ensemble des événements, des temps les plus éloignées, voire primordiaux, au présent du narrateur, comme s'il s'agissait de ne pas plus laisser d'intervalle dans la suite des récits qu'il n'y en a dans la suite événementielle.

Or une part de la littérature savante qui fait autorité tend à rabattre l'une sur l'autre la mise en continuité épique et la mise en continuité « historiographique ». Je pense, par exemple à la notion de « suite historiographique » que forge Luciano Canfora en superposant les deux. C'est supposer dans les deux cas des opérations de pensée analogues. C'est également peu se soucier de préciser ce que recouvrent exactement les notions « de continuité », « concaténation », « continuation » ou « rattachement à » dont on fait des synonymes pour évoquer le phénomène. Tout au plus fait-on, sans s'y appesantir, la distinction entre deux types d'objets relevant de la continuité : le mode d'exposition et le contenu thématique. Enfin on confère à la narration « suivie » une quasi-immutabilité depuis le VIIIe siècle avant notre ère jusqu'à l'époque chrétienne. Or on peut *a priori* avoir des doutes sur cette vision, pour le coup continue, de la mise

1. C. Darbo-Peschanski, *L'Historia. Commencements grecs*, Paris, Gallimard, 2007.

en continuité et essayer de repérer dans « la suite narrative » les ruptures et les changements qui ne manquent pas de s'y être produits.

Deux ruptures retiendront ici mon attention. Il s'agit d'abord de celle qui isole l'épopée de l'*historía* d'Hérodote, la première *historía* à avoir donné, au sein de l'ensemble des phénomènes qui sont habituellement l'objet de ce mode de connaissance empirique, une place très importante, mais non exclusive, aux événements. Ce sera ensuite celle qui, à son tour, sépare tous les récits qui, à sa suite, se sont dits ou ont été appelés *historíai*.

Le cycle épique

Aristote[2] utilise « cycle » (épique) comme une expression d'usage courant qui ne demande pas d'explication, pour désigner les récits dits d'Alcinoos dont il atteste en outre des résumés antérieurs : l'un d'un poète du nom de Phaüllos, dont nous n'avons guère de trace, et l'autre comme partie du prologue d'une pièce perdue d'Euripide : *Oenée.* On peut donc parier qu'il était question de cycle bien avant le IVe siècle. Toutefois il faut attendre une scholie au *Protréptique*[3] de Clément d'Alexandrie pour apprendre explicitement, s'agissant du « cycle troyen », qu'on entendait par là les poèmes qui « entourent » l'*Iliade* au sens où ils retracent une partie antérieure ou postérieure de son intrigue. On fait donc cycle quand on prolonge un récit à ses deux extrémités. Ainsi, dans le cycle, thébain cette fois, le comparatif du vers initial des *Épigones* (« commençons par des héros *plus jeunes* ») implique un poème antérieur, tandis que les Anciens connaissaient à l'*Iliade* et à l'*Odyssée* des débuts et des fins autres que ceux que nous leur connaissons qui supposaient des récits antérieurs ou appelaient des suites. On ajoutera, comme cela a été établi[4], que c'était dans les performances suivies des rhapsodes que l'épopée se créait

2. *Rhétorique* 1417a5.

3. *Protréptique* II, 30, O.I. Stählin, p. 305-306 : « On appelle "poètes du cycle" (*kuklikoì poietaí*) ceux qui ont composé les histoires autour de l'*Iliade* (*tà kúkloi tes Ilíadou*), soit celles qui viennent d'abord, soit celles qui surviennent après, à l'exclusion de ce que racontent les poèmes homériques eux-mêmes ».

4. G. Nagy, *Poetry as performance. Homer and beyond*, Cambridge, Cambridge UP, 1996, trad. fr. J. Bouffartigue, *La poésie en acte. Homère et autres chants*, Paris, Belin, 2000, p. 17-110, a donné à cette idée toute son ampleur en mettant en évidence le mouvement de recomposition dans la performance, c'est-à-dire, en montrant comment répétition et création s'articulent dans l'exécution même du chant. De L. Canfora, « Il ciclo storico », *Belfagor*, 26, 1971, p 660 et L. Canfora, A. Corcella, « La letterature politica e la storiografia », dans *Storia della letteratura greca*, Bari, Laterza, 1986, p. 433-471.

continûment au sein même de la répétition. Ainsi, que ce soit dans leurs rapports externes ou dans la composition interne, les épopées forment un cycle parce qu'elles se suivent et sont intrinsèquement des suites.

Mais dès lors pourquoi parler de circularité? Ce sont les néo-platoniciens, en l'occurrence Proclus, dans sa *Chrestomathia*, citée par Photius, qui, en développant le plus clairement le thème de la suite (*akolouthía*), permettent de répondre à cette question. Proclus aurait donné des explications détaillées de ce qu'on appelle le « cycle épique » en disant :

> qu'il a pour point de départ (*árkhetai mén*) l'union légendaire d'Ouranos et de Gê de laquelle naissent les trois cyclopes; qu'il parcourt (*diaporeúetai*) notamment les récits légendaires (*muthologoúmena*) des Grecs sur les dieux et tout ce qui, en matière d'histoire également, dit la vérité. Le cycle épique, empli par le concours de différents poètes (*sumpleroúmenos*), aboutit au débarquement d'Ulysse à Ithaque où il est tué par son fils Télégonos qui ignore son identité.

Proclus aurait en outre prétendu que :

> les poèmes du cycle épique ont été préservés et appréciés de beaucoup, non pas tant pour leur excellence que pour la *suite des faits* (*akolouthía ten pragmaton*) qui s'y trouvent.

L'ensemble du cycle est donc pensé comme un seul récit, métaphoriquement figuré par un chemin que, par la récitation ou la lecture, on parcourt tout du long, entre un point de départ et un point d'arrivée. Il semble alors devoir son nom de cycle à la possibilité qu'il offre d'être indéfiniment repris en son début pour être suivi jusqu'à son terme.

L'espace ainsi balisé est également considéré comme entièrement occupé « en commun » (*sun-*) par des poètes dont le texte ne dit pas s'ils représentent des récitants ou des auteurs. Quoi qu'il en soit en effet, cette présentation semble entériner l'idée que les poèmes ne sont désormais plus l'objet d'une création continuée d'aèdes-poètes qui prolongeraient le chant en le reprenant dans l'exécution, selon la thèse de Gregory Nagy, mais sont fixés, tout comme est définitivement tracé un chemin qu'on peut indéfiniment parcourir à nouveau en revenant à son point de départ depuis son point d'arrivée. L'idée de cycle serait ainsi indissociable de celle d'un ensemble fini de récits. Le tracé du chemin des récits se trouverait alors redoublé par celui que dessine la succession des chanteurs interprètes dans le présent du chant rhapsodique ou des chanteurs créateurs dans le passé de l'élaboration au cours duquel chacun est censé avoir composé la suite du chant d'un prédécesseur.

La rhapsodie

Mais on peut interroger l'épopée elle-même. Certes quand, de façon réflexive, elle se donne pour thème la performance du chant épique, elle suggère une forme de succession. Ainsi dans le fameux passage du chant IX de l'*Iliade*[5], les ambassadeurs d'Agamemnon trouvent Achille occupé à chanter les exploits de héros en s'accompagnant de la cithare, tandis que Patrocle, assis en face de lui, « se tait attendant l'Éacide, quand il cesse de chanter », dit un peu rudement le grec. Patrocle semble répéter ses interventions dans l'exécution du chant. Mais, par la prolepse du nom d'Achille (l'Éacide), le texte n'exprime à proprement parler que la succession des chanteurs sans préciser quel est le support exact de la continuité.

On peut cependant tenter de forcer ce silence en faisant un détour par le mot *rhapsoidós* dont l'étymologie savante et celle que ressentaient les Grecs eux-mêmes dénotent la continuité établie par la succession des performances sans lever la tension, toujours maintenue, qui habite celles-ci entre répétition et innovation. On décompose en effet le mot en *rháptei/aoiden* qui, sur le modèle de *rhíps/aspís* (qui jette son bouclier) signifierait : « qui coud le chant ». Mais, dans l'antiquité même, un fragment hésiodique, mentionne :

> ceux qui cousent le chant en de nouveaux hymnes (*en nearoîs húmnois rhápsantes aoiden*)[6].

Il y aurait là une sorte de commentaire de la composition du mot rhapsode ou une anticipation de cette composition qui met l'accent sur la nouveauté qu'apporte au chant d'être cousu d'une manière ou d'une autre. Pindare[7], pour sa part, en évoquant des *rhaptà épea* des Homérides, cette lignée d'aèdes qui se disaient descendants d'Homère et qui chantaient en rhapsodes, le chant déjà composé des épopées homériques, souligne la permanence du chant.

Plusieurs siècles plus tard, un passage de Diogène Laërce[8], repris dans la *Suda sv. hupobole*, crédite Solon de la décision, que d'autres attribuent

5. V. 185-192 : « Et ils arrivent aux baraques et aux nefs des Myrmidons. Ils y trouvent Achille. Son cœur se plaît à toucher d'une cithare sonore, belle cithare ouvragée que surmonte une traverse d'argent. Il l'a prise pour lui parmi les dépouilles de la cité Éétion, que lui-même a détruite. Son cœur se plaît à en toucher tandis qu'il chante les exploits des héros. Seul (*oîos*) face à lui (*enantíos*), Patrocle est assis (*hesto*) en silence (*siopêi*) épiant les moments où l'Éacide (*dégmenos Aiankíden hopóte*) cesse de chanter (*lexeien*) », trad. fr. P. Mazon, Paris, Les Belles Lettres, 1937.

6. Hésiode, fr. 265.

7. *Néméenne* II, 1.

8. I, 57.

à Hipparque, d'avoir institué les récitations publiques des poèmes homériques sur le mode rhapsodique, et ce faisant décrit ce mode :

> Il décréta par écrit que les poèmes homériques devaient être récités en rhapsodies (*rhapsoideîsthai*), l'une après l'autre (*ex hupoboles*), en ce sens que là où s'était arrêté le premier chanteur, le suivant devait commencer.

L'Hupobole?

L'intérêt du passage réside moins dans ce qu'il dit du phénomène rhapsodique, qui perd ici la tension précédemment soulignée entre répétition et innovation pour se réduire à une simple succession des chanteurs dans la récitation d'un texte fixé, que dans l'usage de l'expression *ex hupoboles* pour commenter *rhapsoideîsthai*. L'*hupobole* est un dénominatif d'*hupobállein* qui, littéralement désigne l'action de « jeter en dessous » ou « par dessous ».

Le mystère s'épaissit encore quand on rapproche ce texte d'un passage du traité platonicien ou pseudo-platonicien intitulé *Hipparque*. Là où Diogène emploiera *ex hupoboles*, l'auteur du dialogue utilise, quant à lui, *ex hupolepseos*, expression adverbiale construite avec le mot *hupólepsis*, tiré d'*hupolambáno* : « prendre en dessous » ou « par dessous ». On loue Hipparque d'avoir institué le concours de rhapsodes des Panathénées :

> Entre autres preuves nombreuses et remarquables de sagesse, il introduisit le premier dans ce pays les poèmes d'Homère et obligea les rhapsodes à les réciter aux Panathénées, les uns après les autres sans interruption (*ex hupolepseos ephexes autà diiénai*), ce qu'ils font encore aujourd'hui[9].

Ce rapprochement instaure une nouvelle tension, à moins qu'il ne s'agisse d'une variante de celle précédemment soulignée. Dans la rhapsodie en effet se conjuguent deux action opposées mais qui toute deux s'opèrent « en dessous » : un jeter et un prendre.

Comment comprendre cela? Il faut poursuivre l'enquête. Incité à faire parler les oppositions, c'est du côté de l'interruption, du fait de couper la parole au lieu de ménager une continuité qu'on ira chercher.

Dans l'*Iliade*, la situation est très rare, voire hors norme , en ce sens qu'elle présente des personnages dérogeant au tour de parole que règle la transmission du sceptre, en station debout, au centre du cercle de l'assemblée. On relèvera deux passages seulement, mais qui sont précieux parce qu'ils utilisent le vocabulaire de l'*hupobállein*.

9. *Hipparque*, 228b5-9.

Il s'agit tout d'abord, au sein d'une scène du chant I (247-296), le vers 292. Comme Achille et Agamemnon sont au plus fort de leur querelle, Nestor s'adresse à eux pour tenter de les apaiser. Agamemnon est alors le premier à prendre la parole pour lui répondre et le prendre à témoin de l'intransigeance d'Achille. Mais il ne peut parler longtemps car :

> le divin Achille l'interrompant (*hupobleden*) de lui répondre (*emeíbeto*).

Suivent les insultes d'Achille et son refus d'obéir et de combattre désormais.

On reconnaît dans l'adverbe *hupobleden*, le thème d'*hupobállein*.

Plus loin (XIX, 77-82), alors qu'Agamemnon va faire amende honorable, il s'adresse à l'assemblée depuis sa place et, avant d'entrer dans le vif du sujet, définit en quelque sorte le protocole habituel de la prise de parole qui, précisément, bannit l'interruption à laquelle a procédé auparavant Achille :

> Lors, à son tour, Agamemnon, protecteur de son peuple, s'adresse à eux, de sa place (*autóthen ex hédres*), sans se lever au milieu de l'assemblée (*oud' en méssoisin avastás*) :
> « Héros danaens, serviteurs d'Arès, mes amis! même qui veut parler debout, il est décent de l'écouter (*kalòn akoúein*) et malséant de l'interrompre (*oudè éoiken hubbállein*). C'est lui rendre la tâche ardue, quelque expérience qu'il en ait (*khalepòn gàr epistaménoi per eónti*). Au milieu d'une vaste foule, comment, en tel cas, entendre ou parler (*pos kén tis akoúsai e eípoi*) ? On gêne l'orateur si sonore que soit sa voix. ».

Hubbállein est ici une crase d'*hupobállein.*

C'est le commentaire d'Eusthate de Thessalonique qui peut nous aider à comprendre ces textes plus avant. Quand en effet il rencontre l'adverbe *hupobleden* dans le vers 292 du chant I de l'*Iliade,* il procède à la récapitulation des emplois du verbe morphologiquement lié.

D'après lui, il signifie :

> ne pas supporter que parviennent à leur terme les propos de quelqu'un qui est en train de parler, mais introduire ses propres propos « par-dessous » ce que précisément fait Achille. Car, ne supportant pas que le roi poursuive son accusation, il lui répond *hupobleden.*

Voilà donc une interprétation psychologique de l'interruption. Il reste cependant le mouvement « par dessous ». Eusthate en rend compte de la même manière en prenant dans *hypo-* l'idée de dissimulation : ce qu'Achille dit alors, il le dit avec un cœur qui substitue frauduleusement l'égarement aux produits authentiques de sa pensée, ce dont il se repentira lorsqu'il sortira de sa colère. Lecture chrétienne, qui repose sur la dualité de la vérité et de sa perversion, de l'égarement et du repentir, dont on aurait du mal à trouver trace dans le texte.

Dans d'autres contextes, en effet, le verbe désigne l'accouchement, présenté frauduleusement comme légitime, de femmes enceintes d'un bâtard (*nóthos*) lequel, pour cette raison, porte aussi le nom d'*hupobolimaîon.* Certes, l'idée de fraude est là, mais assortie d'une nuance capitale : la fraude permet de poursuivre le mouvement génératif. La rupture de légitimité se mêle à la continuité du mouvement de procréation et, pour peu que le bâtard ne soit pas reconnu comme tel, de prolongement de la lignée. Nous progressons encore d'un pas, quand Eusthate en arrive au troisième sens d'*hupobállein* : « interpréter ». L'idée de fraude disparaît ici pour ne plus laisser de place qu'à celle de mouvement sous-jacent. Il s'agit aller chercher du sens sous des sons inarticulés (*laleîn*) ou qui peuvent paraître tels parce qu'ils appartiennent à un idiome (*glossa*) étranger. D'où le nom de l'interprète : *hupoboleús.*

S'agissant de la parole, on aurait donc à imaginer un mouvement analogue. Prendre la parole consiste certes à rompre, voire parfois à interrompre, la parole du locuteur précédent, en *jetant* la sienne, mais, dans le même temps, à *se saisir* ainsi du cours sous-jacent d'un discours dont l'une et l'autre relèvent.

C'est cette forme de continuité dans le changement même que les textes disant la succession des rhapsodes mettent en valeur et exploitent. La pluralité évidente des locuteurs repose sur l'unité d'un discours substrat.

L'interprétation qu'Eusthate donne des rapports des aèdes avec la Muse va dans le même sens. Dans le fameux passage de l'invocation à la Muse qui précède le catalogue des vaisseaux (*Il.* II, 484-493), quand le poète annonce :

> Je vais énumérer les chefs des vaisseaux,

il est, dit Eusthate, l'interprète de la Muse sur le mode de l'*hupobole* : *hupoboleos díken.* C'est dire qu'il y a changement de locuteur de la Muse au poète et continuité du discours. Mais ce qui se produit entre la Muse et le poète de l'*Iliade* se produit à nouveau entre ce poète et les Homérides, le lignage des rhapsodes de Chios. Eusthate ajoute alors :

> Les Muses chantent ou disent des vers pour lui (le poète) et lui le fait pour les Homérides.

Ainsi se met en place une série d'*hupobolaí,* car celle qui va de la Muse au poète se prolonge d'un rhapsode à l'autre. Mais il y a plus encore. Eusthate suggère en effet qu'il n'y a pas de différence de nature entre l'aède inspiré et les rhapsodes. En l'occurrence l'*hupobole* signifie non seulement la prise en charge multiple d'un flot de discours, mais aussi du mouvement même d'inspiration qui anime ce flot. Dès lors le poète et le rhapsode ne sont pas de nature différente; ils sont seulement plus ou moins proches de la source de la parole poétique qu'est la parole de la Muse.

On peut alors comprendre pourquoi, dans l'*Ion*, Platon fait du rhapsode un « interprète » (*hermeneúein*) inspiré. C'est prendre en charge, au moins pour un temps, la conception traditionnelle du rhapsode qui le met en relation à la fois avec un discours sous-jacent et avec l'aède voix de la Muse.

Le discours sous-jacent

Il reste à savoir ce qu'on entend par le discours sous-jacent et, pour cela, on se tournera vers Aristote qui, dans la *Poétique,* fournit des indications sur le substrat de la continuité en confrontant la tragédie et l'épopée. À cette occasion, en effet, il distingue le *lógos* (thème, histoire), le *mûthos* ou intrigue[10] et l'*épeisódion* ou épisode (partie de la tragédie qui s'inscrit entre deux chants du chœur ou, en un sens plus large, unité narrative plus ou moins étroitement rattachée au *lógos* et qui, à ce titre, peut être retenue ou pas).

Placée face à la tragédie, l'épopée se caractérise par sa longueur ou plutôt la propriété qu'elle a de s'allonger (*mekúnesthai*) d'épisodes susceptibles d'être rattachés au sujet (*lógos*)[11] et, différence plus profonde encore qui cette fois touche à la structure (*sústhema*) d'ensemble, elle présente plusieurs intrigues (*tò polúmuthon*), tandis que la tragédie est construite sur une seule[12].

La matière évoquée pour la tragédie et l'épopée est donc un *lógos*[13], pourvoyeur de personnages et d'actions, sans énonciateur déterminé « thème déjà formé » ou que le poète forme lui-même. C'est, dans le premier cas, ce qui se raconte et qui n'est pas objet d'opinion, différent en cela des *éndoxa* (savoir admis et partagé par le plus grand nombre ou les plus compétents[14]); quelque chose comme une tradition. Les deux genres

10. Cette traduction prévaut depuis les travaux de P. Veyne, *Comment on écrit l'histoire*, Paris, Seuil, 1971 puis de P. Ricoeur, *Temps et Récit* I, Paris, Seuil, 1983.

11. Aristote, *Poétique*, 55b15-16.

12. Aristote, *Poétique*, 56a10-16.

13. Aristote, *Poétique*, 17, 54a35-55b3.

14. Aristote, *Topiques*, I, 10, 104a8-12.

délimitent dans ce *lógos*, un *mûthos* ou des *mûthoi* (action unique, pour l'une; action plurielle ou œuvre dont l'unité repose sur un personnage, pour l'autre). On a affaire alors à une double mise en intrigue. L'une, propre au *lógos*, à prendre au sens moderne du terme qui est un sens large : la mise en intrigue à laquelle donne lieu tout récit; l'autre, qui relève du *mûthos*, à prendre au sens aristotélicien, et dans laquelle est mis tout particulièrement en exergue le caractère de l'unité dramatique.

Dans le cas de l'épopée, c'est donc le *lógos*, supposera-t-on, qu'on pourra éventuellement prolonger en une suite ou un complément de l'œuvre.

Prolongement de l'action d'abord. Le geste qu'Aristote évoque en filigrane, consiste à se saisir d'un fond narratif préexistant (en l'occurrence la guerre de Troie), à en tirer un *mûthos* et à allonger celui-ci à volonté par l'insertion d'épisodes, si bien que rien n'interdit de penser que ce qui est ici un épisode puisse devenir *mûthos* ailleurs et que ce qui n'a pas été retenu comme *mûthos* dans une histoire donnée (*lógos*) puisse le devenir dans un autre poème. Si l'on fait reposer l'unité de l'œuvre sur le personnage, il est également envisageable de se saisir d'une partie des aventures d'un personnage qui s'articulent sur d'autres dans des récits qui ont déjà cours. L'œuvre se détache sur un fond narratif préalable qu'elle active en prélevant sur lui une part (*méros apolabon*) et qu'on pourra réactualiser dans sa logique narrative dès lors qu'on voudra à nouveau faire œuvre en le scindant[15].

Pourtant, en adoptant un point de vue qui, de prescriptif qu'il était, se fait descriptif, Aristote modifie les distinctions, en séparant, à l'intérieur même de l'épopée, l'*Iliade* et *l'Odyssée* d'une part, le reste des épopées de l'autre. Dans ce second face à face[16], les premières occupent l'équivalent de la position qui était antérieurement[17] celle de la tragédie vis-à-vis de l'épopée tout entière. Il leur revient en effet d'avoir retenu de la guerre de Troie une partie unique (*hèn méros*) et d'avoir tiré du reste de nombreux épisodes. Aristote efface donc ici le caractère « polymythique » de ce qu'il appelle l'œuvre d'Homère pour lui accorder *presque* celui d'être, comme la tragédie, construite sur une seule intrigue[18]. Ce changement de point de vue a pour effet de composer en regard l'ensemble des autres épopées, caractérisé alors comme celui des poèmes à héros unique (*perì héna*), à période unique (*perì khrónos*) ou à action multipartite (*prâxis polumeres*). Et Aristote de citer pour exemple *les Chants cypriens* et *La petite Iliade*,

15. Aristote, *Poétique*, 23, 59a35.

16. Aristote, *Ibid.*, 59a29-59b7.

17. Aristote, *Ibid.*, 55b15-16.

18. Voir encore, Aristote, *Poétique*, 51a21-30, 52b3-12.

comme il a cité auparavant[19] la *Héracléide* et la *Théséide* pour illustrer les poèmes dont l'unité repose sur celle du personnage.

Si, après ce détour aristotélicien, nous revenons au double mouvement d'interruption et de prolongement en œuvre dans l'*hupobole*, nous pouvons alors mieux comprendre ce qu'il s'agit de rompre et de continuer. C'est une histoire qui circule et sur l'intrigue de laquelle on s'installe un instant pour y placer un chant qui sera repris et/ou modifié à chaque intervention nouvelle.

Mais dès lors qu'on considère les personnages qui, comme Achille et Agamemnon, interrompent ou sont interrompus, il faut tirer d'autres conclusions encore, au regard de la « psychologie » du héros homérique. Le héros lui-même, en effet, au moment même où il parle, est aussi l'hôte d'un discours qui court en deçà de lui. La figure de l'*hupobole* le place dans une sorte *d'extériorité intime* qui le rend à la fois maître de ses paroles et, en celle-ci, pris dans une collaboration distinctive avec son interlocuteur pour servir un propos qui court à travers eux et par eux tout à la fois[20].

La continuité historique

Qu'en est-il dès lors de la continuité « historique » dont nous avons annoncé au début qu'elle ne pouvait être conçue sur le même modèle que la continuité épique?

Une constatation s'impose d'évidence : dans l'*historía*, il n'est plus question d'*hupobole*, cette notion qui signale le mécanisme complexe par lequel l'épopée, dans sa composition, dans sa transmission et, intrinsèquement même, à l'occasion de certains échanges de paroles entre les personnages, combine la rupture et la continuité.

La situation en effet a radicalement changé. Le substrat n'est plus un *lógos* porteur d'une intrigue narrative et de sa temporalité intrinsèque, mais du temps (*khrónos*). Ainsi, quand il oppose l'*historía* à la tragédie, Aristote note qu'elle expose, non pas une action unique (*prâxis*), mais une période unique (*heìs chrónos*), dans laquelle interviennent des événements (*sumbaínein*) multiples, aux relations contingentes (*hos étukhen*) et qui impliquent un ou plusieurs personnages.

19. Aristote, *Poétique*, 51a16-22.

20. Pour une étude plus vaste de cette notion, voir C. Darbo-Peschanski « Deux acteurs pour un acte. Les personnages de l'*Iliade* et le modèle de l'acte réparti », dans G. Aubry et F. Ildefonse, *Le moi et l'intériorité*, Paris Vrin, 2008, p. 246-261.

L'*historía* isole une période, un segment temporel, mais indépendamment d'une mise en intrigue préalable analogue à celle dont est porteur le *lógos* pour l'épopée et la tragédie. Il s'agit d'une temporalité extrinsèque à l'intrigue que mettra en place le récit logé sur l'espace du segment temporel découpé. Certes, le *khrónos* sur lequel l'*historía* isole un segment ne peut être que la chronologie d'objets divers (les guerres menées en Grèce; les rapports entre les Grecs et l'Orient, les empires), autrement dit, un discours thématique, susceptible d'être aussi traditionnel que le *lógos* précédemment évoqué. Toutefois, son intrigue, qui se réduit à ordonner la succession temporelle des objets choisis, ne préjuge pas de celle qui sera adoptée dans le récit « historique ». La domination romaine a suivi la domination macédonienne, dit la chronologie. Comment Rome est-elle parvenue à étendre son empire sur presque toute la terre habitée, se demande Polybe.

Il s'ensuit qu'on trouve entre les *historíai* une autre figure de la rupture/continuité que celle précédemment dégagée pour l'épopée. À partir de Thucydide, certes, les *historíai* se font suite parce qu'elles se placent sur le suivi du temps. Toutefois, elles mettent les événements en intrigue de manières qu'elles revendiquent comme radicalement différentes voire incompatibles. Il n'est que de noter les critiques acerbes que les praticiens de l'*historía* s'adressent les uns aux autres pour comprendre l'hétérogénéité dans laquelle ils tiennent à laisser leurs œuvres, voire leur incompatibilité.

La suite historique est fille de l'apparition à partir du VIe de l'idée de continuité du temps physique; elle appartient manifestement à un autre moment de la pensée grecque que l'épopée et ne peut, malgré les apparences, s'analyser de la même manière que la suite épique.

Un élan infini : Sappho, Tithon et Aurore
À propos de «Sapho and the Crack of Dawn» (1990)
*de John J. Winkler**

Sandra BOEHRINGER

TEMPS I : GLOIRE, OUBLI, RÉAPPARITION D'UN POÈME DE SAPPHO (FR. 58)

Si l'on croit que les sables de l'Égypte ménagent encore et toujours des surprises aux archéologues et aux papyrologues, c'est surtout le cas, en réalité, des réserves endormies de musées ou de bibliothèques. C'est ainsi que, depuis l'aurore colorée d'un matin de l'époque archaïque, la voix de Sappho s'est manifestée, à Cologne, en 2005, par le biais d'un cartonnage de momie, d'origine inconnue.

Ce fut une belle surprise : alors que l'œuvre de la poétesse nous est parvenue de façon extrêmement fragmentaire, le texte, issu du papyrus de Cologne et qui vient s'ajouter à un fragment que nous possédions déjà, permet de proposer un poème inédit et quasiment complet. L'hymne à Aphrodite, en effet, est le seul poème de Sappho que nous connaissons dans sa totalité, et le célèbre *phainetai moi* (fr. 31), où sont exprimées les marques physiques des émotions érotiques et que reprendront, entre autres, Catulle, Louise Labbé et Racine[1], est privé de ses derniers vers.

Certes, Ménandre ou Posidippe, déjà, avaient offert à la communauté scientifique ce bel effet d'une voix qui renaît de façon inopinée : on

* John J. Winkler, « Sapho and the Crack of Dawn (fr. 58 L-P) », *Journal of Homosexuality*, 20. 3-4, 1990, p. 227-233. Le texte a été traduit de l'anglais (États-Unis) par N. Picard et S. Boehringer. Je remercie mon amie N. Picard pour sa collaboration et J. Gascou pour ses conseils précieux et les séminaires de papyrologie qu'il a assurés, toutes ces années, à l'université Marc Bloch de Strasbourg. Je remercie également M.-L. Desclos pour son soutien amical et pour avoir accepté d'adjoindre cet article à ce recueil.

1. Pour cette transmission poétique à travers les siècles, voir le bel ouvrage de Ph. Brunet, *Sappho, poèmes et fragments*, Paris, L'Âge d'homme, 1996.

découvrit ainsi le texte de trois comédies de Ménandre, dans le riche fonds de la fondation Bodmer, à Cologny, mais sans que l'histoire de la transmission du manuscrit ne nous permettent d'en connaître l'origine exacte[2]. De même, la bibliothèque de Milan acquit en 1992 un rouleau issu d'un cartonnage de momie, d'origine inconnue lui aussi : on y déchiffra 122 épigrammes de Posidippe, un poète d'époque hellénistique, connus par 22 poèmes de l'*Anthologie grecque* (une anthologie célèbre mais dont l'histoire de la constitution est particulièrement complexe[3]). L'édition de ces nouveaux poèmes, en 2001, renouvela notre connaissance et du poète, et de son époque[4].

Mais Sappho réserve à son public une surprise plus subtile encore : c'est un poème sur l'éternité et sur la peur de l'extinction de la voix du poète qu'il nous est permis de lire aujourd'hui (hélas, il ne nous est plus permis de l'entendre[5]). Ce texte produit, par la performance même de cette nouvelle lecture, un effet de mise en abyme particulièrement étourdissant : alors même que se trouve exprimée la tristesse face à la renommée qui s'achève en raison du caractère mortels de tout être humain, c'est la gloire de Sappho qui renaît (s'était-elle d'ailleurs jamais éteinte?) et qui affirme une nouvelle fois, en 2005, que le silence n'est pas la rupture, ni l'oubli éternel.

L'histoire ne s'arrête pas là : le thème de la gloire éphémère est un thème récurrent dans la poésie mélique de l'époque archaïque, et l'on pourrait attribuer notre surprise à la simple joie, certes compréhensible, mais probablement facile, de relire des textes anciens et inédits presque trois millénaires après leur composition. Cela dit, est-il légitime de parler de « thème rebattu » ou de « récurrence » lorsqu'il s'agit des premières occurrences historiques d'un motif et que l'on évalue anachroniquement l'originalité des poètes à l'aune de leurs successeurs (sur lesquels nous

2. C'est le cas du *Dyscolos*, de la *Samienne* et du *Bouclier* (respectivement *P.Bod.* IV 35 et 36).

3. Sur cette continuité de la « Couronne » et l'histoire de son amplification, *cf.* A. Cameron, *The Greek Anthology from Meleager to Planudes*, Oxford, Clarendon Press, 1993.

4. Posidippe a vécu durant la première moitié du IIIe siècle avant notre ère. Le papyrus *P.Mil.Vogl.* VIII 309, qui contient les 112 épigrammes qui lui sont attribuées, a été publié en 2001 : G. Bastianini et C. Gallazzi, con la collaborazione di C. Austin, *Posidippo di Pella, Epigrammi (P.Mil.Vogl. VIII 309)*, Milan, Edizioni Universitarie di Lettere, Economia, Diritto, 2001. Une première traduction française a été proposée par B. Laudenbach en 2005, dans le cadre d'un mémoire de DEA sous la direction de J. Gascou, accessible en ligne.

5. Sur notre difficulté à connaître réellement les productions antiques en raison de notre méconnaissance de leurs performances et de la signification de celles-ci, voir F. Dupont, *L'invention de la littérature. De l'ivresse grecque au texte latin*, Paris, La Découverte, 1994.

sommes plus renseignés) ? L'« effet saphique » n'est pas cet heureux retournement d'une voix qui pleure de s'éteindre et qui renaît, c'est également une double mise en abyme : ce poème a eu pour effet de créer un concert de voix, commentant, amendant, corrigeant, restituant les vers de ce qui s'appelait alors le fragment 58. Quelle plus belle réponse à la peur du silence qui suit la gloire, la postérité pouvait-elle offrir à Sappho ? Mais nous n'en sommes qu'à notre premier temps.

Parmi les voix qui s'élevèrent pour perpétuer celle de Sappho fut celle de John Winkler[6], un philologue américain, anthropologue du monde grec et spécialiste du désir et de ses contraintes, pour reprendre ses propres termes[7]. Dans une lecture *against the grain* comme à son habitude, il proposait une interprétation très différente de celle de ses prédécesseurs, qu'il publia en 1990 dans le *Journal of Homosexuality*[8]. Il ne disposait cependant alors que d'extraits très lacunaires et d'une indication erronée de la délimitation du poème : il s'agissait de quelques bribes que nous a transmises un papyrus datant du IIIe siècle de notre ère, trouvé à Oxyrhynchos (le *P.Oxy.* XV 1787[9]). Il ne connaissait pas le texte récemment découvert en 2005, celui qui est issu du papyrus de Cologne (*P.Köln* XI 429[10]) et qui date du IIIe siècle avant notre ère (ce qui en fait le plus ancien papyrus connu de Sappho). Ce texte est fragmentaire lui aussi, mais les informations de deux papyrus permettent de reconstituer le

6. John J. Winkler, né en 1943 à Saint Louis (Missouri), fut moine bénédictin avant d'entreprendre une carrière dans le domaine des études classiques. Helléniste et latiniste, il fut enseignant et chercheur à l'Université de Yale, puis à l'Université de Stanford. Il s'engagea dans les luttes féministes et gay, et fut l'un des premiers, dans les années soixante-dix, à dénoncer les pratiques de harcèlement sexuel dans les universités américaines. Il est l'auteur et l'éditeur de plusieurs ouvrages qui ont marqué le champ des études classiques, dans le domaine littéraire (son étude narratologique des *Métamorphoses* d'Apulée : *Auctor & Actor*; la direction du colloque sur le théâtre grec *Nothing to Do with Dionysos?*), dans le domaine philologique (son édition scientifique, en collaboration avec A. Stephens, de romans grecs : *Ancient Greek Novels*), et dans le domaine anthropologique de l'histoire de la sexualité et de l'histoire des femmes (sa contribution au colloque *Before Sexuality. The Construction of Erotic Experience in the Ancient World*, qu'il a copublié avec F. Zeitlin et D. Halperin). John Winkler est mort brutalement en 1990, et plusieurs de ses travaux ont été publiés de façon posthume (voir la bibliographie synthétique à la fin de cet article).

7. Voir le titre de son ouvrage *The Constraints of Desire. The Anthropology of Sex and Gender in Ancient Greece* (New York-Londres, Routledge, 1990), trad. fr. S. Boehringer et N. Picard, *Désir et contraintes en Grèce ancienne*, Paris, Epel, 2005).

8. Cet article est inconnu des papyrologues qui travaillent actuellement sur le fragment 58 de Sappho.

9. La transcription faite par Ed. Lobel et D. Page du *P.Oxy.* XV 1787 et une traduction française, issue de celle en anglais de John Winkler, sont données dans la partie suivante.

10. La transcription faite par M. Gronewald et R. Daniel en 2007 du *P.Köln* XI 429 et une traduction française du poème sont proposées dans notre troisième partie.

poème : une continuité du texte sur des supports éloignés de plus de cinq siècles.

Allant contre la vulgate philologique et papyrologique, qui voyait dans ce poème une simple réflexion sur la vieillesse et la fin de la gloire, John Winkler analyse sous un autre angle cet extrait et y dégage une portée érotique déterminante. C'est l'histoire de cette portée érotique qui nous intéresse ici, depuis le premier texte fragmentaire jusqu'à la reconstitution du poème, c'est cet élan érotique, dans son lien avec la gloire éternelle et la vie éphémère, avec la continuité et la rupture.

TEMPS II : « LE POINT G DU JOUR (SAPPHO, FR. 58) », PAR JOHN J. WINKLER

Nous proposons ici la traduction, par Sandra Boehringer et Nadine Picard, de l'article de John J. Winkler : « Sappho and the Crack of Dawn (fr. 58 L-P) », *Journal of Homosexuality* 20.3-4, 1990, p. 227-233. Le nouvel état du texte (2007) ne sera fourni au lecteur que dans notre troisième temps, afin de lui permettre de suivre le même cheminement que celui des papyrologues et des commentateurs, qui ne disposaient alors que du fragment issu du *P.Oxy.* publié en 1922.

Des vers de Sappho ont été découverts sur un fragment de papyrus jeté dans la décharge de l'antique cité d'Oxyrhynchos, en Égypte[11] : ces vingt-six lignes, lacunaires, ont pour sujet la vieillesse[12]. Le feuillet est déchiré verticalement, et seuls subsistent les derniers mots des vers. Il est possible, grâce à un fragment de Cléarque sur le désir érotique[13], de reconstituer les lignes 25 et 26, mais ce n'est qu'en utilisant avec intelligence les parallèles et les hypothèses que l'on pourra retrouver la teneur globale de ce qui manque à ce poème mutilé. Il s'en est trouvé peu pour

11. *Oxyrhynchus Papyri*, vol. XV, n° 1787, Londres, 1922. Je cite le texte d'après Ed. Lobel et D. Page, *Poetarum Lesbiorum Fragmenta*, Oxford, Oxford UP, 1955, fr. 58, p. 41-42, en omettant les traces illisibles des quatre premières lignes. Le même fragment porte le numéro 79 dans l'édition de Bergk, 65a dans celle de Diehls.

12. Pour une discussion générale sur les âges de la vie et la vieillesse dans la poésie grecque archaïque, voir W. Schadewaldt, « Lebeszeit und Griesenalter im frühen Griechentum », *Die Antike* 9, 1933, p. 282-302 = *Hellas und Hesperien*, vol. I, 2ᵉ éd., Zurich-Stuttgart, Artemis-Verlag, 1970, p. 109-127.

13. *Klearchos*, troisième volume de *Die Schule des Aristoteles*, éd. F. Wehrli, Bâle, 1948, fr. 41 (= Athénée, *Banquet des Sophistes*, XV, 687b). Cléarque était un membre de l'école péripatéticienne d'Aristote, active à la fin du IVᵉ et au début du IIIᵉ siècle av. J.-C.

tenter de le faire; malgré sa beauté, le fragment a le plus souvent été négligé par les critiques. L'interprétation que nous esquisserons ici – qui reste, comme toute reconstruction de ce genre, une hypothèse – est la suivante : dans le fragment 58, Sappho recourt de façon originale à la mythologie grecque traditionnelle pour se dépeindre elle-même, en son grand âge, enveloppée et protégée par les bras aimants de la grande déesse.

Tout d'abord, afin de montrer aux lecteurs non hellénistes combien les vers sont lacunaires et combien il nous faut être prudents lorsque nous essayons de reconstituer les rapports de sens qu'ils entretiennent entre eux, nous donnons ici le texte lui-même. Les crochets indiquent les morceaux de papyrus manquants : on peut parfois reconstituer le texte original ou faire des hypothèses plausibles quand les lettres restantes limitent les possibilités; les points indiquent le nombre approximatif de lettres manquantes ou illisibles. Nous donnons ensuite la traduction du fragment[14]. Les points d'interrogation dans les parenthèses signalent que la reconstitution est incertaine.

Le texte

]ύ̣γοισα̣[ ]
]. [.]. [ ]ι̣δάχθην
]χυθ[.] ο̣ι̣[.]αλλ[.]ύταν
]. χθο̣[ ] ατί̣[.]εισα
]μένα ταν[. ώ]νυμόν σε̣
]νι θῆται στ[ύ]μα[τι] πρό̣κοψιν
]πων κάλα δῶρα παῖδες
.]φιλάοιδον λιγύραν χελύνναν
πα]ντα χρόα γῆρας ἤδη
[λευκαὶ δ' ἐγένο]ντο τρίχες ἐκ μελαίναν
]α̣ι, γόνα δ' [ο]ὐ φέροισι
]ησθ' ἴσα νεβρίοισιν
ἀ]λ̣λὰ τί κεν ποείην ;
] οὐ δύνατον γένεσθαι
] βροδόπαχυν Αὔων
[ἔσ]χατα γᾶς φέροισα[
]ο̣ν ὔμως ἔμαρψε[
[ἀθαν]άταν ἄκοιτιν
]ι̣μέναν νομίσδει
]αις ὀπάσδοι
ἔγω δὲ φίλημμ' ἀβροσύναν,] τοῦτο καί μοι
τὸ λά[μπρον ἔρος τὠελίω καὶ τὸ κά]λον λέ[λ]ογχε.

14. L'édition la plus utile à présent est celle de D.A. Campbell, dans les collections de la Loeb Classical Library (Cambridge-Massaschusetts-Londres, 1982), qui contient tous les fragments connus de Sappho, la totalité des témoignages sur sa vie et son œuvre (bien que les rumeurs et la fiction y prennent une large place), ainsi qu'une traduction en prose d'une grande fiabilité.

Une traduction

5. ...s'enfuyant (?)
6. ...on m'a enseigné / je fus piquée
9. ...toi qui portes (de nombreux) noms
10. ...donne du succès à (ma) bouche
11. ...de beaux présents... enfants...
12. ...(joueuse) de la lyre au son harmonieux, amoureuse du chant
13. ...la vieillesse déjà (a flétri?) toute ma chair
14. ...(mes) cheveux, noirs auparavant (sont devenus blancs?)
15. ...(mes) genoux ne (me?) portent pas
16. ...(danser?) comme des faons
17. ...mais que pourrais-je faire?
18. ...il n'est pas possible de devenir (éternelle?)
19. ...l'Aurore aux bras de roses
20. ...portant aux confins de la terre
21. ...cependant (la vieillesse?) (le?) saisit
22. ...épouse (immortelle?)
23. ...il/elle suppose...
24. ...offrirait...
25. Mais moi j'aime la délicatesse... pour moi aussi,
26. l'amour passionné a fait miennes la splendeur du soleil et sa beauté.

Les allusions mythologiques qui se cachent derrière les mots « Aurore », « portant aux confins de la terre » et « épouse » ne peuvent renvoyer qu'à Tithon [15]. Nous connaissons bien son histoire grâce à l'*Hymne homérique à Aphrodite* (v. 218-238) : Eôs, en éolien Auôs, la déesse de l'Aurore, enleva Tithon, un jeune homme divinement beau, pour qu'il devienne son compagnon et vive avec elle dans son palais situé sur l'horizon oriental, « aux confins de la terre ». Elle demanda à son père, Zeus, d'accorder à Tithon la vie éternelle. Mais elle oublia de lui demander également la jeunesse éternelle. Le jeune homme vieillit, ses cheveux blanchirent et ses jambes devinrent trop faibles pour le porter. Eôs continua à le nourrir d'ambroisie mais ne partagea plus sa couche. Le corps de Tithon finit par tant s'amenuiser que la déesse le mit dans un réduit dont elle ferma la porte pour toujours. Seule sa voix demeurait, pareille au son d'un criquet stridulant au loin. L'histoire de Tithon était un mythe populaire et très répandu, que l'on racontait pour expliquer l'origine de la cigale; on disait que quelques gouttes de rosée suffisaient à la faire vivre et que cette frugalité n'entamait pas l'extraordinaire puissance de son chant.

Bien entendu, il nous faut toujours laisser ouverte la question du lien entre le « je » qui apparaît dans un poème et le poète lui-même, qui chante

15. Le premier à avoir fait cette identification est F. Stiebitz, « Zu Sappho 65 Diehl », *Berliner Philologische Wochenschrift* 46, 1926, p. 1259-1262.

l'œuvre qu'il a composée. Mais il est clair que Sappho – le « je » de ce fragment – se décrit elle-même (ou s'imagine elle-même) ayant atteint un âge avancé (*gêras*, v. 13). Elle le voit à sa chair, à la blancheur de ses cheveux, noirs autrefois ; elle le sent dans la faiblesse de ses genoux, car elle ne peut plus gambader ni sauter lors des danses du chœur, comme le faon agile qu'elle fut naguère (v. 14-16). Le lien entre cette description de la vieillesse et le « je » saphique est fermement établi par l'usage de la première personne au vers suivant (v. 17) : « Mais que pourrais-je faire ? »[16]. Ce « je » saphique, fort et déterminé, ouvre également la dernière strophe. Par opposition à quelque chose qui a été dit auparavant, elle déclare « mais je... », tout comme dans le célèbre fragment 16 L-P où elle égrène la liste de différentes opinions masculines sur ce qui est le plus beau au monde (une troupe de cavaliers, une troupe de fantassins, une flotte de navires), « mais moi j'affirme que rien n'est plus beau que ce que l'on désire ».

La dernière strophe nous est connue depuis longtemps par la citation isolée qu'en fait Cléarque, l'érudit péripatéticien du IVe siècle, dans un passage conservé par Athénée (*Banquet des Sophistes*, 15.687A-B)[17]. La découverte de *P.Oxy.* XV 1787 a permis d'émettre diverses hypothèses sur le sens ces deux vers dans leur contexte, hypothèses qui soulèvent d'intéressantes questions de méthode. Bowra suppose que c'est Aurore elle-même qui parle, bien qu'il ignore purement et simplement cette hypothèse dans la deuxième édition de son livre[18]. J.A. Davison affirme, avec assurance, mais sur des bases peu solides, que les vers sont énoncés par Tithon. Il s'appuie sur l'unique argument que Tithon apparaît plus haut dans le poème et que, dans la généalogie mythique, il est apparenté à Ganymède et à Pâris, ce qui lui confère « une penchant congénital à l'*abrosúna* (délicatesse), pour ne pas dire à la *malakía* (mollesse, connotant la passivité sexuelle féminine) »[19]. L'un des aspects passionnants de l'étude des fragments est d'observer l'effet Rorschach par lequel les philologues révèlent leurs préjugés sur ce qui est possible et acceptable dans la vie et dans la poésie. Davison ne cache pas le mépris qu'il porte à l'homme qui est emporté par une femme puissante, et son allusion à Ganymède et à la

16. Le mot grec qu'on a traduit par « faire » signifie également « composer de la poésie ». Par conséquent, ce demi-vers pourrait signifier « mais que pourrais-je chanter dans mes poèmes ? », impliquant qu'il est parfaitement justifié, pour un poète d'un âge avancé, de chanter la vieillesse et non les thèmes conventionnels de la poésie grecque, comme la jeunesse, la danse et l'éclosion de la beauté et du désir.

17. S. Nicosia, « Tradizione testuale diretta e indiretta dei poeti di Lesbo », *Filologia e critica* 19, 1976, p. 111-119.

18. C.M. Bowra, *Greek Lyric Poetry*, Oxford, Clarendon Press, 1936, p. 236, et 2e éd. 1961, p. 226.

19. J.A. Davison, *From Archilochus to Pindar*, London-Melbourne-New York, Macmillan & St Martin' Press, 1968, p. 239, n. 1.

prétendue « tendance congénitale » de Tithon donne à cette vieille position patriarcale la tonalité du discours homophobe contemporain.

À l'opposé d'une telle interprétation se trouve le positivisme peu crédible qui mettrait en équation le maigre fragment qui nous est parvenu avec ce qu'était la réalité. Pour donner un exemple extrême, D. Meyerhoff remarque que le fragment 12 W. de Tyrtée (moitié du VIIe siècle) renvoie à la jeune beauté de Tithon, tandis que le fragment 4 de Mimnerme (contemporain de Sappho, autour de 600 av. J.-C.) mentionne son grand âge. Il en déduit que l'histoire de l'éternelle sénescence de Tithon n'était pas connue de la génération qui précédait Sappho[20] ! Un critique positiviste de cet acabit pourrait, de la même manière, suggérer que, puisque l'histoire qui lie Tithon à l'origine de la cigale n'est mentionnée explicitement qu'à une date tardive, il est fantaisiste d'établir ce lien ici[21]. Nous pourrions élaborer une argumentation rationnelle, complète – et inévitablement ennuyeuse – pour attaquer cette lourde carapace de dogmes, immobilisée par son propre poids. Mais pour l'heure, contentons-nous de cet avertissement : si un lecteur pense sincèrement que ces minuscules fragments de poésie archaïque constituent une base suffisante pour décrire la totalité de ce qui était connu ou inconnu à cette époque, qu'il s'arrête là. Il est pratiquement certain, particulièrement lorsqu'il s'agit de folklore, que la poésie de l'élite ne raconte ou n'évoque que des morceaux épars du *corpus* total des contes et des personnages connus de son public. C'est sur ce postulat que je m'appuie pour avancer.

Revenons à notre poème. Il apparaît nettement que Sappho écrit en tant que poétesse, célèbre et reconnue. Les Muses ont donné « le succès à sa bouche » (v. 10). La référence à sa renommée en tant que poétesse s'accorde bien avec l'autoportrait qu'elle brosse d'une vieille femme aux cheveux blancs. Une femme partout célébrée après sa mort et bien connue de son vivant était forcément parvenue à la gloire longtemps avant d'être trop âgée pour danser. Le thème de la musique des vers 10 à 12 peut être filé dans l'exemple mythologique des vers 17 à 22 car Sappho y fait référence à Tithon, et c'est ici que mon interprétation s'engage dans le domaine de la conjecture et de la reconstitution.

L'interprétation habituelle du rôle de Tithon dans le fragment 58 est qu'il est un modèle négatif[22]. Sappho, dit-on, se rappelle à elle-même que son vieillissement est une expérience universelle et inévitable. De fait, elle

20. D. Meyerhoff, « Traditioneller Stoff und individuelle Gestaltung : Untersuchungen zu Alkaios und Sappho », *Beiträge zur Altertumswissenschaft* 3, 1984, p. 191-192.

21. Sur Tithon, voir J.T. Kakridis, « Tithonos », *Wiener Studien* 48, 1930, p. 25-38.

22. H. Eisenberger, *Der Mythos in der äolischen Lyrik*, Diss. Frankfurt am Main, 1956, p. 93-95.

déclare : « Mais pourquoi me plaindrais-je, puisque même le beau Tithon, le compagnon d'Aurore, fut contraint de vieillir? ». Il est bien possible que c'est ce que disait le poème à l'origine, mais si c'est le cas, il nous faut reconnaître que la pensée est peu originale, et qu'elle manque d'inspiration. Refusant d'abandonner le fragment 58 à ce triste sort en affirmant qu'il a été construit sur un cliché banal et plat, je voudrais proposer ceci : Sappho a vu dans Tithon plus qu'un modèle négatif de la sénescence.

Sappho accorde, semble-t-il, une place particulièrement importante dans son œuvre aux grandes déesses de l'amour qui mettent tout en œuvre pour vivre leur passion : Aurore, Aphrodite et Séléné (la Lune). Outre le récit de l'amour d'Aurore pour Tithon, elle raconte les anciennes légendes de l'amour de Séléné pour Endymion (fr. 199), la passion d'Aphrodite pour Adonis (fr. 211 b iii) et pour Phaon (fr. 211 c). Cette légende, l'amour d'Aphrodite pour Phaon, est tout spécialement pertinente ici car Phaon, comme Tithon, incarne simultanément les deux états extrêmes de la vie : la vieillesse et l'éclosion de la jeunesse (la déesse le rajeunit grâce à une plante aux pouvoirs extraordinaires, l'érynge). Dans la poésie grecque archaïque, ces mêmes déesses ont également d'autres mortels comme amants. Aurore ne se contente pas d'enlever Tithon, elle enlève aussi Orion (Homère, *Odyssée*, V, 121), Clitos (*Odyssée*, V, 250) et Céphalos (Hésiode, *Théogonie*, 986). Outre Phaon et Adonis, Aphrodite ravit Phaethon pour en faire son amant (*Théogonie*, 988-991). Plutôt que de penser que le fragment 58 s'articule uniquement autour de Tithon comme incarnation de la vieillesse, nous nous permettons de proposer une autre interprétation : il n'est pas impossible que le personnage de la grande déesse, Aurore en l'occurrence, compte grandement pour Sappho et que ce ne soit pas uniquement Tithon, mais le parallèle « Tithon – Aurore »/ « Sappho – une déesse » qui structure la référence de la poétesse à ce mythe.

Une telle structuration nous autorise à affirmer que l'histoire de Tithon donne l'occasion à Sappho d'établir, dans sa vision d'elle-même, une symétrie entre ses forces physiques qui s'affaiblissent et son génie poétique qui se renforce. Tout comme Tithon, elle se voit sur l'inexorable chemin de la sénescence, les membres raidis et le mouvement ralenti, mais ce chemin est aussi celui qui, en même temps, l'emmènera vers une renommée poétique toujours plus grande. Comme Tithon, elle va devenir l'incarnation du chant et elle se voit telle qu'elle sera un jour – et telle qu'elle est effectivement pour nous –, un nom célèbre, un recueil de poèmes, et non une présence charnelle. Tout cela fait de l'objet du poème bien plus que l'expression d'une plainte. Au contraire, Sappho transcende le vieux cliché pour voir dans Tithon deux traits positifs : son identification au seul et unique chant et son éternelle union avec la déesse.

Pour poursuivre dans ce sens, je voudrais m'attarder sur l'image de Tithon/Sappho enlevé/e par la puissante déesse. Il y a là une image lesbienne, comme souvent chez Sappho, discrète mais indiscutable. Pour un bref instant, elle nous permet de la voir dans le rôle de Tithon, enveloppée dans les bras roses d'Aurore et emportée vers la demeure de la déesse, aux confins de la terre, pour y devenir son « épouse » à tout jamais. Elle nous offre un extraordinaire tableau de passion et de ravissement entre femmes.

Pour conclure, l'expression « la splendeur du soleil et sa beauté » de la dernière strophe (v. 25-26) suggère que la scène imaginée dans l'action du poème a lieu en pleine lumière. Puisque Aurore est le sujet, point n'est besoin de beaucoup d'imagination pour voir Sappho chanter ce poème au lever du soleil, méditant sur son corps vieillissant tandis qu'elle observe la première lueur rose affleurant au levant. La passion amoureuse (*eros*), pour la déesse et de la déesse, a donné à tout jamais en partage, non seulement à Tithon mais à « moi aussi » (v. 25), le rayonnement d'une gloire éclatante.

Temps III : Éros ou le résistible élan de la rupture

L'abondante bibliographie qui suivit la découverte du texte de Sappho sur le papyrus de Cologne fut inversement proportionnelle à l'intérêt que suscita en son temps le maigre fragment 58 figurant dans les multiples éditions de Sappho[23]. Comme le mentionne John Winkler dans son article, une fois le constat établi que le thème est celui du temps qui passe, de la vieillesse de la poétesse et de son espoir que son nom lui survivra, tout semblait avoir été dit sur le contenu.

La publication par Michael Gronewald et Robert Daniel, dans la *ZPE* en 2004[24], de deux colonnes de fragments de papyrus trouvés dans un cartonnage de momie eut un impact scientifique[25], bien entendu, mais

23. Le fr. 58 chez E.-M. Voigt correspond au fr. 75 dans l'édition de T. Reinach .

24. M. Gronewald et R.W. Daniel, « Ein neuer Sappho-Papyrus », *Zeitschrift für Papyrologie und Epigraphik* [dorénavant cité *ZPE*] 147, 2004, p. 1-8, et « Nachtrag zum neuen Sappho-Papyrus », *ZPE* 149, 2004, p. 1-4.

25. Voir l'imposante bibliographie rassemblée par M. Gronewald et R.W. Daniel dans l'édition du texte au *P.Köln* : « Sappho (Inv. Nr. 21351+21376r) », *Kölner Papyri* [dorénavant cité *P.Köln*], VII/11, 2007, p. 1-11. Il s'agit, pour une grande part, d'articles dans la *ZPE* et dans l'acte de colloque suivant : G. Bastianini et A. Casanova (dir.), *I Papiri di Saffo e di Alceo. Atti de Convegno internazionale di Studi. Firenze, 8-9 giugno 2006* [dorénavant cité *I Papiri di Saffo*...], Florence, Istituto papirologico G. Vitelli, 2007. Pour des raisons de place, les références aux articles de la *ZPE* se feront directement par le numéro de la revue et son année de publication.

également un impact médiatique important : le *Times Literary Supplement*, le *Frankfurt Allgemeine Zeitung*, la *Stampa*[26], entre autres, mentionnèrent cette découverte et les universitaires, auteurs de ces articles, proposèrent des traductions de ce poème, précédant l'édition officielle et toute récente des *P.Köln* (2007), grâce aux deux articles M. Gronewald et R. Daniel et aux images numérisées des documents, mises en ligne par l'université de Cologne. L'effet d'une voix qui surgit du passé et la volonté des papyrologues d'offrir à un large public un accès à leur discipline peuvent expliquer les causes de cet engouement. Il ne faut pas oublier non plus le fait que Sappho, malgré le caractère fragmentaire de son œuvre, est un des auteurs antiques dont le nom est le plus connu des non-spécialistes (les raisons de cette popularité sont variées, comme on peut l'imaginer).

La bibliographie scientifique qui suivit cette découverte porta essentiellement, non sur le contenu de ce poème, mais sur des aspects techniques de sa reconstitution. Un élément primordial fut de délimiter avec certitude le poème, et la découverte de *P.Köln* fut décisive. Le papyrus nous livre en effet les lignes 11 à 22 du fragment 58 encadrées d'autres vers : par conséquent, comme l'expliquent les éditeurs, les lignes 5-10 appartiennent à un autre poème de Sappho, tout comme les vers 23-26 (comprenant le fragment de Cléarque)[27]. C'est un poème avec une unité différente qui se dégage donc, et que la double source (*P.Oxy.* XV 1787 et, surtout, *P.Köln* XI 429) nous permet de lire enfin. Voici ci-dessous la transcription établie par Michael Gronewald et Robert Daniel :

26. V. di Benedetto, « L'ultimo pianto di Saffo », *La Stampa*, 25.08.2004, p. 21 ; M.L. West, « A New Sappho Poem », *Times Literary Supplement*, 24.06.2005, p. 8 ; J. Latacz, « Veilchenbusige Geschenke », *Frankfurter Allgemeine Zeitung* [dorénavant cité *FAZ*], 22.07.2005, p. 33.

27. Ainsi, par exemple, V. Di Benedetto (*ZPE* 149, 2004, p. 5-6), W. Luppe (*ZPE* 149, 2004, p. 7-9), M.L. West (*ZPE* 151, 2005, p. 1-9), H. Bernsdorff (*ZPE* 153, 2005, p. 1-6), L. Bettarini (*ZPE* 154, 2005, p. 33-39) et G. Libermann (dans *I Papiri di Saffo...*, p. 41-65) considèrent que le terme ἄκοιτις est le dernier mot du poème et que les vers suivants sont l'incipit d'un autre. En revanche, M. Puelma et F. Angio (*ZPE* 152, 2005, p. 13-15), J. Latacz (*FAZ*), L. Edmunds (*ZPE* 156, 2006, p. 23-26), E. Livrea (dans *I Papiri di Saffo...*, p. 67-81) et G. Burzacchini (dans *I Papiri di Saffo...*, p. 83-114) considèrent que les vers se rattachent au fr. 58. Certains évoquent la possibilité d'une version longue et d'une version courte, à l'époque hellénistique, alors que V. Di Benedetto analyse les quatre vers qui suivent le vers 12 du poème, non comme un incipit, mais comme une unité propre (*ZPE* 155, 2006, p. 5-18).

Le texte

Μοίσαν ἰ]ọκ[ό]λ̣πων κάλα δῶρα, παῖδες,
τὰ]ν̣ φιλάοιδον λιγύραν χελύνναν

π̣οτ' [ἐ]ọντα χρόα γῆρας ἤδη
λεῦκαι δ' ἐγ]ένοντο τρίχες ἐκ μελαίναν·

βάρυς δέ μ' ὀ [θ]ῦμọς πεπόηται γόνα δ' [ο]ὐ φέροισι,
τὰ δή ποτα λαίψηρ'ἔον ὀρχησθ' ἴσα νεβρίοισι·

τὰ στεναχίσδω θαμέως· ἀλλὰ τί κεν ποείην ;
ἀγήραον ἄνθρωπον ἔοντ' οὐ δύνατον γένεσθαι.

καὶ γάρ π̣[ο]τα̣ Τίθωνον ἔφαντο βροδόπαχυν Αὔων
ἔρωι φ. α̣θ̣ε̣ισαν βαμεν'εἰς ἔσχατα γᾶς φέροισα[ν,

ἔοντα̣ [κ]ά̣λ̣ọν καὶ νέον, ἀλλ' αὖτον ὔμως ἔμαρψε
χρόνωι π̣ọ́λ̣ι̣ọν̣ γῆρας ἔχ[ο]ν̣τ'ἀθανάταν ἄκοιτιν.

Une traduction[28]

(...) Des Muses, aux voiles de violette, enfants, (accueillez) les beaux présents,
(...et) la lyre mélodieuse, amoureuse du chant.

(...) Mais mon corps, qui était jadis (tendre), l'âge (l'a saisi)
Et mes cheveux, auparavant noirs, sont désormais blancs.

J'ai le cœur serré, mes jambes se dérobent,
ces jambes agiles qui me firent danser comme un jeune faon, jadis.

Souvent, je gémis, mais que pourrais-je faire?
Pour qui est un humain, il n'est pas possible d'être éternel.

On raconte en effet que jadis l'Aurore aux bras de roses, amoureuse,
enleva Tithon, et l'emporta aux confins de la terre,

resplendissant de beauté et de jeunesse. La terne vieillesse pourtant le saisit,
avec le temps, lui qui avait une immortelle compagne.

On le voit, c'est bien un nouveau et beau poème qui émerge, un poème quasi-complet qui permet d'infirmer ou de confirmer définitivement nombre d'hypothétiques et difficiles restitutions. L'abondante bibliographie, à peine trois ans après la révélation de sa découverte, se charge de commenter les nouvelles restitutions, les lacunes qui persistent, les ambi-

28. Les parenthèses expriment les reconstitutions hypothétiques en raison des lacunes. Voir M. Gronewald et R.W. Daniel, *P.Köln* XI 429, pour une synthèse de toutes les propositions de corrections et de reconstitutions et pour un résumé des débats, nombreux et argumentés, au sujet de chacune d'elles. À cette étape de notre étude, nous suivons les hypothèses de reconstitution de M.L. West, *ZPE* 151, 2005, p. 1-9.

guïtés graphiques[29]. Pourtant il semble que le commentaire portant sur le sens et la portée du texte n'ait guère changé, alors même que le poème est bien moins lacunaire et découpé très différemment.

Voyons très sommairement les avancées de cette nouvelle édition. En premier lieu, il est important de noter que l'hypothèse de F. Stiebitz, qui était admise par la quasi-totalité de la communauté scientifique, celle qui consistait à voir dans le fragment 58 une allusion au mythe de Tithon, est totalement confirmée. La nouvelle délimitation du poème a cependant des conséquences sur la portée générale. Puisque les vers 23-26 appartiennent à une autre unité poétique, les débats évoqués par John Winkler portant sur les nuances du terme ἀβροσύνα sont caduques. De même, les tonalités apportées par l'expression « la splendeur du soleil et sa beauté » ne portent pas sur le propos développé par Sappho ici. L'exclusion, également, des vers 5 à 10, confirme la moindre importance – du moins de façon explicite – accordée à la gloire du poète puisque le souhait exprimé dans le vers 10, « donne du succès à (ma) bouche », n'appartient pas au poème. Le thème apparaît donc plus resserré, plus net : c'est bien le parallèle avec le mythe de Tithon qui structure le poème. Les thèmes de la danse et de la musique sont là également, ainsi que celui de la vieillesse qui atteint le corps.

Les interprétations générales sur le poème restent globalement les mêmes que celles qui avaient été émises à propos du *P.Oxy.* XV 1787 : Sappho reprend un thème habituel, celui du temps qui passe[30]; certains voient la naissance d'un nouvel espoir (quelque chose comme, « oui, la vieillesse est là mais il ne faut pas perdre courage ») exprimé par les derniers vers[31]. Le poème serait une leçon de vie, à visée pédagogique : Sappho

29. Voir M. Gronewald et R.W. Daniel, *P.Köln* XI 429, p. 1.

30. Il s'agit, par exemple, de V. Di Benedetto (*ZPE* 149, 2004, p. 5-6), qui considère que le complément apporté par le *P.Köln* renforce le thème de la vieillesse; de H. Bernsdorff (*ZPE* 150, 2004, p. 27-35) qui considère que le poème exprime la mélancolie liée à l'âge (« die Schwermut des Alters »); de C. Austin (« Nuits chaudes à Lesbos. Buvons avec Alcée; aimons avec Sappho », dans *I Papiri di Saffo...*, p. 115-126) qui évoque « les plaintes amères et désespérées » d'une Sappho dans son « aride vieillesse »; de E. Livrea (« *La vecchiaia su papiro : Saffo Simonide Callimaco Cercida* » dans *I Papiri di Saffo...*, p. 67-81), qui étudie le motif de l'âge avancé dans la poésie mélique. L'exemple de Tithon est donc négatif : M. Gronewal et R.W. Daniel parlent de « unglüklichen Liebesbeziehung » (*P.Köln* XI 429 p. 4).

31. Par exemple, A. Hardie (*ZPE* 154, 2005, p. 13-32) voit dans la proximité entre l'âge extrême et la jeunesse éternelle à la fois une juxtaposition volontairement grotesque et une forme de consolation apportée aux jeunes filles. L. Edmunds (*ZPE* 156, 2006, p. 23-26) interprète également les derniers vers comme l'expression d'une volonté de consolation. G. Burzacchini (dans *I Papiri di Saffo...*, p. 83-114) considère la référence à Tithon et à la vieillesse comme un parallélisme à visée positive, qui incite à reprendre courage. R. Rawles (*ZPE* 157, 2006, p. 1-7), dans un article approfondi, analyse la portée positive du poème et voit également dans Tithon un *exemplum* (nous développerons son analyse plus loin).

s'adresserait aux jeunes filles de son cercle et utiliserait le mythe de l'amour malheureux de Tithon comme exemple « éducatif »[32]. Certains comparent l'enlèvement de Tithon à celui de Ganymède par Zeus[33]. Autre interprétation : Sappho exprimerait sa tristesse à voir les ravages du temps sur son corps alors que les jeunes filles, elles, restent toujours jeunes (puisqu'une fois les unes parties, d'autres arrivent) : M. West compare cette situation à celle de l'enseignant toujours confronté à un jeune public[34].

Dans ces commentaires, on retrouve en partie les thèmes habituels de la « *Sappho Schoolmistress* » que critiquait fort justement Holt Parker en 1993[35]. Dans cet article très argumenté, il met en évidence l'invalidité des fameuses biographies de Sappho (celles qui la décrivent « petite et peu gracieuse », qui font d'elle une femme mariée et donnent le nom de son époux, celles qui évoquent ses jeunes disciples et son enseignement) et insiste sur le fait que nos informations sur l'époque archaïque ne peuvent que rarement éclairer le contexte réel des poèmes de Sappho puisque la majeure partie de ce que l'on sait sur cette époque vient de textes *poétiques* contemporains ou de sources postérieures (qu'il convient de lire en tant que telles, avec prudence). J'ai montré également, dans mon travail sur l'homosexualité féminine en Grèce et à Rome, une des figures antiques de Sappho, fondée sur un imaginaire grec puis romain *postérieurs* à l'époque de la poétesse[36]. Dans le même mouvement de Joan Dejean qui montrait comment naissaient les « fictions de Sappho » aux époques modernes[37], Holt Parker déconstruit ces constructions (maîtresse d'école, prêtresse, éducatrice en sexualité, formatrice pour le mariage). Face à ces strates d'imaginaires, il s'agit donc de revenir aux documents de l'époque archaïque.

32. A. Hardie (*ZPE* 150) parle de leçon de vie : la référence à ce mythe est l'occasion de déployer des thèmes bénéfiques pour les jeunes filles et leur vie future. R. Rawles (*ZPE* 157, 2006, p. 1-7) voit Tithon comme support d'une leçon élaborée par la poétesse à destination des jeunes filles.

33. C'est le cas, entre autres, de L. Bettarini (*ZPE* 159, 2007, p. 1-10).

34. M.L. West, *ZPE* 151, 2005, p. 6 : Tithon vieillit « even as Sappho grows old in the face of a cohort of protégées who, like undergraduates, are always young ».

35. H. Parker, « Sappho Schoolmistress », *Transactions of the American Philological Association* 123, 1993, p. 309-351.

36. S. Boehringer, *L'homosexualité féminine dans l'Antiquité grecque et romaine*, Paris, Les Belles Lettres, 2007, p. 43-57 et 211-215. Certains textes, postérieurs, évoquent les relations de Sappho avec des femmes mais la poétesse n'apparaît jamais comme le personnage emblématique de l'« homosexuelle » ou de « la pédéraste ». Dans tous les cas, la réception de ses poèmes par les Anciens est toujours fondée sur une indistinction personnage réel/poète (selon nos critères contemporains).

37. J. Dejean, *Fictions of Sapho, 1546-1937*, Chicago, University of Chicago Press, 1989, trad. fr. F. Lecercle, *Sapho. Les fictions du désir. 1546-1937*, Paris, Hachette, 1994.

Par ailleurs, la difficile question du statut du locuteur n'est que rarement abordée dans ces lectures du poème, alors qu'il s'agit d'une donnée primordiale de l'écriture mélique[38] : de façon générale, en effet, dans la poésie lyrique archaïque (c'est le cas dans un bon nombre de poèmes d'Anacréon, d'Alcée, et chez Hipponax, Archiloque, Théognis), la situation d'énonciation est celle d'un locuteur qui se présente comme étant le poète lui-même et qui joue un rôle dans l'histoire ou les événements décrits. La poésie mélique n'est pas autobiographique : il convient de distinguer la Sappho-auteur de la Sappho personnage-poète qui dit « je » (Sappho-*ego*)[39] et, surtout, de ne pas oublier qu'il existe (même si nous ne le connaissons pas) un contexte d'énonciation spécifique de ces chants, de leur performance[40].

Face à cette unanimité dans l'interprétation de ce passage, à savoir un poème sur l'âge inexorable, l'article de John Winkler se démarque nettement et, alors même que celui-ci ne disposait que d'une source fragmentaire, sa lecture se voit confirmée en divers points. Comme il le dit si bien, il refuse d'abandonner le fragment 58 au « triste sort » d'un « cliché banal et plat » et il propose cette interprétation : « Sappho a vu dans Tithon plus qu'un modèle négatif de la sénescence ».

Poursuivons donc cette lecture (qui n'était alors qu'une hypothèse), dans une continuité thématique qui suit presque vingt ans de rupture. La nouvelle délimitation du poème recentre totalement le thème du poème sur celui du mythe de Tithon. Les termes « immortelle épouse » étaient lisibles dans le *P.Oxy.*, mais personne ne savait alors qu'il s'agissait de la clausule. Le poème s'achève donc, non pas sur l'idée d'éternité, mais sur

38. Sur ces questions, voir F. Dupont, *L'invention de la littérature…*, *op. cit.* ; C. Calame, *Le récit en Grèce ancienne. Énonciation et représentation des poètes*, Paris, Belin, 1986, et *Masques d'autorité. Fiction et pragmatique dans la poétique grecque antique*, Paris, Les Belles Lettres, 2005.

39. Il s'agit de distinguer « entre la nature linguistique de l'"instance d'énonciation", représentée énonciativement par la figure du locuteur-narrateur, et la "personne" psychosociale de l'auteur historique » (C. Calame, *Masques d'autorité…*, *op. cit.*, p. 4; sur la constitution discursive du sujet, voir *Le récit en Grèce ancienne…*, *op. cit.*, p. 17-45, particulièrement p. 33 : « En s'énonçant, le sujet peut jouer à cache-cache avec sa réalité socio-psychologique. Il est susceptible de se contruire tel qu'il se veut », avec cette précision : « Le *je* se constitue lui-même en faisant exister son produit de parole »). Voir également C. Calame, « Érôs revisité : la subjectivité discursive dans quelques poèmes grecs », *Uranie* 8, 1998, p. 95-107.

40. A. Hardie (*ZPE* 150) ainsi que R. Rawles (*ZPE* 157) prennent en compte la dimension énonciative et pragmatique du poème : ils analysent l'expression du « don des Muses » dans son contexte intra-discursif et extra-discursif. A. Hardie distingue auteur et *persona*; de façon très intéressante, R. Rawles interprète le cadeau des Muses comme étant le chant lui-même mais également la capacité à créer un chant, cadeau destinée aux jeunes filles.

celle de la compagne, celle qui partage le lit – comme le veut l'étymologie du mot ἄκοιτις, qui ne désigne pas un lien social entre les deux familles des époux, mais la réalité d'une vie amoureuse partagée : un seul lit (ἁ « un », κοίτη « la couche ») pour les deux amants. Le terme, fréquent chez Homère et chez les tragiques, a une forte valeur affective et il désigne la compagne, qu'elle soit légitime ou non[41].

Le recours à un terme dont le signifiant convoque l'image de deux corps amoureusement allongés reprend un thème qui apparaît à plusieurs reprises dans les poèmes de Sappho : évocation de coussins ou de lits moelleux, souhait de dormir « sur le sein d'une tendre amie »[42]. D'autres vers décrivent la solitude de Sappho-*ego*, triste dans son lit, la nuit, et reprennent ce motif, par la négative : « mais moi, je dors seule » (ἔγω δὲ μόνα κατεύδω[43]).

L'usage du terme ἄκοιτις et sa place dans le texte donnent une tonalité différente au poème, et John Winkler a raison de souligner qu'il faut se méfier des sens évidents, chez Sappho. Très souvent en effet, la signification d'une formule gnomique est dépassée par d'autres éléments du poème, qui se reprennent et s'intensifient, pour modifier la portée de la sentence. Ainsi, le célèbre « Hymne à Aphrodite », tel qu'on l'a postérieurement nommé, reprend le formulaire de la prière, mais le transforme : comme l'avait montré John Winkler dans un autre ouvrage, le chant se déploie de façon inattendue pour offrir progressivement le point de vue multiple de deux Aphrodite et trois Sappho[44].

L'effet d'écho entre les termes χρόνος et ἔρως confirme cette thématique amoureuse. Les reconstitutions permettent en effet de lire ces deux mots, de longueur égale, au même cas (le datif) et placés en tête de vers (10 et 12). Cette disposition suggère un lien subtil, entre les effets du temps et ceux de l'amour. Et c'est bien ce que suggère la poétesse lorsqu'elle décrit dès les premiers vers la fragilité du corps de celle qui dit « je » : mes genoux ne me soutiennent plus. Image classique de la vieillesse, mais surtout image classique des effets d'*éros*. Chez la poétesse, *éros* est le briseur de membre (ὁ λυσιμελής), celui qui dévaste tout sur

41. Le terme ἄκοιτις se distingue d'ἄλοχος, qui a le sens noble de « épouse légitime ». Le ἁ au sens de « un », issu de la racine indo-européenne σεμσομσμ, porte normalement un esprit rude : il y a eu soit psilose (perte de l'aspiration), soit une analogie avec ἄλοχος. *Cf.* P. Chantraine, *Dictionnaire étymologique de la langue grecque*, Paris, Klincksieck, 2009, *s.v.*

42. Fr. 46, 94 et 126.

43. Fr. 168B

44. John J. Winkler, « Garden of Nymphs : Public and Private in Sappho's Lyric », *Women's Studies* 8, 1981, p. 65-91, version développée dans *Désir et contraintes…*, *op. cit.*, p. 305-352.

son passage[45]. L'association entre les effets d'*éros* et la mort est particulièrement importante dans l'œuvre de la poétesse ; se trouvent très souvent exprimés conjointement le désir de mourir et l'arrivée brutale d'*éros*[46]. Ce motif n'est pas neuf et l'on trouve cette image dans les *Parthénées* d'Alcman, composés au VIIe siècle avant notre ère à Sparte. Dans cette composition, le « je » et le « nous » renvoient aux jeunes choreutes qui sont chargées d'exécuter le chant. Voici ce qu'elles disent, à propos de la jeune femme qui dirige le chœur (dans la fiction de la poésie) : « Elle jette des regards qui me font défaillir davantage que le sommeil et la mort, par un désir qui brise mon corps » (λυσιμελεῖ τε πόσωι, τακερώτερα δ' ὕπνω καὶ σανάτω ποτιδέρκεται[47]). Comme l'a précisément montré Claude Calame dans *L'Éros dans la Grèce antique*, cette association des émotions apparemment contraires est fréquente dans la poésie mélique archaïque[48].

La paralysie physique et la perte de maîtrise de l'individu sur son propre corps sont longuement décrites dans le célèbre fragment 31, qui évoque, sous forme d'antithèses, les marques d'*éros* sur le corps de Sappho-*ego*. Ce même poème commençait également par une formule tout faite : « Il est pareil aux dieux, cet homme qui... ». Cette tournure a conduit beaucoup de commentateurs contemporains à voir dans le poème la description d'une relation triangulaire, et à interpréter les troubles physiques comme les symptômes de la jalousie. Une étude de John Winkler (à nouveau) a montré qu'il s'agissait d'une reprise d'un traditionnel *makarismós*, une formule de bon vœux, équivalent antique de nôtre « heureux qui... »[49]. Point de jalousie ici, point d'homme non plus, mais un désir immense qui frappe Sappho-*ego* à la vue de la jeune femme aimée. Méfions-nous donc des (fausses) évidences et des parallélismes trop simples.

Dans le fragment 58, bien entendu, les cheveux de Sappho-*ego* blanchissent et elle ne danse plus comme autrefois ; mais est-ce à dire qu'elle se décrit comme dénuée de beauté et incapable d'inspirer le désir ? Est-ce à dire qu'il n'y a là que plainte et constat pessimiste d'une vieillesse qui détruit le corps comme le temps a détruit celui de Tithon, enfermé loin de tout, vieux et petit, dont seule la voix résonne ? Pour poser la

45. Fr. 103 et 47.

46. Voir, par exemple, fr. 94 (« Je voudrais sincèrement mourir ») et fr. 95 (« Le désir de mourir... »).

47. Fr. 26, v. 61-62 (*Alcman. Introduction, texte critique, témoignages et commentaire*, C. Calame (éd.), Rome, Edizioni dell'Ateneo, 1983).

48. C. Calame, *L'Éros dans la Grèce antique...*, *op. cit.*, p. 26-71 (pour les sensations paradoxales).

49. J. Winkler, *Désir et contraintes...*, *op. cit.*, p. 312-331.

question plus clairement : devons-nous prendre Sappho au mot ? Il semble évident que non, et que si les Anciens eux-mêmes l'avaient fait, au vu des nombreuses occurrences du motif, ils nous auraient transmis l'image immuable d'une Sappho laide, grincheuse et vieille. Les thèmes d'une œuvre poétique de l'époque archaïque ne peuvent se comprendre qu'à l'intérieur de la culture où ils émergent et, surtout, que si l'on prend en compte les modalités pragmatiques et énonciatives de leur apparition.

Dans les poèmes de Sappho, le moment fictionnel[50] de l'énonciation des poèmes correspond très souvent au moment où il y a impossibilité de chanter ou de danser, au moment où la personne aimée est absente (qu'elle soit partie au loin, ou qu'elle se soit détournée d'elle), au moment où le corps est un obstacle, où le θῦμος est sous contrainte, ou encore au moment où l'indécision empêche l'action. Dans ces instants d'inaction subie, seule l'imagination, prospective ou remémorative, est en mouvement. Comme l'ont étudié Eva Stehle et Jane Snyder, la poésie de Sappho accorde en effet une grande importance à la mémoire et aux souvenirs[51]. Ainsi, de ses relations amoureuses, Sappho préfère évoquer le souvenir passé, dans un récit rétrospectif, ou parfois l'espoir, dans un récit prospectif. Même si elle a aimé et été aimée, même si elle sera à nouveau aimée, Sappho-auteur ne nous laisse accéder qu'au souvenir, parfois radieux, mais toujours nostalgique de Sappho-*ego*, ou au souhait d'une Sappho-*ego* seule, abandonnée ou âgée, un souhait plein de crainte et d'espoir.

Le fragment 58 reconstitué correspond exactement à cette configuration. Dans les premiers vers, Sappho-*ego* évoque un jeune public (παῖδες), auquel, semble-t-il, elle s'adresse[52]. Elle évoque également la musique et la danse, par une comparaison joyeuse avec les faons. Elle met alors en évidence une impossibilité physique (avec un premier glissement entre l'effet de l'âge et celui d'*éros*) puis morale (« que pourrais-je faire? »). Le glissement entre ces deux types de manifestations se fait par la référence au θῦμος (qui désigne à la fois le souffle et l'élan, le siège des émotions

50. « Par l'intermédiaire des processus complexes de la production de sens induits par l'articulation des mots et des phrases dans le flux vocal transcrit par le système graphique de l'écriture, le texte "réfère". Dans ce flux est fabriqué un monde possible, un monde que l'on appellera *fictionnel*, puisqu'il se construit dans et par le mouvement de la "référentialisation" interne au texte », explique C. Calame, dans *Masques d'autorité…*, *op. cit.*, p. 4.

51. J.M. Snyder, *Lesbian Desire in the Lyrics of Sappho*, New York, Columbia UP, 1997, p. 45-62 et E. Stehle, « Sappho's Private World », *Women's Studies* 8, 1981, p. 54-56, rééd. dans H.P. Foley (éd.), *Reflections of Women in Antiquity*, Londres, Gordon & Breach, 1981, p. 45-61.

52. Le terme de παῖδες, probablement au vocatif, relève à la fois de la *demonstratio ad oculos* et d'une *Deixis am Phantasma*, selon la terminologie expliquée par C. Calame (*Le récit en Grèce ancienne…*, *op. cit.*, p. 34-48 et *Masques d'autorité…*, *op. cit.*, p. 13-40).

« morales » qui ont des effets sur le corps[53]) et par la mention d'une réaction vocale, un gémissement très différent du chant mélodieux évoqué dans l'incipit (le verbe στεναχίσδω signifie « gémir », « se lamenter » mais il est parfois associé au chant du péan où l'on implore et supplie la divinité ; il est également assez ambigu, dans la mesure où le gémissement peut venir d'une douleur ou du plaisir). La poétesse établit ensuite un parallèle implicite avec Tithon (où le glissement vieillesse/*éros* est réactivé par les échos entre *éros* et le temps, χρόνος). Si le thème des mortels aimés des dieux permet un écho avec le mythe de Ganymède (le jeune homme, enlevé par Zeus métamorphosé en aigle, devint immortel sans accéder au statut divin), la jeunesse éternelle du jeune Troyen le distingue de la situation de Tithon[54]. Par ailleurs, le fait que, dans le parallèle que fait Sappho-*ego*, le ravisseur soit une ravisseuse tend à opposer les deux personnages.

Regardons de plus près comment cette référence au mythe est introduite : la poétesse évoque en premier lieu l'enlèvement divin, et ce n'est que dans un second temps qu'elle aborde l'autre aspect de la légende (la jeunesse de Tithon, et les conséquences du temps qui s'écoule). C'est donc tout d'abord l'image d'une déesse « aux bras de rose » qui est offerte au public du chant, l'image une déesse à la fois puissante (πότνια' Αυος, écrit Sappho dans un autre poème[55]) mais également victime de cette force qu'est *éros*. Tithon, quant à lui, est ravi et emporté « au confins de la terre ».

Notons les multiples possibilités d'identifications, et les caractéristiques croisées de cette comparaison, moins évidente qu'il n'y paraît : si l'on considère Sappho-*ego*, âgée et puissante par son talent, elle est à la fois mise en parallèle avec Tithon (pour l'âge) et avec Aurore (pour la puissance) ; à l'inverse si l'on considère Sappho encore jeune mais sans expérience (c'est ainsi qu'elle caractérisait tendrement la petite Atthis, encore ἄχαρις[56]), elle est mise en parallèle avec l'immortelle déesse pour sa jeunesse et avec Tithon, sans expérience érotique (c'est ce que désigne également le terme de χάρις) lorsqu'il fut enlevé par la divinité. Est-ce simplement pour dire que la vieillesse est inéluctable que Sappho déploie

53. Sur cette notion, voir l'étude récente d'O. Renaut, *Le* thumos *dans les Dialogues de Platon : réforme et éducation des émotions*, Thèse de doctorat, Université Paris 1, 2007, p. 7-12 et p. 347 *sq.*

54. Sur cet aspect du mythe de Ganymède, plus complexe qu'on ne le pense, voir Ch. Delattre, « L'immortalité par défaut, ou l'impossible statut de Ganymède », dans V. Gély (éd.), *Ganymède : rapt, ravissement et ivresse poétique*, Paris, Presses Universitaires de Paris X Nanterre, 2007, p. 1-12.

55. Fr. 157.

56. Fr. 49.

cette image kaléidoscopique ? On peut en douter. Ces comparaisons dessinent des parallèles *qui se croisent* (donc impossibles), où les personnages donnés à imaginer dans le poème sont *à la fois* jeunes et âgés, forts et faibles, séducteurs et séduits, enlevés et kidnappeurs, actifs et passifs, hommes et femmes, Aurore et Tithon[57]. Comme toujours chez Sappho, *éros* n'a pas de lois, si ce n'est de délier ce qui est lié, de faire fondre les corps (c'est le sens de τακερός qu'utilise Alcman), pour les faire renaître sous une nouvelle configuration émotionnelle et corporelle (si tant est qu'il y ait une différence).

Ainsi, comme l'a très justement pressenti John Winkler, c'est bien une image d'amour qui est suggérée ici (et que confirme la restitution finale du poème). Alors que le temps passe et atteint le corps, comment, en effet, ne pas souhaiter être ravi(e) par une déesse – quand bien même « il n'est pas possible d'être sans âge » – si l'on peut vivre pour l'éternité avec une immortelle compagne, qui partage sa couche à tout jamais ? Oui, Sappho nous donne à voir, fugitivement, l'image d'une Sappho-*ego* enlevée dans les bras d'une déesse immortelle. Et cette image n'est pas la seule, elle vient s'ajouter à toutes les autres possibilités de cette comparaison paradoxale : ce qui est donné à voir, ce sont les multiples métamorphoses du désir.

Si la reconstitution du poème ne permet plus l'image que développe John Winkler d'une Sappho jouant de la lyre sous le soleil et méditant sur la gloire qu'apporte la poésie, son pressentiment d'une valeur positive du parallèle avec Tithon est totalement confirmée[58]. Cette configuration d'un poème qu'on ne connaissait que partiellement et qui resurgit inopinément a permis de mettre en évidence l'extrême sensibilité du philologue américain, et la difficulté qui existe encore chez certains commentateurs d'intégrer à leurs analyses les travaux récents portant sur la pragmatique des discours, sur les constructions culturelles des catégories sexuelles dans le monde antique et sur l'érotisme saphique (aux deux sens du terme).

Ces images déployées par la poétesse, c'est un « cadeau des Muses » (et non une leçon ou un enseignement) offert aux jeune filles dans la fiction

57. R. Rawles (*ZPE* 157) avait relevé à juste titre cette intéressante inversion du genre, mais il l'interprète d'une manière différente de la nôtre : Tithon est comme Hélène, destiné à se marier. Il est donc une figure à laquelle peuvent s'identifier les jeunes filles, elles aussi destinées à s'unir à un époux. C'est en ce sens que les derniers vers peuvent se lire comme une leçon : cette comparaison serait peut-être, selon Rawles, une façon d'avertir les jeunes filles que le plaisir matrimonial et sexuel s'estompe avec l'âge.

58. Cette conclusion se démarque par conséquent des interprétations qui considèrent le parallèle avec Tithon comme négatif, ou qui y voient un amour malheureux, mais aussi avec celles qui, en considérant la référence à Tithon comme positive, considèrent que c'est en raison du fait que la vieillesse est une valeur.

et au public dans la réalité, c'est un chant qui dit de lui-même, dans sa propre performance, qu'il est un don, un don qui se réactualise par la danse et le chant et qui, de ce fait – justement – échappe au temps. Là, *éros* se tend sur la faille de la rupture : comme le temps, il ne cesse pas de ne pas cesser. Si l'on croit qu'il n'est plus là, il réaffirme sa présence par des atteintes sur le corps. Sans cesse, il crée l'étonnement, comme l'exprime la récurrence, dans la poésie mélique, de l'expression Ἔρως δηὖτε με… : « Érôs, encore, me… »[59]. Δηὖτε est là comme un cri de surprise, devant cette force qui revient.

Chez Sappho, et dès Sappho, *éros* est ce mouvement sans fin vers ce qui n'a pas de fin (« les confins de la terre »), il est la tension de la rupture qui permet à l'élan (θῦμος) de continuer. Il est ce mouvement illimité vers ce qui manque.

Bibliographie synthétique des travaux de John J. Winkler

Winkler J.J., « Lollianos and the Desperadoes », *Journal of Hellenic Studies* 100, 1980, p. 155-181.

– « Garden of Nymphs : Public and Private in Sappho's Lyric », *Women's Studies* 8, 1981, p. 65-91 ; version développée : « Double Consciousness in Sappho's Lyrics », dans *The Constraints of Desire. The Anthropology of Sex and Gender in Ancient Greece*, New York-Londres, Routledge, 1990, p. 162-187.

– « The Mendacity of Kalasiris and the Narrative Strategy of Heliodoros' *Aithiopika* », *Yale Classical Studies* 27, 1982, p. 93-158.

– « Geminus of Tyre and the Patron of Artemidorus », *Classical Philology* 77, 1982, p. 245-248.

– *Auctor & Actor : A Narratological Reading of Apuleius' Golden Ass*, Berkeley, University of California Press, 1985.

– « The Ephebes' Song : *Tragôidia* and *Polis* », *Representations* 11, 1985, p. 26-62.

– « Sappho and the Crack of Dawn (fr. 58 L-P) », *Journal of Homosexuality* 20.3-4, 1990, p. 227-233.

– *The Constraints of Desire. The Anthropology of Sex and Gender in Ancient Greece* (1990), trad. fr. S. Boehringer et N. Picard, *Désir et contraintes en Grèce ancienne* Paris, Epel, 2005.

Winkler J.J. et Zeitlin F.I. (eds.), *Nothing to Do with Dionysos? The Social Meanings of Athenian Drama*, Princeton, Princeton UP, 1989.

Winkler J.J. et Stephens S.A. (eds.), *Ancient Greek Novels. The Fragment*, Princeton, Princeton UP, 1995.

Halperin D.M., Winkler J.J. et Zeitlin F.I. (eds.), *Before Sexuality. The Construction of Erotic Experience in the Ancient World*, Princeton, Princeton UP, 1990.

59. Voir S. Mace, « Amour, Encore! The Development of *dêute* in Archaic Lyric », *Greek, Roman, and Byzantine Studies* 34, 1993, p. 335-364.

D'Hésiode à Eschyle : Prométhée, *un mythe de souveraineté entre rupture et continuité*

Marie-Laurence DESCLOS

Le Prométhée auquel je vais m'intéresser sera tout à la fois le Prométhée d'Hésiode, celui de la *Théogonie* (v. 520-616) et des *Travaux* (v. 42-105), et le Prométhée d'Eschyle, le *Prométhée enchaîné*[1]. Plus précisément des rapports que, chez l'un et chez l'autre, le fils de Japet entretient avec le Cronide. Rapports contrastés : on a, en effet, à de multiples reprises, souligné les « aspects contradictoires » du Zeus de la *Théogonie*, dieu violent et cruel, et de celui des *Travaux* qui apparaît sous les traits d'un dieu de justice. On retrouve la même dualité chez Eschyle entre le protecteur des suppliants et des étrangers, dépeint dans les *Suppliantes*, et le souverain au pouvoir tyrannique et brutal du *Prométhée*[2]. À cette différence près, cependant – comme Sophie Klimis le rappelle à juste titre – que « le *Prométhée enchaîné* est la première pièce d'une trilogie dont les deux suivantes ne sont pas parvenues jusqu'à nous. [...] ce qui y est représenté ne doit pas être considéré comme un tout achevé mais comme le premier

1. Je n'aborderai pas la question du Prométhée de Platon, qui apparaît dans le *Protagoras*, pour en avoir traité ailleurs (« Autour du *Protagoras* : Socrate médecin et la figure de Prométhée », *Quaderni di Storia*, 36, 1992, p. 105-140).

2. Voir G.M.A. Grube, « Zeus in Aeschylus », *The American Journal of Philology*, 91, 1970, p. 43-51. La « théorie évolutionniste » a tenté de rendre raison de « l'existence, en un seul dieu, de traits de caractère aussi radicalement divergents », L. Golden, « Zeus the Protector and Zeus the Destroyer », *Classical Philology*, 57, 1962, p. 20-26 (citation p. 21) : du *Prométhée* aux *Suppliantes*, Eschyle ferait « évoluer » Zeus en le dépeignant comme un dieu qui « apprend et grandit » et qui « devient plus intelligent et à la fin plus spirituel » (G. Murray, *Aeschylus : the Creator of Tragedy*, Oxford, Clarendon Press, 1940, p. 110). On a aussi avancé que le *Prométhée* n'était pas d'Eschyle, ce dernier étant un trop grand poète pour être aussi incohérent (pour une présentation de la question, voir H. Lloyd-Jones, « Zeus, Prometheus and Greek Ethics », *Harvard Studies in Classical Philology*, 101, 2003, p. 49-72, surtout p. 52-54, et, déjà, S. Saïd, *Sophiste et tyran ou le problème du* Prométhée enchaîné, Paris, Klincksieck, 1985, p. 9-12, surtout p. 27-80).

moment d'une action plus vaste développée en trois temps »[3]. Pour autant mon propos ne sera pas ici de m'interroger – si tant est que la chose ait un sens – sur la « théologie » du dramaturge Eschyle[4], ou d'emprunter, après tant d'autres, la voie sans issue de la *réduction* ou de la *négation* du problème posé par les représentations divergentes du Cronide dans le théâtre eschyléen[5]. Je me contenterai de noter que la double figure de Zeus ne saurait manquer d'avoir une incidence sur le comportement et les réactions d'un Prométhée, alternativement présenté, chez Hésiode, comme un *trickster* dont le duel de ruse avec le maître de l'Olympe sera payé au prix fort par les mortels, et, chez Eschyle, comme un « noble Titan » injustement châtié pour son trop grand amour des hommes, sa *philanthropía*[6]. Il semble donc que nous soyons face à une rupture redoublée, entre la *Théogonie* et les *Travaux* d'abord, entre les poèmes hésiodiques et la tragédie eschyléenne ensuite. Sauf à considérer que le *Prométhée* d'Eschyle obéit à la même « logique métonymique » que la *Théogonie* et les *Travaux*[7], dont il constituerait, en quelque sorte, l'« épisode suivant »; un « épisode », par conséquent, où se trouverait « préservé, assumé et englobé » tout ce qui le précède[8].

On s'en souvient, il est question, dans les deux poèmes hésiodiques, de la race des hommes installée entre bêtes et dieux immortels, ainsi que du statut et de la condition qui désormais seront les siens[9]. Pour le dire rapidement, le repas sacrificiel, auquel l'épisode de Mékonè sert d'*aítion*, détermine tout à la fois leur régime alimentaire au sortir de l'âge d'or, la reproduction sexuée et le mariage, la nécessité du travail, la fatigue et la

3. S. Klimis, *Archéologie du sujet tragique*, Paris, Kimè, 2003, p. 93.

4. M. Gagarin, *Æschylean drama*, Berkeley, University of California Press, 1976, p. 132; K. Reinhardt, *Aischylos als Regisseur und Theologe*, Bern, Francke, 1949 (trad. fr. E. Martineau, dans *Eschyle, Euripide*, Paris, Minuit, 1972, p. 34-174).

5. *Cf.* S. Saïd, *Sophiste et tyran…*, *op. cit.*, p. 15 : « D'autres [hellénistes], plus nombreux, se sont attachés à le résoudre et ont tenté de *justifier l'écart* qui sépare le Zeus tyran du *Prométhée* du Zeus souverain d'Eschyle, de le *réduire*, en montrant qu'il n'était que *provisoire* ou même de le *nier*, en établissant qu'il était *illusoire* ».

6. H. Lloyd-Jones, « Zeus, Prometheus and Greek Ethics », art. cit., p. 52.

7. *Cf.* L.C. Muellner, *The anger of Achilles: mènis in Greek epic*, Ithaca (N. Y.), Cornell UP, 1996, p. 54, qui définit ainsi cette « logique métonymique » : « chaque élément produit dans un épisode du mythe est préservé, assumé et englobé dans l'épisode suivant, qui fait alors reposer tous ses éléments sur l'existence, dans leur ordre de succession, des éléments produits dans les épisodes précédents, de telle sorte que le dernier épisode, logiquement si ce n'est explicitement, englobe la totalité des éléments qui se succèdent ».

8. Ni « double » ni « copie » (S. Saïd, *Sophiste et tyran…*, *op. cit.*, p. 16), par conséquent, mais pas davantage nette distinction (p. 117) ou modification radicale (p. 122).

9. Il faut lire l'importante contribution de J.-P. Vernant, « A la table des hommes. Mythe de fondation du sacrifice chez Hésiode », dans M. Detienne et J.-P. Vernant, *La cuisine du sacrifice en pays grec*, Paris, Gallimard, 1979, p. 37-132.

mort. Cette « mise en place de l'humanité », comme l'appelle Jean-Pierre Vernant, a pour cadre « le récit de l'*éris* qui oppose Prométhée à Zeus[10], *éris* qui se situe en marge aussi bien des luttes de souveraineté – puisqu'elle n'a rien à voir avec les combats des Titans – que de l'organisation du monde divin, sous le règne de Zeus »[11]. Quelle pertinence y a-t-il dès lors à parler de « mythe de souveraineté » à propos du Prométhée d'Hésiode? Si l'on prétend par là que le Titanide entend jouer sa carte dans la compétition pour le pouvoir royal, la réponse à cette question est, semble-t-il, qu'il n'y en a aucune[12]. En revanche s'il s'agit de s'interroger sur le type de relations que peuvent entretenir le développement, apparemment digressif, sur l'« épisode prométhéen », et le récit de ces affrontements divins dont l'honneur royal est le prix, il en va tout autrement. Je ferai l'hypothèse qu'en ce court instant où les combattants ne se sont pas encore heurtés les uns contre les autres, dans ce *no man's land* textuel ménagé par le poète, nous devons lire *aussi* une réflexion sur la manière d'exercer le pouvoir lorsqu'on s'en est emparé. Que cette réflexion prenne place dans une sorte d'ouverture sur l'issue d'un combat encore à venir qui en est au sens fort la *suite*[13], bousculant ainsi la linéarité temporelle, me semble tout à fait significatif. Pour le dire autrement, le résultat de la Titanomachie ne peut à lui seul assurer la permanence du règne de Zeus. Certes, par sa victoire, la dette due aux Erynies d'Ouranos aura alors été acquittée (v. 472). Mais restera encore à contrecarrer les effets de « la malédiction dont son père Kronos le maudissait en tombant de son trône »[14]. Ce qui ne se pourra qu'au prix d'une rupture totale avec un mode d'exercice du pouvoir fondé sur la violence et la force. Tel est bien,

10. L'*éris*, c'est-à-dire tout à la fois la *querelle* et la *rivalité*.

11. J.-P. Vernant, « A la table des hommes. Mythe de fondation du sacrifice chez Hésiode », art. cit., p. 53.

12. Mais semble-t-il seulement, dans la mesure où 1) dans la *Théogonie*, Prométhée est le seul à partager avec Kronos, le premier dieu royal, l'épithète d'ἀγκυλομήτης ; 2) dans le duel de ruse qui l'oppose à Zeus c'est lui qui, à l'évidence, remporte par deux fois la victoire (voir les remarques de L.C. Muellner, *The anger of Achilles*..., *op. cit.*, n. 78 p. 85); 3) la « philanthropie » prométhéenne pourrait bien n'être qu'une de ces « alliances politiques » que l'on tisse lorsqu'un affrontement se profile et qu'il est besoin d'alliés pour remporter la victoire : ainsi de Zeus avec les Cyclopes et les Cent-Bras, qu'il délie avant d'en obtenir les instruments de sa victoire future lors de la Titanomachie; or, cette double alliance encadre le récit des dons consentis par Prométhée à la race des hommes, comme si le poète entendait insister sur la similarité des motivations des deux dieux, le privilège (γέρας) accordé aux mortels devant alors se comprendre comme une tentative pour se ménager des alliés au moment de sa confrontation avec le Cronide (voir les analyses de J.S. Clay, *Hesiod's cosmos*, Cambridge (U.K.)-New York, Cambridge UP, 2003, p. 106-107).

13. Par quoi j'entends non pas simplement ce qui vient *après*, mais le *déploiement* et l'*accomplissement* de ce qui se trouvait analytiquement contenu dans ce dont elle est la *suite*.

14. *Prométhée enchaîné* [dorénavant cité *Prom.*], v. 910-912.

m'objectera-t-on peut-être, l'un des thèmes du *Prométhée enchaîné*, en aucun cas cependant de la *Théogonie*, tout entière consacrée à exalter la puissance de Zeus, « le meilleur et le plus grand des dieux » (v. 49). Je m'efforcerai donc de montrer dans les lignes qui suivent 1) que, la rivalité opposant, chez Hésiode, le fils de Japet au puissant Cronide, n'est pas une « parenthèse » au cœur d'un combat pour la souveraineté se situant, quant à lui, sur un « axe temporel »[15] différent; 2) que, de ce point de vue, l'écart entre le poème hésiodique et la pièce d'Eschyle est peut-être moins grand qu'il n'y paraît, la seconde faisant à son tour *venir à la lumière* ce que le premier, déjà, laissait entendre à mots couverts, du moins dans la *Théogonie*[16].

La dénonciation hésiodique d'un abus de pouvoir

Il est, on le sait, par deux fois question de ce qu'il est convenu d'appeler le mythe prométhéen dans le *corpus* hésiodique : dans la *Théogonie*, aux vers 520-616, et dans les *Travaux et les Jours*, aux vers 42-105. La *Théogonie*, après avoir rappelé le funeste destin du fils de Japet « pour être entré en lutte contre les desseins du bouillant fils de Kronos (*erízeto boulàs hupermenéi Kroníoni*, v. 534) », déroule les étapes de ce conflit de vouloirs. La scène se passe à Mékonè, où Prométhée doit répartir un bœuf récemment immolé entre la race des hommes et celle des dieux immortels. Première « ruse perfide » (*dolíe tékhne*, v. 540) : celle de Prométhée qui, pour tromper (*exapaphískein*) l'esprit de Zeus[17], commence par déposer les chairs et les entrailles lourdes sous la peau, et cache le tout (*kalúptein*) dans le ventre du bœuf. Il fait ensuite un tas des os blancs qu'il cache (*kalúptein*) sous la graisse blanche[18]. Réaction immédiate de Zeus, qui, railleur (*kertoméon*, v. 545), reproche au Titanide d'avoir réparti les lots avec partialité (*heterozélos*, v. 544). À quoi Prométhée répond en souriant (*epimeidésas*, v. 547) : « Zeus, très grand, le plus glorieux des dieux toujours

15. J.-P. Vernant, « A la table des hommes. Mythe de fondation du sacrifice chez Hésiode », art. cit., p. 52-54.

16. Voir, par exemple, F. Solmsen, *Hesiod and Aeschylus* (1949), Ithaca, Cornell UP, 1995, p. 133.

17. *Théog.*, v. 537 : Διὸς νόον ἐξαπαφίσκων, le préverbe ἐξ exprimant l'idée que cette tromperie sera complète (voir P. Chantraine, *Dictionnaire étymologique de la langue grecque. Histoire des mots*, Paris, Klincksieck, 2009, p. 92, *s.v.* ἀπαφίσκω.

18. *Théog.*, v. 539 : καλύψας γαστρὶ βοείη; v. 541 : καλύψας ἀργέτι δημῷ. Sur l'importance de la γαστήρ dans les mythes de Prométhée et de Pandora, et sur les liens qu'elle permet de tisser entre l'un et l'autre, *cf.* J.-P. Vernant, « A la table des hommes. Mythe de fondation du sacrifice chez Hésiode », art. cit., p. 92-107.

vivants, choisis donc (*héleu*, v. 549) de ces parts celle que ton cœur t'indique en ta poitrine ». Zeus comprend la fraude, soulève à deux mains la graisse blanche, la ruse perfide, la *dolíe tékhne*, l'emplissant de colère[19]. Il cesse alors de donner (*ouk edídou*, v. 563) aux hommes le feu infatigable, que Prométhée s'empresse alors, nouveau tromper (*exapátein*), de dérober (*kléptein*)[20]. Autre colère divine, suivi d'un nouveau châtiment, la fabrication de Pandora, ce beau mal (*kalòn kakón*, v. 585), piège profond et sans issue destiné aux humains (*dólon aipún amékhanon anthrópoisin*, v. 589), « car c'est de celle-là qu'est sortie la race, l'engeance maudite des femmes, terrible fléau installé au milieu des hommes mortels ». La suite du texte, jusqu'au vers 616, consistera à dérouler complaisamment les multiples calamités qui, depuis ce jour, sont le lot commun de tout homme, marié ou non. Il s'achève sur le rappel du châtiment destiné à Prométhée.

Les *Travaux et les Jours*, en revanche, ne mentionnent ni la peine réservée au Titanide, ni, du moins explicitement, l'épisode de Mékonè. Il nous est simplement dit que les dieux ont caché leur vie (*krúpsantes*, v. 42) aux hommes après que Prométhée a trompé Zeus, provoquant son courroux (*kholosámenos*, v. 47). Le Cronide commença par leur cacher le feu, volé ensuite par Prométhée. La séquence est la même que dans la *Théogonie* : *krúptein, exapatân, kléptein*[21]. Colère de Zeus (*kholosámenos*, v. 53), et fabrication de Pandora, ce don donné (*dôron edóresan*, v. 82) par tous les Olympiens, piège profond et sans issu (*dólon aipún amékhanon*, v. 83), qu'Epiméthée n'aurait pas dû accepter, mais refuser comme son frère le lui avait conseillé.

Des différents travaux que Jean-Pierre Vernant a consacrés à l'étude de ce mythe[22], dont je viens de rappeler brièvement les deux versions, je retiendrai quatre points essentiels :

19. Notons que la colère de Zeus est un thème récurrent de ce passage : χόλου (v. 533) ; χώσατο, χόλος (v. 554) ; χωόμενος (v. 561) ; ἐχόλωσε (v. 568) ; βαρὺν χόλον (v. 615).

20. *Théog.*, v. 565-566 : ἐξαπάτησεν εὺς 'Ιαπετοῖο κλέψας ἀκαμάτοιο πυρὸς τηλέσκοπον αὐγήν.

21. *TJ*, v. 42 : les dieux ont caché leur vie aux hommes (κρύψαντες θεοὶ βίον ἀνθρώποισι) ; v. 47 et 50 : et, parmi eux, Zeus (Ζεὺς ἔκρυψε) qui leur a caché le feu (κρύψε πῦρ) ; v. 48 : Prométhée aux pensers fourbes l'a trompé (ἐξαπάτησε Προμηθεὺς ἀγκυλομήτης) ; v. 51 et 55 : il a volé le feu (ἔκλεψε/κλέψας).

22. Outre l'article mentionné *supra*, il faut lire « Le mythe prométhéen chez Hésiode », dans *Mythe et société en Grèce ancienne*, Paris, Maspero, 1974, p. 177-194 ; et, en collaboration avec M. Detienne, *Les ruses de l'intelligence. La mètis des Grecs*, Paris, Flammarion, 1974 (voir particulièrement le chapitre II, « La conquête du pouvoir », p. 61-125).

1) le « duel de ruse » qui voit s'affronter un Zeus *metíeta* et un Prométhée *ankulométes* (*Théog.*, v. 520 et 546; *TJ*, v. 48 et 51);
2) l'importance du « cacher »;
3) le jeu du « donner » et du « ne pas donner »;
4) la distribution des lots, de la part qui revient à chacun.

Quant au mythe de Pandora, il n'en sera traité que dans la mesure où ce qui en est dit aura rapport à ce que j'appelais précédemment la réflexion hésiodique sur l'exercice de la souveraineté, c'est-à-dire fort peu[23]. En revanche, les deux premiers points qui, au niveau de l'analyse formelle du récit à laquelle se livre Jean-Pierre Vernant, regardent les agents et l'action[24], permettent de montrer assez clairement, que l'« épisode prométhéen » est en continuité directe avec ce qui le précède – la prise du pouvoir par le grand Kronos aux pensers fourbes d'abord, la violence faite à ses enfants ensuite, le surgissement enfin de ce fils qui, avec ses frères et sœurs, doit le chasser de son trône – et ce qui le suit – le combat contre les Titans, puis contre Typhée, qui s'achèvent par la victoire des Olympiens et le règne de Zeus.

Tout commence, on le sait, pour la triade Ouranos-Kronos-Zeus, par le *kakòn érgon*, l'œuvre mauvaise d'Ouranos[25]. Toute entière recouverte par cet être « égal à elle-même » qu'elle-même a engendré, Gaia étouffe sous la presse de ses enfants, impuissante à les expulser hors de ses profondeurs. Dans une sexualité par son excès même inféconde, Ouranos interdit en effet à ce qui en est le fruit de « monter à la lumière (*es pháos aníeske*, v. 157) ». Certes, cela fut dit à juste titre, il n'y a rien là qui s'apparente de près ou de loin à une lutte pour la conquête du pouvoir : nous sommes encore dans le cadre d'un récit visant à rendre raison de l'ordre cosmique tel qu'il s'est progressivement constitué[26]. Remarquons cependant que le mythe cosmogonique porte en lui-même la tournure, le *trópos*, que prendront désormais les mythes de souveraineté. C'est ainsi que la parade de Terre aux agissements de Ciel en est fonctionnellement le

23. Sur Pandora, outre les travaux de J.-P. Vernant précédemment cités, il faut lire P. Pucci, « Il mito di Pandora in Esiodo », dans B. Gentili, G. Paioni (dir.), *Il mito greco*, Atti del Convegno internazionale (Urbino 7-12 maggio 1973), Roma, Edizioni dell' Steneoe Bizzani, 1977, p. 207-229; N. Loraux, *Les enfants d'Athéna. Idées athéniennes sur la citoyenneté et la division des sexes*, Paris, Maspero, 1981; F.I. Zeitlin, « The economics of Hesiod's Pandora », dans E.D. Reeder (éd.), *Pandora : women in Classical Greece*, Princeton (NJ), Princeton UP, 1995.

24. J.-P. Vernant, « Le mythe prométhéen chez Hésiode », art. cit., p. 178-179.

25. *Théog.*, v. 158.

26. M. Detienne et J.-P. Vernant, *Les ruses de l'intelligence. La mètis des Grecs*, *op. cit.*, p. 66-68.

strict équivalent : il cachait (*apokrúptein*, v. 157) ses enfants dans les tréfonds de ses entrailles, elle cachera Kronos en son sein (*krúptein*, v. 174) pour châtier l'outrage criminel du père (*patròs kakèn teisaímetha lóben*)[27]. Notons aussi que pour parvenir à ses fins Gaia imagine une ruse perfide et cruelle (*dolíen kakén*, v. 160), un piège (*dólon*, v. 175) qu'elle enseigne au grand Kronos aux pensers fourbes (*mégas Krónos ankulométes*, v. 168). Première ruse, premier piège, qui seront suivis de beaucoup d'autres. Première faute, premier châtiment également qui, par sa nature même, devient un forfait dont il faudra payer le prix (*épeita tísin metópisthen ésesthai*, v. 210) : au *kakòn érgon* d'Ouranos répond le *méga érgon* de Kronos, son geste émasculatoire, tout comme au châtiment de l'un (*teisaímetha*), par Kronos, répond le châtiment de l'autre (*tísin*), par Zeus. Lorsque le fils porte la main contre le père, il est pris dans un engrenage où la vengeance succède toujours à la vengeance[28]. Hésiode n'ira pas plus loin, et il reviendra à Eschyle d'inclure Zeus dans cet engrenage.

C'est ainsi qu'au vers 472, Kronos, vaincu par une ruse, une *mêtis*, plus puissante que la sienne, devra « payer » à son tour « la dette due aux Erynies de son père » (*teísaito d' erinûs patrós*). Il faut noter que la *mêtis* de Gaia et d'Ouranos (v. 471) fait pendant à la *mêtis* de Kronos qu'elle surpasse, ce dernier, ce n'est pas un hasard, étant qualifié deux vers plus loin (v. 473) d'*ankulométes*. C'est Gaia elle-même qui, après l'avoir dérobé à la voracité paternelle en lui substituant une grosse pierre entourée de langes, ira cacher (*krúptein*) Zeus dans la vaste Crète (v. 483), puis lui conseillera, ainsi qu'aux Olympiens, de ramener au jour (*anégagon es pháos*, v. 626 et 652) les Cent-Bras qu'Ouranos avait relégués sous la terre (*katénasse d'hupò khthonós*, v. 620 ; *cf.* v. 669 : *hupò khthonòs êke phóosde*). D'eux dépendent en effet leur victoire. Celle-ci consommée, ce sera aux Titans, Kronos à leur tête, d'être cachés (*krúptein*, v. 730), par le vouloir de Zeus, dans l'ombre brumeuse du Tartare.

Duels de ruse entre dieux à *mêtis*, embrayage des luttes de succession par un « cacher » inaugural qui en sera désormais une des caractéristiques

27. *Théog.*, v. 157 : « il les cachait (ἀποκρύπτασκε) tous et ne les laissait pas monter à la lumière (ἐς φάος οὐκ ἀνίεσκε) » ; v. 174 : « elle le cacha (κρύψασα), le plaça en embuscade (λόχω) », L.C. Muellner (*The anger of Achilles…*, *op. cit.*, p. 69-70) fait remarquer à juste titre que le νηδύς, dont P. Chantraine rappelle qu'il « désigne aussi bien l'estomac, la région de l'intestin et le ventre d'une femme » (*Dictionnaire étymologique*, *op. cit.*, *s.v.*, p. 722), ce « ventre » dans lequel Kronos engloutit ses enfants (*Théog.*, v. 487), fait pendant au νηδύς de Rhéa (*Théog.*, v. 460). L'estomac de l'un et l'utérus de l'autre ont donc même fonction : les jeunes dieux y sont « cachés » avant que d'en sortir. Ils sont ainsi l'analogue du κευθμῶν Γαίης (*Théog.*, v. 158) où sont cachés-enfermés les enfants de Gaia et d'Ouranos avant que le coup de serpe du plus jeune et du plus redoutable d'entre eux ne les en libère.

28. Eschyle ne l'oubliera pas.

récurrentes, alternance de la faute et du châtiment, tels sont les éléments qui permettent d'affirmer que le mythe de Prométhée n'est pas une « parenthèse déplacée » à l'intérieur d'un récit qui a pour thème central une compétition pour la souveraineté. L'« intrigue », certes, diffère, mais elle est fermement liée à ce qui l'encadre et lui donne sens, comme le prouvent les deux derniers points auxquels je renvoyais précédemment : le jeu du « donner » et du « ne pas donner », ainsi que la distribution des parts qui reviennent à chacun, hommes et dieux.

Le récit bien connu de l'épisode de Mékonè s'ouvre sur ces mots : « C'était au temps où se réglait la querelle des dieux et des hommes mortels, à Mékonè »[29]. La traduction de Paul Mazon est évidemment fautive. Le grec *ekrínonto* ne dit pas en effet « régler une querelle », mais très précisément « distinguer, séparer, trier, choisir, trancher, décider ». En d'autres termes, nous sommes en présence d'un moment *décisoire* où il va s'agir de *distinguer* les hommes et les dieux et, pour ce faire, de *séparer* les parts qui reviennent aux uns et aux autres, ces *moîrai* dont Zeus parlera au v. 544. C'est à propos de ces parts qu'il y a conflit de vouloirs entre Zeus et Prométhée. Que doit faire le fils de Japet ? Donner au Cronide la part que ce dernier estime lui revenir (v. 544 : *diedássao*). Or, non seulement Prométhée en ne lui destinant pas la « bonne part » va se comporter *heterozelos*, il va faire preuve de cette jalousie (*zêlos*) qui, dans les *Travaux*, s'attachera aux pas des misérables humains de la cinquième race (v. 195). Mais aussi et surtout, devant la préscience de Zeus[30], il va ourdir une autre ruse, ou plutôt il va mettre en place la *véritable* ruse : contraindre Zeus à *choisir* (v. 549 : *héleu*). Contrairement à ce que dit J.-P. Vernant, en effet, Prométhée n'« offre » rien à Zeus : en utilisant l'impératif du verbe *hairoûmai* il le somme bien de « choisir »[31]. Quant à Zeus, il n'« accepte » rien : il « enlève » (*aneíleto*, v. 553) la graisse blanche à deux mains. Remarquons-le, l'*anairoûmai* du Cronide répond clairement au verbe *hairoûmai* utilisé par Prométhée. *Anairoûmai* qui signifie aussi « enlever de force ». Je reviendrai plus loin sur ces jeux de mots hésiodiques. Je ne crois pas qu'en « proposant » ce choix Prométhée tombe dans le piège de l'étonnement feint par le Cronide, ce que Marc Richir appelle « la ruse de la ruse »[32]. Ce que veut « le père des dieux et des hommes », à la façon du lion de la fable, c'est une légitimation de son pouvoir et de sa position

29. *Théog.*, v. 535.

30. Préscience rendue manifeste par l'utilisation de l'adverbe ἑτερόζηλως. Voir les remarques de J.S. Clay, *Hesiod's cosmos*..., *op. cit.*, p. 110-111.

31. J.-P. Vernant, « Le mythe prométhéen chez Hésiode », art. cit., p. 120.

32. M. Richir, *La naissance des dieux*, Paris, Hachette, 1995, p. 92.

dans et par un *donner* qui assure une répartition des lots par lui qualifiée de « juste »[33].

Réfléchissant en d'autres temps et d'autres lieux sur la fable ésopique à laquelle je viens de faire allusion, « Le lion, l'âne et le renard »[34], j'avais été amenée à conclure que la part reçue ne saurait être « juste » que si on ne se l'approprie pas : elle doit être attribuée. Rappelons-nous. Un lion, un âne et un renard chassaient de compagnie. La chasse ayant été bonne, « le lion enjoignit à l'âne de partager entre eux (*dieleîn autoîs*) ». Ayant fait trois parts égales (*treîs moîras ex ísou poiesantos*), il succombe néanmoins sous les griffes du lion[35]. Le renard sommé de faire à son tour le partage (*merísai*), ne se réservant que quelques bribes « entassa tout sur un seul lot » (*pánta eis mían merída sunathroísasa*) et eut la vie sauve. Telle était alors la ruse du renard, animal à *mêtis* s'il en est : en répartissant inégalement le produit de leur chasse, quelques miettes pour lui et tout le reste pour le lion, et en demandant au lion de choisir (*helésthai*), il dénonçait par là même sa violence brutale sous le masque du pouvoir légitime[36]. *Hairoûmai*, en effet, signifie certes « choisir » (lorsqu'il est au moyen), mais aussi « saisir », « prendre de force », « capturer », « surprendre en flagrant délit » enfin. Par ce « choix » que le renard lui imposait le lion était « surpris en flagrant délit » d'une « prise » par la force[37]. Le *choisir* auquel Zeus se voit contraint par Prométhée est du même ordre : il est un déni de la légitimité du pouvoir divin; plus : il accule le pouvoir divin à proclamer sa propre illégitimité. Ainsi s'explique la colère de Zeus, fort

33. *Cf.* W. Donlan, « The unequal exchange between Glaucus and Diomedes in light of the homeric gift-economy », *Phœnix*, 43, 1989, p. 4, qui montre que « lorsque le statut différentiel n'est pas clairement défini à l'avance [...] l'opération de don elle-même sert à expliciter ou à établir la position sociale relative des participants ». Chez Hésiode la distinction de rang devient une distinction de nature, fondatrice de la condition humaine.

34. CH 209.

35. On pourrait m'objecter que l'âne également demande au lion de « choisir » (ἐκλέξασθαι), et qu'il n'y a, de ce point de vue, aucune différence entre lui et le renard. Je voudrais simplement faire remarquer que, si le verbe ἐκλέξασθαι signifie bien, en grec courant, « choisir », il dénote néanmoins tout autre chose que le verbe αἱρεῖσθαι. Le choix que l'âne propose au lion n'en est pas vraiment un, tous les lots étant précisément équivalent. Il s'agit en fait de « trier », de « classer » les différents lots, c'est-à-dire d'entériner la répartition pour l'avoir préalablement *dénombrée* : autant de parts (μοίρας) que de chasseurs, et des parts quantitativement égales. *Cf.* P. Chantraine, *Dictionnaire étymologique de la langue grecque*, *op. cit.*, p. 600-601, *s.v.* λέγω.

36. C'est en effet la violence léonine dont l'âne a été victime (« le malheur de l'âne », ἡ τοῦ ὄνου συμφορά), qui a « appris » (ἐδίδαξεν) au renard à partager ainsi (οὕτω διανέμειν).

37. Je me permets de renvoyer à mon article « "Le renard dit au lion..." (*Alcibiade I*, 123a), ou Socrate à la manière d'Ésope », dans B. Cassin et J.-L. Labarrière (éds.), G. Romeyer Dherbey (dir.), *L'animal dans l'Antiquité*, Paris, Vrin, 1997, p. 395-422.

« énigmatique » il est vrai, pour qui avait *déjà* éventé la ruse, et l'évoquait d'un ton railleur (*kertoméon*, v. 545). Elle ne tient pas tant à la découverte simulée d'une répartition pipée qu'à l'impossibilité d'échapper au piège ourdi par le Titan. Dans tous les cas, et quel que soit son choix, il restera précisément un *choix*, c'est-à-dire un *prendre*[38]. Une seule, et bien mince, échappatoire : prendre le moins pour que la violence soit moindre, l'abus de pouvoir moins grand, l'illégitimité moins flagrante. La dette contractée par les hommes à travers Prométhée ne trouve donc pas son origine dans un « mauvais » don, celui de la « mauvaise » part, mais dans l'*absence* pure et simple de don. C'est pourquoi il me semble que le sacrifice ne devrait pas être compris comme une répétition de la faute, laquelle ne pourrait que réactiver la querelle, mais, en *donnant* ce qui originairement avait dû être *pris*, comme son effacement continué.

De la *Théogonie* au *Prométhée enchaîné*

Est-ce à dire que, pour Hésiode, la royauté de Zeus serait une royauté illégitime, toute entière fondée sur la force et la violence ? Il serait absurde de l'affirmer. Dès les premiers vers de la *Théogonie*, en effet, Hésiode déclare que « les Muses de l'Olympe, filles de Zeus » l'ont chargé de glorifier (*kleíein*) ce qui fut et ce qui sera, de célébrer (*humneîn*) la race des Bienheureux toujours vivants (v. 25-35). Quelques lignes plus loin il précise qu'il s'agira, par son chant, de montrer que Zeus « en sa puissance, est le premier, le plus grand des dieux » (v. 47-49). Il est pourtant bien des passages qui, dans la *Théogonie*, semblent aller dans le sens de la lecture du mythe prométhéen que je viens de proposer. Et tout d'abord ceux où il est question des alliés que Zeus se donnera pour l'emporter sur les Titans : les Cyclopes « au cœur plein d'une force excessive (*hupérbion êtor*) », « à l'âme brutale (*obrimóthumon*) »[39]. Ce sont eux qui donneront à Zeus le tonnerre (*bronté*), la foudre (*keraunós*) et l'éclair (*steropé*)[40] ; les Hékatoncheires, grands et forts (*megáloi kaì óbrimoi*), orgueilleux (*huperéphanoi*), à la

38. Sur la question du « donner » et du « prendre », il faut lire les articles de C. Darbo-Peschanski : « Que faire ? Par où commencer ? Où s'arrêter ? », *L'Inactuel. Emplois du temps*, 2, 1994, p. 125-137 ; « Condition humaine, condition politique. Fondements de la politique dans la Grèce archaïque et classique », *Annales HSS*, 4, juillet-août 1996, p. 711-732 ; « Les hommes sont des voleurs. Sur un aspect de la conception du vol en Grèce ancienne », dans M.P. di Bella (dir.), *Vols et sanctions en Méditerranée*, Amsterdam, Éditions des Archives Contemporaines, 1998, p. 18-40.

39. *Théog.*, v. 139-140.

40. *Théog.*, v. 141 et 504-505.

vigueur redoutable et dominatrice (*iskhùs d' ápletos krateré*), aux bras terribles (*kheîres áplastoi*), invincibles (*áaptoi*)[41]. Il y a, entre eux et le Cronide qui triomphera de ses adversaires « par sa force et ses bras (*bíei kaì khersí*) »[42], comme une parenté de nature. Aussi n'est-il pas indifférent que, dans la *Théogonie*, seul le mythe de Prométhée le voit qualifié de « père violent (*obrimopátres*) » et, par deux fois, de « Zeus tonnant » (*hupsibremétes*), ce qui le rapproche tout à la fois des Cyclopes et des Cent-Bras[43]. C'est dans le mythe de Prométhée également que l'on trouve la presque totalité des occurrences du mot *khólos* dans notre poème, le *khólos* cette « colère noire » qui s'empare de Zeus devant les ruses de son adversaire[44]. Enfin, c'est par la force (*bíe*), le texte plusieurs fois y insiste, que se règlera le « conflit d'honneurs » entre les Titans et les habitants de l'Olympe[45]. Comment interpréter cette apparente contradiction ? Je crois qu'il faut, une fois encore, recourir à l'analyse formelle de l'œuvre. Si l'on s'en tient à une conception chronologique de la temporalité, il va de soi que l'union de Zeus avec Mètis et avec la Titane Thémis, qui suit immédiatement la fin de la lutte contre les Titans, est *antérieure* à l'épisode de Mékonè. Or, on l'a plusieurs fois remarqué, le « duel de ruse » entre le Cronide et le fils de Japet est chronologiquement « déplacé » par rapport à la suite des événements. Pourquoi ? Je rappellerai ici les lignes qu'écrivait J.-P. Vernant sur les noces « théophagiques » de Zeus et de l'Océanide : « En l'avalant, Zeus boucle sur Mètis le lien qui la retient pour toujours prisonnière; il l'enclot définitivement au-dedans de lui-même pour qu'incorporée à sa propre substance elle lui livre à tout instant cette connaissance des aléas de l'avenir qui va lui donner prise sur le cours mouvant et incertain des événements ». Et d'ajouter, quelques pages plus loin : « il n'est plus pour lui d'attaque ni de ruse, plus de *mêtis* qui puissent le surprendre »[46]. On comprend mal, dès lors, comment Prométhée pourrait connaître « un succès, même temporaire » contre un Zeus ainsi prémuni contre toute tentative de tromperie. J.-P. Vernant lui-même n'hésite cependant pas à affirmer ailleurs que le poème « souligne avec le plus grand soin, dans le déroulement de l'action, ce qui revient à

41. *Théog.*, v. 146-149, 649.

42. *Théog.*, v. 490.

43. *Théog.*, v. 587 (ὀβριμοπάτρης), 568 et 601 (ὑψιβρεμέτης).

44. Les deux seules autres occurrences se situent, l'une au début de la *Théogonie*, v. 221, à propos des Kères, ces enfants de Nuit la Ténébreuse, « dont le redoutable courroux (δεινοῖο χόλοιο) ne s'arrête jamais avant d'avoir au coupable, quel qu'il soit, infligé un cruel affront »; et l'autre, au vers 635, pour dire le douloureux courroux que les combattants ont au cœur après dix ans de Tinanomachie.

45. *Théog.*, v. 490, 496, 649, 677, 689, 882.

46. M. Detienne et J.-P. Vernant, *Les ruses de l'intelligence*, *op. cit.*, p. 110 et 113.

Prométhée, les succès qu'il marque, la déconvenue de Zeus, sa colère de se voir d'abord contré, puis berné par le Titan », rappelant que, dans les *Travaux*, le Cronide ira jusqu'à déclarer : « Tu ris d'avoir volé le feu et trompé mes esprits » (v. 55)[47]. Faut-il alors en passer, comme le fait J.-P. Vernant, par la « théologie chrétienne » et la compossibilité de l'omniscience divine et de la liberté humaine[48]? Cela ne me paraît nullement nécessaire. Il suffit simplement d'admettre que la logique du poète n'est pas celle de l'historien, et de consentir à la configuration narrative de la *Théogonie* : le mariage de Zeus et de Mètis est *postérieur* dans l'ordre du récit à l'épisode prométhéen, comme lui est *postérieur* son union avec Thémis[49]. Le v. 613 de la *Théogonie*, repris presque à l'identique dans les *Travaux* au v. 105, ne me semble pas infirmer cette interprétation. Zeus l'emporte sur Prométhée *ankulometes* comme il l'a déjà emporté sur un Kronos tout autant *ankulometes*, comme il l'emportera sur Mètis elle-même « trompant traîtreusement son cœur (*dóloi phrénas exapatésas*) par des mots caressants » (v. 889). Et pourtant il ne l'avait pas encore avalée… En d'autres termes, le mythe nous donne à lire et à penser ce que serait une souveraineté dépourvue de *thémis*, qu'elle s'exerçât chez les dieux ou chez les hommes. Ce qui ne me semble pas indifférent si l'on accepte l'idée, ce qui est mon cas, que le mythe de Prométhée a pour fonction de définir la condition humaine. De fait, la seconde version de ce mythe, dans les *Travaux*, prends place après l'invocation hésiodique à Zeus tonnant : « Toi, règle tes arrêts (*íthune thémistas*) sur la justice (*díkei*) » (v. 9-10), et suit immédiatement l'appel à Persès : « Va, réglons ici notre querelle (*diakrinómetha neîkos*) par un de ces droits jugements (*itheíeisi díkeis*) qui, rendus au nom de Zeus, sont bien les meilleurs de tous » (v. 34-36).

De ce point de vue, on peut considérer qu'Eschyle est bon lecteur d'Hésiode lorsqu'il évince Mètis de l'intrigue et, modifiant les généalogies

47. J.-P. Vernant, « A la table des hommes. Mythe de fondation du sacrifice chez Hésiode », art. cit., p. 40, n. 1.

48. *Ibid.* : « Si nous devons affirmer que Zeus a tout prévu, il nous faut ajouter aussitôt que, selon cette prévision, Prométhée prendrait l'initiative d'entrer en compétition avec lui, qu'il réussirait à le tromper, que le roi des dieux en serait furieux et qu'il réaliserait le malheur des hommes, non pas directement, mais à travers les avantages mêmes que leur défenseur aurait remportés contre lui. Pour qui serait tenté de trouver trop « sophistiquée » cette interprétation, que le texte pourtant impose, on pourrait rappeler que *la théologie chrétienne affirme en même temps la toute-puissance, l'omniscience de Dieu et une liberté de choix, chez l'homme, qui implique le caractère non déterminé de ses décisions* » (nous soulignons).

49. *Théog.*, v. 613 :« Ainsi au vouloir de Zeus il n'est pas facile de se dérober ni de soustraire (ὥς οὐκ ἔστι Διὸς κλέψαι νόον οὐδὲ παρελθεῖν) »; *Tr.*, v. 105 : « Ainsi donc il n'est nul moyen d'échapper aux desseins de Zeus (οὔτω οὔ τί πη ἔστι Διὸς νόον ἐξαλέασθαι) ».

hésiodiques, fait de Prométhée le fils de Gê ou de Thémis[50]. Lors de son affrontement avec Prométhée, Zeus se trouve donc privé de l'une comme de l'autre, la pièce tragique ne faisant qu'expliciter ce que la structure narrative de la *Théogonie* se contentait de sous-entendre. Encore n'est-ce pas tout. Le mythe est à présent clairement rattaché aux luttes de souveraineté, ce que, là aussi le poème hésiodique se bornait à suggérer : devenu lui-même un Titan, l'oncle et non plus le cousin de Zeus, Prométhée est l'un de ces premiers dieux royaux contre lesquels combattent les Olympiens. Et d'ailleurs, c'est aux Titans ses frères qu'il commence par donner les meilleurs conseils, sans réussir toutefois à les persuader : ce n'est ni par la force brutale (*pròs bían*), ni par la vigueur physique (*kat' iskhún*), ni par la violence (*pròs tò karterón*) que le vainqueur l'emportera, mais par la ruse (*dóloi*)[51]. C'est lui, maintenant, comme l'a clairement montré J.-P. Vernant, qui « tient la place et joue le rôle qu'Hésiode assigne à la déesse » Mètis, le Cronide dépendant désormais « en tant que roi de l'astuce prométhéenne »[52]. Et cela d'autant plus qu'Eschyle, comme je le rappelais précédemment, laisse ouverte la suite des fautes et des châtiments : Zeus, sous le coup de « la malédiction dont son père Kronos le maudissait », se trouve à son tour pris dans l'engrenage de la vengeance qui succède à la vengeance[53]. Son pouvoir reste dramatiquement instable, et il revient, comme il se doit, au fils de *Thémis* de lui donner la stabilité et la permanence qui lui font défaut[54]. Tant que Kratos et Bia, le pouvoir sans partage et la force brutale, seront les principaux représentants de ce roi « dont la puissance est neuve » (v. 35)[55], cela ne sera pas. Or là encore il me semble qu'en donnant à Kratos la parole et en laissant à Bia le soin de s'exercer, en dépeignant Zeus sous les traits d'un « monarque cruel qui domine sans contrôle (*trakhùs mónarkhos oud' hupeúthunos krateî*) » (v. 326), au sceptre orgueilleux (*huperéphanon aikhmán*), n'ayant d'autre loi que la sienne (*idíois nómois kratúnon*)[56], n'hésitant pas à user de

50. *Prom.*, v. 18, 209-210, 351-352, 874, 1091.

51. *Prom.*, v. 206-215.

52. M. Detienne et J.-P. Vernant, *Les ruses de l'intelligence*, *op. cit.*, p. 62-65 (citation p. 63 et 64). Mais Prométhée tient également la place, joue également le rôle de Gê en donnant à Zeus les conseils sans lesquels il ne saurait l'emporter, et ultérieurement en le prévenant des dangers qui le menace. Il faut lire ensemble *Prom.*, v. 199-221 et *Théog.*, v. 626-628, 888-900. Voir les analyses de M. Griffith, *Aeschylus – Prometheus Bound* (1983), Cambridge, Cambridge UP, 1992, p. 5.

53. *Prom.*, v. 910-912.

54. *Cf.* M. Detienne et J.-P. Vernant, *Les ruses de l'intelligence*, *op. cit.*, p. 105-107.

55. Voir également v. 942 et 955.

56. *Prom.*, v. 403-406. Voir également v. 149-150 : « Par des lois neuves Zeus exerce illégitimement un pouvoir absolu (νεοχμοῖ νόμοις Ζεὺς ἀθέτως κρατύνει) ».

violence (*pròs bían*) pour obtenir ce qu'il convoite[57], Eschyle se contente de développer ce qu'Hésiode, par ses jeux de mots, avait déjà laissé transparaître[58].

Il est temps de conclure. Loin d'être un épisode digressif, le mythe prométhéen nous donne à lire ce que pourrait être une royauté sans *mêtis* et sans *thémis*. Roi sans *mêtis*, c'est-à-dire incapable de prévoir totalement, et donc de contrecarrer efficacement, les agissements de ceux qui s'opposent à son vouloir et par conséquent, aussi, à son autorité. Roi sans *thémis*, c'est-à-dire tout entier du côté de la force cruelle et de la violence brutale. Il n'y a donc aucune rupture entre le Zeus eschyléen du *Prométhée enchaîné* et celui des poèmes hésiodiques : tout au plus une radicalisation des traits qui étaient déjà les siens. Certes, chez Hésiode, cet aspect de la souveraineté du Cronide, qui n'est que suggéré, est un état transitoire. Il parvient néanmoins à souligner comme en passant le ressort intime de ce que J.-P. Vernant appelait la « dure loi des générations successive ». Ce faisant, et c'est une autre de ses fonctions, il permet de rendre pensable l'exercice humain du pouvoir et de la justice sans lesquels la « mise en place de l'humanité » demeurerait singulièrement incomplète. Ainsi s'expliquerait que l'on retrouvât le mythe de Prométhée dans les *Travaux et les jours* : à la reproduction sexuée et au mariage, au travail, à la fatigue et à la mort il convient d'ajouter l'injustice. Il n'est pas que le ventre des femmes, à la « sensualité vorace » et à la « gourmandise gloutonne »[59], ou celui de la terre, qu'il faut ensemencer, pour épuiser un homme et « engranger [...] le fruit de ses peines »[60]. Les rois dévorateurs de présents (*dorophágoi*) doivent eux aussi figurer dans cette « histoire de ventres » que nous content les *Travaux*. Et la *Théogonie*[61].

57. Voir les vers 649, 654, 664-668, 671-672.

58. *Cf.* S. Klimis, *Archéologie du sujet tragique*, *op. cit.*, p. 125-127.

59. J.-P. Vernant, « A la table des hommes. Mythe de fondation du sacrifice chez Hésiode », art. cit., p. 95.

60. *Théog.*, v. 599.

61. *Tr.*, v. 39. J'emprunte à J.-P. Vernant le titre de son § 6, p. 92. Une « histoire de ventre » sous le signe de laquelle pourrait bien être placée toute la *Théogonie*, que ce soit du point de vue de la « lecture de l'énoncé » ou du point de vue de la « lecture du rythme ». Sur ce point, il faut lire les analyses, tout à fait convaincantes, du vers 26 (ποιμένες ἄγραυλοι, κάκ ἐλέγχεα, γαστέρες οἶον, « bergers couche-dehors, viles hontes vivantes, qui n'êtes rien que panse ») par S. Klimis (« Le poète, le philosophe et les Muses : (auto)-création du discours inspiré », *Kairos*, 25, 2005, p. 21-60), ainsi que celles de M.-C. Leclerc (*La parole chez Hésiode : à la recherche de l'harmonie perdue*, Paris, Les Belles Lettres, 1993, p. 169-170), à qui elle renvoie.

Ruptures et continuités dans l'image de Sparte d'Hérodote à Plutarque

Claude MOSSE

Sparte, cité modèle ou cité repoussoir? Il peut être intéressant de reconstituer les étapes de l'élaboration de ce qu'un historien de la première moitié du XXe siècle a appelé « le mirage spartiate » pour comprendre comment et sur quel plan se manifestent les ruptures au sein de ce processus de construction imaginaire[1].

Au départ donc, Hérodote. Au début de son récit, il rappelle comment les Spartiates, qui étaient de tous les Grecs les *kakonomótatoi*, ceux qui avaient les plus mauvaises lois, avaient acquis la meilleure constitution fondée sur l'*eunomía*, la bonne législation. Cela avait été réalisé par Lycurgue qui, devenu le tuteur de son neveu le jeune roi Léobotas, et inspiré par l'oracle de Delphes, « changea toutes les lois et prit des précautions pour qu'on ne transgresse pas les nouvelles. Puis il établit ce qui a trait à la guerre, énomoties, trentaines, repas en commun; et aussi les éphores et les gérontes. C'est ainsi que les Lacédémoniens passèrent à un état nouveau et furent régis par de bonnes lois »[2]. Hérodote n'est pas plus précis sur la nature de cette *eunomía*. Plus loin cependant il consacre un long développement à l'origine de la double royauté et au pouvoir de ces rois[3]. Et c'est à l'un d'entre eux, exilé auprès de Darius, puis de Xerxès, Démarate, qu'il prête des propos s'adressant au Grand Roi et qui précisent

1. F. Ollier, *Le Mirage spartiate*, I. *Étude sur l'idéalisation de Sparte dans l'Antiquité grecque de l'origine jusqu'aux Cyniques*, Paris, De Boccard, 1933; II. *Étude sur l'idéalisation de Sparte dans l'Antiquité grecque du début de l'Ecole cynique jusqu'à la fin de la cité*, Paris, Les Belles Lettres, 1943. Voir aussi les premiers chapitres du livre d'E. Rawson, *The Spartan Tradition in european Thought*, Oxford, Clarendon Press, 1969, p. 12-115.

2. Hérodote, I, 65-66.

3. Hérodote, VI, 51-59.

la finalité de l'*eunomía* : « Les Lacédémoniens, s'ils sont libres, ne sont pas libres en tout : ils ont un maître, la loi, qu'ils redoutent encore bien plus que tes sujets ne te craignent, du moins font-ils tout ce que ce maître leur commande. Or, il leur commande toujours la même chose : ne fuir du champ de bataille devant aucune masse ennemie, mais rester fermes à leur poste et y vaincre ou mourir »[4]. Hérodote annonçait ainsi le sacrifice des soldats de Léonidas aux Thermopyles que rappelait l'inscription bien connue : « Étranger, va dire à Lacédémone que nous gisons ici par obéissance à ses lois ».

Le système spartiate est ainsi brièvement mis en place qui fonde l'*eunomía* : la soumission aux lois établies par Lycurgue, l'équilibre des pouvoirs entre rois, gérontes et éphores, la valeur guerrière. Sparte est alors, dans le récit d'Hérodote, la plus puissante des cités grecques, celle qui a chassé les tyrans et qui s'apprête à affronter la menace perse.

Mais cette menace perse allait changer la donne. Car, si c'est un Spartiate qui commandait à Platées et remporta la victoire qui mit fin en 479 à la seconde guerre médique, ce sont les Athéniens qui avaient vaincu à Marathon et à Salamine, et c'est désormais la voix des Athéniens qui nous parle de Sparte[5].

C'est dans ce discours athénien sur Sparte que vont se révéler au Vᵉ et au IVᵉ siècles à la fois ruptures et continuités par rapport à l'*eunomía* hérodotéenne. Ruptures liées aux conflits qui allaient pendant plus d'un siècle opposer les deux cités. Mais continuités dans la vision de Sparte qu'allaient développer à Athènes ceux qui refusaient de plus en plus ouvertement l'évolution démocratique du régime athénien et n'hésitèrent pas par deux fois à le renverser.

On sait la place que tenait le théâtre dans la vie de la cité. Il n'est pas sans intérêt de constater que c'est d'abord sur la scène théâtrale que s'exprimèrent les sentiments hostiles à Sparte, et autour de la figure de Ménélas. C'est Teucros qui dans l'*Ajax* de Sophocle dénigre Ménélas et lui refuse le droit, à lui qui n'est que roi de Sparte, de se prendre pour le roi de tous les Achéens[6]. C'est encore à propos de Ménélas qu'Euripide, dans *Andromaque*, se livre à une attaque violente contre Sparte qu'il place dans la bouche d'une captive troyenne : « Ah! De tous les mortels les plus haïs du genre humain, habitants de Sparte, conseillers de fourberie, princes du

4. Hérodote, VII, 104.

5. Sur les conséquences des guerres médiques et le développement de l'impérialisme athénien, voir Ed. Will, *Le monde grec et l'Orient*, I. *Le Vᵉ siècle*, Paris, PUF, 3ᵉ éd. 1992.

6. Sophocle, *Ajax*, v. 1072 *sq*.

mensonge, ravaudeurs d'artifices, esprits retors, étrangers à toute droiture, qui ne connaissez que détours! Vos succès dans la Grèce offensent la justice. Quel crime est inconnu chez vous? Où voit-on plus de meurtres, de cupidités plus infâmes? Toujours l'on surprend vos paroles à démentir votre pensée. Malheur à vous! »[7]. Dans les *Suppliantes* du même Euripide, Sparte est accusée d'être « cruelle et perfide », cependant que dans les *Héraclides*, Eurysthée prédit que les descendants des Héraclides, oublieux de l'accueil reçu à Athènes, « reviendront en force, traîtres au bienfait accepté »[8]. On devine assez bien l'écho que de tels propos pouvaient rencontrer chez les spectateurs athéniens en un moment où, presque chaque année, les campagnes de l'Attique étaient dévastées par les armées lacédémoniennes. Mais, il faut le souligner, il ne s'agissait pas d'une mise en question de la constitution des Lacédémoniens et de cette *eunomía* qu'avait vantée Hérodote. Bien plutôt, comme ce sera encore le cas dans les premières décennies du IVe siècle, ce sont les ambitions hégémoniques de Sparte qui expliquaient cette image négative de la cité des Lacédémoniens, principal obstacle dressé contre les propres ambitions d'Athènes.

Or, c'est au contraire cette constitution que, dans le même temps, certains milieux « intellectuels » d'Athènes vont porter aux nues. Il s'agit principalement de ceux qui faisaient partie de l'entourage de Socrate et se posaient en adversaires plus ou moins avoués du régime démocratique. Socrate lui-même, si du moins l'on en croit les propos que lui prêtent Platon et Xénophon, était un admirateur de Sparte, même s'il émettait quelques réserves sur tel ou tel aspect de ses institutions[9]. C'est en tout cas à plusieurs de ses disciples que l'on doit la publication de *Lakedaimoníon Politeíai*, de descriptions des institutions spartiates, les plus célèbres étant celles de Critias, le chef de la révolution oligarchique de 404, et celle de Xénophon, dont on sait qu'ami du roi Agésilas, il passa une partie de sa

7. Euripide, *Andromaque*, v. 444-452. On pense que la pièce fut représentée en 424, en un moment où le conflit était particulièrement tendu.

8. Euripide, *Suppliantes*, v. 187; *Héraclides*, v. 1030 *sq*.

9. Dans les *Mémorables*, Xénophon prête à Socrate un éloge sans ambiguïté de Sparte dont il vante les qualités pour mieux les opposer à tout ce qu'il reproche à ses concitoyens: « Quand donc les Athéniens, imitant les Lacédémoniens, respecteront-ils la vieillesse, eux qui, en commençant par leurs pères, dédaignent les vieillards? Quand exerceront-ils leur corps comme on le fait à Sparte, eux qui, non seulement ne s'inquiètent pas de lui donner de la vigueur, mais encore se moquent de ceux qui s'y appliquent? Quand est-ce que, comme à Sparte, ils obéiront à leurs magistrats, eux qui se font un point d'honneur de les mépriser. Quand vivront-ils dans la concorde, comme à Sparte, eux qui, au lieu de s'entr'aider dans leurs besoins mutuels, cherchent à se nuire et sont plus jaloux les uns des autres que des étrangers? » (III, 5, 15-16). Dans le *Criton* de Platon, les lois d'Athènes s'adressant à Socrate, lui rappellent qu'en toute occasion, il vante le bonheur des Lacédémoniens (52e).

vie en Laconie. L'œuvre de Critias ne nous est pas parvenue, en revanche celle de Xénophon est un témoignage précieux sur cette image idéalisée de la cité des Lacédémoniens.

On retrouve dans l'opuscule de Xénophon les thèmes déjà présents chez Hérodote : l'obéissance aux lois et un certain équilibre des pouvoirs entre les rois, les Anciens et les éphores. Mais deux éléments nouveaux sont mis en valeur. C'est d'abord l'éducation à laquelle Xénophon consacre un long développement. Elle concerne partiellement les jeunes filles qu'il s'agit d'entraîner aux exercices physiques afin d'en faire de vigoureuses génitrices. Mais aussi et surtout les enfants mâles et les adolescents. Xénophon insiste sur le fait que, en réglementant l'éducation, Lycurgue a voulu s'opposer à ce que faisaient « les autres Grecs ». Au lieu de laisser aux parents le soin d'élever leurs enfants, ce sont les magistrats de la cité qui en sont chargés, et singulièrement l'un d'entre eux, le pédonome[10]. On sait la place que devait tenir cette éducation civique rigoureuse dans l'élaboration du « mirage spartiate » au cours des siècles, grâce d'ailleurs à Plutarque plus qu'à Xénophon. L'historien athénien met davantage l'accent sur l'objectif militaire de cet entraînement à une vie austère, tandis que le biographe de Lycurgue introduit dans sa description des éléments qui semblent empruntés aux modèles éducatifs développés par Platon dans la *République* et dans les *Lois*[11].

L'autre trait nouveau évoque encore davantage peut-être les constructions platoniciennes, bien que Xénophon se montre beaucoup moins systématique que le philosophe son contemporain lorsqu'il décrit certaines formes de jouissance commune des biens, des femmes et des enfants. Certes, on est loin du « communisme » de la *République*, et si Lycurgue autorise un vieillard à introduire auprès de son épouse un homme jeune afin de lui faire des enfants, ou un homme dans la force de l'âge à choisir, avec la permission du mari, une femme pour en avoir des enfants, cela n'implique pas que ces femmes soient communes à tous, ni que les enfants nés de ces unions « parallèles » jouissent des mêmes droits, en particulier concernant l'héritage, que les enfants légitimes[12]. Il n'est pas interdit de penser que la

10. *République des Lacédémoniens*, II-III. L'allusion aux concours gymniques auxquels les femmes sont astreintes comme les hommes figure en I, 4.

11. Voir le développement *infra*.

12. Voir en particulier VI, 1 : « Lycurgue au contraire s'est proposé de régler l'organisation de la société spartiate de telle manière que, sans se nuire, ils puissent jouir, dans une certaine mesure, des biens des autres ». Il donne comme exemple le droit d'infliger une punition à des enfants autres que les siens propres, d'utiliser les serviteurs et les chiens de chasse d'autrui quand cela est nécessaire. La curieuse pratique concernant les femmes est exposée dès le début de l'opuscule, à propos de la réglementation des mariages pour favoriser la procréation d'enfants vigoureux (I, 7-8). Mais Xénophon prend soin de souligner que, par ces

fameuse « oliganthropie » spartiate, le manque d'hommes lié aux pertes subies durant la guerre du Péloponnèse, expliquerait une pratique dont Xénophon a peut-être été témoin lors de son séjour en Laconie, pratique qu'on justifiait par la référence obligée à Lycurgue.

On ne saurait cependant oublier que Xénophon lui aussi a fait partie du milieu socratique. Et il n'est pas douteux que dans ce milieu le « modèle » spartiate revêtait un aspect nouveau par rapport à l'image hérodotéenne. Certes, l'obéissance aux lois et l'attribution de ces lois à Lycurgue fondent toujours l'excellence de la Constitution des Lacédémoniens. Mais s'y affirme cette *homoiótes*, ces pratiques communautaires qui font des Spartiates des *hómoioi*, des « semblables »[13].

Mais l'historien qu'était aussi Xénophon avait pu assister à l'abandon plus ou moins complet des « lois de Lycurgue », lié à la politique hégémonique de Lysandre d'abord, d'Agésilas ensuite, puis au déclin de cette hégémonie après Leuctres. Dans le célèbre avant-dernier chapitre de la *République des Lacédémoniens*, il regrette le temps où les Spartiates « préféraient vivre ensemble chez eux dans la médiocrité plutôt que de gouverner des états dépendants et de recevoir des hommages corrupteurs. Je sais aussi qu'auparavant ils craignaient d'être surpris à posséder de l'or et de l'argent, et qu'à présent il en est qui se font gloire d'en amasser »[14]. Xénophon fait également allusion à ceux qui aspirent à être « harmoste dans un état étranger »[15]. Allusion évidente à la politique de Lysandre, le Spartiate vainqueur d'Athènes qui avait installé dans toutes les cités arrachées à la domination athénienne des garnisons commandées par de tels harmostes. Dans les *Helléniques*, Xénophon, en dépit de son évidente sympathie pour Sparte, et singulièrement pour Agésilas, n'en a pas moins décrit cet impérialisme spartiate et ses fâcheuses conséquences[16]. Et les informations et anecdotes qu'a recueillies Plutarque pour écrire ses *Vies* de Lysandre et d'Agésilas apportent à cet égard une confirmation précieuse

arrangements, les hommes qui y consentaient souhaitaient donner à leurs enfants des frères qui feraient partie de la famille, « mais sans prétendre à la fortune » (I, 9).

13. Cette *homoiótes*, qui fait des citoyens de Sparte des « Semblables », est différente de l'*isótes*, de l'égalité démocratique, qui rend égaux des gens qui ne le sont pas par nature.

14. *République des Lacédémoniens*, XIV, 2-3. La place de ce chapitre a suscité bien des discussions, certains allant même jusqu'à en nier l'authenticité. Mais les *Helléniques* témoignent que Xénophon connaissait la réalité spartiate de son temps. Cf. *infra*, n. 16.

15. *République des Lacédémoniens*, XIV, 4.

16. Voir en particulier les développements sur la politique de Lysandre durant les dernières années de la guerre (I, 5, 1-10), les rivalités entre chefs spartiates (I, 10, 4-11), la soumission des alliés d'Athènes (II, 2, 1-2; 3, 7; III, 1, 4 *sq.*; 4, 2 *sq.*, etc.). Xénophon ne ménage même pas son ami Agésilas à propos de l'acquittement de Sphodrias (V, 24-33) qui avait attaqué le Pirée de son propre chef sans en référer aux autorités de la cité.

de l'analyse un peu rapide de Xénophon dans l'avant-dernier chapitre de la *République des Lacédémoniens* : ainsi entre autres de l'introduction frauduleuse de « chouettes » athéniennes par le fameux Gylippe, ce général spartiate prestigieux auquel revenait le mérite de l'échec de l'expédition athénienne en Sicile[17]; ou encore des interventions d'Agésilas pour soustraire à la justice de la cité tel ou tel de ses amis[18].

Il n'est pas surprenant dès lors de voir paraître dans certains milieux « intellectuels » athéniens des analyses négatives des institutions spartiates. On retiendra deux textes qui sont révélateurs de cette rupture de l'image idéalisée de Sparte : le *Panathénaïque* d'Isocrate et le développement consacré aux institutions spartiates dans la *Politique* d'Aristote.

L'attitude d'Isocrate face à la cité à la fois réelle et mythique qu'était Sparte au IVe siècle est complexe, et il est aisé de relever des contradictions dans une œuvre qui, rappelons-le, couvre plus d'un demi-siècle. Les griefs à l'encontre de la cité des Lacédémoniens sont d'ordre divers. Deux thèmes dominent cependant : le fait de s'allier avec le « Barbare » et d'en recevoir des subsides pour arracher à Athènes l'hégémonie[19], et une éducation qui privilégie le corps aux dépens de l'esprit. C'est dans l'un de ses derniers discours fictifs, le *Panathénaïque*, que le rhéteur athénien se montre le plus ouvertement hostile à Sparte, dont il dénonce, pour l'opposer à celle d'Athènes, l'hégémonie : « L'action des Spartiates, au contraire, avait pour résultat de ne rendre grande que leur cité qui établissait son autorité sur toutes les cités du Péloponnèse, faisait d'elle-même un objet de crainte pour les autres cités et s'arrogeait de leur part toutes les formes de la domesticité »[20]. C'est dans ce même discours qu'il reprend le grief formulé contre les Lacédémoniens d'avoir réduit en servitude le *dêmos* de Laconie, pour ne laisser la liberté qu'à une minorité, Isocrate confondant volontairement périèques et hilotes[21]. Mais c'est évidemment leur inculture qui semble au rhéteur athénien une faiblesse impardonnable. Il va jusqu'à leur reprocher de ne pas connaître non seulement la philosophie, mais même les *grámmata*, l'usage de l'écriture[22]. Il est intéressant cependant de constater que les critiques d'Isocrate ne portent pas

17. Plutarque, *Lysandre*, XVI-XVII, 1.

18. Plutarque, *Agésilas*, XXV-XXVI, 3, qui s'inspire du passage des *Helléniques* cité *supra*, n. 16.

19. Le signe le plus évident de cette collusion avec le « Barbare » avait été la Paix du Roi de 386, négociée par le Spartiate Antalcidas et qui faisait du souverain perse l'arbitre des affaires grecques (*Helléniques*, V, 1, 31; Isocrate, *Panathénaïque*, 102-103).

20. *Panathénaïque*, 47

21. Voir Cl. Mossé « Les périèques lacédémoniens. A propos d'Isocrate », *Panathénaïque*, 177 *sq. Ktema*, 2, 1977, p. 121-124.

22. Isocrate, *Panathénaïque*, 209.

sur l'organisation du pouvoir. Bien plus, il va même jusqu'à prétendre que les institutions spartiates ne valaient que parce qu'elles étaient proches de ce qu'avait été à Athènes la « démocratie des ancêtres », celle de Thésée et de Solon dont il avait vanté les mérites dans l'*Aréopagitique*[23]. La rupture avec l'image idéalisée de Sparte était donc limitée et ne concernait pas les institutions proprement dites.

Il en va tout à fait différemment avec Aristote. Celui-ci avait vraisemblablement rédigé ou fait rédiger par un de ses élèves une *Lakedaimoníon Politeía,* et ce sont les renseignements recueillis qui lui permettent de se livrer à une critique radicale de cette constitution présentée par certains comme un « modèle »[24]. Cette critique se situe sur plusieurs plans qu'on peut qualifier sans craindre de verser dans le « modernisme » de social, économique et politique.

La société d'abord : elle présente l'inconvénient de reposer sur l'existence d'une classe de dépendants, ce qui, certes, a l'avantage de libérer le citoyen des tâches matérielles, mais présente un danger dans la mesure où ces dépendants peuvent, s'ils se révoltent, bénéficier de l'appui militaire des adversaires de la cité[25]. Par ailleurs, elle souffre de la condition particulière des femmes, de la licence (*ánesis*) dont elles jouissent et qui les conduit à vivre « dans un dérèglement total et dans la mollesse ». Comme d'autre part les peuples guerriers sont sensibles à l'amour des femmes et souvent absents, il en résulte que ce sont les femmes qui possèdent le pouvoir (*árkhein*) à Sparte[26].

Cette situation entraîne de graves conséquences sur le plan « économique » : ce sont les femmes qui ont introduit à Sparte l'amour de l'or et de l'argent. Et c'est de là que découle l'inégale répartition de la propriété. On notera que, avant Aristote, le problème du régime de la propriété à Sparte n'avait pas été abordé par les auteurs anciens, sinon pour rappeler, comme chez Xénophon, des pratiques de jouissance communes des biens matériels[27].

23. *Panathénaïque,* 139-148, 153-155; *Areopagitique,* 16-28.

24. L'analyse des institutions spartiates figure en effet aussitôt après l'examen par le philosophe des *politeíai* idéales dont celles de Platon dans la *République* et dans les *Lois* et celles de deux penseurs ioniens, Phaléas de Chalcédoine et Hippodamos de Milet.

25. *Politique,* II, 1269b3-12. Les révoltes d'hilotes étaient en effet une menace constante pour les Spartiates. La plus célèbre d'entre elles avait éclaté en 464 et mis en péril la cité. Au début du IVe siècle, les hilotes s'étaient joints à la fameuse conspiration de Cinadon. La libération de la Messénie par Epaminondas rendait cette menace encore plus présente dans cette seconde moitié du IVe siècle.

26. *Politique,* II, 1269b23-34.

27. La seule évocation d'un partage des terres figure dans les *Lois* de Platon (III, 684d), où il est question des législateurs « doriens » qui imposèrent dans les temps anciens « une certaine égalité des biens » (*tina isóteta tês ousías*), aussitôt après la conquête et le partage du Péloponnèse, mais sans mention de Lycurgue.

Aristote insiste en revanche sur ce régime inégalitaire qu'il rattache à deux séries de faits : d'une part, le droit de donner ou de léguer librement sa terre ; d'autre part, le montant élevé des dots et le fait qu'on puisse marier à qui l'on veut son unique héritière, ce qui a pour conséquence que les deux cinquièmes du sol appartiennent aux femmes[28]. Une troisième disposition contribue encore à accroître ces inégalités : l'encouragement à la procréation pour pallier le manque d'homme, l'oliganthropie, qui entraîne le morcellement des propriétés, mais aussi l'affaiblissement du potentiel militaire de la cité, beaucoup de pauvres ne pouvant plus s'équiper comme cavaliers ou comme hoplites. Ce qui explique que Sparte ne puisse plus même aligner mille combattants[29].

Enfin, l'organisation politique elle-même, tant vantée, on l'a vu, présente de nombreux dysfonctionnements. D'abord, le recrutement des éphores, qui, d'origine modeste le plus souvent, sont d'autant plus corruptibles, alors que l'étendue des pouvoirs dont ils jouissent les conduit à ne plus se soucier des lois[30]. Le mode de recrutement des gérontes ne vaut pas mieux, car l'âge seul n'est pas une garantie de sagesse, et le choix s'opère de façon puérile[31]. Quant aux rois, on croit deviner chez Aristote une mise en question du caractère héréditaire de la double royauté. Même les repas en commun appellent la critique du philosophe : « il n'est pas facile en effet aux citoyens pauvres d'y participer ; or, c'est leur définition traditionnelle de la citoyenneté, que celui qui ne peut pas fournir cette contribution cesse d'y avoir part »[32].

Ici encore, il est possible de compléter les indications fournies par Aristote avec les traditions recueillies par Plutarque et qu'il rappelle au début de la *Vie d'Agis*. Ainsi, indique-t-il le nom de ce législateur, un certain Epitadeus, qui aurait permis de donner à qui l'on voulait son *oîkos* et son *klêros*[33]. La distinction entre les deux termes est intéressante, car elle suppose que les biens d'un Spartiate comportaient à la fois son patrimoine, hérité de ses ancêtres, et le lot, rétribution de son activité militaire. Par ailleurs, reprenant à son compte le fait que la plus grande partie des richesses de la Laconie était entre les mains des femmes, Plutarque l'illustre

28. *Politique*, II, 1270a16-25.

29. *Politique*, II, 1270a30-31.

30. *Politique*, II, 1270b6-17.

31. *Politique*, II, 1270b35-1271a10.

32. *Politique*, II, 1271a34-37.

33. Plutarque, *Agis*, V, 3. Sur cet Epitadeus, voir J. Christien, « La loi d'Epitadeus. Un aspect de l'histoire économique et sociale de Sparte », *Revue historique du Droit français et étranger*, 1974, p. 197 *sq.*, et G. Marasco, « La Retra di Epitadeo e la situazione di Sparta nel IV secolo a.C. », *Antiquité classique*, 1980, p. 131 *sq.* Voir également S. Hodkinson, « Land tenure and inheritance in classical Sparta », *Classical Quarterly*, n.s., 36, 1986, p. 378-406.

par l'exemple de la mère d'Agis « qui, par le nombre de ses clients, de ses amis et de ses débiteurs, jouissait d'une autorité considérable dans la cité où elle se mêlait beaucoup des affaires publiques »[34]. Enfin, le nombre qu'il donne de ceux qui avaient conservé la *politeia* est voisin de celui d'Aristote : sept cents. Plutarque a utilisé en premier lieu, pour rédiger sa *Vie d'Agis,* l'oeuvre de l'historien Phylarque contemporain des événements. Certes, celui-ci connaissait le texte d'Aristote, écrit trois quarts de siècle auparavant. Mais il a pu aussi le confronter avec la réalité spartiate du milieu du IIIe siècle.

Il y a donc de fortes chances pour que cette nouvelle image de Sparte, en rupture complète avec l'idéalisation de la fin du Ve et des premières décennies du IVe siècle, corresponde à une crise réelle[35]. Mais paradoxalement c'est de l'éclatement de cette crise au milieu du IIIe siècle qu'allait renaître et se renforcer l'idéalisation de la « Sparte de Lycurgue ». Pour résoudre les difficultés nées de l'inégalité accrue du régime de la propriété, le jeune roi Agis va se placer « sous le signe de Lycurgue », et, contraignant les riches à mettre leurs biens à la disposition de la communauté, proposer une répartition égalitaire du sol civique[36]. Or, de cette répartition égalitaire il n'avait jamais été question auparavant dans les écrits concernant Sparte, sauf peut-être chez Ephore s'inspirant des constructions idéalisées des écoles philosophiques. On la retrouvera en revanche chez Polybe au IIe siècle, et bien entendu dans la *Vie de Lycurgue* de Plutarque. Il n'est pas sans intérêt de noter que le nombre des lots civiques et celui des lots attribués aux périèques par Agis (respectivement 4 500 et 15 000) est exactement inférieur de moitié au nombre des lots attribués par Lycurgue, aux dires de Plutarque, aux Spartiates (9 000) et aux périèques (30 000)[37]. On voit par là comment les révolutions spartiates du IIIe siècle menées par Agis puis par Cléomène ont parachevé la construction de l'image d'une Sparte égalitaire et de celle du législateur Lycurgue.

C'est en effet dans la *Vie de Lycurgue* de Plutarque que l'on trouve le tableau complet du modèle spartiate idéalisé, considérablement enrichi par rapport à celui que donnait la *République des Lacédémoniens* de Xénophon : équilibre des pouvoirs et respect des lois, égale répartition du sol et pratiques de vie communautaire, éducation étroitement contrôlée

34. Plutarque, *Agis*, VI, 7. Voir sur le rôle politique des femmes spartiates C.A. Powell, « Spartan Women assertive in politics? Plutarch's Live of Agis and Kleomenes », dans *Sparta. New Perspectives*, S. Hodkinson et C.A. Powell (éds.), Londres-Duckworth, The Classical Press of Wales, 1999.

35. Sur cette crise, voir en dernier lieu S. Hodkinson, *Property and Wealth in Classical Sparta*, Londres-Duckworth, The Classical Press of Wales, 2000.

36. Plutarque, *Agis*, VIII, 1-2.

37. Plutarque, *Lycurgue*, VIII, 5.

par la cité, destinée à faire des citoyens dociles et de bons guerriers, contrôle des unions matrimoniales et des relations pédérastiques où l'on devine l'influence des constructions idéales de Platon[38].

Plutarque n'ignorait pas cependant que cette constitution idéale attribuée à un homme dont il reconnaissait qu'on ne savait même pas quand et si il avait existé, avait été mise à mal au cours de l'histoire. Et, comme Xénophon, il liait le début de ce déclin à la guerre du Péloponnèse et à ses conséquences. Car, si la *Vie de Lycurgue* est bien l'aboutissement de la construction de l'image idéale de Sparte, les autres *Vies*, consacrées par Plutarque à des Spartiates illustres, Lysandre, Agésilas, Agis et Cléomène, montrent bien les liens inextricables entre imaginaire et réalité, entre idéalisation et prise en compte de certaines évidences, si opposées fussent-elles à cette idéalisation. Des *Vies* spartiates de Plutarque se dégage le double visage d'une cité exceptionnelle, fidèle aux principes fixés par Lycurgue, mais aussi d'une cité que l'ambition de certains de ses chefs a condamnée à une décadence inévitable[39].

Mais, si dans un monde grec dominé par Rome, Sparte ne peut plus ambitionner de servir de « modèle », du moins peut-elle encore devenir le conservatoire de son passé. Dans la *Vie de Philopoimen*, Plutarque, après avoir rappelé le sort que fit subir à la cité le chef achéen après sa victoire sur Nabis conclut : « Sur le moment, étant donné l'étendue de leur misère, ils (les Spartiates) laissèrent Philopoimen trancher en quelque sorte les nerfs de leur cité; ils se soumirent et se firent tout petits. Mais par la suite, ils sollicitèrent les Romains et parvinrent à échapper aux institutions achéennes. Ils reprirent et restaurèrent celles de leurs pères, autant du moins que cela était possible après tant de maux et de ravages »[40].

Et c'est ainsi qu'à l'époque de Plutarque, les « touristes » romains se rendaient à Sparte pour assister à la flagellation des éphèbes sur l'autel d'Artémis Orthia[41].

38. Plutarque, *Lycurgue*, XIV-XVIII. Platon est cité au début du chapitre XV à propos de la réglementation des mariages et pour vanter les pratiques d'eugénisme établies par Lycurgue. Plutarque reprend la comparaison faite dans la *République* entre les femmes d'une part, les chiennes et les juments d'autre part, pour lesquelles on choisit les meilleurs mâles (V, 458d).

39. Sur l'image de Sparte construite par Plutarque, voir Cl. Mossé, « L'image de Sparte dans les *Vies parallèles* de Plutarque », dans N. Birgalias, K. Buraselis, P. Cartledge (éds.), *The Contribution of Ancient Sparta to Political Thought and Practice*, Athènes, Alexandria Publications, 2007, p. 303-313.

40. Plutarque, *Philopoimen*, XVI, 9.

41. Plutarque, *Lycurgue*, XVIII, 2.

La figure de rupture dans les Vies de philosophes et de rhéteurs *d'Eunape*

Martin STEINRÜCK

Face à un pouvoir quasi absolu, les intellectuels n'ont rien à dire – au IVe siècle de notre ère, en 399, huit ans après la destruction du *Sérapeïon* d'Alexandrie et d'autres temples grecs ou romains. L'historien Eunape de Sardes écrit une petite histoire du néoplatonisme non-chrétien justement de ce IVe siècle[1]. Tous les autres historiens de son époque qui avaient à craindre les répressions chrétiennes, tels qu'Ammien Marcellin, Aurelius Victor et le Pseudo-Aurelius Victor ou plus tard Zosime, choisissent le procédé proposé par Sénéque le jeune et par Tacite : il se taisent[2]. Ils font comme si le christianisme n'existait pas. Eunape, en revanche, dénonce ouvertement, en termes connus de Julien l'Apostat, la violence chrétienne ou comme on l'appelle chez les Grecs « le royaume du noir ». Contrairement à ce que semblent croire des historiens modernes, Eunape est loin d'être stupide ou rongé de haine et il doit avoir des raisons tactiques à cette démarche peu diplomatique[3]. Nous présenterons, en tout cas, un sens caché beaucoup plus intéressant mais destiné aux oreilles des Grecs et non pas des chrétiens. La franchise eunapienne aurait bien pu constituer une manœuvre de détournement, d'occupation des lecteurs chrétiens qui a fonctionné jusqu'au Moyen Âge et, en fait, jusqu'à aujourd'hui.

1. Je suis le texte de G. Giangrande (éd.), *Eunapii Vitae Sophistarum*, Roma, Istituto Poligrafo dello Stato, 1956.

2. *Cf.* Sénèque, *Oedipus* 522f. : « *saepe vel lingua magis regi atque regno muta libertas obest* ».

3. Cf. par exemple R. Penella, *Greek Philosophers and Sophists in the Fourth Century A.D., Sudies in Eunapius of Sardis*, Leeds-Cairns, ARCA 28, 1990, p. 105 *sq.*; M. Croiset, *Histoire de la littérature grecque* 5, Paris, de Boccard, 1899, p. 986; et J. Hammerstaedt, dans H.-G. Nesselrath (éd.), *Einleitung in die griechische Philologie*, Stuttgart-Leipzig, Teubner, 1997, p. 298.

En effet, à mots couverts, cette histoire contient une critique à la fois de Julien l'Apostat et du comportement des philosophes néoplatoniciens lors du dernier combat et de la défaite de l'hellénisme, une critique qu'Eunape n'aimerait sûrement pas joindre au catalogue d'arguments antipaïens des chrétiens. C'est la façon dont Eunape organise cette double lecture qui nous intéresse, une double lecture visant à séparer les « hellènes et les *asebeîs* » comme il dirait, les « païens et les chrétiens » comme disent nos histoires. Parmi ces procédés stylistiques, il y a des tropes comme la blague facile, l'ironie ambiguë et l'emphase difficile ; il y a la construction d'un ethos, d'une attitude ou d'une image de l'auteur à travers le type de rythme de prose qu'il adopte, l'utilisation des styles atticiste et asianiste ; mais il y a surtout des figures, et notamment la figure de rupture qui organise cette double lecture. Il s'agit de la figure de l'hyperbate, qui n'implique pas seulement un schéma de « sens A – sens B – et retour au sens A », mais la suspension d'un discours par un autre discours. Ce concept sera vite clarifié dans les deux exemples que nous commenterons.

Le premier exemple est l'histoire « jamais démentie », comme le narrateur le dit de façon malicieuse, de la naissance d'un haut fonctionnaire, Ablabios.

Un Égyptien – dont on ne saura jamais le nom – un astrologue qui dresse des horoscopes, débarque à Constantinople. Nous sommes aussitôt confrontés à la première figure de rupture discursive. Car au lieu du narrateur, c'est un commentateur qui parle et qui brise la syntaxe par une parenthèse pleine de racisme. Et il va si loin que le narrateur doit revendiquer son discours narratif par un *hómos* que nous traduisons par « enfin », mais qui signifie littéralement « quand même », donc une sorte de geste impatient disant : « malgré tout ce que vous avez entendu, je reprends la narration ». L'Égyptien arrive donc et sort en boîte, et non dans la moins chère.

6.3.1 L'un de ces Égyptiens s'occupant
de ce qu'on appelle « la leçon », l'horoscope,
    vient dans la ville –
        les Égyptiens se comportent facilement mal à
        l'étranger avec une certaine nonchalance
        et il faut croire que c'est bien
        leur éducation à la maison
    enfin il vient
et il va dans la taverne la plus chère

τῶν ἐξ Αἰγύπτου τις περὶ τὸ
καλούμενον μάθημα συντεταμένων,
    παρελθὼν εἰς τὴν πόλιν
    (ἱκανοὶ δε εἰσιν Αἰγύπτιοι καὶ δημοσίᾳ μετ
        ὀλιγωρίας ἐν ταῖς ἀποδημίαις ἀσχημονεῖν :

εἰκὸς δὲ αὐτοὺς καὶ οἴκοθεν
οὕτω παιδεύεσθαι),
παρελθὼν δὲ ὅμως,
εἰς τὸ πολυτελέστερον ὠθεῖται τῶν καπηλείων, ...

La figure de rupture est donc mise en évidence; mais pourquoi l'afficher, quelle est sa fonction? Il faut savoir que selon son rythme, et même selon ses critiques, Eunape écrit dans la vénérable tradition atticiste dont l'inventeur a formulé l'une des règles comme suit : « tamquam scopulum sic fugias inauditum atque insolens verbum » (« c'est comme un rocher en naviguant qu'il faut éviter un vocable inusité et inouï »)[4]. César ne prenait peut-être pas au sérieux sa propre règle puriste qui interdisait l'utilisation d'un vocabulaire inusité et étranger. Car il est capable de jouer sur un mot étranger comme *skópelos*. Mais les porte-paroles de cette première stylistique normative, tel le Pseudo-Longin, l'ont prise au sérieux. Le texte *Sur le Sublime* de ce théoricien augustéen attaque l'un des ancêtres de l'atticisme et le modèle d'Eunape, le père de l'histoire : Hérodote[5]. Il le critique pour avoir mis dans la bouche de quelques barbares ivres des mots bien peu grecs. Rien, dit le Pseudo-Longin, rien ne justifie un mauvais style, rien ne justifie de mal se comporter face à l'éternité, pas même si l'on introduit un discours étranger pour mimer le discours de barbares ivres. Eunape utilise le même verbe que le Pseudo-Longin pour dire *mal se comporter* : *askhemoneîn*; et il y a d'autres passages qui rendent très probable qu'Eunape a lu le Pseudo-Longin[6]. Il se peut donc que nous ayons affaire à une réponse, à une excuse face à la règle sur le discours étranger.

Car Eunape fera justement ce que le Pseudo-Longin et l'atticisme interdisent explicitement. Son Egyptien bientôt ivre abandonnera le « bon style » et criera des expressions étrangères au discours du narrateur, mais qui lui seront tout de même intégrées, des expressions telles ξηρός τε εἶναι et ὑπὸ δίψους αὐτίκα μάλα ἀποπεπνίξεσθαι (donc *être desséché* et *étouffer vraiment toute de suite* pour *avoir soif*). Contre les règles du genre, le narrateur associera un discours de « basse classe » à l'histoire de la naissance d'un haut fonctionnaire. Pour nous, ce jeu des discours pourrait

4. Jules César, *De analogia* fr. 2; sur l'atticisme d'Eunape, G. Giangrande, « Caratteri stilistici delle *Vitae sophistarum* di Eunapio », *Bolletino del Comitato per la preparazione dell'edizione Nazionale de classici greci e latini* 4, 1956, p. 59-70; et W. Schmid, *Der Atticismus in seinen Hauptvertretern von Dionysius von Halikarnass bis auf den zweiten Philostratos* (1887), Hildesheim, Olms, 1964.

5. Pseudo-Longin, *Du sublime*, 4.7.5.

6. En 4.1.3-4.1.4, il parle d'un Longin, qui savait « tout comme Denys de Carie (d'Halicarnasse) juger les auteurs antiques ». Ce qui rappelle le titre que donne le manuscrit parisien de l'auteur *Sur le sublime* : « Denys ou Longin ».

être une vertu, mais Eunape interrompt le narrateur par l'intervention d'un commentateur qui s'excuse du mauvais comportement de ses personnages.

L'Égyptien commande le vin le plus cher, le « *glukús* », un vin si gélatineux qu'il faut le dissoudre dans de l'eau chaude. La tenancière est ravie, sert donc le morceau de gélatine et court amener l'eau chaude. Le client se réjouit, mais – ô frustration – la voisine arrive, interrompt la procédure et l'Égyptien reste bouche bée. Nous assistons donc à la deuxième figure de rupture : avant que la phrase du narrateur n'arrive à une forme verbale conjuguée, la voisine l'interrompt par un discours direct qui, lui, est interrompu à nouveau par les parenthèses d'un commentateur – chose inouïe dans la narratologie classique (6.3.2-6.3.3).

> Et à peine avait-elle posé la coupe devant l'Égyptien et versé la quantité préparée de vin,
> qu'une voisine accourue :
> « elle est en danger de mourir »
> lui dit-il à l'oreille,
> « dans les douleurs de l'accouchement, ta copine et cousine »
> – il en était ainsi –
> « si tu n'arrives pas toute de suite! »
> l'ayant entendu,
> laissant l'Égyptien bouche bée – encore avant d'avoir ajouté l'eau chaude
> et ayant délivré cette femme de ses douleurs
> et accompli ce qu'on fait lors d'un accouchement
> s'étant lavé les mains, elle était là pour l'hôte.

> προθεμένης αὐτῆς κύλικα τῷ Αἰγυπτίῳ καὶ τὸν ἠρτυμένον οἶνον καταχεομένης,
> προσδραμοῦσά τις ἐκ γειτόνων
> « ἀλλὰ κινδυνεύει σοι »
> εἶπεν λέγουσα πρὸς τὸ οὖς
> « ἐπὶ ταῖς ὠδῖσιν ἡ φίλη καὶ συγγενής »
> καὶ γὰρ οὕτως εἶχεν,
> « εἰ μὴ θᾶττον ἀφίκοιο. »
> καὶ ἡ μὲν ταῦτα ἀκούσασα,
> καὶ καταλιποῦσα τὸν Αἰγύπτιον, πρὶν το... θερμὸν ὕδωρ ἐπιβαλεῖν, κεχηνότα,
> κἀκείνην ἀπολύσασα τῶν ὠδίνων,
> καὶ συντελέσασά γε ὅσα ἐπὶ ταῖς λοχείαις γίνεται,
> παρῆν αὐτίκα, διακαθήρασα τὰς χεῖρας, πρὸς τὸν ξένον.

Tout ce que cette phrase décrit s'exprime dans des participes et le lecteur reste sur sa soif de verbe conjugué tout comme l'Égyptien sur sa soif d'eau chaude, jusqu'au moment où la tenancière et sage femme est de retour, comme si presque rien ne s'était passé. C'est un effet plutôt comique de « *pnîgos* », d'étouffement dans une lecture toujours plus rapide qui cherche à arriver à son verbe, c'est du « Charlie Chaplin » en prose, parce que des choses aussi importantes que la naissance d'un supérieur et la soif d'un Égyptien s'y mêlent à toute vitesse.

Pour notre propos, il est important de mettre l'accent sur le rapport entre le contenu et sa forme. Chez Eunape, en effet, l'image de la bouche ouverte est souvent superposée à une figure de rupture. Ainsi, quand un médecin pour le moins curieux administre un médicament à un garçon qui n'est personne d'autre que l'auteur dont le narrateur raconte la jeunesse. D'habitude – l'atticisme et César obligent – le narrateur est très détaché et parle de l'auteur à la troisième personne. Mais ici, l'auteur transparaît dans le commentateur, ou mieux dans la colère qu'on ait pu traiter l'auteur de la façon suivante (10.1.12).

> Quant à lui,
> ce qu'il voulait lui faire avaler, en lui séparant la bouche avec quelques instruments,
> il n'a osé le dire qu'après coup
> et l'oracle a assuré plus tard plusieurs fois que c'était bien cela,
> enfin il le lui a administré :
> l'estomac fut purgé d'un seul coup…

> ὁ δὲ
> ὅ τι μὲν ἐνέχεεν, ὀργάνοις τισὶ τὸ στόμα διαστήσας,
> μετὰ ταῦτα ἐξεῖπεν
> καὶ ὁ θεὸς πολλοῖς ὕστερον ἐμαρτύρησε χρόνοις,
> ἐμβαλὼν δὲ ὅμως,
> τοῦ μὲν η γαστὴρ…

Il y a donc figure de rupture, à nouveau mise en évidence par l'adverbe *hómos*, « enfin », et il y a, au niveau narratif, une bouche qu'on ouvre de façon violente comme dans le texte sur l'Égyptien. On remarquera que la figure narrative et la figure syntaxique ou stylistique sont semblables, voire superposées. La figure de rupture est associée à une bouche ouverte. Dans la rupture, c'est d'habitude le commentateur qui parle et un commentateur tout proche de la figure de l'auteur. Ouvrir une figure de rupture c'est ouvrir la bouche en rompant le discours du narrateur : une voix derrière une voix. En plus, l'administration de ce médicament abominable s'exprime par le verbe *embállein*, ce qui fait référence au terme technique rhétorique de l'« *embole* », l'insertion d'un commentaire, donc une autre façon de parler d'une figure de rupture. On ne sait plus très bien si le récit parle d'une figure ou si la figure met en scène un récit. En tout cas, cette figure a une signification à la fois cachée et très nette. Car cette gastrite attaque le jeune étudiant Eunape pendant la première nuit sous le toit de son professeur Prohairésios. Or Prohairesios est le maître incontestable du « *skhédios lógos* », du discours improvisé, héritier de la tradition atticiste. Les ennemis de ce style, ceux qui prônent le style de la période comme Cicéron, Aristide, les adversaires de Prohairésios ou Jérôme, diront de ces virtuoses, Antoine, Favorin, Prohairesios ou Julien, qu'ils ne préparent pas leurs textes, mais qu'ils les vomissent[7]. Or, comme le déclare Philostrate dans ses *Vies de Sophistes*, l'inventeur de ce discours improvisé a été l'ennemi d'un précurseur du style en périodes asianistes : le *protos euretes* est Eschine. Il suffit d'entendre l'identification du médecin meurtrier pour comprendre quel est son rôle :

10.1.11 Un certain Eschine
(non : pas un Athénien, il venait de Chios)
qui avait déjà tué un grand nombre de patients
et pas seulement ceux qu'il avait promis de guérir,
il suffisait qu'il les regarde –
s'écria vers ce tas de dépressifs
(comme on a su après coup) :
«Permettez-moi quand même de donner une médecine à ce cadavre.»
10.1.12 Et on permit à Eschine d'assommer encore les morts.

Il est absurde de penser qu'on puisse vraiment confondre un Eschine du IVe siècle de notre ère à un Eschine d'Athènes du IVe siècle avant notre ère. La figure de correction dans une figure de rupture fait allusion au héros fondateur du discours du vomissement, Eschine, pour que, dans ce discours allusif, il puisse être représenté par le médecin de Chios. Le commentateur qui parle au centre de la figure suggère qu'elle a un sens plus profond en mentionnant un oracle. Quel est ce sens? Si on compose les indications sur le discours du vomissement et sur Eschine, c'est que l'étudiant a été initié au discours de son maître dans la première nuit de son séjour par le héros fondateur de ce discours. Tout cela est dit sur un ton humoristique et peut-être un peu critique, puisque la chose est faite grâce à une figure de style qui ne se trouve pas dans le discours du maître. Pour l'instant on peut en tirer la conclusion que la bouche qui s'ouvre dans une figure de rupture a quelque chose à dire qu'on ne dit pas ouvertement.

Si l'on regarde la théorie de l'époque, il faut se tourner vers Hermogène, le théoricien vite oublié du IIe siècle, mais qui devient la référence au IVe siècle de notre ère. Il rompt avec l'opposition claire et nette

7. *Cf.* Philostrate, *Vitae* 491, sur Favorin; Cic *Ep. ad div.* 12.2, Hieronym. *ep.* 70 sur le style de Julien, Eunape *VS* 10.4.7 sur Proérésie.

entre style asianiste en périodes et style atticiste en style sériel, et introduit d'autres oppositions. L'une des formes de la période, c'est la figure de rupture ou le *tmetón*, le texte coupé qui sert à créer le style *gorgós*. Cette *gorgótes* s'oppose à un *húptios lógos*, un style couché sur le dos[8]. L'image désigne d'abord un narrateur narratif comme celui d'Homère ou d'Hérodote, qui nécessite un lecteur bien couché sur sa *klíne* ou ce qu'on a appelé le *easy chair reader*. C'est donc un narrateur qui pourvoit le lecteur d'une certaine sécurité, qui ne raconte jamais de mensonges, qui dit tout ce qui est nécessaire. Au delà de cette interprétation de l'image du *couché*, il y a aussi le fait que que *húptios* signifie « horizontal » et s'oppose à l'image du *gorgós*. Cet adjectif, en effet, fait allusion au regard de la Gorgone qui s'adresse directement au spectateur sur les vases et non pas comme le regard des personnages aux autres personnages. Le discours de la rupture crée donc bien un regard à 90 degrés qui s'ajoute au regard « couché » du narrateur. Dans l'imagerie d'un Hermogène, la figure de rupture n'est donc pas seulement une seconde bouche qui s'ouvre, mais un œil qui s'ouvre pour un moment, qui regarde le lecteur et qui se referme aussitôt. Mais ce clin d'œil est celui du commentateur proche de l'auteur et il semble sidérer un lecteur qui, jusqu'à présent, se sentait en sécurité. La figure de rupture introduit donc dans les textes, comme dans la théorie, un double discours.

Revenons donc à notre Égyptien toujours assoiffé, même lorsque la tenancière-sage femme revient (6.3.5) :

> Comme elle le trouva fâché et d'humeur bouillonnante, elle lui expliqua la cause du contretemps. À ces paroles, le bon Égyptien regarda l'heure et eut une soif plutôt de dire le message des dieux que de se soucier de l'état de son corps et dit d'un ton important : « retourne, femme, annonce à la mère qu'elle vient d'accoucher d'un "presqu'empereur" ! » L'annonce faite, il se remplit longuement de la coupe. Son nom, il l'a laissé à la femme. L'enfant né, en revanche, c'était Ablabios. Ce fut une blague de Fortune qui invente sans cesse du nouveau, de sorte qu'il avait d'autant plus de pouvoir que l'empereur qu'il pouvait même tuer Sopatre en présentant une accusation -encore plus naïve que celle contre Socrate – à l'empereur comme s'il était un peuple mobile et mal organisé.

La phrase comique (6.3.2-6.3.3) avait superposé la naissance de l'enfant à la frustration de l'Égyptien et du lecteur. L'Égyptien, lorsqu'il entend qu'il a été frustré par la naissance de l'enfant oublie sa soif et dresse un horoscope. Le nouveau né est un presque-empereur. Le texte souligne qu'il s'agit d'une blague de Fortune. Mais c'est plutôt la blague du texte

8. Hermog. *De id.* 2.1.57.

consistant à présenter (dans l'horoscope de l'Égyptien) cette figure du presque-empereur comme effet de la frustration que l'Égyptien et avec lui le lecteur viennent de vivre, la presque-boisson du vin le plus cher. On comprend maintenant pourquoi l'Égyptien doit parler contre la règle stylistique dans le discours de la rue et pourquoi le commentateur se distancie de ce discours. La naissance d'Ablabios est une mauvaise blague et vient du fond de la « basse classe ». On peut voir qu'à nouveau, dans un discours ironique, humoristique, le commentateur-auteur parle du fond d'une figure de rupture pour attaquer un fonctionnaire chrétien qui, contrairement à l'étymologie de son nom « celui qui ne peut faire du mal », est capable de faire tuer l'un des grands néoplatoniciens, Sopatre. À travers ce personnage, le texte attaque finalement l'empereur chrétien qui, contrairement à l'annonce de l'Égyptien, n'avait pas un peu moins, mais un peu plus de pouvoir que l'empereur, se fait donc dominer par un rejeton de la couche inférieure et n'est lui-même pas meilleur que la classe dont vient Ablabios. Mais comme dans la bouche ouverte du garçon c'est aussi dans la bouche de l'Égyptien qu'on trouve un brin de critique envers Sopatros, qui voulait persuader l'empereur d'abandonner le christianisme. Si un Égyptien assoiffé arrive presque à la bonne solution – car il s'est trompé et Eunape se moque plusieurs fois de l'astrologie – un Néoplatonicien comme Sopatre aurait dû comprendre de façon beaucoup plus nette qu'on ne pouvait pas changer le cours d'un destin si moqueur.

Tels étaient donc les deux exemples de la mise en scène d'un double discours par la figure de rupture, l'un destiné à un public gréco-chrétien, l'autre destiné aux néoplatoniciens grecs. Mais pourquoi donc ce jeu de cache-cache? Une des scènes-clés du livre peut éclaircir la critique fondamentale d'Eunape. Cette scène implique deux philosophes, l'un du bon courant, l'autre du mauvais. Le bon philosophe, c'est le maître d'Eunape, Chrysanthe de Sardes; quant au mauvais philosophe, il est représenté par le grand théurge Maxime. Lorsqu'en 361 Julien arrive au pouvoir, il aurait besoin de ces deux philosophes pour restaurer la spiritualité grecque. Les deux amis, Chrysanthe et Maxime, font ce qu'on fait comme théurge face à une invitation pareille. On demande aux dieux la permission par les prières et la lecture des sacrifices. Or la réponse est nette et négative. Il ne faut pas soutenir Julien. C'est ici qu'on trouve la critique fondamentale du rôle joué par le néoplatonisme. Car Chrysanthe accepte le refus des dieux alors que Maxime lui dit que le rôle d'un théurge consiste à contraindre les dieux (*ekbiázesthai*). Il continue les sacrifices et les prières en hurlant et en gémissant jusqu'à ce qu'il puisse lire dans les entrailles ce qu'il veut. Et il part. Alors que Chrysanthe est associé à ce que nous appelons une citation homérique (7.3.16) :

> Ainsi, l'Asie Mineure entière à ses pieds, Maxime s'en alla rencontrer l'empereur alors que Chrysanthe restait sur place parce qu'un dieu lui dit de le faire dans le songe, comme il a confié plus tard à l'auteur :
>
> qui aux dieux obéit c'est lui notamment qu'ils exaucent.

C'est le vers qu'Achille utilise en *Iliade* I.218 pour répondre à l'interdiction d'Athéna de tuer le *basileús* Agamemnon. La citation fait soupçonner un rapport entre le *basileús* Julien et le *basileús* Agamemnon d'une part, ainsi que d'un Achille boudant le roi et un Chrysanthe boudant l'empereur d'autre part. La prochaine citation d'Homère, lors d'une seconde invitation de Chrysanthe par Julien, associe l'invitation à la scène de l'ambassade, où Agamemnon tente de récupérer son guerrier. Or le lecteur de l'*Iliade* sait dès le début que dans la guerre de Troie, il n'y a pas de vainqueur, mais que toute une génération, celle des héros, est éliminée par cette ruse de Zeus qu'est la guerre de Troie. Dans une interprétation néoplatonicienne de l'*Iliade*, le refus d'Achille risque d'être lié à ce savoir du public, partagé d'ailleurs par la mère d'Achille. Les citations de l'*Iliade* font donc apparaître une dimension cosmique. La chute de l'hellénisme n'y est qu'une autre fin de génération mise en œuvre par Zeus. C'est dans un contexte pareil que la critique d'un courant militant grec et théurgique dans le néoplatonisme devient significative. Eunape tente de sauver la perte de l'hellénisme comme nouvelle fin d'une génération grecque voulue par les dieux. C'est un peu ce qu'on peut également tirer des épigrammes de Palladas ou des monodies de Libanios : la victoire du christianisme n'est qu'un outil de Zeus pour abolir une génération dans l'empire du noir. S'y opposer par le néoplatonisme ne signifie pas seulement s'opposer à Zeus, mais aussi admettre une vraie victoire chrétienne. Ce message de base, caché dans un *subtext* homérique, s'exprime, comme nous l'avons vu aussi dans une lecture des figures de ruptures, dont émerge selon la théorie de l'époque, et selon notre lecture, un second regard, une seconde voix qui ne parle qu'aux néoplatoniciens, alors que pour les chrétiens, Eunape se présente comme philosophe un peu bête avec une idéologie très claire. Il suffit de lire le jugement des Croiset de 1899, dans son histoire de la littérature pour comprendre qu'Eunape a réussi : « Un jargon de rhétorique insipide, des hyperboles puériles, des partis pris évidents, des digressions incessantes… »[9].

9. M. Croiset, *Histoire de la littérature grecque*, *op. cit.*, p. 986.

Éthologie du couple « rupture/continuité » en stoïcisme : fondation d'un système d'estimation

Sandrine ALEXANDRE

Il faut que tout change pour que rien ne change[1].

Le couple rupture/continuité occupe une place très importante dans notre manière de nous rapporter au monde, jouant un rôle structurant pour notre façon de vivre-penser. En rompant, nous nous distinguons d'autre chose : d'une autre époque, d'autres êtres. La rupture c'est ainsi le fait pour quelque chose de pouvoir se distinguer ou se singulariser. Elle-même se distingue de la discontinuité qui est l'un de ses effets possibles. À l'opposé, la continuité assure la pérennité d'un état de choses, elle est une forme de lien, entre des époques, des êtres, des choses, des « morceaux », de telle sorte que ce qui a été soit, que ce qui a été avant soit maintenant, que ce qui a été avant soit après. Mais elle n'est pas équivalente à la continuation dans la mesure où cette dernière est davantage un jugement sur la continuité : elle est cette continuité essoufflée qui ne réfléchit pas sur elle-même. On distinguera donc le couple rupture/continuité des couples continuité/discontinuité et rupture/continuation. C'est, aujourd'hui, l'un des couples fondamentaux pour notre culture, en ce sens que nous nous appuyons sur un tel clivage pour rendre compte du monde, pour nous poser dans le monde, pour rendre compte aussi de la vie de la pensée. En revanche, poser la question de ce couple en d'autres lieux et d'autres temps revient à souligner l'historicité de ces concepts et de leur rapport, à s'interroger sur leur pertinence, leur statut et les modalités de leur expression. Objet et outil en viennent alors à se confondre, ce qui pose de redoutables problèmes méthodologiques. À moins d'envisager le couple

1. G.T. di Lampedusa, *Le Guépard*, trad. fr. J.-P. Manganaro, Paris, Seuil, 2007.

rupture/continuité comme un « thème culturel »[2] qui serait diversement problématisé à travers le temps et les lieux, laissant aussi la possibilité pour une non disponibilité, une marginalité, une distorsion des deux éléments du couple. C'est la manière dont ce couple est travaillé qui le fait sortir de la généralité de ce statut de « thème culturel ». Mais ce faisant, on accède à une pensée, à un système, à un réseau de réflexions qui opèrent un léger déplacement dans la construction de chacune des notions, dans leur rapport aussi. La question se pose à propos de toutes les époques, mais de manière plus ou moins pertinente. On ne saurait cependant évaluer cette pertinence qu'une fois l'enquête produite. La difficulté consiste avant tout à poser la question. En effet, on est contraint de partir de cette généralité, des noyaux de sens que ces notions constituent pour nous, avec parfois des points de comparaison grâce au travail mené à l'égard d'une autre pensée à propos de ce même thème. L'enjeu est d'acclimater ce thème général, de passer de sa généralité et de son extériorité par rapport à la pensée envisagée à un usage interne et propre à la pensée envisagée, usage problématique dans la mesure où ce thème général peut éventuellement s'avérer non pertinent. Cette question d'un rapport non extérieur est fondamentale. En effet, dès que l'on qualifie le stoïcisme de philosophie hellénistique, mieux : dès que l'on parle de « stoïcisme », de système « stoïcien », on rend d'emblée disponible et pertinente une analyse en termes de rupture et de continuité, mais... à peu de frais. En effet, les stoïciens entendent rompre avec une certaine manière de penser tout en continuant à mobiliser un certain vocabulaire, certains concepts, certains thèmes. Ils s'opposent explicitement à telle ou telle pratique, à telle ou telle pensée, à telle ou telle théorie – rupture sur fond de continuité. À l'inverse, on peut repérer au cœur de cette rupture assumée, prônée, des éléments de filiation – continuité au sein de la rupture. Sans doute des analyses fines peuvent être produites à ce propos, montrant comment les stoïciens transforment par exemple la notion de représentation par opposition à la conceptualisation qu'en propose Aristote[3], ou encore à propos du terme *lógos*[4] notion essentielle en stoïcisme et qui prend une extension et des acceptions radicalement différentes de celles que lui assignaient Platon ou Aristote. Mais, à travers cette rupture, peut aussi se lire une

2. Pour cette notion et son fonctionnement, je m'appuie sur M. Foucault, « What is Enlightment? », dans P. Rabinow (éd.), *The Foucault Reader*, New York, Pantheon Book, 1984, p. 32-50, repris dans *Dits et écrits*, t. 2, texte n° 339, Paris, Gallimard, 2001, p. 1381-1397.

3. Voir à ce propos les analyses de V. Goldschmidt, *Le système stoïcien et l'idée de temps*, Paris, Vrin, 1969.

4. A.A. Long, « Heraclitus and Stoicism », dans *Stoic Studies*, New York, Cambridge UP, 1996, p. 35-57.

certaine compréhension présocratique de la notion, dont il importe pourtant de montrer qu'elle n'est pas simple redite – une rupture précise et intéressante au sein d'une apparente continuité par-delà des thèmes contemporains avec lesquels on rompt violemment. C'est un art des modulations que l'historien de la philosophie se doit de mettre au jour. Mais, aussi pertinentes soient-elles, et quand bien même mettraient-elle en œuvre le couple rupture/continuité, ce dernier n'est jamais envisagé pour lui-même : il est l'outil de l'historien de la philosophie. Prétendre que ce thème est important en stoïcisme parce que les stoïciens se posent en s'opposant dans l'élément d'une continuité générale ou retrouvée, n'est pas pertinent. En effet, n'importe quel courant, n'importe qu'elle pensée qui se prétend telle est justiciable d'une telle analyse. À travers cette remarque, on signale simplement que les stoïciens opèrent un déplacement plus ou moins important dans leur manière de travailler les notions, qu'ils posent les problèmes d'une manière qui leur est propre à partir de thèmes généraux, en d'autres termes, qu'ils produisent des concepts et créent des problèmes. Bref, on montre qu'ils sont « philosophes » si la philosophie est bien création de concepts[5]. En revanche, on ne dit rien sur l'importance du thème rupture/continuité en stoïcisme et encore moins à propos de la rupture ou de la continuité elles-mêmes. Les analyses relatives à tel ou tel concept sont pertinentes pour une interrogation qui prend précisément pour objet ce concept, elles le sont pour une question qui porte sur le fonctionnement de la pensée stoïcienne, y compris dans la perspective d'une recherche philosophique dépassant l'histoire des idées, ce qui est le cas des travaux de V. Goldschmidt par exemple. En revanche, le couple rupture/continuité apparaît dans son sens le plus large et le plus vague, mais aussi le plus adapté au projet qu'il sert : l'analyse fine de la création de concepts, analyse dont nous avons envisagé la dimension passée, mais qui pourrait tout aussi bien se fonder sur la mise en question actuelle d'une notion cherchant à évaluer la pertinence d'outils de pensée créés ailleurs, dans d'autres pensées, une analyse synchronique de l'histoire des idées qui ne néglige pas son historicité. Nous sommes revenus à notre problème : comment poser la question de ce thème en stoïcisme et pourquoi, les deux questions étant liées. Se demander ce que les stoïciens pensent de la rupture, de la continuité n'est pas une question valide puisqu'elle fait fonds sur des notions disponibles d'emblée pour tous de

5. Certes, on attribue cette définition à G. Deleuze et à F. Guattari qui prend place dans *Qu'est-ce que la philosophie?*, Paris, Minuit, 1991, mais il me semble qu'on peut y souscrire sans préjuger des autres aspects de la pensée de ces deux auteurs. Elle n'est pas à comprendre comme la mobilisation d'une thèse mais comme l'usage libre d'une définition qui m'apparaît pertinente.

toute éternité. En revanche, il peut être fécond d'utiliser ce thème général, en tant que question consciemment assumée comme inadéquate et valant à ce titre comme « coup de sonde ». Il s'agira alors de savoir si et où la notion apparaît pertinente et pourquoi, autrement dit si pratiquer au niveau de la construction de concept des opérations disjonctives et conjonctives est un simple outil de singularisation, ou bien si ce mode d'opérer prend les dimensions d'un véritable problème. Il s'agira alors d'envisager le système de l'intérieur, les concepts qui assurent son fonctionnement, les partages et les regroupements opérés pour voir si le couple rupture/continuité est pertinent, à quel titre, au prix de quels déplacements. Ce sera la première des trois hypothèses que je testerai : le couple rupture/continuité définit un *style* stoïcien, au sens où il permet de rendre compte des concepts du système, mais surtout au sens où il est un aspect intrinsèque du système dont l'élaboration particulière répond à un problème déterminé. Seconde hypothèse : la pratique concrète de la rupture et du rattachement conduit à l'élaboration d'un « soi » capable d'être acteur, mais si une telle élaboration de soi satisfait les exigences doctrinales d'un système, il trouve ailleurs sa raison d'être, ce qui rend disponible pour l'avenir et pour la pensée le travail de problématisation réalisé par les stoïciens à propos du « soi », mais aussi des notions de rupture et de continuité. Troisième hypothèse : dans les figures stoïciennes de rupture et de continuité, il est d'emblée question de la valeur en un sens fort : ces figures ne s'appuient pas sur une théorie de la valeur, elles sont les aspects d'une pensée de l'estimation. L'enjeu de cette enquête est de réussir à montrer que le thème a une véritable pertinence en stoïcisme, qu'il y acquiert une forme propre, mais, et c'est là le plus important, qu'un tel travail de problématisation, aussi caractéristique du système soit-il, n'est pas d'abord, du moins au niveau où ces notions sont les plus pertinentes, un corrélat de doctrine, et, ce faisant, reste disponible pour des pensées à venir, reste susceptible de mettre en question nos évidences à l'égard de ces notions.

Je m'attacherai dans un premier temps à la « théorie » stoïcienne de l'action afin de montrer qu'elle est le lieu où le thème rupture/continuité acquiert sa pertinence en stoïcisme et quel travail particulier ces notions subissent quant à leurs rapports, quant aux notions associées qu'elles mobilisent. J'envisagerai ensuite les modalités concrètes susceptibles de produire la diremption caractéristique de la théorie de l'action afin de prendre en compte plus finement la manière dont ces notions s'élaborent, se rapportent l'une à l'autre, et surtout ce qu'elles rendent possible pour celui qui les met en œuvre. Enfin, j'essaierai de problématiser le lien d'identité traditionnellement admis entre le sujet et l'acteur afin de comprendre si l'un et l'autre, pour autant qu'ils puissent s'impliquer réciproquement, n'ont pas le même statut conceptuel : leur production est radicalement différente, ce dont il faudra tirer les conséquences pour les foyers de notions mis en jeu, à savoir le « soi », l'agent, et plus encore les rapports de rupture et de continuité.

J'envisagerai essentiellement l'aspect éthique de la question, en prenant en compte le lien que cette « partie » du système entretient avec les autres, à savoir la logique et la physique. Cette décision se justifie par des nécessités pratiques de concision mais aussi par des raisons propres à l'objet en question : c'est au niveau de l'éthique – j'aurai à le montrer – que le thème rupture/continuité trouve sa pertinence en stoïcisme, où il prend la forme d'une solution à un problème de doctrine. Le choix de cette voie d'accès justifie la prééminence accordée aux textes impériaux dans la mesure où leur propos est explicitement centré sur l'éthique, non qu'ils abandonnent ou négligent les deux autres parties du système, mais parce qu'ils explorent plus avant le champ de l'éthique en mobilisant des thèses logiques et physiques des Anciens stoïciens. Il ne s'agit donc pas d'abstraire le thème éthique, ni de rompre l'unité de l'École, mais bien de choisir une voie d'accès qui est gage de pertinence dans la mesure où l'on cible certains objets et où l'on ne perd jamais de vue le rattachement des objets et des concepts aux deux autres aspects du système.

Un « style » stoïcien

Une hypothèse

Il s'agit de montrer dans cette première enquête que le couple rupture/continuité n'est pas un thème général et extérieur qui servirait seulement de grille herméneutique pour le système stoïcien, mais que ce couple apparaît comme la formulation d'un problème caractéristique de la doctrine stoïcienne relatif aux rapports du microcosme au macrocosme, impliquant dès lors le rapport 1) que l'être capable d'user rationnellement de ses représentations entretient avec lui-même et 2) que le monde entretient avec lui-même, deux manières de s'ordonner et dont la concordance pose problème, ou du moins appelle un traitement particulier qui se fait en termes de diremption. Il s'agira donc de montrer que la forme pertinente que prend en stoïcisme le thème rupture/continuité est celle du couple diremption/sympathie, qui s'appuie en amont et en aval sur deux autres types de rupture. Il s'agira enfin d'envisager quelles sont les notions associées à ce couple, que l'on utilisera comme un principe heuristique avant d'analyser les rapports réels et concrets qu'il entretient avec les notions mises au jour. La dir命ption est la réponse à la forme injonctive que prend la continuité du monde pour un être capable d'user de ses représentations.

> Seuls les êtres intelligents ont oubliés maintenant leur zèle les uns pour les autres et leur tendance à l'union, et là seulement on ne voit pas de mélange[6]. Mais bien qu'ils se fuient, ils en viennent à se rejoindre (περικαταλαμβάνονται) : car la nature est puissante[7].

La notion de souffle, ou plutôt celle de communauté de souffle (σύμπνοια) assure l'explication de ce que décrit la συμπάθεια, à savoir la séparation et l'unité, dans la mesure où toutes les parties du monde se trouvent à la fois séparées et unies par l'action d'un même souffle[8]. Or, cette harmonie se trouve dangereusement mise en péril dans le cas où certains êtres se rapportent au monde sur un mode représentatif, autrement dit, dans la mesure où ils sont capables d'évaluer le monde, et où ils peuvent donc mal l'évaluer en ajoutant au monde quelque chose qui ne le concerne pas[9]. L'enjeu est, pour de tels êtres, de mettre en adéquation la faculté qui estime, l'*hegemonikón*, et la raison du monde dont elle est un fragment, autrement dit de vouloir exactement l'événement qui arrive « et rien d'autre », de rendre compte de l'événement et de « rien d'autre »[10]. De fait, l'être capable d'user de ses représentations transforme la solution de la συμπάθεια, qui allie unité et séparation, en un problème qui conduit à passer de l'aspect physique du dovgma à son statut éthique qui prend la forme de la rupture et de la continuité. L'injonction qui sert de

6. Marc-Aurèle fait ici référence à l'alliance d'unité et de séparation en un même tout, ce qui est la définition de l'une des trois sortes de mélanges en stoïcisme.

7. Marc-Aurèle, *Pensées pour moi-même*, IX, 9. Je m'appuie pour l'ensemble de ce paragraphe sur l'article de V. Laurand, « La sympathie universelle : union et séparation », *Revue de Métaphysique et de morale*, n° 4, 2005, p. 517-534. Mon hypothèse de travail commence là où s'achève celle de l'auteur qui cite et commente ce texte de Marc-Aurèle dans un paragraphe de conclusion et d'ouverture précisément. Sa réflexion me permet de comprendre comme un problème stoïcien le couple rupture/continuité.

8. A propos de ces concepts, voir Cicéron, *De natura deorum*, II; Sénèque, *Questions naturelles*, II, 4, 2, ainsi que les analyses de K. Reinhardt, *Kosmos und Sympathie; neue Untersuchungen über Poseidonios*, Munich, C.H. Beck, 1926.

9. On retrouve très souvent l'idée d'une volonté qui « s'outrage elle-même » en se mettant en dehors de l'assentiment à ce qui arrive. Voir par exemple Épictète, *Entretiens*, I, 12, 9-12; Marc-Aurèle, *Pensées*, II, 16.

10. Épictète, « Son fils est mort/Qu'est-il arrivé? Son fils est mort./Rien de plus (ἄλλο οὐδέν)? Rien (οὐδέν). [...] Qu'est-il arrivé? Il a été conduit en prison. Mais la proposition : "il lui est arrivé malheur", chacun l'ajoute de lui-même (ἐξ αὑτοῦ ἕκαστος προστίθησιν) », Épictète, *Entretiens*, III, 8, 5.

principe à cette résorption du devoir être dans l'être est celle qui commande « d'agir en conformité à la nature »[11], ce qui pose de redoutables problèmes : d'une part, plusieurs rôles sont dévolus à l'homme, dont les obligations ne s'accordent pas forcément entre elles ; d'autre part, dès que l'homme agit, il intervient dans le monde ce qui semble d'emblée s'opposer à une conformation, au fait de suivre ce qui arrive.

La réalisation de soi, l'« appropriation à soi » de l'être raisonnable se présente sous la forme du paradoxe envisagé plus haut et qui fait précisément de la sumpavqeia non plus une solution mais un problème : la nature inscrit dans sa constitution la liberté. La règle de la nature que doit suivre l'agent est d'être lui-même sa propre règle[12] ou, ce qui revient au même, de se mettre dans la suite du dieu[13]. La liberté humaine est inscrite dans le cours du destin[14]. Comment peut-elle le faire sans se contredire elle-même ? La liberté de l'être raisonnable ne concerne que le domaine où il peut exercer sa liberté. Un champ d'action propre à l'exercice de la liberté humaine devient nécessaire. La liberté réside alors tout entière dans une manière d'agir. La spécificité de l'action humaine réside dans l'assentiment (συγκατάθεσις) et non dans un résultat. L'acte de l'être raisonnable sera donc redoublement, par une intention, de l'événement auquel il ne peut rien et qui dépend pour sa part du destin. Ce faisant l'agent se réalise pleinement, il est pleinement celui que sa constitution permet. Son mode d'action est une « coopération avec le destin »[15], c'est-à-dire une coopération au déjà donné. En effet, ce qui est succession pour l'homme « ne fait que déployer un ensemble initialement donné »[16]. Sa coopération ne produit donc pas « quelque chose », un événement nouveau, mais se

11. Diogène Laërce, *Vies et doctrines des philosophes illustres*, VII, 87.

12. Rien à voir ici avec l'autonomie kantienne, puisque cette autonomie de l'homme est ici une règle de la nature, et qu'elle est résorbée dans le mode de fonctionnement du *cosmos*. L'expression « sa propre loi » ne renvoie pas à la caractéristique de tel individu mais à celle de l'espèce à laquelle il appartient et qui est une caractéristique qui rattache au monde puisqu'il s'agit de la raison du monde elle-même. Il n'existe aucune coupure en stoïcisme entre moralité et nature.

13. J'emploie plutôt l'expression « le dieu » que « Dieu » car cette dernière formulation renvoie d'emblée à une pensée monothéiste, voire chrétienne, ce qui est rigoureusement étranger à une vision du monde stoïcienne. Quand les stoïciens parlent de l'unité de la puissance cosmique, ils ne renvoient pas à une réelle transcendance, ni à un créateur. Ils désignent davantage un principe, le principe actif par excellence. « Le dieu » renvoie donc aussi à « raison cosmique », au principe du destin, à Zeus. Pour ces équivalences, voir Diogène Laërce, *Vies et doctrines des philosophes illustres*, VII, 135.

14. Épictète, *Entretiens*, I, 6, 40.

15. J'emprunte l'expression à V. Goldschmidt, *Le système stoïcien et l'idée de temps*, *op. cit.*, p. 109.

16. *Ibid.*, p. 80.

joue sur le mode adverbial : à partir de telle circonstance, l'être raisonnable est totalement libre quant à la manière de réagir[17]. En se replaçant à la source de ce qui arrive, il en devient cause principale. Son élaboration de soi, comme appropriation réussie, l'amène à être cause première de l'événement qu'il reprend à son compte dans la manière de le traiter. Il redouble ce qui arrive sur le mode de l'impersonnel, par une effectuation en première personne, en position de « sujet », c'est-à-dire par une action de la volonté, c'est-à-dire par une intention. Un texte d'Épictète montre bien que ce double jeu de la causalité est le rôle propre à l'homme. En devenant cause pour tout ce qui lui arrive, il exprime cette appropriation réussie. Il est norme vivante et perfection sans modèle.

> Que faut-il avoir présent à l'esprit en pareilles circonstances? Quoi sinon la distinction entre ce qui est mien et ce qui n'est pas mien (ἢ τί ἐμὸν καὶ οὐκ ἐμὸν), entre ce qui m'est possible et ce qui ne m'est pas possible (τί μοι ἔξεστιν καὶ τι μοι οὐκ ἔξεστιν) ? Je suis forcé de mourir (ἀποθανεῖν με δεῖ), mais non en gémissant (μή τι οὖν καὶ στένοντα); d'aller en prison (δεθῆναι), mais non en me lamentant (μή τι καὶ θρηνοῦντα); de subir l'exil (φυγαδευθῆναι); mais qui m'empêche que ce soit gaiement et de bonne humeur (μή τις οὖν κωλύει γελῶντα καὶ εὐθυμοῦντα...)?

Chaque fois un verbe au participe à valeur de gérondif (στένοντα • θρηνοῦντα • εὐθυμοῦντα καὶ εὐροοῦντα) s'oppose à un verbe à l'infinitif (ἀποθανεῖν • δεθῆναι • φυγαδευθῆναι), caractéristique du mode d'être événementiel comme l'a montré E. Bréhier[18]. Mieux, l'impératif de la nécessité (δεῖ) porte sur le verbe à l'infinitif et me concerne (με), mais s'arrête explicitement devant le domaine réservé à l'agent que je suis, comme le montre la négation (μή) chaque fois préfixée devant les participes. Seul l'événement est sous la dépendance du destin : il faut que je fasse telle ou telle chose, que tel événement m'arrive. Mais la puissance du destin s'interrompt là où m'est confiée la possibilité-devoir d'être cause principale. Son impératif ne porte pas sur la manière dont je dois me comporter : je n'ai pas forcément à « gémir », si je dois « subir l'exil ». Les stoïciens peuvent ainsi refuser de parler de nécessité à propos de l'action humaine. « Ce qui m'est possible » (τί μοι ἔξεστιν), c'est « ce qui est mien » (ἢ τί ἐμὸν). Ce qui m'est propre et qui « dépend de moi » n'est donc que cette manière qui vient doubler et envelopper la première causalité brute, celle des événements issus du destin et qui sont de l'ordre de

17. Épictète, *Entretiens*, III, 8, 1. Face à tel événement, l'agent a la possibilité de l'accepter tel qu'il est sans rien y ajouter et de le vivre selon sa nature d'indifférent, au contraire, de se lamenter sur l'exil d'untel, sur son emprisonnement.

18. E. Bréhier, *La théorie des incorporels dans l'Ancien Stoïcisme*, Paris, Vrin, 1989, chap. II.

« ce qui ne dépend pas de moi » (ἢ τί οὐκ ἐμὸν)[19], sur lesquels je n'ai aucun pouvoir : agir sur ces événements « m'est impossible » (τι μοι οὐκ ἔξεστιν). La liberté dont il est question ici est déterminée et ressaisie par la structure du *cosmos*, elle en est une partie; elle n'est pas arrachement, mais mise en pratique de la causalité qui m'est propre[20]. Deux séries se déploient, deux types de causes se chargent d'un même événement, et mon pouvoir causal reprend l'événement où le destin le laisse. C'est en ce sens seulement qu'il devient véritablement mien, qu'il est de mon ressort, qu'il « dépend de moi ». Je dois opérer de manière à trouver dans l'événement, qui m'est étranger, quelque chose qui soit de mon ressort et que je puisse faire mien. Cette portion de l'événement réside dans le fait qu'il m'arrive et dans la représentation que j'en ai. C'est pourquoi l'expression de « contre-effectuation » employée par G. Deleuze est tout à fait adaptée à ce qui se joue ici. Le plus haut point où peut et doit atteindre le sujet est ce redoublement, cette doublure du monde. Son être, ce qu'il est, son « soi », se dit tout entier dans cette manière de se comporter avec le monde et face aux circonstances, par rapport au donné. La structure et la nature de l'assentiment sont en jeu ici. Il s'agit d'utiliser ce qui apparaît comme un handicap : le temps. La cause parfaite abolit la distance entre l'acte qui ne dépend pas de l'agent et l'intention qui lui est propre par l'exercice de la volonté. La causalité brute est ainsi refusée, et il est possible à l'agent de s'attribuer l'événement grâce au système de la double causalité. Il suit une démarche causale inverse à celle de la production de l'événement par le destin, et il le produit pour ce qui dépend de lui : il doit le vouloir. Il s'agit d'aller rechercher l'événement jusqu'au lieu où il lui est le plus étranger, dans l'indifférence du monde extérieur[21], et dans la liberté d'autrui[22]. L'acte et l'intention deviennent contemporains, l'agent rattrape l'événement à l'envers et l'affecte ainsi de son propre pouvoir causal. Il arrache l'événement à une logique (la logique cosmique) qui

19. Pour ces oppositions entre « ce qui dépend de moi » et « ce qui ne dépend pas de moi », voir *Manuel*, I. J'y reviendrai.

20. Le traité *Du destin*, de Cicéron, expose les arguments de Chrysippe tentant de concilier liberté et destin, tout en refusant la nécessité. Il y parvient en mettant en œuvre une double causalité qui distingue des causes principales et des causes annexes. La liberté est la capacité de devenir la cause principale à l'occasion de tout ce qui arrive à l'agent. Il est capable de se substituer au destin ou plutôt de prendre sa suite. Ce dernier se trouve relayé dans son rôle de producteur. Ce n'est pas non plus une limite de son pouvoir puisque cela entre son plan général. Il s'agit, pour l'homme, d'agir selon une autre logique du produire qui ne concerne que la manière.

21. Épictète, *Entretiens*, I, 6, 29. Si j'ai « une grande âme », les obstacles n'ont aucune importance, car j'ai la capacité de les dépasser tous. En effet, rien ne peut m'affliger, rien ne peut me faire sortir de moi.

22. Marc-Aurèle, *Pensées*, V, 20, 2.

n'était pas de son ressort (en tant qu'homme, il n'est qu'un fragment de raison cosmique) et dont l'événement était l'expression. L'acte allogène se voit repris par une intention – opération de la volonté – et vouloir consiste seulement à ne pas empêcher l'événement, à en opérer l'effectuation[23], par une intention et non par un acte, au sens usuel que prend ce terme[24].

Cette continuité est certes l'enjeu à atteindre, comme restauration, mais le véritable travail de l'agent consiste à produire au contraire une diremption entre lui et lui-même qui assure précisément cette restauration. Aussi est-il caractérisé comme acteur[25], ce qui n'a rien d'une métaphore. Il s'agit de produire concrètement en soi, une diremption, de créer une latence entre soi et soi-même, entre l'ensemble de ses actes et la manière dont on les accomplit : l'acteur lui-même ne choisit pas le rôle qu'il joue, les événements qui arrivent ; il se borne à interpréter. Il importe de faire toutes les démarches réelles nécessaires qui correspondent à sa fonction tant que la raison n'en est pas blessée[26], d'agir « sous condition », μεθ' ὑπεξαιρέσεως[27]. La possibilité du jeu est en effet supprimée dès que le personnage prend le pas sur l'acteur – diremption comme rupture entre soi et soi-même. Le mode d'action et de conformité est toujours regard en arrière[28], vers la constitution de l'homme et vers sa fonction, mais jamais regard en avant[29], vers le futur, le but ou la réussite[30]. Ainsi

23. Voir V. Goldschmidt, *Le système stoïcien et l'idée de temps*, *op. cit.*, § 45.

24. Marc-Aurèle, *Pensées*, VIII, 23.

25. « Rappelle-toi que tu es l'acteur d'un drame (μέμνησο ὅτι ὑποκριτὴς εἶ δράματος) tel que le choisit le *didaskalos* (οἷου ἂν θέλῃ ὁ διδάσκαλος) : s'il le veut court (ἂν βραχύ), court (βραχέος), s'il le veut long (ἂν μακρόν), long (μακροῦ). S'il veut que tu joues le rôle d'un mendiant (Αν πτωχὸν ὑποκρίνασθαί σε θέλῃ), joue-le avec une grâce naturelle (ἵνα καὶ τοῦτον εὐφυῶς ὑποκρίνῃ). Et de même si c'est un rôle de boiteux, un rôle de chef ou de simple particulier. Car ton travail à toi (σὸν γὰρ τοῦτ' ἔστι) c'est de bien jouer le rôle qui t'est confié (τὸ δοθὲν ὑποκρίνασθαι πρόσωπον καλῶς) ; mais de choisir ce rôle (ἐκλέξασθαι δ' αὐτὸ), c'est le travail d'un autre (ἄλλου) », Épictète, *Manuel*, § 17, d'après le texte grec établi par M. Guyau, et les traductions françaises d'E. Bréhier (p. 1116) et de R. Létoquart (p. 59).

26. Marc-Aurèle, *Pensées*, X, 2.

27. Épictète, *Manuel*, II, 2 : « Use seulement de la tendance et de son contraire, mais que ce soit légèrement, avec des réserves (μεθ' ὑπεξαιρέσέως), en souplesse », trad. Bréhier, p. 1112. L'expression est très fréquente dans les textes stoïciens. Voir par exemple Sénèque, *Des bienfaits*, IV, 34, 3-4. Il met en valeur l'importance de ce mode d'action « sans lequel [le sage] ne projette rien, n'entreprend rien ».

28. Épictète, *Entretiens*, III, 24, 47 : « — Pourquoi alors aller chez lui ? — Pour y aller, pour accomplir tes fonctions de citoyen, de frère, d'ami », Trad. Bréhier, p. 1025.

29. M. Foucault insiste beaucoup sur cette asymétrie du regard, dans *L'Herméneutique du sujet : cours au Collège de France, 1981-1982*, F. Ewald et A. Fontana (dir.), F. Gros (éd.), Paris, Gallimard-Seuil, 2001. Voir notamment le cours du 24 mars.

30. Épictète, *Entretiens*, III, 24, 46 : « T'ai-je dit que tu y es allé comme si tu devais l'obtenir ? », trad. Bréhier, p. 1025.

distingue-t-on le προσώπον[31] de l'ὑποκριτής[32]. Le premier signifie « visage, devant, façade ». Par suite, il prend le sens de « masque », de « personnage », pour devenir « caractère et personne »[33]. À force d'adéquation à son masque et à son rôle, l'acteur s'identifie à ses vêtements, à son masque, il devient son personnage. Le sens premier et commun donne une autre indication : il désigne l'avant d'un navire, mais aussi le devant ou la frontière d'un pays ou d'une ville[34]. Le masque, ce qui se montre, doit en effet se borner à une délimitation physique et fonctionnelle de l'individu dans le monde, et de ses attributions. La personne est la collusion du rôle et de ce qui est au-delà du masque, l'ὑποκριτής. Si l'on traduit souvent par « acteur », le mot désigne plus littéralement « celui qui donne une réponse ». Il est le vis-à-vis dialoguant avec un autre acteur en train de jouer un rôle. Mais le verbe correspondant (ὑποκρίνομαι), oscille entre « donner la réplique » et « feindre » ou « déclamer les discours d'autrui »[35]. La possibilité de la perversion réside dans le jeu même de l'acteur – un dévoiement qui amène à jouer sans savoir que l'on joue – ce qui revient à une identification de l'acteur avec son personnage, alors qu'il s'agit précisément d'opérer une distinction, une rupture. « Déclamer le discours d'autrui » renvoie à la situation de celui qui n'a pas mis en question ses opinions, ses jugements. Ses croyances et ses discours sont davantage une reprise à son compte d'un discours ambiant et d'une vision du monde qu'il n'interroge pas et avec laquelle il n'a pas rompu – autre aspect de la rupture, moins essentiel, préalable à la dirpermption qui caractérise précisément la manière dont le rattachement est produit. Sa fonction le détermine, et il s'identifie à elle, l'acteur devient personnage. Mieux, il est dès le début personnage en vivant sur le mode d'une évidence inquestionnée. L'acteur semble, en stoïcisme, se détacher du personnage par un retour réflexif sur soi qui lui découvre la divergence entre lui-même et son rôle[36]. La collusion de l'acteur et du personnage signale bien que manque une double rupture, par rapport à la valeur des choses, qui s'exprime au niveau de l'agent par une distinction entre son rôle et son être, entre soi et soi-même. La continuité prend alors la forme du rattachement; la continuité est l'enjeu à atteindre, elle n'est que le corrélat de la dirimption. La diremption apparaît bien comme la solution d'un

31. Épictète, *Entretiens*, II, 10, 7.

32. Épictète, *Manuel*, XVII.

33. Voir P. Chantraine, *Dictionnaire étymologique de la langue grecque*, Paris, Klincksieck, 1968, p. 942.

34. A. Bailly, *Dictionnaire Grec-Français*, *op. cit.*, p. 1683.

35. *Ibid.*, p. 2024.

36. Marc-Aurèle, *Pensées*, XI, 3.

problème de continuité qui pourrait apparaître à son égard comme un effet de sens.

La diremption – figure de la rupture dans la manière de se rapporter à soi – garantit la sumpavqeia, figure cosmique de la continuité, aussi bien au niveau vertical (la partie directrice entre en consonance avec le monde dans la mesure où rien n'est ajouté au monde), au niveau horizontal, entre les parties du tout, ce qui implique le maintien des divers liens humains, des liens entre l'homme et la nature : l'acteur, l'agent véritable joue le rôle de passeur, entre la raison des choses (manière d'agir) et les choses elles-mêmes (puisqu'il est toujours investi et impliqué dans le monde)[37]. La continuité produite n'est pas un ajout mais une restauration. On retrouverait le verbe περικαταλαμβάνω employé par Marc-Aurèle, dont V. Laurand explicite de manière intéressante le sens de « retour après une révolution », et qui éclaire tout à fait ce qui est en question dans la diremption, rupture qui est à comprendre comme réponse à une rupture blessante. La diremption apparaît comme la manière de restaurer la continuité du monde dans la mesure où cette diremption est la seule manière de vouloir véritablement ce qui arrive parce qu'elle est renoncement à l'espoir, à la crainte, bref, renoncement à la valeur des choses.

Éthologie de la rupture stoïcienne

Deux formes de la rupture apparaissent : écart par rapport au monde, sinon avéré du moins toujours possible, de l'être capable d'user de ses représentations dans la mesure où il peut toujours ajouter quelque chose à ce qui n'a besoin de rien et que tout ajout substantiel autre qu'affirmation ou louange, ne peut qu'obscurcir; écart par rapport à cet écart, qui prend la forme de la diremption, et que l'on pourrait formuler comme action sous condition (μεθ' ὑπεξαιρέσεως), écart par rapport à soi-même qui restaure la continuité : la diremption apparaît comme la solution au problème précédent; l'acteur ne produit la diremption qu'en combattant à chaque instant une rupture. Rupture qui blesse la continuité cosmique; rupture constitutive de l'acteur qui restaure la continuité, et qui trouve son corrélat dans l'assentiment pour restaurer la blessure du monde. Deux formes de ruptures, la bonne et la mauvaise, celle-ci étant le produit d'un détournement, celle-là l'élément d'un retour, toujours tournée vers une continuité, liée à elle. Le couple rupture/continuité n'est pas par définition oppositif en stoïcisme, bien au contraire. Quand la rupture est un détournement par rapport au monde, elle est certes à traiter, mais ce détournement est précisément combattu par un autre type de rupture, la

37. Épictète, *Entretiens*, I, 23, 3-7.

bonne, celle qui est d'emblée associée à la continuité, pour la restaurer, pour s'y associer dans une pratique des représentations. À la limite, ne peut-on pas encore faire de la rupture liminaire une « bonne » rupture, dans la mesure où elle est fondatrice pour la restauration de la continuité? Elle seule assure une production de continuité, elle seule assure une continuité qui ne soit pas continuation. Cet écart implique qu'un être capable d'user rationnellement de ses représentations existe, un être qui certes peut se détourner, mais qui est aussi le seul à pouvoir produire à nouveau une quelconque continuité au lieu de la suivre, bref qui fournit au monde l'occasion d'être représenté en miroir. Chacune de ces deux formes de rupture est nécessaire au système pour son fonctionnement et, de ce fait, le caractérise. Cette double répétition du motif, mais surtout son statut dans le système, pourrait conduire à parler de « style », qui se définirait comme manière de problématiser son rapport au monde. Parler de style conduit aussi à faire de ce couple un opérateur conceptuel dont on retrouverait la présence et la fécondité dans la production d'autres concepts, aussi bien éthiques, physiques que logiques[38]. Le couple rupture/continuité est à la fois, pour le système en général, un problème, sa formulation heureuse, l'élément concret de sa résolution – nous allons le voir – et une technique de production[39]. Ce couple se forme à plusieurs niveaux, et un rapport de réciprocité est toujours posé entre les deux termes, ce qui nous invite déjà à l'opposer à une appréhension naïve de ce thème sur un mode à la fois unique – il n'y aurait que des variations sur ce rapport fondamental et existant abstraitement – et oppositif – la rupture s'oppose à la continuité, même si elles entretiennent des rapports étroits. Rupture/continuité n'est pas un rapport mais désigne des aspects concrets d'une manière de se rapporter au monde, et les deux termes ne prennent sens et pertinence que l'un pour l'autre, plus encore que l'un par rapport à l'autre.

Le couple rupture/continuité, un principe heuristique pour une « théorie » de la valeur

Le problème posé par l'écart, qui appelle à sa suite une résolution en terme de diremption, elle-même mise en œuvre dans une pratique

38. La causalité stoïcienne se caractérise ainsi par la rupture là où la continuation était de rigueur (entre les causes et les effets) et par la production d'une continuité là où régnait la séparation (entre les diverses causes, entre les divers effets).

39. Je n'insiste pas sur cet aspect, certes séduisant, mais trop peu pertinent pour le propos dans la mesure où il est propice à des développements brillants mais sans grand fondement puisqu'une large part d'interprétation entre en compte, qu'il relève davantage de la manière de lire le système.

disruptive/conjonctive – nous y viendrons par la suite – n'existe qu'en fonction d'une certaine axiologie. L'écart par rapport au monde ne pose problème que si le monde est considéré comme étant lui-même une valeur. De même, la production en soi d'une diremption, la distinction de l'acte et de la manière d'agir, des objets sur lesquels portent l'action et de l'action elle-même, se fondent sur un partage axiologique radical qui n'accorde aucune valeur absolue aux choses mais seulement à la manière d'en user, celle-ci étant, en dernière instance, identifiée avec la partie directrice de l'âme qui est elle-même un fragment divin. La boucle est bouclée : on retrouve le monde. La « clause de réserve » se fonde à son tour sur une axiologie qui fait de la raison cosmique la seule valeur absolue, qui n'accorde aux choses qu'une valeur toute relative, une valeur par abus de langage et l'on parlera d'ailleurs plutôt, avec davantage de justesse, de « préférables (ajdiavfora) »[40]: ce sont les biens du corps que je peux rechercher si l'occasion s'en présente, que je peux goûter s'ils me sont offerts[41], mais auxquels je ne saurais attribuer une quelconque valeur. La seule valeur n'est pas en stoïcisme un principe, ce que l'on entend en général par « valeur ». La valeur est ici… l'être, ce qui est. Reste à préciser ce qui précisément « est » en stoïcisme : un monde ordonné, une « sympathie » qui s'explique par une suvmpnoia, un monde gouverné par la raison cosmique, le λόγος. C'est à cette valeur unique que l'acteur suspend tous ses autres liens éventuels[42]. C'est uniquement en fonction de cette ontologie qualifiée qu'un problème de rupture/continuité peut prendre l'importance et les formes qui sont les siennes en stoïcisme. On comprend mieux, dès lors, que le style n'est pas une caractéristique externe mais le chiffre d'une manière de poser les problèmes. Or, en stoïcisme, ce chiffre c'est une pensée de la valeur qui accorde l'absolu à ce qui est et qui condamne donc le devoir-être à ne rien produire précisément mais à tout reproduire, à se dessaisir d'une personnalité en propre pour retrouver son ancrage cosmique, d'où la diremption. Il existe donc un lien très important entre rupture/continuité et valeur. Non seulement ce couple joue ici le rôle de principe heuristique, mais la découverte de la valeur sur laquelle il repose nous permet de penser entre ces notions un rapport d'implication. Dans la rupture stoïcienne, se lit une axiologie de l'être qui absorbe en elle tout devoir-être. L'évaluation n'a d'autre marge que la reconnais-

40. Voir Épictète, *Entretiens*, II, 23, 35 et Cicéron, *Des fins des biens et des maux*, III, 4, 12, qui insistent sur le rôle essentiel de ces « indifférents » puisqu'ils sont le terrain d'exercice de la faculté d'estimation. Reste que c'est précisément leur absence de valeur qui prime.

41. Épictète, *Entretiens*, IV, 7, 22-24.

42. Épictète, *Entretiens*, III, 24, 110 : « Remplace tous les liens d'affection par un seul, celui qui naît de la conscience que tu obéis à dieu », trad. Bréhier, p. 1032.

sance et la louange. L'estimation, c'est la gratitude. Cela n'est possible que pour un être capable de représentations, cela n'est réalisable que par une dirempion en soi qui lui permette de consentir à tout ce qui « arrive ».

Les limites d'une compréhension du couple rupture/continuité en terme de « style »

La question de la rupture n'est pas un concept étranger au stoïcisme, pas plus que celle de continuité : la théorie de l'action permet de montrer comment ce couple y trouve sa fondation et quelle expression prennent ces notions. Diremption et sympathie sont les formes qu'adopte le thème rupture/continuité, celle-ci étant le problème que celle-là résout en le restaurant. Ce thème se voit non seulement fondé, puisqu'il est l'expression d'un problème spécifiquement stoïcien, mais il se voit aussi lesté d'un contenu : la figure de rupture qui nous intéresse ici est diremption ; la figure de continuité est sympathie ; leur rapport est celui d'un problème et de sa solution au sens actif du terme : la continuité apparaît problématique, elle est la réponse ultime, tandis que la diremption produit la restauration, travaille à la solution d'un problème particulier puisque question et réponse ont la même formulation – continuité – et que le passage de l'un à l'autre est produit par une rupture. C'est à ce niveau, et non abstraitement, que rupture/continuité acquiert sens et pertinence en stoïcisme. Reste que seule une explication en termes de doctrine semble disponible. Nous partons en effet d'un point de doctrine – des ratés dans la sympathie – qui nous conduit à une définition de l'action comme manière d'agir fondée sur la diremption. Le thème rupture/continuité apparaît bien en stoïcisme, il a une réelle pertinence et une réelle densité, mais il reste indisponible pour nous autrement que sous la forme d'une histoire des idées. On comprend bien pourquoi le problème se pose, mais il ne se pose pour l'instant qu'en fonction d'un aspect de la doctrine. Ne peut-on aller plus loin ? L'enjeu serait de trouver une conceptualisation proprement stoïcienne de ces notions qui ne dépende pas du système, bien qu'elle s'y inscrive. Une analyse plus fine des processus nécessaires à la production en soi de cette latence peut nous aider.

Pratiques disruptives et conjonctives conduisent à l'élaboration d'un « soi »

Si le couple diremption/sympathie [μεθ᾽ ὑπεξαιρέσεως/συμπάθεια] est la forme pertinente que prend le thème rupture/continuité en stoïcisme, en revanche, c'est le couple disjonction/conjonction [ἔλεγχος/

ἐπιστροφή εἰς ἑαυτόν] qui en assure le fonctionnement. Doit-on y voir un outil, certes important, mais relégué au rang de moyen, ou bien peut-on y lire un point de départ pour la constitution d'une manière de se rapporter à soi qui, assurément, conviendrait tout à fait à l'acteur, mais ne lui serait peut-être pas rigoureusement identique? Après avoir mis au jour deux niveaux du couple rupture/continuité à partir du lieu d'émergence du problème en stoïcisme – un problème de doctrine – ne peut-on tenter un parcours inverse? Ne peut-on analyser plus précisément les pratiques concrètes qui assurent le fonctionnement de cette diremption afin de saisir exactement ce qu'elle rend possible, ce à quoi elle donne lieu et si l'on retrouve l'acteur ou bien une figure légèrement différente? C'est l'hypothèse que je défends. Il s'agira alors d'analyser les légers déplacements auxquels conduit cette enquête à partir d'un fonctionnement, d'évaluer leurs enjeux pour produire l'ultime hypothèse qui guide en définitive l'ensemble de cette enquête.

Couper/brancher. Figures stoïciennes de la rupture et de la continuité qui assurent l'élaboration d'un « soi » capable de diremption, capable d'être acteur

Deux manières stoïciennes pour rompre, une seule manière de rompre pour produire la diremption caractéristique de l'acteur. Celle-ci, l'un des aspects du couple cosmique diremption/sympathie, se fonde à son tour sur une manière d'agir caractérisée en termes de disjonction/conjonction, ce dont il va falloir rendre compte avant d'en évaluer les enjeux.

Faire cesser le flux, l'épanchement, l'expansion du moi dans le monde, acquérir un peu de calme, de stabilité. Telles sont les premiers soins à donner, tels sont les premières injonctions du maître. Ainsi dans le *De la tranquillité de l'âme*[43], par exemple. Il s'agit d'arrêter le débordement de soi aux deux sens du terme: se laisser emporter hors de soi, se répandre. Deux métaphores, celle de l'élan du coureur attribuée à Galien et celle des rejets divers du corps[44], prennent en charge ces deux aspects. Avant toute chose, il faut stabiliser et circonscrire, arrêter le mouvement et délimiter des frontières. Il ne s'agit rien moins que de circonscrire le moi, de délimiter ce qu'est le moi par différenciation d'avec ce qui n'est pas moi, avec l'altérité. Cela revient à rompre avec un l'âge de l'enfance, cela revient à accepter d'être sevré[45], de prendre une nourriture

43. Sénèque, *De la tranquilité de l'âme*, II, 3.

44. Épictète, *Entretiens*, I, 26, 16.

45. « Ne veux-tu pas être enfin sevré (ἀπογαλαχτιδθῆναι) comme les enfants et prendre enfin une nourriture plus solide (ἅπτεσθαι τροφῆς στερεωτέρας)? », Épictète, *Entretiens*, II, 16, 40.

solide[46] sans la rendre[47]. Cette délimitation d'un moi, cette consolidation n'est possible que dans l'ascèse qui se traduit par la fuite: fuir les autres, fuir ses habitudes, bref, s'exiler, s'arracher à un mode de vie. Le terme employé est très concret, puisqu'il s'agit de feuvgw[48], qui est lui-même inscrit dans une série de prescriptions concrètes. Le lien entre la fuite et l'élaboration de soi est clairement souligné par Épictète[49].

Fuir, arrêter l'hémorragie apparaissent bien comme les premiers éléments d'une circonscription de soi envisagée comme l'enjeu d'une pratique du monde[50], mais elles n'en sont que la condition, pour deux raisons qui en réalité n'en sont qu'une : elles ne sont pas des manières de se rapporter à soi[51], et elles ne mettent pas en œuvre une véritable rupture. Affirmer cela c'est affirmer que : 1) l'élaboration du soi se fonde sur une rupture; 2) l'élaboration du soi ne peut être qu'une élaboration de soi par soi; 3) la rupture n'est telle que si elle est un travail de soi sur soi. Reste à savoir quel sens il faut donner à ces propositions, ce qui permettra également de les mettre à l'épreuve. Dire que la rupture est un travail de soi sur soi revient à dire que la rupture ne joue réellement que dans l'élément de la représentation, seul domaine qui m'est « propre » puisque là seulement je peux faire « de moi-même ce que je veux »[52]. Le travail de soi est donc un travail des représentations, le travail des représentations est élaboration de soi. Reste à savoir quelle forme prend ce travail. Avec quoi s'agit-il de rompre? Avec un monde de l'illusion, avec l'absolu de la valeur des choses? Certes, pour employer les δόγματα du système, les formulations sont heureuses et elles sont sans appel, mais c'est bien là le problème. En appeler au *cosmos* clôt la discussion et ne dit pas grand-chose, surtout

46. Épictète, *Entretiens*, II, 16, 40.

47. « Mais aujourd'hui, des gens qui sont incapables d'avaler la moindre bouchée achètent un traité et entreprennent de le dévorer. Aussi vomissent-ils ou ont-ils une indigestion. Puis viennent les coliques, le rhumes, les fièvres », Épictète, *Entretiens*, I, 26, 16.

48. Épictète, *Entretiens*, III, 16, 16.

49. Épictète, *Entretiens*, III, 16, 16 : « Car si vous ne possédez pas encore ces dispositions [bon usage des représentations, capacité d'agir en conformité avec la nature], fuyez (φεύγετε) vos anciennes habitudes, fuyez (φεύγετε) les profanes si vous voulez jamais commencer à être quelqu'un (τινες εἶναι) ».

50. Épictète, *Entretiens*, III, 13, « Néanmoins, il faut avoir la faculté de se suffire à soi-même et de pouvoir être seul avec soi-même De même que Zeus, seul avec lui-même [...] nous devons pouvoir nous entretenir avec nous-mêmes, pouvoir nous passer des autres sans manquer d'occupations, réfléchir au gouvernement des dieux, à nos rapports avec le reste du monde [...] », trad. Bréhier, p. 988, je souligne.

51. Quand je fuis mes relations, il s'agit d'un déplacement qui ne change rien en moi, un simple déplacement des corps; quand le maître calme l'agitation, c'est un autre qui produit en moi quelque chose.

52. Marc-Aurèle, *Pensées*, V, 19; VII, 68; VI, 8.

ne dit rien en termes conceptuels. Avec quoi rompt-on concrètement et comment? ἀπόβαλε, ἔξελε et ἐκκόπτειν tels sont les termes employés par Épictète[53] et Marc-Aurèle pour rendre compte du travail des représentations. Ces termes font référence à des actes violents très concrets. Le premier de ces termes insiste sur le mouvement de rejet hors de soi[54], le second fait référence à la destruction, au fait de faire périr. Quant à ἐκκόπτειν, il est particulièrement intéressant par la diversité de ses acceptions : il peut signifier simplement l'éviction, mais il se réfère aussi à l'excommunication (religieux), à la démolition (technique), à la dévastation (militaire), à l'amputation (médical). Cette diversité de connotations est intéressante car elle nous permet de rappeler que ce qu'il faut porte atteinte au monde à divers niveaux mais qu'il s'agit toujours de ce même *cosmos*. Métaphores dira-t-on? Les particularités de ces figures de la rupture – radicalité et aspect concret – se justifient pourtant en fonction du statut ontologique des représentations et des rapports entre causes et effets en stoïcisme : la représentation est quelque chose de physique[55], seul son sens étant incorporel. Agir sur le jugement, sur le sens de la représentation exige de produire une transformation concrète et physique dans la représentation. Ainsi se justifient les termes concrets employés qui, loin d'être le signe d'une approximation, sont au contraire impliqués par une ontologie spécifique. De même, le caractère violent et radical – amputer, retrancher, supprimer – n'est pas une manière de parler. La radicalité est impliquée par une certaine manière de se rapporter au monde dont J. Brunschwig[56] rend compte en parlant de « modèle conjonctif » en appliquant la structure logique de la proposition conditionnelle à l'éthique[57]. Si une seule faute se glisse dans la conjonction, tout est perdu, si une seule concession à l'extérieur est faite, le moi est submergé[58]. La rupture, pour être efficace et pertinente pour nous, n'a donc cours que dans l'élément de la représentation et elle ne peut être que violente. La décomposition des objets en parties, en éléments physiques, propre à

53. Épictète, *Entretiens*, III, 3, 14-19.

54. Pour l'analyse de ces termes, je m'appuie sur les dictionnaires Bailly et Liddle-Scott.

55. A ce propos voir Cl. Imbert, « Stoic Logic and Alexandrian Poetics », dans M. Schofield, M. Burnyeat, J. Barnes (éds.), *Doubt and Dogmatism. Studies in Hellenistic Epistemology* (1980), Oxford, Clarendon Press, 1989, p. 182-216. Voir aussi « Théorie de la représentation et doctrine logique dans le stoïcisme ancien », dans J. Brunschwig (éd.), *Les stoïciens et leur logique*, Actes du colloque de Chantilly, 18-22 septembre 1976, Paris, Vrin, 1978, p. 223-249.

56. J. Brunschwig, *Études sur philosophies hellénistiques : épicurisme, stoïcisme, scepticisme*, Paris, PUF, 1995, chap. VI.

57. Ce à quoi l'autorise les textes dans la mesure où Épictète se sert de ce type de proposition pour exercer ses disciples (*Entretiens*, I, 29, 4-8).

58. Épictète, *Manuel*, 34.

Marc-Aurèle[59], est un cas particulièrement intéressant puisqu'il fait coïncider un exercice du jugement et un travail sur la structure même de la proposition : il réalise avec les éléments verbaux la déconstruction ou la substitution qui doit advenir au niveau du sens. Voilà en ce qui concerne le domaine, mais les stoïciens nous renseignent aussi plus précisément sur les modalités de cette rupture en en donnant un critère qui permet de savoir où l'opération doit porter : « ce qui dépend de nous, ce qui ne dépend pas de nous » (τῶν ὄντων τὰ μέν ἐστιν ἐφ ἡμῖν, τὰ δ οὐκ ἐφ ἡμῖν), tel est le critère[60]. Cela revient à définir l'usage des représentations comme estimation : user de ses représentations, c'est juger. Où trouver alors notre concept de rupture si ce n'est dans ce jugement? En effet, ἐλέγχειν, qui définit l'usage des représentations, signifie « convaincre d'une faute, accuser »[61], il appartient au vocabulaire judiciaire en ionien-attique[62] et il fait référence à l'examen attentif[63], à l'enquête pour découvrir l'élément illégitime dans une représentation, mais ce terme a aussi le sens de « réfuter »[64] par l'interrogation. Et la réfutation est bien renoncement à une hypothèse erronée. Si P. Chantraine note une « évolution remarquable » par rapport au sens homérique de « mépris » ou de « honte », ne peut-on retrouver tout de même le sens originel d'« amoindrir » et de « rabaisser » dans ce traitement de la représentation, bref de rompre? L'ἔλεγχος est accusation et en même temps occasion pour autre chose. Si l'homme est son jugement[65], on peut donc poser une équivalence entre valeur, sujet et rupture dans la mesure où ils sont compris comme estimation, « soi » et réfutation. La réfutation apparaît alors comme la forme pertinente de la rupture à ce niveau dans la mesure où elle permet de créer une série de liens entre le soi, la rupture et la valeur. Un problème se pose alors : qu'en est-il de la « continuité » qui semble n'avoir plus de pertinence ici, où la rupture assume l'ensemble du travail, où la délimitation de soi est l'autre face de l'opération disruptive?

Certes, l'opération disruptive ne joue que dans l'élément des représentations. Mais celles-ci ne sont pas à comprendre comme les jouets d'une ratiocination. Les représentations légitimes et pertinentes sont des juge-

59. Marc-Aurèle, *Pensées pour moi-même*, XI, 2, VI, 13.

60. Épictète, *Manuel*, I, 4 par exemple mais la formule se retrouve à chaque fois qu'il est question d'user de ses représentations.

61. Voir, A. Bailly, *Dictionnaire Grec-Français*, *op. cit.*, p. 642.

62. P. Chantraine, *Dictionnaire étymologique de la langue grecque*, *op. cit.*, p. 334-335.

63. La métaphore d'un veilleur de nuit employée par Épictète s'accorde avec les connotations de ce mot (*Entretiens*, III, 12, 15).

64. L'ἔλεγχος prend dans la langue classique, le sens de réfutation, comme l'indique le *Dictionnaire étymologique de la langue grecque*, *op. cit.*, p. 334-335.

65. Marc-Aurèle, *Pensées*, IV, 3; VII, 3.

ments qui constituent l'action comprise comme manière d'agir, elles sont le produit d'un rapport au monde. Se représenter le monde, travailler à ses représentations, en user implique précisément le monde et la confrontation avec ce monde. Après la fuite – ce qui confirme qu'elle n'était pas une figure pertinente de la rupture – il faut pouvoir retrouver le monde[66]. C'est dans la pratique du monde que l'homme peut faire usage de ses représentations. Il s'agit donc de se « brancher » sur le monde. Telle pourrait être l'une des formes de continuité, qui répond à la rupture assimilée au critère de l'estimation : pour que la discrimination puisse s'opérer, une pratique du monde s'impose. C'est ce qu'Épictète nomme des « thèmes d'exercice » qui sont tout à la fois immersion dans une situation et jeu de question/réponse, à la fois insertion dans le monde et rappel que le travail ne porte nécessairement que sur les représentations. Ensuite, dans la mesure où le partage se fonde sur le critère qui n'est autre qu'un partage à produire entre ce qui « dépend de moi/ce qui n'en dépend pas », il importe de savoir ce qui est moi et ce qui ne l'est pas, il importe de savoir « qui » l'on est. Cela exige donc un retour sur soi – nouveau branchement – qui prend la forme du « retour » à soi[67], de la conversion à soi, une conversion motivée par la question de savoir qui l'on est. L'idée de « retour en soi » est fondamentale et les occurrences de cette expression sont très nombreuses dans les textes de Sénèque[68], d'Épictète[69] ou de Marc-Aurèle[70]. C'est l'expression d'ἐπιστροφή εἰς ἑαυτόν (retour sur soi)[71] qui est le plus souvent employée par Épictète comme forme générale de l'application à soi. Elle est une modification d'activité et implique un déplacement du

66. Épictète, *Entretiens*, I, 23, 3-7, trad. Bréhier, p. 860 « Pourquoi donnes-tu au sage le conseil de ne pas avoir d'enfant? [...] Ce qu'Épicure sait bien, c'est que, dès la naissance d'un enfant, il ne dépendra plus de nous de ne pas le chérir et de ne pas nous en occuper (ἀλλ' οἶδεν ὅτι, ἂν ἅπαξ γένηται παίδιον, οὐκέτι ἐφ' ἡμῖν ἐστι μὴ στέργειν μηδὲ φροντίζειν ἐπ' αὐτῷ). Il dit encore pour la même raison, que l'homme prudent ne s'occupe pas des affaires de la cité [...] Et pourtant qu'est-ce qui t'empêche de t'en occuper si tu as l'intention de te conduire dans la cité comme si tu étais au milieu des mouches? ».

67. Les injonctions au retour sur soi sont extrêmement nombreuses dans les *Entretiens* (I, 26, 15; IV, 1, 141), dans le *Manuel* (X), dans les *Pensées* de Marc-Aurèle (VII, 59; X, 37), ou encore chez Sénèque (*De la tranquilité de l'âme*, VI, 1-2).

68. Sénèque, *De la tranquillité de l'âme*, III, 6 : « *se ad studia revocare* ».

69. Épictète, *Entretiens*, I, 14, 18; III, 16, 15; III, 22, 39; III, 23, 37, III, 24, 106; *Manuel*, X et XLI.

70. Il évoque la notion spécifique d'« anachorèse » (*Pensées*, IV, 3), c'est-à-dire la retraite en soi-même.

71. Conversion n'a ici ni le sens platonicien (libération par rapport au corps) ni le sens chrétien (rupture dans le soi) comme le fait remarquer M. Foucault dans le cours du 10 décembre de *L'Herméneutique du sujet*, Paris, Seuil, 2001. A. Bailly (*Dictionnaire Grec-Français*, *op. cit.*, p. 776) donne, en regard de ces deux grands sens, une signification qui s'applique particulièrement à ce dont il est ici question : « attention », « soin », « sollicitude » sans rupture.

regard. Or, à ce jeu de conversion, ce que l'on découvre, c'est « un être »[72] capable d'user de ses représentations, c'est une faculté : dans la conversion, ce que l'on découvre n'est pas une personnalité définie, mais bien *quelque un*, l'un de ces êtres capables d'estimer[73]. C'est précisément dans cette indétermination personnelle que se réalise la véritable estimation qui implique certes de renoncer à la valeur des choses mais aussi à la valeur absolue du moi. Le moi ne se définit pas par une originalité psychologique, mais par une capacité d'estimation dans la mesure où cela le caractérise bien davantage et où cette épaisseur psychologique même se fonde sur cette capacité. Dès lors, cela revient à définir le moi par quelque chose d'autre. L'ἐπιμέλεια (soin et souci) est encore une forme de l'application à soi. Le philosophe s'attache en effet à « persuader ceux qui viennent à lui de prendre soin d'eux-mêmes (ἐπιμελεῖσθαι ἑαυτῶν) »[74] : il s'agit d'être constant dans ce travail[75] et d'être vigilent[76]. La dimension laborieuse se retrouve dans la définition qu'en donne Épictète : le travailleur, c'est celui qui s'applique à son propre vouloir, son « œuvre propre »[77]. Cela nous permet de montrer que la manière de se rapporter au monde et à soi est toujours celle d'un agent. La rupture, en s'accomplissant, délimitait une zone du moi et du non moi, de l'altérité extérieure. La conversion à soi et l'interrogation sur soi conduisent à montrer que ce qui caractérise « en propre »[78] l'être capable de toutes ces ruptures et de ces interrogations, n'est autre qu'une faculté, une pure capacité de partage fondée en retour sur la reconnaissance de l'identité du moi avec cette pure capacité : ce qui dépend de moi, c'est ce sur quoi j'ai la possibilité d'agir, autrement dit mon jugement, autrement dit rien dans le monde des choses. La délimitation est radicale.

72. Épictète, *Entretiens*, II, 8, 11-12 : « Ne veux-tu pas songer quand tu manges (ὅταν ἐσθίῃς), à l'être qui mange (τίς ὢν ἐσθίεις), à l'être que tu nourris (τίνα τρέφεις) ? Dans tes rapports avec une femme, à l'être qui a ces rapports (τίς ὢν χρῇ) ? Dans la conversation, dans l'exercice, dans la discussion, ne sais-tu pas que tu nourris un dieu, que tu exerces un dieu ? », trad. Bréhier, p. 889.

73. Épictète, *Entretiens*, III, 1, 24 : « Tu es homme (Ἄνθρωπος εἶ), c'est-à-dire un être vivant mortel capable d'user raisonnablement de ses représentations (τοῦτο δ' ἐστὶ θνητὸν ζῷον χρηστικὸν φαντασίαις λογικῶς) », trad. Bréhier, p. 962.

74. Épictète, *Entretiens*, III, 1, 19, trad. Souilhé, p. 8.

75. A. Bailly (*Dictionnaire Grec-Français*, *op. cit.*, p. 760), montre que ce mot est en effet très souvent lié à πόνος, qui signifie « le labeur ».

76. La vigilance (προσοχή) est essentielle à cette pratique de soi, ce dont témoigne la *Diatribe* IV, 12.

77. Épictète, *Entretiens*, IV, 4, 42-43.

78. Épictète, *Entretiens*, III, 1, 24 : « Sache d'abord qui tu es pour parer celui que tu es », trad. Bréhier, p. 962.

La réfutation est la figure pertinente de la rupture. En elle il est question à la fois de sujet et d'estimation, ainsi que du lien intrinsèque qui les unit ; retour, attention – au monde, à soi – est la forme du branchement qui correspond à cette réfutation : la pratique du monde est la matière de la réfutation et donne lieu à un « soi », la conversion à soi assure le fonctionnement du critère qui n'est pas une pure règle formelle. Mais peut-on se satisfaire d'une telle forme de continuité ? Avant de répondre à une telle question, il importe de se demander ce que produit une telle pratique de la réfutation ? En elle il est à nouveau question de la valeur, mais de manière différente, et il est à nouveau question de l'élaboration de se rapporter à soi et au monde, comme c'était le cas à propos de l'acteur.

Premier déplacement : d'une théorie de la valeur à la mise en œuvre d'un principe pratique

Ce nouveau parcours, cette reprise du cheminement à partir du fonctionnement pratique de la disjonction reconduit la fonction heuristique de ce couple pour la question de la « valeur ». On retrouve bien ce thème, il joue un rôle essentiel. Pourtant, au niveau de ces pratiques, la raison du monde n'assure plus un rôle fonctionnel ; elle sert simplement d'arrière-plan, de raison ultime donnée à la pratique et à l'injonction de rompre qui, elle, porte sur des éléments extrêmement concrets, des situations, des réalités du monde, des corps concrets du quotidien. En revanche, ce qui passe au premier plan c'est bien un critère, une simple règle, un partage du monde. Mais là encore, point de « théorie ». Le partage se dit autrement et prend la forme d'une règle d'usage qui m'enjoint de distinguer « ce qui dépend de moi » de « ce qui n'en dépend pas ». La pratique, c'est l'ἔλεγχος qui prend la forme d'une question, le critère c'est le fait que quelque chose dépende de moi. Bien entendu, on peut aller plus loin en disant que ce partage se fonde en dernière instance sur l'identité de la volonté avec la raison du monde : en n'accordant de valeur qu'à ce qui dépend de soi, ne fait-on rien d'autre que mobiliser la thèse précédemment envisagée, celle d'une valeur absolue du monde ? Sans doute, mais encore faut-il produire le rattachement. En le produisant, on se situe dans une perspective doctrinale. Pourtant, on ne comprend précisément la fécondité de ce déplacement, et on ne peut prouver l'écart entre les deux formulations, que si on le rapporte à un autre déplacement qui concerne cette fois la figure qui se constitue à partir d'une telle pratique du monde. En effet, l'estimation se fonde sur une définition de ce que celui qui estime est « en propre ». Il faut donc savoir si « celui qui estime » est strictement identique à l'acteur, s'il y a ou non recouvrement entre le soi qui s'élabore en suivant les injonctions et la figure de l'acteur qui répond à un problème doctrinal.

Deuxième déplacement : de l'acteur caractérisé par la dirémption au travail de l'altérité constitutif d'un « soi » et ses enjeux

Cette manière de se rapporter au monde nous permet de retrouver encore une fois ce qui avait cours dans le système : cette pratique disruptive est le fondement d'une diremption entre soi et soi caractéristique d'un homme-acteur. Pourtant, ce rattachement est produit du point de vue de la doctrine. En revanche, en analysant les pratiques disruptives, on peut seulement distinguer une élaboration de soi particulière, fondée sur un travail de l'altérité. La réfutation conduit d'emblée à l'élaboration d'un « soi », qui est d'ailleurs déjà impliquée dans la mise en œuvre du partage qui s'appuie sur un savoir, au moins formel, de ce que l'on est. La pratique de la réfutation réalise le soi qui était impliqué. Branchements et réfutations ne conduisent pas vraiment au soi, ils sont une manière d'être. Le soi n'est pas un terme à atteindre. Il apparaît comme une manière de se rapporter à ce que l'on est, au monde, manière toute entière réalisée dans la pratique de la réfutation, et donc sans cesse à reproduire, à reconduire. Le « soi » apparaît comme une tension perpétuelle entre deux formes d'altérité : extérieure et intérieure; l'une que l'on rejette, l'autre sur laquelle on se branche. Le couple réfutation/branchement est la forme pertinente que prend le thème rupture/continuité au niveau des pratiques de soi que l'on peut lire dans les injonctions du maître à son disciple. Dans leur mise en œuvre, il est question d'un « soi » défini comme travail de l'altérité (définition par une certaine forme d'altérité, par opposition à une autre forme d'altérité) grâce à une pratique de l'estimation qui se branche (sur l'altérité extérieure du monde) pour rompre en réfutant, qui rompt en fonction d'un branchement (sur l'altérité qui distingue et caractérise).

Il est donc bien question d'une manière de se rapporter à soi, mais des différences fondamentales sont à prendre en compte entre cette figure et le thème de l'acteur. Dans ce dernier cas, il s'agissait de partir d'un système particulier, d'une doctrine, et d'envisager une manière de se rapporter à soi qui ne contredise pas les prémisses du système et qui rende compte, dans le cas qui nous occupe, des difficultés et des impératifs de l'action humaine, mieux : du rapport de l'homme au monde. Dans l'autre cas, on a affaire à une manière d'être qui se définit seulement dans une pratique du monde, comme manière de se rapporter au monde et à soi en fonction d'un critère qui, paradoxalement, n'est rien d'autre que le « propre » : autotélicité du motif de subjectivation. On passe d'une problématique en termes de diremption entre soi et soi à une problématique entre termes de travail de l'altérité dont le critère n'est autre que le « soi ». Dira-t-on que l'un et l'autre se recouvrent ? Dans une perspective doctrinale, bien entendu, puisque cette manière de se rapporter à soi satisfait aux réquisits du système. En revanche, rien ne conduit au *cosmos* et à la raison cosmique si l'on part des pratiques et des injonctions.

Charge au stoïcien d'intégrer ensuite un motif de subjectivation aussi fécond dans son système et de montrer qu'il est pertinent pour résoudre un certain nombre de difficultés. Reste que si l'identification du sujet et de l'agent est tout à fait légitime, en revanche, celle qui associe cette élaboration de soi fondée sur un travail de l'altérité et un acteur stoïcien n'est légitime que dans une perspective doctrinale. Le passage est nécessaire de la doctrine à ce motif, mais l'inverse semble beaucoup moins évident. Le passage de ce motif subjectif à son insertion dans le système stoïcien ne semble pas une suite nécessaire de ce travail disruptif. Même chose pour l'estimation, son importance, son critère, sa radicalité. Elle assure le travail de l'altérité caractéristique du « soi » ; le « soi » n'est en retour possible que s'il estime ainsi. Un lien intrinsèque est posé entre subjectivation et valeur, mais celle-ci n'est pas tant le grand *cosmos* et sa raison, qu'une pratique très concrète d'évaluation. Les deux se rejoignent encore une fois, et il est bien évident que du point de vue du système, on produira toujours l'identité des deux formulations, celle-ci caractérisant même le système. Il n'empêche qu'au niveau de la stricte pratique, quelque chose fonctionne, se joue, qui n'emprunte pas les contraintes métaphysiques du système, dont il faut rendre compte, mais dont il faut surtout saisir l'enjeu.

Enjeu de ces déplacements et élaboration d'une ultime hypothèse

Si le système retrouve un tel motif subjectif, en revanche, ce motif subjectif ne semble pas déboucher sur le système stoïcien. Il conviendrait alors de distinguer la pensée stoïcienne et le travail de problématisation qu'elle produit à l'égard de certaines notions, et le stoïcisme qui utilise ces réalisations en fonction de certains choix qui n'ont plus rien de conceptuels. Réussir à le montrer revient à rendre de telles manière de se rapporter à soi disponibles pour d'autres temps, capables de faire varier des formes de pensée puisqu'on ne fait pas recours à un système dont il faut de toute nécessité admettre les principes, mais que l'on évalue la manière de se rapporter à tel ou tel aspect du monde. Il s'agit alors de le prouver, de montrer qu'il ne s'agit pas d'une simple intuition visant à « sauver » la pensée stoïcienne du stoïcisme, à « sauver » cette pensée du musée des idées. Tel est l'enjeu que l'on peut donner à ce nouveau parcours, non plus de la doctrine vers l'aspect concret de sa mise en œuvre, non plus du couple diremption/sympathie au couple disjonction/conjonction, mais de ce couple à ses strictes implications par rapport à la constitution de soi. Si l'on réussit à trouver, pour cette manière de se rapporter à soi, une autre filiation que des nécessités doctrinales, alors il me semble qu'on aura produit la distinction de l'acteur et du « soi », du stoïcisme et d'une manière de penser qui peut valoir pour d'autres temps, pour des temps où les problèmes qui conduisaient à une telle élaboration se retrouvent[79]. C'est ce qu'il convient donc d'examiner en se demandant pourquoi les stoïciens ont été conduits à fonder ainsi le soi : être soi c'est estimer, il faut, pour être soi, estimer correctement, c'est-à-dire se livrer à un travail actif de l'altérité qui constitue le sujet comme pure tension. Quel est le gain d'une telle construction ?

Situation d'urgence et dispositif d'intervention : « que tout change pour que rien ne change »

Ou plutôt, posons la question autrement : à quel problème les stoïciens se trouvent-ils confrontés ? Cela nous permettra, en effet, de découvrir l'enjeu de leur travail et de voir si, en partant des problèmes au lieu de partir d'une difficulté doctrinale, on ne découvre pas pour la rupture une filiation autre qu'une pure dépendance systématique. Quelle question sont-ils amenés à poser, dont la formulation est en même temps l'élément de sa résolution ? À l'époque hellénistique, puis lors de la romanisation de la Grèce, la situation sociale, économique, politique, donne lieu à des bouleversements tels que la manière de se rapporter à soi, fondée sur certaines formes signifiantes d'altérité, se trouve mise en péril puisque ces altérités jusqu'alors comprises comme inébranlables, en viennent précisément à fluctuer voire à disparaître. La question du rapport à soi « s'impose », autrement dit la situation, le monde, posent une question dans la mesure où elle remet en cause la manière dont l'homme se rapporte à lui-même. Il ne s'agit pas du tout d'envisager un quelconque déterminisme. La forme de la réponse, en effet, pas plus que le fait même de répondre, et donc d'accepter le jeu de l'élaboration d'un problème, ne sont nécessaires. Il se trouve que certains penseurs – ici les stoïciens – ont travaillé à la formulation d'un constat critique de leur actualité : la manière de se rapporter à soi fondée sur certains aspects du monde exté-

79. Il ne s'agit pas de produire un jugement actif sur ce qui a lieu « aujourd'hui », mais d'envisager la possibilité qu'il puisse en être ainsi. Je m'autorise à ce propos de la remarque de M. Foucault, « A propos d'une généalogie de l'éthique : un aperçu du travail en cours », dans *Dits et Écrits*, *op. cit.*, texte n° 344, p. 1428-1450.

rieur ne leur paraît pas valide dans la mesure où ces figures s'effacent, se déplacent, se transforment et où cette contradiction n'est pas liée à tel ou tel aspect particulier dans tel contexte particulier, mais qu'elle est inhérente à tout ce qui est accessible au temps ou à autrui. Se rapporter à soi en se fondant sur quelque aspect du monde que ce soit est, à plus ou moins long terme, destructeur. Ils auraient pu en rester là, ou conclure à la fragilité de l'homme, à sa faiblesse intrinsèque, à la nécessaire dépendance par rapport à l'extériorité, sous cette forme ou sous une autre et, par suite, à l'impossibilité de durer, ce qui a conduit d'autres penseurs à développer sur le thème d'un homme nécessairement balloté par la fortune et incapable de s'y soustraire jamais[80]. Il se trouve que les stoïciens ont choisi une autre voie en renversant les termes du problème : au lieu de penser une nature humaine emportée par un monde sans cesse en mouvement, ils pensent le caractère inéluctablement variable du monde – qui jouera le rôle de point fixe, de constante – et font du rapport de l'homme à lui-même le seul domaine possible d'un réel changement. C'est une manière de mettre en œuvre, pour l'utiliser, l'historicité inhérente au rapport à soi, bref, l'historicité du motif de subjectivation. Le monde change, mais c'est là sa caractéristique, ce n'est pas un réel changement, c'est une variation et une transformation perpétuelle du même. En revanche, la possibilité du changement réel n'existe que pour l'être qui a la possibilité de se rapporter à lui-même, l'être qui a la possibilité de mettre une distance entre lui et lui-même, de se rapporter au monde sur un mode représentatif. Or, la question à laquelle répond le travail stoïcien est la suivante : existe-t-il une manière de se rapporter à soi, et par suite au monde, qui épouse suffisamment la courbe du monde pour que les aspérités de la fortune n'entravent pas la manière dont l'être qui use de ses représentations de façon rationnelle se rapporte à lui-même et au monde : comment se rapporter à soi de telle sorte que le monde nécessairement mobile, fluant n'affecte pas ce rapport? C'est précisément ce que les stoïciens nomment l'ἀταραξία et l'ἀπάθεια, cette manière de se situer dans le monde de telle sorte qu'on n'en soit jamais affecté, en y étant pourtant immergé, et dont l'αὐτοπραγία pourrait apparaître comme le versant positif[81].

80. Ce thème se retrouverait de manière saisissante dans les réflexions des poètes baroques, Sponde ou Théophile de Viau.

81. Diogène Laërce, VII, 117-125.

Il était une fois... Ou comment le problème vient aux faits et sous quelle forme il leur vint en ce cas précis

L'enjeu est clair : il s'agit d'élaborer un « soi » de telle sorte que cette construction soit valide apodictiquement, de sorte qu'elle ne puisse être remise en cause ou détruite; il s'agit de faire échec par anticipation à l'histoire et à ses aléas, de faire échec à l'extériorité, à l'altérité que l'on a rencontré plus haut. C'est construire historiquement une figure qui échappe non pas à l'historicité mais à l'histoire, une figure du soi qui serait toujours disponible et valide et qui le serait pour tous et en tous lieux quels que soient les contextes politiques, économiques et sociaux. Or, il se trouve que cela implique de rompre avec une certaine manière de se rapporter à soi, contemporaine, mais que l'on pourrait trouver sous une forme radicalisée dans le motif homérique de subjectivation. Une définition, ou plutôt une délimitation du motif de subjectivation en Grèce ancienne permettra de prendre la mesure du changement apporté par le courant stoïcien. Cela donne des bases pour une définition tout en permettant une opposition féconde qui ne s'en tient pas à la juxtaposition d'un motif stoïcien et d'un motif que l'on appellera, par commodité, « homérique » ou « héroïque ». La raison d'être d'un autre « motif » se trouvera ainsi mise en lumière. L'orientation vers l'extérieur caractérise les pratiques de soi en Grèce ancienne. La constitution de soi, la subjectivation, se fonde sur un face à face, si bien que J.-P. Vernant considère les communautés où se retrouvent ce type de « motif subjectif » comme des « sociétés de face à face »[82]. C'est l'extérieur qui donne au héros d'être ce qu'il est, qui le constitue comme celui qu'il est. L'individu[83] se constitue à partir de notions sociales telles que l'honneur ou la gloire[84]. Il se voit en autrui. J. Redfield propose d'y voir une société de « perpétuels adolescents »[85]. L'individualité est doublement façonnée par l'extériorité. D'une

82. J.-P. Vernant, *L'individu, la mort, l'amour. Soi-même et l'autre en Grèce ancienne*, Paris, Gallimard, 1989, Avant-propos, p. II.

83. J'emploie ce terme dans son acception courante. Il ne s'agit nullement de faire référence à ce qui a cours à l'époque moderne, ce avec quoi le sujet est identifié dans une perspective strictement post-cartésienne. Individu est à entendre ici au sens de « untel » et n'a pas de contenu ni de teneur conceptuelle particulière. Il est la base dont je me sers pour désigner l'unicité de la personne humaine.

84. Ces mots reviennent sans cesse dans l'épopée. On notera par exemple « valeur guerrière » (χάρμη) dans l'*Iliade*, XV, 477 et XVII, 103. Les adjectifs sont très souvent des marqueurs d'honneur, des quantificateurs de vaillance : le cœur est « magnanime » (μεγαλήτορα θυμόν), dans *Iliade*, XVII, 90 ; la tête est « fière » (κρατὶ ἴφθιμῳ), dans *Iliade*, XV, 480.

85. J. Redfield, « Le sentiment homérique du moi », *Le Genre Humain*, 12, 1985, p. 93-111, citation p. 104.

part, les circonstances qui échappent au protagoniste le conduisent à l'action. D'autre part, le « moi » est façonné par autrui qui commande un certain type de conduites à tenir, toujours sur le mode de l'honneur. Tel est le thème des tergiversations de Ménélas. Il est venu combattre pour venger son honneur, mais, au cours de la bataille, il est confronté à un autre choix : laisser à terre les armes de Patrocle et perdre alors cet honneur pour lequel il est venu, ou affronter seul les Troyens au risque de sa vie[86]. Cette allégeance à l'extériorité conduit à une double exigence qui est en même temps un double danger. L'extériorité se doit d'être nettement identifiable, pour s'y confronter (rôle de la limite : ne pas outrepasser la mesure de l'homme), comme pour se constituer par rapport à elle (rôle du miroir). L'identité du héros est, plus qu'une recherche, une adaptation aux circonstances. Il s'accommode sans cesse à une nouvelle figure de lui-même, à un nouveau « moi ». Il revient pourtant à J.-P. Vernant d'avoir systématisé ces analyses, en identifiant cette extériorité comme « altérité », et en distinguant trois formes fondatrices, outre ces altérités mineures que sont par exemple la femme, le Barbare et l'esclave. En regard de ces altérités dites mineures, les dieux, la mort et l'aimé sont les trois figures majeures que prend cette altérité historiquement située. Ces trois thèmes constituent, pour l'homme de la Grèce ancienne, les limites extrêmes caractéristiques de cette subjectivation. Les limites semblent solides, infranchissables car elles intègrent en elles leurs propres transgressions, dans le cas de la « survie en gloire »[87] par exemple. Limites infranchissables pour l'individu qui leur est soumis, cette identification de l'altérité est-elle permanence indestructible? Elle le devrait, une telle permanence étant indispensable pour la constitution d'un « moi » qui attend tout des figures de l'altérité, à commencer par ses limites et sa définition. Pourtant, la discussion par les stoïciens de certaines figures de l'altérité – la mort, les dieux, l'amour – semble faire échec à cette solidité. Si l'individu est constitué par des limites extérieures auxquelles il croit, fussent-elles produites par lui ou, plus fondamentalement, par une époque et une culture, il ne saurait dépasser ces limites sans s'abolir en

86. Homère, *Iliade*, XVII, 91-139. « Ah! Misère! si je laisse ces belles armes, et Patrocle – Patrocle, qui est là, étendu pour ma cause – j'ai peur que les Danaens qui verront cela ne le prennent mal » (v. 91-953), trad. Mazon, p. 138. Mais cette solution l'emporte par rapport à l'éventuel combat héroïque seul contre tous car une raison supérieure s'impose : l'adversaire est favorisé par le dieu. Combattre ne serait pas une preuve d'honneur mais de folie et de démesure.

87. J.-P. Vernant, *L'individu, la mort, l'amour…*, *op. cit.*, Avant-propos, p. III. Voir aussi « Mort grecque, mort à deux faces », *ibid.*, p. 81-89. Achille accepte de mourir jeune non parce qu'il place la mort au dessus de la vie, mais parce qu'il veut au contraire survivre dans le monde des vivants par la gloire de son nom et de son renom.

tant qu'individu, à ses propres yeux et à ceux de sa communauté qui fait allégeance à ce même type d'extériorité. Partant d'autres pratiques, selon des clivages différents, ces limites n'en sont pas. Cela revient à affirmer l'historicité radicale et la contingence des « motifs de subjectivation », les significations multiples que le sujet peut revêtir. La mort apparaissait comme une limite définissant l'individu. Elle n'est nullement une limite pour les stoïciens au sens où elle serait une extériorité redoutable qui aurait le pouvoir de délimiter non seulement l'existence de l'individu mais, en plus, de donner des bornes à son identité, de le définir. Elle devient un état qu'il faudrait atteindre pendant la vie même. Se mettre au-dessus de sa vie est l'expression d'un accomplissement extrême du sujet pour un stoïcien[88]. Les stoïciens refusent à l'altérité comprise comme extériorité – autrui ou les circonstances – un rôle constitutif de premier plan. Cette altérité se définit en regard de ce qui est « propre » à l'individu. Alors que l'identité propre au héros était le fruit d'une délimitation extérieure, le propre se rend ici indépendant des circonstances extérieures et se définit par son autonomie. L'extériorité, le monde social et éthique, la normativité du regard d'autrui ne sont plus valides. On ne se constitue pas dans ces normes sociales qui n'ont plus qu'une valeur relative, comme le montrent les paradoxes du sage[89]. L'individu n'est plus identifié ni réduit à ses actes, il ne participe plus de ce que J. Redfield appelle, en reprenant A. Adkins, une « *results ethics* »[90]. On pourrait traduire cette expression par « éthique des résultats »[91], une évaluation morale qui se fonde sur les actes et les résultats. Les stoïciens dissocient au contraire l'acte de l'action en distinguant le but – résultat extérieur à l'action elle-même et qui dépend des circonstances – de la fin qui est l'action achevée en elle-même

88. Sénèque, dans la trente-deuxième des *Lettres à Lucilius*, utilise l'expression : « consummare vitam ante mortem », consommer, achever sa vie avant sa mort. Cette dernière ne joue plus la fonction de limite constitutive pour l'individu qui déplace son rôle et ses effets à son gré au cœur même de la vie par la « méditation » de la mort qui fait agir l'individu sous un tel horizon. Loin d'être seulement une frontière pour une individuation physique, la mort peut être une « idée régulatrice » en vue d'une perfection morale.

89. Voir Sénèque, *De la vie heureuse*, 21 ; Plutarque, *Des contradictions des Stoïciens*, II, III, XX ; Diogène Laërce, *Vies et doctrines des philosophes illustres*, VII, 188-189.

90. J. Redfield, « Le sentiment homérique du moi », art. cit., p. 95. Il reprend la thèse défendue par A.W.H. Adkins, *Merit and responsability*, Oxford, Clarendon Press, 1960. Voir aussi « Threatening, Abusing, and Feeling Angry in the Homeric Poems », *Journal of Hellenic Studies*, 89, 1969, p. 7-21.

91. Voir Homère, *Iliade*, XXII, 304-305 : « Eh bien! non, je n'entends pas mourir sans lutte ni sans gloire, ni sans quelque haut fait, dont le récit parvienne aux hommes à venir », trad. Mazon, p. 85. Je souligne pour montrer que ce qui assure le renom est bien un acte, qui plus est un acte qui reçoit sa qualification et sa valeur d'un jugement extérieur : celui de l'opinion et de la société.

à quelque instant qu'on la considère[92]. Elle est une disposition interne à l'agent et ne dépend que de lui. Ils tirent les conséquences d'un modèle qui se fonde sur l'extériorité, ils en démontrent les apories et ils tentent d'y remédier, le traitement des thèmes annexes étant l'expression de cette ré-orchestration. Si l'altérité fonde le « motif homérique » de subjectivation, le sujet n'est jamais stable, il est l'impermanence même. Il épouse les circonstances et n'est jamais un « moi » jouissant d'une identité assurée dans la durée. Mieux – car ce pourrait être une forme de subjectivation tout aussi recevable – cette impermanence s'accompagne du risque de destruction du « motif subjectif » lui-même, puisque ce qui le délimite et le constitue perd de sa solidité. Si le « moi » ne se réduit pas aux circonstances, comme le précise J. Redfield[93], il en tire néanmoins toujours son identité, une identité qui change au gré des circonstances. N'est-ce pas une crise de l'altérité qui affecte irrémédiablement le sujet, et qui conduit par contrecoup à une crise du sujet? Les « altérités mineures » trouvent ici leur place. Les conditions historiques doivent être prises en compte dans l'étude d'une notion comme celle de sujet et cette analyse ne saurait se passer des outils de l'anthropologie. L'« autre » était une limite définissant le sujet. Il prenait la forme de l'esclave. Or, une vague d'affranchissements mêle les hommes libres et les anciens esclaves. L'« autre » apparaissait aussi sous les traits du Barbare. Or, le cosmopolitisme amène des peuples divers à se côtoyer et cette notion se relativise dans le brassage des populations[94]. Si la notion d'altérité s'effrite à propos du Barbare, n'est-ce pas le cas, à plus forte raison, pour le Grec d'une autre cité? Quelques précisions historiques s'imposent. Au IIIe siècle l'empire d'Alexandre s'effondre. Les

92. Épictète, *Entretiens*, II, 16, 15 : « Citez-moi un seul homme qui ait souci de sa manière d'agir, qui porte son attention non sur le succès de son acte, mais sur son acte lui-même », trad. Bréhier, dans *Les Stoïciens et leur logique*, *op. cit.*, p. 920. Pour les traductions suivantes d'E. Bréhier, j'indiquerai simplement le nom du traducteur ainsi que la page correspondante dans le recueil.

93. J. Redfield, « Le sentiment homérique du moi », art. cit., p. 105. En discutant une remarque de H. Fränkel (*Dichtung und Philosophie des frühen Griechentums*, München, Beck, 1969) qui définissait le héros comme un « champ ouvert de forces » dont l'« ego n'est pas délimité », J. Redfield écrit que « cette remarque est inexacte si Fränkel veut dire par là que le héros ne se distingue pas de ses circonstances. Ce qui est vrai, en revanche, c'est que le héros est perpétuellement contraint à se redéfinir dans des circonstances mouvantes; il ne renonce pas à son identité à la manière bouddhiste, mais il lutte pour s'accommoder du nouveau moi façonné » par les circonstances extérieures. C'est bien l'extériorité qui donne à l'individu d'être ce qu'il est. On peut comprendre ainsi cette « altérité du moi à lui-même » dont parle l'auteur un peu plus loin, p. 109.

94. On peut évoquer notamment les influences orientales sur la Grèce à la suite des conquêtes d'Alexandre. Son expédition étend en effet l'influence grecque de l'Égypte jusqu'à Samarkand ou Tachkent, jusqu'à l'Indus aussi. En retour, les Grecs s'intéressent à d'autres pratiques.

frontières nettement délimitées se déplacent. La naissance du stoïcisme coïncide avec ces bouleversements. D'un autre côté, Rome s'étend après sa victoire sur Carthage en 202 av. J.-C. Dans l'empire romain, ce brassage des populations est constant, de même que le nombre croissant des affranchis[95]. L'englobement de nouveaux peuples et de nouveaux dieux empêche l'élaboration d'une figure définie de l'altérité. L'extension géographique pour les voyages comme pour le commerce, aussi bien que l'élargissement des compétences techniques[96] ou artistiques[97], redéfinit l'altérité[98]. Ici, le moyen stoïcisme de Posidonius et ses inventions trouvent leur place. Un sujet qui se fonde sur un type défini d'altérité ne peut qu'être affecté par ce bouleversement du champ de l'extériorité qui transforme les figures individuées de l'altérité. En Grèce, c'est la domination romaine qui change la donne politique. On ne gouverne plus de la même manière et la notion de maîtrise, de soi ou des autres, doit se réformer. Ces bouleversements politiques contribuent à démanteler la figure nette et identifiable de l'autre. Il ne saurait, dès lors, jouer le rôle de limite constitutive. Soit il se dissout, en perdant sa situation de face à face. Dans ce contexte de mutations sociales, le stoïcisme d'Épictète trouve des adeptes. Soit il devient une figure agressive qui n'est plus limite constitutive, mais élément destructeur et conquérant. C'est le cas des invasions et des guerres à l'époque de Marc-Aurèle. L'altérité n'est plus une norme inaccessible et constitutive. Si le Barbare, la femme et l'esclave restent des figures de l'altérité, les mutations socio-politiques et culturelles engendrent une évolution de leur statut et exigent, de la part du « sujet » (le Grec, le mari, le maître), une réflexion sur l'attitude qu'il convient d'avoir avec l'« autre » ; ce qui passe nécessairement par une réflexion sur soi. Le fonctionnement de l'altérité se transforme. On ne saurait pourtant concevoir comme une conséquence nécessaire les modifications dans la pratique de soi. La « culture de soi »[99] est bien plutôt une réponse originale « sous la forme d'une nouvelle stylistique de l'existence »[100]. C'est ce qu'il convient

95. J'utilise les remarques et les analyses de C. Chrétien, *Commentaire du* Manuel *d'Épictète*, Paris, Hatier, 1988, p. 3-10.

96. L'influence des Ptolémées sur Alexandrie est remarquable, et la ville devient une sorte de centre de la civilisation hellénistique. De même, sous l'impulsion de Démétrius de Phalère, le musée d'Alexandrie devient un haut lieu de la recherche dans le domaine de touts les sciences, de l'astronomie à la médecine. Voir P. Hadot, *Qu'est-ce que la philosophie antique?*, Paris, Gallimard, 1995, p. 145-148.

97. La bibliothèque d'Alexandrie rassemblait toute la littérature philosophique et scientifique.

98. C'est le propos d'E. Bréhier dans l'introduction aux *Stoïciens et leur logique*, *op. cit.*, p. LVII-LXII.

99. M. Foucault, *Le souci de soi, Histoire de la sexualité*, t. 3, Paris, Gallimard, 1984, titre du second chapitre.

d'examiner. L'autre, c'était aussi la femme. Mais le jeu matrimonial en vient à se compliquer. L'importance nouvelle du couple amène à un rapport de réciprocité, ou du moins transforme la relation unilatérale en une relation moins inégale. Le mariage renvoyait antérieurement à des stratégies purement dynastiques, politiques et économiques. Ces fonctions stratégiques s'estompent un peu à l'époque hellénistique et le mariage devient une forme de lien qui tient sa valeur du rapport qu'il établit entre deux personnes en maintenant des rapports personnels forts. Ce lien implique en effet le partage de la vie, l'aide mutuelle et l'appui moral[101]. Le mariage devient une affaire de plus en plus privée après avoir été un acte essentiellement social et public[102]. Le rôle de la femme se transforme puisqu'elle dispose en personne de son héritage et que l'intervention de son père devient de moins en moins décisive dans le mariage[103]. Les obligations des contrats de mariage sont réciproques et tendent vers plus d'égalité[104]. Les textes qui exaltent l'harmonie conjugale ne trouvent pas tant leur réalité dans une pratique effective que dans une exigence. Et cette exigence place le lien conjugal au centre d'une interrogation nouvelle qui n'est pas nécessairement liée à des préoccupations économiques et qui vise davantage le couple lui-même, sa stabilité et sa régulation interne. Il devient possible de le penser comme une relation entre deux partenaires. La femme est l'« autre », mais d'une manière différente, qui implique de nouveaux types de rapports. L'altérité se transforme et exige, de la part de l'homme, un changement de sa manière d'agir qui demande un retour sur soi et sur sa propre pratique. Ce n'est plus seulement un statut qui donne à l'homme son pouvoir domestique : il doit réfléchir sur lui-même, indépendamment d'un regard que l'on pourrait porter sur lui. On assiste à une entrée en vigueur de la première personne singulière, en lieu et place d'une pratique seulement dictée par l'extérieur, par les usages de la communauté[105]. Dans cette perspective d'affermissement et de redéfinition de la première personne, M. Foucault peut écrire qu'« il s'agit de définir la manière dont l'homme pourra se constituer comme sujet moral

100. *Ibid.*, p. 97.

101. *Ibid.*, p. 102-103.

102. *Ibid.*, p. 106 : « Le mariage deviendrait plus général comme activité, plus public comme institution, plus privé comme mode de vie », ce qui m'intéresse ici.

103. S.B. Pomeroy, *Goddesses, Whores, Wives and Slaves. Women in Classical Antiquity*, p. 129, cité dans M. Foucault, *Le souci de soi*, t. 3, *op. cit.*, p. 103-104.

104. C. Vatin, *Recherches sur le mariage et la condition de la femme mariée à l'époque hellénistique*, Paris, de Boccard, 1970, p. 203-206, « La femme sera maintenant tout aussi exclusive que l'homme », cité dans M. Foucault, *Le souci de soi*, t. 3, *op. cit.*, p. 104-105.

105. J'emploie le mot communauté plutôt que celui de société qui, dans ce contexte, aurait une connotation résolument anachronique.

dans la relation de conjugalité »[106]. Une redistribution des rôles affecte la pratique politique où il faut, là aussi, apprendre la conciliation avec les gouvernés comme avec l'occupant romain. Ce n'est pas tant une décadence qu'une nouvelle éthique qui se met en place, une éthique qui doit repenser autrement le rapport aux autres et le penser à partir de soi : comme le rapport qu'il convient d'avoir à son statut, à ses fonctions, à ses activités et à ses obligations. Ce n'est plus le statut – cet appendice en soi du regard des autres – qui détermine l'articulation entre le pouvoir sur soi et le pouvoir sur les autres. « La constitution de soi-même comme sujet éthique de ses propres actions »[107] est une nouveauté. Contrairement au statut, ce rapport à soi n'est pas donné, mais doit être construit. Où l'on retrouve l'opposition, la dirempion entre l'extérieur et le travail sur soi, tout intérieur. À ces vacillements de l'altérité, les stoïciens répondent en achevant le travail de sape – qui a ruiné les altérités mineures – par la destitution des trois figures majeures (les dieux, la mort, autrui) qui ne peuvent plus être considérées comme des figures constitutives de soi, du moins pas sur le mode « héroïque ». C'est ce que je montrais plus haut. Elles aussi sont fragiles. Elles participent de l'extérieur. Formes individuées, elles sont le produit de croyances, d'opinions; elles se révèlent donc relatives, historiques et contingentes. Les prendre pour fondement dans l'élaboration de soi revient à condamner le sujet à une mort prochaine. Voilà où se place l'entreprise destructrice des stoïciens : dans une simple logique de la fragilité inhérente aux figures mythiques d'une altérité fictive, soumise aux circonstances qui amènent la vision du monde à changer et déplacent les frontières de la croyance. Une altérité construite et fondée sur le mythe ou simplement sur une vision du monde particulière (autre version du mythe?) ne peut qu'être, par définition, en péril constant. La seule solution est de ne plus dépendre de l'extérieur. Ce n'est pas l'altérité qui est mise au banc par les stoïciens, mais simplement son traitement et le rôle qui lui est donné. L'intériorisation de l'altérité est la seule condition de la survie du sujet. Qu'est-ce qu'il s'agit de faire glisser vers l'intérieur? Son centre de gravité, le principe de soi-même. Identifier son fondement avec le « propre » assure la permanence du sujet. Pourtant, s'agit-il d'un simple repli, d'une protection faute de mieux? Ce repli est-il maintien des positions antérieures, du mode de pensée précédent, tout en s'enfermant en soi? Assurer un mode d'être viable pour tous les temps et toutes les circonstances, voilà le but. L'intériorisation opérée par les stoïciens n'est

106. M. Foucault, *Le souci de soi*, t. 3, *op. cit.*, p. 111.
107. *Ibid.*, p. 117.

pas tant un repli qu'une « nouvelle pratique de soi »[108] qui se caractérise par une attention bien plus grande à la vie privée, à la singularité et à la pratique de soi par soi[109]. Tout semble se fonder sur un retour vers l'intérieur qui a pour objectif l'indépendance et l'autonomie. Mais il faut entendre ces termes dans leur radicalité. Rien ne doit contrevenir à l'autonomie ou à l'indépendance. En stoïcisme, il s'agit de conserver cette indépendance au cœur de toutes les dépendances extérieures possibles, aussi pénibles soient-elles. L'autonomie concerne le « propre », qui s'oppose rigoureusement à l'extérieur et à l'altérité. Le but est l'élaboration d'un modèle viable. Reste à savoir quelle forme prend ce « motif ». Comment se vivre, quelle attitude adopter et sur quoi fonder son être afin de le soustraire à la destruction? La souveraineté du sage n'est que le symptôme d'une recherche de pérennité égologique. C'est dans un contexte de « crise du sujet ou plutôt de la subjectivation »[110] que s'élabore un autre « motif », qui entend se soustraire aux déboires qui affectent le modèle « homérique ». Ici les stoïciens dialoguent avec un modèle moribond, structurellement voué à l'échec et qu'ils entendent remplacer. Seule cette manière d'être soi, aussi historique et particulière soit-elle, peut légitimement prétendre à la pérennité. Tel est l'enjeu de ce rapport à soi, réponse philosophique à l'occasion sans doute d'un contexte historique particulier : la manière de se rapporter à soi doit changer dans la mesure où « la fortune des temps » révèle l'aspect potentiellement destructeur du rapport à soi contemporain, et que le motif de subjectivation homérique permet, de manière heuristique pour nous, de radicaliser, puisqu'il permet de saisir les points précis qui conduisent à cette « chronique d'une mort annoncée ».

L'élaboration de soi comme tension et lieu de passage, qui se fonde sur une dimension estimative et active du « soi » répond à une urgence. La formulation en termes d'altérité et de valeur s'élabore à partir de cette même situation d'urgence et d'un même enjeu : se construire de façon à ne pas se livrer soi-même. Les pratiques disruptives jouent le rôle de plaque tournante, au niveau de la constitution de soi on l'a vu, puisque rompre avec une manière de s'épandre dans le monde, c'est déjà une manière de se délimiter. Mais ce rôle de plaque tournante intervient à un niveau plus formel, dans une perspective heuristique : on part du couple

108. M. Foucault (*ibid.*, p. 99) écrit à ce propos que l'importance nouvelle du mariage comme la redistribution des rôles politiques « pourraient bien avoir suscité non pas un repli sur soi, mais une façon nouvelle de se réfléchir soi-même dans son rapport à la femme, aux autres, aux événements et aux activités civiques et politiques, et une autre façon de se considérer comme sujet de ses plaisirs ».

109. J'emprunte cette triple caractérisation à M. Foucault, *ibid.*, p. 59.

110. *Ibid.*, p. 131.

diremption/sympathie [μεθ΄ ὑπεξαιρέσεως/συμπάθεια] à la série couper/brancher [ἔλεγχος/ἐπιστροφή εἰς ἑαυτόν] et on repart de cette série vers un travail de l'altérité constitutif du soi. Il en va de même à propos du thème de la valeur : on part d'une valeur de l'être compris comme *cosmos* pour découvrir dans le couple couper/brancher son expression; en partant de ce couple, on voit qu'il est concrètement la double face d'une pratique d'estimation qui elle-même fonde le sujet. On passe d'un rapport d'expression – un lien très fort, mais un lien d'expression seulement – à un rapport d'identité, ce qui est déjà un indice pour découvrir une véritable filiation à partir de cette seconde perspective; ce qui est aussi un indice de son indépendance et de sa primauté. Si le couple diremption/sympathie est la forme pertinente du thème rupture/continuité, est-ce alors le couple disjonction/conjonction qui occupe cette place dans une perspective fonctionnelle? La continuité prend ici la forme de la pérennité recherchée, un statut analogue, au niveau du microcosme à celui de la sumpavqeia pour le macrocosme. C'est le couple réfutation/pérennité [ἔλεγχος/ἀταραξία ἀπάθεια] qui s'avère être la forme pertinente que prend le couple rupture/continuité dans une pensée stoïcienne, pertinent à un double titre : non seulement on rend raison de l'éthologie de ces notions au lieu de les considérer comme universelles, mais, en partant des problèmes, on assure leur indépendance par rapport à une doctrine et on rend disponible pour d'autres pensées cette manière spécifique de problématiser les notions.

Un « dispositif d'estimation » prend en charge l'urgence d'une élaboration de soi qui puisse valoir indépendamment des aléas

On voit que le rapport se renverse par rapport à l'ordre d'exposition dans la doctrine. On partait d'un tout cosmique dans lequel la volonté particulière devait s'insérer. Ici, l'on part d'un aspect beaucoup plus concret. Mieux, on part du constat d'une réalité considérée comme problématique, et surtout comme un problème susceptible d'être résolu dans la mesure où il serait correctement formalisé. Formuler le problème d'une certaine manière, mais déjà considérer tel aspect constaté comme un problème et non comme une chose à déplorer, comme susceptible d'être résolu est déjà une manière de travailler à la solution. Dans cette perspective, le respect du *cosmos*, n'est qu'une des conséquences de la formulation d'un problème qui concerne le rapport à soi mais surtout l'ambition de se rapporter à soi de manière à pouvoir être toujours un « soi ». Là encore ce n'est pas un critère absolu, une norme du sujet, une définition. C'est là que se situe la part d'arbitraire de toute problématisation : le critère envisagé est la pérennité : comment faire pour durer toujours, ou plutôt pour ne jamais être en position de subir des revers de fortune ? Comment faire pour se rapporter à soi de telle sorte que rien ne puisse perturber et transformer le rapport à soi ? Il s'agit de l'ambition démesurée d'une construction conceptuelle qui, tout en étant au plus haut point historique, échappe à l'historicité. L'enjeu est de se rapporter à soi de telle manière que la validité de ce rapport soit à jamais garantie, bref, que « rien » ne change. Mais cette exigence implique en revanche un renversement radical des perspectives : le changement incessant du monde est une constante qui, elle, ne changera jamais alors que la manière de se rapporter à soi est la seule chose de ce monde qui puisse changer. Le seul changement réel est de l'ordre de la pensée, celle-ci n'étant pas comprise comme pure réflexion abstraite du monde mais précisément comme cet écart possible par rapport à ses propres actions, à ses propres opinions. Cet écart est le coin qui permet de transformer le rapport entre soi et soi, et par suite entre soi et le monde. Mais cela suppose une véritable révolution de la pensée : cela suppose que « tout » change. On retrouverait ainsi la phrase de Lampedusa citée en exergue : « il faut que tout change pour que rien ne change ». On pourrait l'appliquer aux deux aspects de la construction de soi dégagés, pour y retrouver aussi les notions de rupture et de continuité telles qu'elles ont été élaborées : d'une part, il s'agit, et c'est là le plus important, de transformer radicalement son rapport à soi et au monde de manière à assurer une pérennité de ce rapport ; d'autre part, c'est cette transfiguration qui permet précisément que l'on puisse continuer à remplir ses obligations exactement comme auparavant. Lampedusa, ou du moins ses traducteurs, usent de deux formules qui rendent précisément compte de cette double acception : « que tout change pour que rien ne change » coexiste avec « que tout change pour que tout reste comme avant », le « comme avant » d'un monde en perpétuel changement où les bouleversements ne sont pas de réels changements, par opposition au seul véritable changement qui épouse cette versatilité et permet de ce fait, de durer, permet « que rien ne change » dans le rapport de soi à soi. On comprend ainsi que les développements divers du système ne sont que les conséquences de la formulation d'un problème à l'occasion d'une situation discriminée précisément comme telle, c'est-à-dire comme signifiante dans le cours des événements du monde, comme moment particulier, comme situation d'urgence. Mais en prenant les choses à rebours, le système se trouve fondé en nécessité, ce qui le fait échapper à la doctrine et au musée de l'histoire des idées. Il ne s'agit pas de distinguer pensée stoïcienne et stoïcisme comme cela semblait plus haut nécessaire, il s'agit de montrer que le « stoïcisme » n'est qu'une lecture « à l'envers », qui part du système pour en déduire des concepts, au lieu de retrouver le problème et les solutions heureuses qui peuvent être produites, et de ce fait valoir pour nous. Si l'on rapporte cela à la question de la valeur, on ne saurait parler d'une « théorie stoïcienne de la valeur » : d'une part la valeur n'est pas ce concept un peu vague et bien trop abstrait ; la valeur stoïcienne est « estimation », comprise comme réfutation qui se fonde sur le critère du « propre », lequel à son tour ne se découpe dans le monde que par l'estimation qui est toujours une manière d'user des représentations à l'occasion d'une pratique du monde. Il n'y a pas de « théorie de la valeur », mais simplement élaboration d'une série de termes qui, en s'équivalant, en se caractérisant, mieux : en se réalisant et en se construisant réciproquement, assurent cette nouvelle manière de se rapporter à soi. À savoir s'identifier comme faculté capable d'user de ses représentations – le moi – user de ses représentations – l'agir – critère pour user de ses représentations – la valeur. Le sujet est toujours un agent, être sujet c'est estimer le monde, en fonction d'un critère autotélique puisqu'il se réfère en dernière instance à ce que le « moi » est en propre. L'estimation, et par suite la réfutation, assument une place centrale. Plus que de « théorie » de la valeur, il semble plus judicieux de parler de « dispositif d'estimation » qui répondrait au problème formulé à l'occasion d'une situation jugée problématique : elle pose problème, ce problème est susceptible de formulation et de tentatives de résolution. Par le terme de « dispositif », je fais référence à la construction heuristique susceptible de rendre compte de l'ensemble des éléments et du fonctionnement de ces éléments à la fois théoriques et pratiques travaillant à la résolution d'un problème à la fois théorique et pratique, problème qui n'est pas donné mais élaboré à l'occasion d'une situation et du jugement qui la transforme précisément en problème, ce qui implique donc que l'on se situe toujours dans du déjà donné, dans du déjà pensé, mieux : que l'on soit d'emblée situé dans le monde et que l'on s'y inscrive volontairement par son action. Il ne s'agit pas de dire que les stoïciens ont élaboré un « dispositif » qu'ils auraient formalisé comme tel ; il ne s'agit pas non plus de proposer une lecture structuraliste du système, mais de montrer qu'un problème a été formulé à l'occasion d'une situation d'urgence, que la formulation de ce problème met en œuvre un ensemble d'éléments théoriques et pratiques dont il est possible de rendre compte ainsi que du rapport qu'ils entretiennent l'un avec l'autre. Il ne s'agit pas de plaquer un schéma mais de rendre compte de ce qui a lieu : des éléments de différente nature, jouant des rôles différents, à des niveaux différents, interagissant les uns avec les autres dans la formulation d'un problème à la solution duquel ils travaillent. La valeur n'est donc pas une thèse ou une doctrine, mais la forme que prennent un problème et sa solution en fonction d'un enjeu : comment faire pour durer, comment faire pour que le rapport que j'entretiens avec moi puisse valoir indépendamment de la fortune du monde, qui inclut aussi la liberté d'autrui ? C'est pour les stoïciens un problème de rapport à l'extériorité et à une certaine forme d'intériorité, qui se caractérise alors comme altérité, comme ce dont il convient de se détacher, pour dégager précisément un « soi », qui ne pourra jamais être une chose, mais toujours un rapport ou plutôt une manière de se rapporter telle qu'elle reconduise toujours cette définition du « soi » comme pure capacité de se rapporter. En ce sens le « dispositif d'estimation » assure une formulation heureuse du problème. Or il se trouve que cette pratique estimative prend la forme de la réfutation (ἔλεγχος), qui peut être considérée comme un cas remarquable et signifiant de rupture, comme la manière dont les stoïciens contribuent à la problématisation de la notion. Rupture et continuité ne se situent pas sur le même plan et n'assument pas du tout la même fonction stratégique dans la vie du « dispositif » : continuité doit s'entendre comme pérennité, comme l'enjeu du dispositif, à la fois ce qui a donné lieu à son élaboration et la forme qu'il prend pour atteindre cette exigence. La continuité apparaît comme l'ambition de transgresser, dans l'histoire même, l'historicité d'un certain type de rapport à soi en le construisant de telle sorte qu'il puisse valoir toujours, pour tous, partout. La rupture pertinente est ici la « réfutation » caractéristique de l'activité concrète d'estimation. Elle apparaît alors comme l'élément dynamique du système. Au couple liminaire diremption/sympathie [μεθ' ὑπεξαιρέσεως/συμπάθεια], qui n'est rien d'autre que l'exposé d'un point de doctrine, au couple disjonction/conjonction [ἔλεγχος/ἐπιστροφή εἰς ἑαυτόν], qui n'était qu'une formulation partielle où manquait précisément l'enjeu, se substitue le couple réfutation/pérennité [ἔλεγχος/ἀταραξία ἀπάθεια]. À chaque fois – sympathie, pérennité – la forme de continuité est l'origine du questionnement et ce qui est à atteindre : on va du « soi » au « soi », de son statut d'enjeu à celui de réalisation, en comprenant que cette circulation n'est pas acquise une fois pour toutes mais qu'elle participe intrinsèquement du « dispositif ». En renversant les préséances, en partant des pratiques au lieu de partir du système, on découvre qu'elles contribuent à l'élaboration de soi, mais plus encore que la forme que prend cette manière de se rapporter à soi répond à une véritable question que posent les stoïciens à l'occasion du monde. On dégage ainsi une double filiation : d'un côté doctrine et ses apories-acteur-usages des représentations ; de l'autre, en partant à rebours : usage des représentations-soi-comment faire pour durer ? Retrouver le problème revient à faire du système un résultat, à y retrouver le travail de la pensée. Cela permet de pouvoir distinguer aussi ce qui relève d'un travail conceptuel et ce qui demeure d'une pensée réemployée, de l'idéologie. Retrouver le problème, et par suite reformuler le « dispositif » théorique et pratique qui participe à sa résolution contribue à rendre cette pensée disponible pour nous, à jouer le rôle de piste pour nos manières d'interroger les « valeurs », la manière de se rapporter à soi, le couple « rupture/continuité ».

En guise de conclusion

Être-agir-estimer, une seule et même chose. Seule une enquête à propos des figures de rupture et de continuité permet de produire ce regroupement et d'en rendre raison dans la mesure où elles sont le jeu de concepts qui assure précisément l'homogénéité de ces aspects. Ce jeu de notions, compris comme élément fondamental d'un dispositif d'estimation, n'est pas seulement un « style », n'est pas non plus un simple principe heuristique, même s'il assume aussi ces rôles. Ce jeu de notions est la manière d'être, le πῶς ἔχων du dispositif d'estimation, autrement dit, de la valeur, du soi, de l'action.

La rupture, qui prend la forme de la réfutation, qui est en même temps principe d'estimation du monde – ἔλεγχος – apparaît comme la dynamique d'un « dispositif » qui, sur la base de ce critère assure la construction d'un soi valide, autrement dit soustrait à la fortune et capable de durer – volonté d'ajpavqeia – qui fonctionne avec deux types d'opérateurs, ceux qui branchent (ἐπιστροφή εἰς ἑαυτόν), ceux qui tranchent (ἔλεγχος), et cela à des niveaux différents, sans que le rapport d'un niveau à l'autre puisse être compris comme « rapport de causalité ». Dans cette volonté de se rendre inaccessible aux revers, dans cette estimation du monde, il est sans cesse question de ce thème général si important pour nous, celui de rupture et de continuité. On ne « retrouve » pas ces thèmes en stoïcisme. Les stoïciens nous laissent entrevoir une manière radicalement différente de poser la question et d'y répondre : la continuité et la rupture sont multiples, elles fonctionnent sur le mode du couple si l'on précise qu'on renvoie par là l'asymétrie de leur position et la manière non causale, non réciproque dont elles se rapportent l'une à l'autre. C'est la notion de « transfiguration » qui rendrait sans doute compte du « dispositif » d'estimation envisagé. N'est-ce pas là l'essentiel, dans la mesure où ce parcours nous permet de nous garder de l'illusion d'un changement qui ne change précisément rien, qui entretient la perpétuation de ce qui est sous couvert de changement et de profession de rupture.

Rompre n'est pas changer si l'on ne précise pas ce que l'on entend par là, si l'on prétend rompre sans penser véritablement la continuité, car elle demeure alors comme la base et le fondement sur lequel les ruptures en question ne sont que d'aimables variations. Rompre exige une réflexion sur l'enjeu de sa rupture, qui implique une mise en question de ce avec quoi l'on entend rompre. On ne rompt pas dans le vide, c'est-à-dire au niveau des seules professions de foi, sous peine de se borner à entretenir une situation de fait dont on entendait précisément se détacher, à moins que cette perpétuation ne soit l'enjeu qui sous-tend les discours de la rupture, garant d'une continuité qui exige, pour être entretenue d'être masquée sous le fard de ce qui apparaît comme son autre ? L'une et l'autre ne sont jamais données, il ne s'agit pas d'entretenir un état de choses non interrogé. Bien au contraire, tout est passé au crible. C'est l'état de choses en question qui pose problème, c'est avec lui qu'il faut rompre. Mais cela n'est possible que si l'on réfléchit sa rupture, si on la construit, si on lui assigne un enjeu, ne serait-ce que pour qu'elle puisse réussir, et si elle élabore un critère. Il s'agit de rompre avec un certain rapport au monde qui suspend précisément la continuation d'un certain état de choses. La rupture exige de nous que l'on pense la continuité, et qu'on la pense véritablement, au lieu de l'entretenir, pour produire une continuité riche, neuve à chaque fois. La rupture est un geste trop important pour l'utiliser à tout bout de champ, trop délicat pour être mis en œuvre impunément. Dans la rupture est sise la continuité, mais il peut s'agir de dissimuler une continuation aussi bien que de produire un nouvel état de choses. En être conscient préserve de l'illusion du changement, que l'on soit en position de rompre, que l'on assiste à des démonstrations tonitruantes de rupture. « Que tout change pour que rien ne change » ne doit pas être compris comme une pirouette mais comme la production, par une véritable rupture, d'une tentative pour durer, pour ne pas être assujetti, arraisonné. Une rupture véritable ne se fait pas à vide, elle emporte avec elle une réflexion sur ce que « faire-valoir » veut dire, qui n'a rien à voir avec un discours sur « les valeurs », mais prend plutôt la forme d'une mise à distance et d'un soupçon à l'égard d'une telle question.

La phantasía *chez Aristote : un exemple de généalogie du concept*

Marie-Laure BINZONI

« La philosophie est l'art de former, d'inventer, de fabriquer des concepts »[1]. Deleuze accompagne cette détermination de la philosophie par l'affirmation qu'il faut comprendre sa naissance historique dans la cité grecque à la lumière de trois facteurs : l'amitié comme milieu d'immanence, la rivalité comprise comme plaisir de s'associer et de rompre l'association, le goût pour l'échange des opinions et la conversation. Comme si à l'origine, créer un concept, faire advenir le sens nouveau n'était possible qu'en élevant ce possible sur le fond de l'héritage, de la continuité, de l'échange, de la communauté de pensée. Le philosophe grec n'est seul que parce qu'il est associé, que parce qu'il réaffirme cette association comme terreau de son identité. Aristote en est un exemple paradigmatique. Il n'est que de considérer son usage de la doxographie érigée avec toute la systématicité requise en méthode définitionnelle[2]. Ainsi, au seuil du *De Anima*, Aristote s'apprête à « recueill[ir] les opinions exprimées [au sujet de l'âme] par [ses] devanciers : cela, dans le dessein de retenir la part de vérité qu'ils ont énoncée et d'éviter par contre leurs erreurs éventuelles »[3]. Faire le bilan des opinions reçues pour reconnaître ce qu'on leur doit et affirmer son tribut propre, se resituer au sein d'une appartenance intellectuelle. La doxographie, outre son utilité méthodologique évidente, situe également le creux que forme la prise de position de l'auteur au sein d'une tradition. Le moment symbolique de la création de concept, moment de l'irruption du nouveau, donc moment de la rupture, est inséparable de

1. G. Deleuze, *Qu'est-ce que la philosophie?*, Paris, Minuit, 1991, p. 8.

2. S. Mansion, « Le rôle de l'exposé et de la critique des philosophies antérieures chez Aristote », dans *Aristote et les problèmes de méthode*, Louvain, Publications universitaires, 1961, p. 35-56.

3. *De Anima* [dorénavant cité *DA*], I, 1, 403b21-24. Sauf indication contraire, nous utiliserons dans cette étude la traduction d'E. Barbotin, Paris, Les Belles Lettres, 1966.

l'affirmation de l'ancrage dans une familiarité conceptuelle, donc de la continuité.

Cette question de la continuité et de la rupture devient plus intéressante encore quand l'histoire de la philosophie vient la faire jouer à nouveau. Poursuivons avec Deleuze : « l'histoire de la philosophie est tout à fait inintéressante si elle ne se propose pas de réveiller un concept endormi, de le rejouer sur une nouvelle scène, fût-ce au prix de le tourner contre lui-même »[4]. Il arrive en effet que le philosophe ayant créé un nouveau concept, posant ainsi de nouveaux jalons dans la pensée de son temps, l'histoire de la philosophie à son tour se saisisse de sa propre histoire et vienne bouleverser la tradition herméneutique qu'elle avait établie à son sujet : elle revisite ce concept, en propose une nouvelle interprétation, contre la première et grâce à elle. C'est ce qu'il advint au concept de *phantasía* chez Aristote quand, il y a un peu plus de vingt ans désormais, Martha Nussbaum et Malcolm Schofield publièrent deux études qui contestaient la traduction traditionnelle[5] de *phantasía* chez Aristote par « imagination », ou « faculté productrice d'images mentales visuelles », souvent marquées du sceau de la fausseté. Ils donnaient ainsi le coup d'envoi à une nouvelle compréhension. L'innovation conceptuelle consistait alors à réévaluer la signification d'un concept, sa puissance de rupture et d'institution d'une nouvelle tradition.

Dans cette étude, on se propose d'examiner la part de bouleversement conceptuel et la part laissée à la tradition sémantique qui sont contenues dans la notion aristotélicienne de *phantasía*. Autrement dit, quel est le sens de la *phantasía*[6] chez Aristote? Ce sens est-il présent dans la pensée grecque, la *phantasía* n'étant alors qu'une notion-outil dans la pensée aristotélicienne, ou bien Aristote lui donne-t-il une dimension nouvelle, la faisant passer au stade philosophique de concept? Dans ce cas, quel est son impact dans la pensée du philosophe? Plus généralement, il s'agit

4. G. Deleuze, *Qu'est-ce que la philosophie?*, *op. cit.*, p. 81.

5. R. Lefèbvre (« Faut-il traduire le vocable *phantasía* par représentation? », *Revue philosophique de Louvain*, vol. 95, 4 (1997), p. 587-616) dresse un rapide historique de l'interprétation de la *phantasía* , depuis les tenants de l'interprétation canonique, dont, par exemple, Hobbes (*Léviathan*), O. Hamelin (*Le Système d'Aristote*, Paris, Alcan, 1920) et A.-E. Chaignet (*Essai sur la psychologie d'Aristote*, Paris, Hachette, 1889) jusqu'aux commentateurs anglo-saxons, responsables de la « crise ». L'intérêt de cette brève présentation est qu'elle donne les arrière-plans philosophiques qui sous-tendent de telles divergences.

6. J'ai pris le parti dans cet article de ne pas traduire *phantasía* et donc de modifier les traductions que j'utiliserai en substituant au mot qui traduit *phantasía* ce terme même. Cette prise de position se justifie, me semble-t-il, du fait qu'il s'agit d'étudier l'intégration de différents sens dans une notion pour laquelle on n'a pas encore trouvé d'équivalent exact qui comprendrait les mêmes sens et que traduire un mot par plusieurs termes ne nous rendrait pas plus aisée la tâche de saisir quelle unité sémantique recouvre cette notion.

d'éclairer, à partir de l'exemple de la *phantasía*, la genèse du concept à partir d'un fonds notionnel donné et de dégager ainsi les conditions d'émergence du nouveau. Dans cette entreprise quasi archéologique, on cherchera à analyser, au sens chimique du terme, le précipité notionnel que représente le concept, en faisant apparaître les éléments sémantiques déjà présents à côté des éléments proprement créés. Parallèlement, on pourra étudier la manière dont l'histoire de la philosophie se ressaisit de ce jeu entre éléments originaires et éléments nouveaux pour former sa propre tradition herméneutique.

La signification de *Phantasía* dans la langue grecque

Pour déterminer la signification d'un terme dans la pensée d'un auteur, et plus précisément encore, la charge conceptuelle dont l'auteur investit lui-même ce terme, il faut s'attacher d'abord à retrouver le(s) sens qu'il avait dans la langue antérieurement à son élaboration par cet auteur, à dégager son (ses) acception(s) originaire(s). À l'évidence, une telle recherche ne doit pas se cantonner à l'étude de son seul emploi philosophique. On l'étendra donc, pour ce qui nous concerne, à l'ensemble des textes écrits avant Aristote. Pour ce faire, on procèdera à un balayage ciblé mais non point exhaustif de l'emploi du mot par les auteurs pré-aristotéliciens[7]. La recherche systématique par index[8] révèle l'utilisation du mot fantasiva, à quelque cas ou nombre qu'il puisse être, par : Xénophane, Pythagore, Héraclite, Parménide, Eschyle, Protagoras, Empédocle, Démocrite, Hippocrate de Cos, Hippocrate de Chio et Platon. Comment dès lors comprendre le mot de G. Watson[9] pour qui « le mot *phantasía* fait sa première apparition dans la littérature, comme on sait, dans les dialogues de maturité de Platon » ? Il est vrai que « l'emploi du mot par les commentateurs des Présocratiques ne signifie pas que les Présocratiques eux-mêmes employaient effectivement le terme »[10], et que la quasi totalité des occurrences relèvent de témoignages postérieurs au IVe siècle. Toutefois nous voyons trois raisons de considérer l'emploi et le sens du

7. On a pris pour point de départ la liste fournie par J. de Romilly, *Précis de littérature grecque*, Paris, PUF, 1980, p. 276-280.

8. Cette recherche a été effectuée au moyen du CD-Rom *Thesaurus Graecae Linguae*, à partir de fantasi et pour tous les auteurs cités plus haut.

9. G. Watson, *Phantasía in classical Thought*, Galway, Galway UP, 1988, p. 1.

10. « The use of the word by commentators on the Presocratics does not mean that the Presocratics themselves actually used the term », *ibid.*, p. 1.

mot *phantasía* comme relevant du vocabulaire propre des Présocratiques [11] : le nombre relativement élevé de ces occurrences, le choix qui en est fait, par exemple par Aétius et Diogène Laërce, lorsqu'il s'agit d'en retranscrire la pensée, et surtout le fait que le sens du mot dans ces fragments ne doit rien à celui qui est le sien chez Aristote.

Nous effectuons cette recherche en nous posant plusieurs questions. Dans quels champs apparaît la *phantasía* ? Pour quelles raisons y fait-on appel dans ces champs-là précisément? Peut-on dégager un ou plusieurs éléments sémantiques qui serai(en)t commun(s) au terme ainsi utilisé dans ces différents domaines? Le repérage de ce(s) noyau(x) de sens nous permettrait de distinguer dans le concept aristotélicien de *phantasía* ce qui est emprunté au sens communément admis dans la langue grecque et ce qui constitue l'apport proprement aristotélicien. Mais on se demandera également chez quels auteurs et selon quels systèmes de pensée la *phantasía* est sollicitée et donc à quelle logique elle répond.

La question des champs de la phantasía

Dans quels champs la *phantasía*intervient-elle? Les auteurs qui l'utilisent abordent cinq sujets distincts : l'astronomie, la théorie de la connaissance, les rêves, les représentations qui naissent de la fréquentation des cimetières et celles qui interviennent dans la formation des embryons. Ces thèmes sont assez différents mais voyons si leur recoupement permet de construire une définition de la *phantasía* qui éclairerait le sens du mot dans la langue grecque.

L'emploi de la *phantasía* en astronomie est attesté dès le VIe ou Ve siècle. Selon Héraclite en effet :

> (1) Le soleil et la lune subissent les mêmes phénomènes; car ces astres ont la même figure de vaisseau, et ils reçoivent l'éclat de l'exhalaison humide; ainsi ils brillent à notre vue (φωτίζεσθαι πρὸς τὴν φαντασίαν), le soleil étant plus brillant parce qu'il se meut dans un air plus pur, alors que la lune, se mouvant dans un air plus trouble, apparaît de ce fait plus pâle [12].

Les Pythagoriciens, Hippocrate de Chio et son disciple Eschyle affirment également [13] que :

11. Cela étant dit, il reste qu'une telle étude ne prétend qu'établir le sens que *phantasía* serait susceptible d'avoir s'il avait été effectivement utilisé. Elle reste donc conjecturale.

12. Pour le grec, DK 22 A 12 (abréviation de *Die Fragmente der Vorsokratiker*, trad. all. H. Diels, W. Kranz, *Weidmannsche Verlagsbuchhandlung*, Berlin Ouest, 6e éd. 1952; trad. fr. J.-P. Dumont, avec la coll. de D. Delattre et J.-L. Poirier, *Les Présocratiques*, Gallimard, Paris, 1988). Ce fragment est un témoignage d'Aétius, *Opinions*, XXVIII, dans *Les Présocratiques*, p. 139.

13. DK 42-5, témoignage d'Aristote, *Météorologiques*, I, VI, 342b29; *Les Présocratiques*, p. 484.

> (2) La comète serait une sphère comme une autre, qui n'apparaît qu'à intervalles très espacés et ne s'élève que bien peu au-dessus de l'horizon, (τινες [...] λέγουσι, αὐτὸν εἶναι τῶν πλανήτων ἀστέρων, ἀλλὰ διὰ πολλοῦ τε χρόνου τὴν φαντασίαν αὐτοῦ εἶναι καὶ τὴν ὑπερβολὴν ἐπὶ μικρόν) comme c'est le cas de la planète Mercure, pour qui la faible élévation au-dessus de l'horizon, explique qu'on ne voit pas nombre de ses apparitions et celles qu'on observe sont très espacées (ὥστε διὰ χρόνου φαίνεσθαι πολλοῦ).

D'autre part, un fragment de Démocrite montre que le recours à la *phantasía* dans le champ astronomique est peut-être encore en usage au IVᵉ siècle :

> (3) La comète est la conjonction des planètes : celles-ci sont Saturne (Cronos), Jupiter (Zeus), Vénus (Aphrodite), Mars (Arès) et Mercure (Hermès). Celles-ci en effet, en se rapprochant mutuellement, produisent une image qui donne l'impression qu'elles se touchent et qu'il n'existe qu'un seul astre, auquel on donne le nom de comète. Le terme de conjonction désigne l'image unique produite par le concours de toutes (τούτους γάρ, ὅταν ἐγγυς ἀλλήλων γένωνται, φαντασίαν ἀποτελεῖν ὡς ἄρα ἅπτονται ἀλλήλων καὶ ἔστιν εἷς ἀστήρ, ὁ καλούμενος κομήτης. σύμπασιν γὰρ φασιν γὰρ λέγει τὴν ἐκ πάντων τῶν συνελθόντων ὡς ἐξ ἑνὸς φαντασίαν γενομένην) [14].

La *phantasía* désigne ici l'apparence visible d'une chose, son image mais elle semble osciller entre deux modalités d'être une image : elle peut se rapporter soit à l'aspect propre *de la chose* soit à la représentation qui se forme de la chose *dans l'âme*. En d'autres termes, elle peut renvoyer à la face objective ou subjective de l'image. Sans doute est-il plus juste de dire qu'elle signifie l'image qui se constitue dans la relation entre la chose qui apparaît et celui à qui elle apparaît. En effet, dans le premier fragment, la construction φωτίζεσθαι πρὸς τὴν φαντασίαν (briller en direction de, vers) suggère qu'il ne s'agit pas exactement de la propriété pour une chose d'avoir telle apparence mais de manifester cette apparence *à la vue de quelqu'un*, d'affecter sa vision. De même, dans le second témoignage, le grec διὰ πολλοῦ τε χρόνου τὴν φαντασίαν αὐτοῦ εἶναι (la *phantasía* peut intervenir « à travers beaucoup de temps ») indique que la *phantasía* n'est pas une propriété *de l'objet*, sans quoi sa réalité serait continue, comme celle de l'astre, mais bien une propriété *de la relation* de l'objet au sujet, qui dépend donc de la position de l'objet *par rapport au* sujet, tributaire ici de l'horizon qui peut cacher l'astre à notre vue. Dans le troisième fragment, cela est encore plus clair puisque la *phantasía* est

14. DK 68 A 92, Alexandre d'Aphrodise, *Commentaire sur les Météorologiques d'Aristote*, 26, 11 ; *Les Présocratiques*, p. 792.

l'image de la comète qui n'existe pas en elle-même mais seulement à la suite d'une illusion d'optique résultant du télescopage des images des cinq planètes et qui est perceptible seulement par nous.

Or, dire que la *phantasía* désigne l'image formée dans la relation entre le sujet et l'objet cela veut dire tout simplement qu'elle est une représentation variable du fait de sa dépendance aux circonstances qui affectent la relation du sujet et de l'objet. Ainsi, la *phantasía* est l'apparence que prend un objet quand les conditions de sa manifestation ne sont pas bonnes en raison de l'opacité du milieu au travers duquel l'objet est vu (1), de la position de l'objet qu'un obstacle peut dérober à la vue du sujet (2), ou de la proximité avec d'autres objets qui peut nuire à la netteté de la vision (3). La *phantasía* est le terme choisi pour nommer non pas l'aspect de l'objet mais l'apparence que prend l'aspect de cet objet quand quelque chose vient gêner, altérer sa manifestation au sujet.

On trouve également une occurrence de *phantasía* dans le domaine des rêves, au Ve siècle, chez Empédocle qui,

> parlant des différences entre les rêves, dit que des évènements diurnes procèdent les *images nocturnes.* Il appelle cette *image* pensée dans les vers où il déclare : “c'est pourquoi il leur vient [...] des pensées différentes” (τὰς διαφορὰς τῶν ὀνειράτων λέγων φησὶν ὅτι ἐκ τῶν καθ ἡμέραν ἐνεργημάτων αἱ νυκτεριναὶ γίνονται φαντασίαι· ταύτην δὲ τὴν φαντασίαν φρόνησιν καλεῖ ἐν οἷς φησιν ὅθεν ... παρίσταται)[15].

Peut-on comprendre cet usage à la lumière des éléments qu'on vient de dégager? Ici, les *phantasíai* sont les images dont sont formés les rêves. Ces images ne sont pas créées *ex nihilo* par le dormeur mais elles représentent les évènements diurnes de manière différée. En d'autres termes, la *phantasía* désigne cette fois l'apparence non d'un événement présent et distant spatialement mais d'un événement passé et distant temporellement. La *phantasía* vise toujours l'image modifiée du fait de l'éloignement, quel qu'il soit, et donc la distorsion potentielle que cet éloignement introduit par rapport à l'aspect propre de la chose.

Continuons à repérer les infléchissements de sens dont les différents contextes enrichissent la signification de la *phantasía.* Empédocle, selon un autre témoignage, utilise ce terme dans une acception encore différente :

> Comment se fait-il que des enfants se ressemblent, sans ressembler à leurs parents? Empédocle dit que c'est l'*imagination* de la femme qui donne leur forme aux embryons, car souvent des femmes, tombées amoureuses de statues ou d'images au cours de leur grossesse, ont mis au monde des

15. DK 31 B 108b, témoignage de Jean Philopon, *Commentaire sur le Traité de l'Âme*, 202, 30; *Les Présocratiques*, p. 417.

enfants leur ressemblant (τῆι κατὰ τὴν σύλληψιν φαντασίαι τῆς γυναικὸς μορφοῦσθαι τὰ βρέφη· πολλάκις γὰρ ἀνδριάντων καὶ εἰκόνων ἠράσθησαν γυναῖκες καὶ ὅμοια τούτοις ἀπέτεκον)[16].

On peut distinguer encore cette structure de représentation éloignée de l'objet représenté si on considère qu'ici les *phantasíai* sont les images d'objets proches à la fois dans l'espace et dans le temps mais qui sont *en eux-mêmes* déjà des reproductions, par définition éloignées de la réalité de l'objet-modèle. La médiation est donc effectuée par l'objet de la *phantasía* lui-même, en tant qu'il est une copie d'un objet réel. L'éloignement, si l'on peut dire, est existentiel, il affecte le mode de réalité de l'objet de la *phantasía.* Par ailleurs, cette structure est redoublée dans la mesure où les *phantasíai* à leur tour informent (μορφοῦσθαι) les embryons. La formule de la reproduction éloignée de la réalité est alors : un homme représenté par une *statue* dont l'*image* (*phantasía*) façonne l'embryon d'un *homme.* La production de l'apparence est trois fois répétée.

Par ailleurs, au Ve-IVe siècle, la même structure est reconnaissable chez Démocrite qui emploie *phantasía* pour désigner les images qui résultent de la représentation des cadavres :

> Il s'exerçait, d'après Antisthène, à mettre diversement à l'épreuve les impressions de son *imagination* en se réfugiant de temps en temps dans la solitude et en fréquentant les cimetières ("Ησκει δέ, φησὶν ὁ ᾿Αντισθένης, καὶ ποικίλως δοκιμαζειν τὰζειν τὰς φαντασίας, ἐρημάζων ἐνίοτε καὶ τοῖς τάφοις ἐνδιατρίβων)[17].
> En revanche, d'après Démocrite, la putréfaction entraîne une forte émotion, parce qu'*on se représente l'image* défigurée de ce qui dégage de telles odeurs (ἧς δ αὖ σηπεδόνος ἔχεται κατὰ Δημόκριτον καῖ τὸ δυσωπεῖσθαι διὰ τὴν ὀσφϖαντικῶν τούτων φαϊτασίαϊ καὶ δυσμορφίας)[18].

Cette fois, l'altération de l'image qu'est la *phantasía* vient de ce que l'objet de la *phantasía* est lui-même défiguré par la putréfaction. L'apparence est donc modifiée au sens où elle est, elle aussi, défigurée (δυσμορφίας). L'image est une représentation de l'homme mort qui s'éloigne de ce qui était sa réelle apparence à proportion de l'action de la putréfaction. L'éloignement est ici l'expression d'une modification organique.

Si la *phantasía* désigne une image fondamentalement éloignée de la réalité qu'elle représente, on comprend qu'elle soit condamnée *ipso facto*

16. DK 31 A 81, d'après Aétius, *Opinions*, V, XII, 2; *Les Présocratiques*, p. 360.

17. DK 68 A 1, Diogène Laërce, *Vies* IX, 38-39 et 49; *Les Présocratiques*, p. 748. On cite ce témoignage qui reprend des propos attribués à Antisthène et non à Démocrite lui-même parce qu'il présente malgré tout une forte analogie avec le fragment suivant supposément de Démocrite.

18. DK 68 B 1a, Philodème, *De la Mort*, XXIX, 27; *Les Présocratiques*, p. 836.

dans le champ de la théorie de la connaissance. On constate d'ailleurs que ce domaine est précisément celui où l'on relève le plus d'occurrences[19] du terme, comme si le fait le plus pertinent, concernant la *phantasía*, résidait non dans sa nature mais dans les conséquences épistémologiques d'une telle nature. L'examen, même rapide, des fragments qui en font état suffit pour s'en convaincre :

1) Position de Xénophane, Parménide, Zénon, Mélissos, Stilpon et les Mégariques, selon Aristoclès[20] :

> Ils pensent en effet qu'il faut rejeter les sensations et les images des sens (τὰς μὲν αἰσθήσεις καὶ τὰς φαντασίας καταβάλλειν) et n'accorder crédit qu'à la seule raison.

2) Affirmation de Parménide selon Diogène Laërce[21] :

> Il disait que la raison (τὸν λόγον) constitue le critère de la vérité et que les sens (τάς τε αἰσθήσεις) sont dépourvus d'exactitude. Aussi déclare-t-il :
> Écarte ta pensée
> De cette voie qui s'ouvre à ta recherche [...]
> Que je viens d'exposer
> C'est pourquoi Timon dit de lui :
> La force du génial et entier Parménide
> Qui, au lieu des erreurs de l'imagination,
> Substitua la raison (ὅς ῥ ἀπὸ φαντασίας ἀπάτης ἀνενείκατο νώσεις).

3) Pensée de Protagoras rapportée par Platon[22] :

> Alors, représentation et sensation sont une seule et même chose pour ce qui est de la chaleur et dans tous les cas analogues. Telles chacun sent les choses, telles elles risquent d'être pour chacun (φαντασία ἄρα καὶ αἴσθησις ταὐτὸν ἔν τε θερμοῖς καὶ πᾶσι τοῖς τοιούτοις).

4) Selon Démocrite[23] :

> Du point de vue de la droite raison, vérité et sensation <sont> dissemblables et [...] la sensation et l'imagination <sont> relatives aux phénomènes,

19. Tous les témoignages concernant la théorie de la connaissance ne sont pas reproduits ici. Les témoignages manquants sont rassemblés dans les études faites plus loin sur Protagoras, Démocrite et Platon.

20. DK 21 A 49, témoignage d'Aristoclès, *De la Philosophie*, 7, cité par Eusèbe, *Préparation évangélique*, XIV, XVII, I; *Les Présocratiques*, p. 112.

21. DK 28 A 1, d'après un témoignage de Timon dont on n'a pas situé les références, cité par Diogène Laërce, *Vies*, IX, 21-23; *Les Présocratiques*, p. 234.

22. DK 80 B 1, Platon, *Théétète*, 152c1-3; *Les Présocratiques*, p. 999.

23. DK 68 A 113, Jean Philopon, *Commentaire sur le Traité de l'Ame d'Aristote*, 71, 19; *Les Présocratiques*, p. 801.

alors que l'intellect, lui, est relatif à la vérité (τῆς μὲν αἰσθήσως καὶ τῆς φαντασίας περὶ τὸ φαινόμενον ἐχούσης, τοῦ δὲ νοῦ περὶ τὴν ἀλήθειαν).

La constance de ce thème, présent du VIe au IVe siècles, est la première chose que nous pouvons remarquer. La seconde est sans doute la similarité frappante des formulations qui, dans un premier temps, associent *phantasía* et sensation lesquelles sont soit mises sur le même plan par le simple rapprochement conjonctif (fragments 1 et 4), soit purement et simplement identifiées comme étant « la même chose » (fragment 3) ou bien comme s'équivalant (le fragment 2 reprend *aisthéseis* par *phantasía* comme si les deux mots étaient des synonymes). Dans un second temps, elles les opposent au *lógos*, à la *nóesis* (fragment 2) ou au *noûs* (fragment 4). Il est intéressant de relever que la *phantasía*, représentation pourtant distordue de la réalité, n'est pas plus condamnée que la sensation, comme si la première ne faisait que porter à un degré plus important les caractères qui suffisent à rejeter la seconde. À quel titre sensation et *phantasía* sont-elles écartées? Au titre qu'elles sont relatives aux phénomènes, aux individus et, partant, affectées d'un coefficient de variabilité qui les éloigne de la nature réelle, stable, des choses, si elle existe – ce que ne postule pas Protagoras.

Les caractéristiques de la *phantasía* ainsi dégagées – elle est une image éloignée de la réalité qu'elle représente, la modalité de cet éloignement pouvant être spatiale, temporelle, existentielle, organique ou épistémologique – rendent compte de la plasticité qui lui permet de s'insérer dans la totalité des champs où elle apparaît et que nous avons considérés. D'autre part, se pose la question de savoir pour quels auteurs la notion de *phantasía* acquiert du poids conceptuel, autrement dit, quels systèmes de pensée révèlent sa teneur conceptuelle. En effet, s'il est vrai que le développement d'une notion est solidaire de la pensée de l'auteur qui la développe, l'étude de ses conditions d'insertion dans un discours philosophique donné devrait nous permettre de mieux discerner encore les strates et la portée sémantiques de cette notion.

La phantasía *et la logique des auteurs*

Or, selon l'état actuel des textes dont nous disposons, les trois auteurs qui semblent faire un usage structurant de la *phantasía* sont Protagoras, Démocrite et Platon[24]. Citons les témoignages qui se rapportent au plus ancien des trois, Protagoras, rapportés par Sextus Empiricus :

24. L'ensemble des témoignages que nous allons cités forment, avec ceux reproduits plus haut, la totalité des textes utilisant le terme *phantasía* que notre recherche a mis au jour.

(1) Protagoras d'Abdère a été rangé, lui aussi, par certains auteurs dans le chœur des philosophes qui ont détruit le critère de vérité : il affirme, en effet, que toutes les représentations et les opinions sont vraies, et que la vérité est de l'ordre du relatif puisque tout ce qui est objet de représentation ou d'opinion pour quelqu'un est immédiatement doté d'une existence relative à lui (πάσας τὰς φαντασίας καὶ τὰς δόξας ἀληθεῖς ὑπάρχειν καὶ τῶν πρός τι εἶναι τὴν ἀλήθειαν διὰ τὸ πᾶν τὸ φανὲν ἢ δόξαν τινὶ εὐθέως πρὸς ἐκεῖνον ὑπάρχειν) . C'est ainsi qu'au début de ses *Discours Terrassants*, il a proclamé : l'homme est la mesure de toutes choses, pour celles qui sont, de leur existence ; pour celles qui ne sont pas, de leur non-existence[25].
(2) Il est impossible de dire que toute représentation est vraie (πᾶσαν μὲν οὖν φαντασίαν οὐκ ἂν εἴποι τις ἀληθῆ) parce qu'on peut retourner l'argument, comme l'ont enseigné Démocrite et Platon en combattant Protagoras. En effet, si toute représentation est vraie, il sera vrai aussi qu'aucune représentation ne l'est, puisqu'on s'appuierait, en l'affirmant, sur une représentation (εἰ γὰρ πᾶσα φαντασία ἐστὶν ἀληθής, καὶ τὸ μὴ πᾶσαν φαντασίαν εἶναι ἀληθῆ, κατὰ φαντασίαν ὑφιστάμενον, ἔσται ἀληθές) : par suite, dire que toute représentation est vraie sera faux (καὶ οὕτω τὸ πᾶσαν φαντασίαν εἶναι ἀληθῆ γενήσεται ψεῦδος)[26].

On a déjà vu que Protagoras associe *phantasía* et sensation mais le témoignage (1) montre un couplage entre *phantasía* et opinion. Le fait qu'il maintienne, conformément à un usage qui nous a paru traditionnel, le lien essentiel de la *phantasía* avec la relativité rapportée à l'homme-mesure permet sans doute de comprendre que *phantasía*, sensation et opinion puissent entretenir des relations semblables en raison de leur commune affectation au relativisme. Cependant, il tire du constat de cette union une conséquence toute différente. En effet, au lieu de conclure du rapport de la *phantasía* à la relativité le rejet de la première de la sphère de la vérité, il affirme, au contraire, en identifiant vérité et relativité, que la *phantasía* donne par définition accès à la vérité. Je ne m'étends pas davantage sur des éléments connus et conclus immédiatement. Le premier, pour autant que l'on sache, qui place la *phantasía* au cœur de sa théorie – elle est ici associée au mouvement même dans lequel Protagoras inscrit sa formulation de l'homme-mesure – est donc un penseur qui reconnaît l'élément définitionnel le plus saillant de cette notion, la distorsion, comme étant lié fondamentalement avec ce que sa doctrine affirme de plus fort et de plus original, le relativisme.

25. DK 80 B 1, Sextus Empiricus, *Contre les Mathématiciens*, VII, 60; *Les Présocratiques*, p. 998-999.

26. DK 80 A 15, Sextus Empiricus, *Contre les Mathématiciens*, VII, 389; *Les Présocratiques*, p. 991.

Concernant Démocrite, on ne trouve pas moins de dix témoignages[27], venant de sept auteurs différents, qui font état de fragments contenant le mot *phantasía*[28]. Par ailleurs, ce terme se trouve au cœur de sa théorie de la connaissance : elle n'est donc pas une notion satellite ou secondaire. À quelles exigences de la doctrine démocritéenne la *phantasía* répond-elle?

Pour Démocrite également, on l'a vu, la *phantasía* est étroitement associée à la sensation. En effet,

> Quant aux autres sensibles, aucun n'a de réalité naturelle, mais tous sont des affections du sens qui se trouve altéré, et c'est du sens que naît l'image sensible (ἀλλὰ πάντα πάθη τῆς αἰσθήσεως ἀλλοιουμένης, ἐξ ἧς γίνεσθαι τὴν φαντασίαν)[29].

La structure γίγνομαι + ἐκ + génitif exprime la nature du lien qui unit sens et *phantasía,* lien de type temporel-causal : la *phantasía* survient à la suite d'une altération sensible et du fait de cette altération. Quelle est la portée de ce lien? On sait que, chez Démocrite, les sensations sont fonction de la forme, de l'arrangement et de la vitesse des atomes frappeurs autant que de la structure atomique du terrain frappé mais qu'en est-il des *phantasíai* ? Selon Aétius :

> Démocrite dit que par nature il n'existe pas de couleur. Car les éléments sont dépourvus de qualité, qu'il s'agisse soit des compacts soit du vide. Ce sont les composés à partir de ces éléments qui sont colorés par l'assemblage, le rythme et la modalité relative, c'est-à-dire l'ordre, la figure et la position : les images dépendent d'eux en effet (παρὰ ταῦτα γὰρ αἱ φαντασίαι). Ils procurent à l'imagination quatre tonalités colorées différentes : le blanc, le noir, le rouge et le jaune (τούτων δὲ τῶν πρὸς τὴν φαντασίαν χρωμάτων τέτταρες αἱ διαφοραί, λευκοῦ μέλανος ἐρυθροῦ ὠχροῦ)[30].

Les *phantasíai* dépendent donc également de l'ordre, de la figure et de la position propres aux atomes de l'objet dont elles sont l'image, comme de la configuration atomique du sujet sentant, puisqu'il est dit que :

> il consacre toute son attention à définir ce qui concerne les saveurs, tout en considérant que la représentation est relative à l'homme (τούτων ἀκριβέστερον διορίζει τὰ περὶ τοὺς χυλοὺς ἀναφέρων τὴν φατασίαν πρὸς ἄνθρωπον)[31].

27. Nous avons déjà fait appel à quatre d'entre eux.

28. Ce qui constitue une matière suffisamment dense pour qu'on envisage sérieusement que ce mot soit véritablement employé par Démocrite (d'autant que tous ces fragments forment un ensemble cohérent sur le plan de sa théorie).

29. DK 68 A 135, Théophraste, *Du Sens,* § 63; *Les Présocratiques,* p. 813.

30. DK 68 A 125, Aétius, *Opinions* I, XV, 8; *Les Présocratiques,* p. 805.

31. DK 68 A 135, Théophraste, *Du Sens,* § 64; *Les Présocratiques,* p. 813.

Les *phantasíai* varient en effet en fonction de chaque individu, de sa disposition, en ce qu'elles sont liées aux affections et à l'âge. De fait, selon la suite du témoignage :

> En outre, la composition du mélange corporel des <animaux> change selon les affections et les âges. Par là, il est évident que la disposition est responsable de l'image sensible (ἧι καὶ φανερὸν ὡς ἡ διάθεσις αἰτία τῆς φαντασίας)[32].

Qui plus est, à cette relativité individuelle s'ajoutent des conditions environnementales contingentes, par exemple aériennes :

> Le blanc est formé de figures de ce genre. Le noir est, lui, formé des figures contraires, c'est-à-dire rugueuses, scalènes et non uniformes. C'est pourquoi, il peut attirer l'obscurité, et les pores qu'il renferme ne sont ni rectilignes ni même aisément traversables; de plus, leurs effluves sont lents et confus; en effet, l'effluve présente une certaine différence de qualité, selon qu'il est tel ou tel relativement à l'image qui elle-même devient différente à cause de l'interception de l'air (διαφέρειν γάρ τι καὶ τὴν ἀπορροὴν τῶι ποιὰν εἶναι πρὸς τὴν φαντασίαν, ἣν γίνεσθαι διὰ τὴν ἐναπόληψιν τοῦ ἀέρος ἀλλοίαν)[33].

Dès lors, *phantasíai* et sensations sont caractérisées par une double qualité qui pourrait sembler paradoxale : elles sont 1) *naturelles* dans leur constitution puisqu'elles dépendent physiologiquement des propriétés atomiques des objets qu'elles visent[34]. Le lien qui les unit à ces objets est donc génétique en quelque sorte et l'objectivité de ce lien est garantie par l'aspect direct de cette genèse par « contact ». En même temps, elles sont 2) *artificielles* dans leur signification puisqu'elles varient selon l'ordre, la figure et la position des atomes, la configuration atomique du sujet sentant et les conditions environnementales. C'est la variabilité de leur référent phénoménal qui signe leur artificialité. En effet, d'une part, Démocrite affecte sensation et *phantasía* à l'ordre des phénomènes :

> Du point de vue de la droite raison, vérité et sensation <sont> dissemblables et [...] la sensation et l'imagination <sont> relatives aux phénomènes, alors que l'intellect, lui, est relatif à la vérité (τῆς μὲν αἰσθήσεως καὶ τῆς φαντασίας περὶ τὸ φαινόμενον ἐχούσης, τοῦ δὲ νοῦ περὶ τὴν ἀλήθειαν)[35].

32. DK 68 A 135, Théophraste, *Du Sens*, § 64; *Les Présocratiques*, p. 813.

33. DK 68 A 135, Théophraste, *Du Sens*, § 74; *Les Présocratiques*, p. 817.

34. Ce que P.-M. Morel (*Atome et nécessité, Démocrite, Épicure, Lucrèce*, Paris, PUF, 2000, p. 96) affirme en ces termes forts : « toutes nos représentations [*phantasíai*] sont de même nature que les impressions sensibles, puisque la sensation n'est pas une faculté séparée mais simplement ce type de contact par lequel nous sommes en rapport avec le monde extérieur et qui donne lieu à une représentation ».

35. DK 68 A 113, Jean Philopon, *Commentaire sur le Traité de l'Âme d'Aristote*, 71, 19; *Les Présocratiques*, p. 801 (cf. *supra*, p. 142).

D'autre part, il affirme le lien direct qui existe entre le fait de se référer aux phénomènes et le fait d'être, par là-même, condamné au domaine de l'opinion :

> Démocrite, lorsqu'il abolit les choses qui apparaissent aux sens (ὁτὲ μὲν ἀναιρεῖ τὰ φαινόμενα ταῖς αἰθήσεσι), dit à leur propos que rien n'apparaît conformément à la vérité (μηδὲν φαίνεσθαι κατ̃ ἀλήθειαν), mais seulement conformément à l'opinion, et que ce qui est véritablement dans les êtres, ce sont les atomes et le vide : convention que l'amer, convention que le chaud, convention que le froid, convention que la couleur ; et en réalité : les atomes et le vide[36].

La raison en est que ce à quoi sensation et *phantasía* permettent d'accéder, ce sont les diverses qualités sensibles, gustatives, tactiles, visibles ou autres, qui sont essentiellement variables et ne sont pas de l'ordre de l'être véritable, être qui tient tout entier dans la réalité atomique et le vide. Elles s'arrêtent à la surface des phénomènes, à ce qui n'est que la manifestation extérieure de la réalité profonde, et, partant, à ce qui est soumis au changement incessant. La *phantasía,* comme altération de la structure atomique du sujet sentant, est alors par nature doublement relative, aux qualités sensibles et aux dispositions du récepteur, ce qui signe son affectation au sein du jugement dit « bâtard ».

Il semble[37] que le recours à la *phantasía* soit donc appelé par la thèse de la double nature des choses, phénoménale et réelle, la *phantasía,* associée à la sensation, donnant accès à la première, l'intellect à la seconde. C'est encore une philosophie engagée dans la reconnaissance d'un accès médiat, indirect, biaisé à la réalité sensible qui lui assigne sa place.

Considérer le cas de l'emploi de la *phantasía* chez Platon ne permet pas seulement de dégager des éléments de la notion repérables ou non

36. DK 68 B 9, Sextus Empiricus, *Contre les Mathématiciens*, VII, 135. Nous citons ce témoignage qui ne contient pas le mot *phantasía* lui-même pour aider à la compréhension de l'argumentation.

37. Il reste un dernier témoignage de Démocrite que nous n'avons pas cité : « certaines images (εἴδωλά τινα) parviennent jusqu'aux hommes, tantôt bénéfiques, tantôt maléfiques. D'où sa prière d'avoir des images (εἰδώλων) propices. Ces images sont grandes, démesurées (εἶναι δὲ ταῦτα μεγάλα τε καὶ ὑπερφυῆ) ; difficilement destructibles quoique périssables ; elles prophétisent l'avenir aux hommes par émission de visions et de voix. C'est pour avoir perçu une telle représentation que les Anciens supposèrent l'existence de Dieu (ὅθεν τούτων αὐτῶν φαντασίαν λαβόντες οἱ παλαιοὶ ὑπενόησαν εἶναι θεόν), Dieu dont la nature est impérissable, mais qui n'a aucune existence en dehors de ces images » (DK 68 B 166 ; *Les présocratiques*, p. 888). Ce témoignage de Sextus Empiricus est tiré du *Contre les Mathématiciens* (IX, 19). La *phantasía* désigne ici la perception que les hommes ont des *eidóla*, ces derniers étant des images *démesurées* (ὑπερφυη), ce qui laisse présager que les *phantasíai* de ces *eidóla* sont elles-mêmes des représentations déformées de ce que ces images donnent à voir.

dans le concept aristotélicien, en d'autres termes de déterminer la part de sens *hérité*. Cela permet également d'élargir la problématique de la continuité et de la rupture *sémantiques* dans le sens de l'héritage *intellectuel* tel qu'il peut se poser entre un maître et son disciple devenu maître à son tour. La proximité intellectuelle de Platon avec Aristote redouble la question de la proximité *sémantique* entre les deux compréhensions de la *phantasía*, ce qui n'est qu'une autre manière de montrer à quel point l'inflexion d'une notion engage l'orientation d'un système.

On peut formuler la question de l'héritage conceptuel ainsi : peut-on dire que Platon est le premier à élever la *phantasía* au rang de *concept*[38] et, partant, à reconnaître dans la *phantasía* une réalité dont la teneur philosophique est susceptible de prendre place dans un système de pensée? Cela supposerait deux réquisits : 1) non seulement, de manière évidente, que Platon conceptualise ce terme; 2) mais encore qu'il le fasse dans le cadre de sa propre théorie. Qu'en est-il?

Notons pour commencer que Platon emploie le mot *phantasía* dans trois dialogues seulement[39], ce qui est peu.

Dans le premier de ces dialogues, la *République*[40], au livre II, la seule occurrence de *phantasía* n'est introduite qu'au terme d'une progression, à la suite de tous les mots de la même famille, d'usage beaucoup plus courant : *phantázesthai* (380d5), *phaínesthai* (381e10) et *phántasma* (382a2). Socrate, s'interrogeant sur l'éducation des gardiens, réfléchit à la manière dont les dieux doivent apparaître dans les *mûthoi*, manière qui doit être la plus fidèle possible à la nature véritable de la divinité. Or,

> Le dieu est un être parfaitement simple et vrai à la fois en actes et en paroles, et lui-même ne se modifie pas ni ne cherche à égarer les autres, ni par des apparences (κατὰ φαντασίας), ni par des discours, ni par l'envoi de signe, ni dans la veille ni dans les rêves (382e12).

Les *phantasíai* sont les métamorphoses[41], apparences prises par les dieux et qui abusent les hommes. Elles font donc sens dans la direction de l'univers du surnaturel, de la magie. Le sens de *phantasía* semble donc ici recouper le sens que prend *le plus souvent* – et non toujours –

38. Le fait que Protagoras et Démocrite emploie la *phantasía* au cœur de leur doctrine ne suffit pas, en effet, à faire de cette celle-là un concept.

39. La *République*, le *Théétète*, le *Sophiste*; on peut ajouter le *Timée* si on considère avec le Liddle-Scott-Jones que *phántasis* est un équivalent strict de *phantasía* (voir notre note 53).

40. La traduction est celle de P. Pachet, *La République*, Paris, Gallimard, 1993.

41. Sur la question de la position de Platon par rapport aux dieux protéiformes, voir M.-L. Desclos, « Créatures divines et divinités préolympiennes dans les dialogues de Platon », dans *Les dieux de Platon*, J. Laurent (dir.), Caen, Presses Universitaires de Caen, 2003, p. 119-150.

phántasma, celui de phantasme trompeur, représentation illusionniste. M.-L. Desclos[42] montre en effet que « certains *phantásmata* se voient accorder un statut qui n'est pas *que* négatif », comme c'est le cas quand ils désignent les signes divinatoires voulus par les dieux et projetés par l'intellect sur la paroi du foie (*Tim.* 71a-e), ou les phantasmes divins que le prisonnier échappé de la caverne contemple à la surface des eaux (*Rép.* VII, 532c). Les *phantásmata* constituent alors une « indispensable voie d'accès » à l'opinion juste dans le premier cas, à l'étape qui précède la connaissance des objets véritables dans le second. Cependant, il nous semble que dans le passage ci-dessus le sens de *phantasía* est précisément proche du *phántasma* dans son acception négative puisqu'il s'agit de ce que les dieux, de par leur nature parfaite, se refusent à faire, à savoir abuser les hommes. La *phantasía* appartient au genre de l'illusion, et plus précisément de la tromperie volontaire. Cette illusion est même double : illusion qui pourrait être produite par les dieux, selon les dires faux des poètes qui racontent ces *mûthoi.* Autrement dit, la *phantasía,* dans son premier usage platonicien, est introduite au terme d'une progression sémantique qui en situe bien le sens et la donne pour assez proche de l'autre substantif dérivé de *phantázo*, à savoir *phántasma*[43] : répétition, synonyme d'une réalité déjà nommée, plutôt que désignation d'une réalité nouvellement pensée.

La *phantasía* intervient dans le *Théétète*[44], en 152c2, au moment où Théétète donne sa première définition de la science : « celui qui sait quelque chose a la sensation de ce qu'il sait, et, telle est du moins l'apparence présente (ὥς γε νυνὶ φαίνεται), la science n'est autre chose que la sensation ». Socrate rapproche alors cette affirmation de la thèse protagoréenne de l'*ánthropos métron* qui signifie selon lui « telle m'apparaît

42. *Revue de Métaphysique et de Morale*, 2000, n° 3, « Idoles, icônes et phantasmes dans les dialogues de Platon », p. 301-327.

43. Pour une étude de la dérivation de ces deux termes à partir de *phantázo*, voir M. Schofield (« Aristotle on the imagination », *Aristotle on mind and the senses*, G.E.R. Lloyd et G.E.L. Owen (éds.), Cambridge-New York, Cambridge UP, 1978, p. 99-149, n. 11). Selon l'auteur, tandis que les noms construits avec le suffixe en σια à partir d'un verbe en ζω connentent l'action signifiée par le verbe et ceux qui recourent au suffixe σμα renvoient au résultat de l'action ou à ce qui est fait quand on accomplit une action, le mot *phantasía* ne signifie pas l'action de produire des *phantásmata*. Au contraire, elle tend à être employée, de même que *phántasma*, en un sens passif sous l'impulsion de l'usage que le grec fait de *phantázo* pour désigner non des hommes qui feraient apparaître les choses de telle manière mais des visions ou rêves étant présentés aux hommes. Il souligne donc le lien entre *phantasía* et *phántasma*, qui, loin de s'opposer comme les deux faces active et passive d'une même opération, désignent sensiblement une même réalité, du moins jusqu'à Aristote.

44. J'utilise la traduction de M. Narcy, *Théétète*, Paris, GF-Flammarion, 2e éd. corrigée 1995.

chaque chose (ἐμοὶ φαίνεται), telle elle est pour moi, et telle elle t'apparaît à toi, telle à nouveau elle est pour toi ». Or, le même vent peut apparaître chaud pour l'un et froid pour l'autre et est donc simultanément chaud et froid (152a-b). Donc, « cet "il apparaît" (φαίνεται) se confond [...] avec en avoir la sensation » et, soulignant le lien qui existe entre *phaínetai* et *phantasía,* « par conséquent, *phantasía* et sensation sont la même chose dans les questions de chaleur et tous les cas semblables. C'est un fait, telles chacun sent les choses, telles, pour chacun, elles ont chance aussi d'être » (152c). Mais ironise-t-il plus loin (161c-162a), si « pour chacun doit être vraie l'opinion qu'il conçoit du fait de la sensation », pourquoi Protagoras se fait-il passer pour maître des autres qui plus est en recevant salaire? Aussi bien serait-ce la mort de la dialectique tant il serait absurde d'« examiner et mettre à l'épreuve de la réfutation des *phantasíai* et opinions les uns des autres, qui, du fait qu'elles sont propres à chacun, sont justes ». Ici, le passage de *phaínetai* à la forme substantivée *phantasía* permet d'introduire une notion susceptible de faire couple avec la sensation. On touche à la sphère de la propriété psychique, la *phantasía* redoublant en quelque sorte la sensation. La fonction de cette doublure semble alors de mettre l'accent sur l'aspect illusionniste, relatif de la sensation et de rappeler peut-être que la proximité de la sensation avec l'erreur vient de ce qu'elle s'en tient à la surface des phénomènes, à leur stricte apparence. Ici la *phantasía* reçoit la charge d'une signification différente de celle du *phántasma.* Mais surtout il importe dès à présent de remarquer que cette spécification de la *phantasía* se fait au jour de la philosophie protagoréenne.

L'étude du *Sophiste*[45] révèle un fait surprenant : c'est en effet le seul dialogue platonicien dans lequel il soit donné de voir une telle prolifération du champ sémantique relatif à la *phantasía.* On peut relever trois occurrences du verbe *phantázesthai*[46], dix du substantif *phántasma*[47], neuf du substantif *phantastikê,* qui désigne l'art de produire des illusions[48]. Le terme *phantasía* lui-même fait l'objet, pour la première fois chez Platon, d'une élaboration conceptuelle explicite qui va se précisant à l'intérieur d'un mouvement qu'on peut situer de 259d à 264b[49]. Devant une telle matière, un certain nombre de questions se pose : pourquoi Platon ressent-il ici le besoin d'abord de recourir à un mot et à une famille

45. La traduction donnée, et parfois légèrement modifiée, est celle de N. Cordero, *Le Sophiste,* Paris, GF-Flammarion, 1993.

46. En 216c4, 216d1 et 265a8.

47. En 223c3, 232a2, 234e1, 236b6, 236c3, 240d1, 241e3, 264c12, 266b9 et 2674.

48. En 236c4 et 7, 239c9, 260d9, 264c5, 266d9, 267a1 et 8, 268c9.

49. Dans ce passage, le mot même de *phantasía* est répété quatre fois : en 260c8, 260e4, 263d6 et 264a6.

sémantique qui lui sont assez inhabituels, ensuite d'aller jusqu'à le doter d'un cadre conceptuel ? Pourquoi dans ce dialogue précisément et dans ce passage du dialogue ? Et d'ailleurs, de quoi est-il question à ce moment-là ? L'Étranger, qui veut démontrer la possibilité de la fausseté et donc de l'existence du sophiste, ce spécialiste de la production des illusions (*phantásmata*), doit d'abord poser que le non-être, dont il a préalablement établi l'existence, peut se mélanger au couple *dóxa*/*lógos*. Or, dès qu'il y a insertion du non-être dans l'un ou l'autre des termes du couple, il y a fausseté et tromperie et alors « *tout se remplit inévitablement d'images, et de copies, et d'illusions* (καὶ μὴν ἀπάτης οὔσης εἰδώλων τε καὶ εἰκόνων ἤδη καὶ φαντασίας πάντα ἀνάγκη μεστὰ εἶναι) » (260c). À ce niveau, la *phantasía* est donc un élément du triplet traduit par N. Cordero par image/copie/illusion. Ce triplet désigne alors un ensemble de réalités qui produisent l'apparence de ce qu'elles ne sont pas et auquel *phántasma* est souvent adjoint[50] au point que N. Cordero traduit *phántasma* et *phantasía* par le même mot, « illusion ». Le terme *phantasía* à ce point du texte ne paraît donc pas encore désigner une réalité propre, et ne fait que doubler celui de *phántasma*. Elle signifie ainsi l'*objet* qui apparaît, soit une réalité objective, sensible. Cependant, le texte progressant donne une seconde acception à la *phantasía*. Platon associe maintenant (en 260e) *lógos*/*dóxa*/*phantasía* ou bien *diánoia*/*dóxa*/*phantasía* et veut montrer que ces trois termes sont en relation avec le non-être. Pour cela, il lui faut d'abord définir ce qu'il entend par chacune de ces notions : « le raisonnement, l'opinion et la *phantasía* sont tous des genres qui peuvent se produire, dans notre âme, aussi bien faux que vrais » (263d) ; de plus, la *dóxa* est l'opération par laquelle il y a affirmation et négation dans le raisonnement et la *phantasía* est le nom que prend cette affection (*páthos*) quand cette opinion « se présente non pas par elle-même, mais par l'intermédiaire de la sensation ». L'Étranger peut alors conclure (264b) :

> Puisqu'il y a discours vrai et discours faux, et que nous avons montré que, dans le discours, la pensée (*diánoia*) est le dialogue de l'âme avec elle-même, que l'opinion (*dóxa*) est l'aboutissement final de la pensée, et que ce que nous appelons « il semble » (*phaínetai*) est un mélange de sensation et d'opinion, il est nécessaire, étant donné que ces facultés sont apparentées aux discours, qu'elles aussi soient parfois vraies, parfois fausses.

Dans ce second moment de son argumentation, Platon insère donc la *phantasía* au sein d'un autre triplet, aux côtés de *lógos* ou *diánoia* et *dóxa*. Il semble ainsi qu'il théorise ici ce qui était simplement esquissé dans le

50. Pour l'association de *phántasma* avec *eídolon* ou *eikôn* ou avec les deux, voir *République* VI 510a, VII 532c; *Timée* 71a; *Sophiste* 236c, 241e, 264c, 266b; *Phédon*, 81d.

Théétète. En effet, du premier au second triplet, on assiste à une spécification du rôle de la *phantasía* dont le sens décolle enfin de celui donné au *phántasma*. Ce glissement est corrélatif d'une conversion de la réalité phantastique qui désigne non plus l'*objet* qui apparaît mais *le sujet* auquel il apparaît. La *phantasía*, au moment où elle reçoit en partage la désignation d'une réalité propre, est affirmée comme opération de l'âme et, avec la pensée et le discours, « *comme genre qui peuvent se produire*, dans nos âmes, *aussi bien faux que vrais* » (nous soulignons). On peut nommer descriptivement ce glissement un mouvement d'intériorisation. La spécification est allée plus loin encore, en distinguant la *phantasía* comme affection (*páthos*), nécessairement dans et de l'âme, résultant de l'opinion, affirmation ou négation pensée, qui se produit *par l'intermédiaire de* ou *à la suite de* ou *qui porte sur* une sensation. Cette affection est elle-même précisée comme mélange (*súmmeixis*) d'opinion et sensation.

Si nous avons établi, comme nous l'espérons, que le *Sophiste* est le dialogue dans lequel Platon donne à la *phantasía* une consistance propre, il reste à comprendre pourquoi il a choisi de le faire dans ce texte. Considérons alors l'objet poursuivi, qui est de définir le sophiste[51], et la conclusion à laquelle on parvient finalement[52]. Il apparaît ainsi que Platon a besoin d'établir l'existence du faux, non pas seulement dans les choses, mais dans nos jugements, dans nos croyances, c'est-à-dire à l'intérieur de l'âme, pour pouvoir définir le sophiste comme celui qui pratique l'art d'introduire l'illusion dans l'âme de son interlocuteur. Aussi la progression de la *phantasía* jusque dans l'âme elle-même permet-elle d'accuser le sophiste de corruption. Pourquoi avoir choisi cette notion pour porter le faux jusque dans l'âme? Peut-être à cause de la plasticité qu'offrait sa relative indétermination, en tant que simple doublet du *phántasma*, lui-même terme assez peu employé, et de sa connotation pourtant nette en direction de la tromperie et de l'erreur.

Dans la mesure où l'emploi de la *phantasía*[53] semble en dernière analyse ponctuel et où il en est question de manière plus développée seulement

51. En 218b : « c'est, il me semble, en commun que nous devons tous deux examiner le sophiste, afin de chercher et de montrer grâce à une définition, ce qu'il est ».

52. En 268b : « la technique de l'imitation, partie de la capacité de provoquer des contradictions, partie ironique de la technique de l'apparence, partie, à son tour, du genre de la production d'illusions (*toû phantastikoû génous*) (issu de la production d'images non divines mais humaines, partie enfin productrice de miracles confinés aux discours, voilà quelle est, me semble-t-il, la « race et le sang », comme on dit, du sophiste réel ».

53. On peut aussi considérer l'hapax *phántasis*, employé dans le *Timée* en 72b3. Comme L. Brisson le montre (« Du bon usage du dérèglement », dans *Divination et Rationalité*, J.-P. Vernant et le centre L. Gernet (éd.), Paris, Seuil, 1974, p. 220-248), Platon définit ici le *prophète* (homme en pleine possession de sa raison qui interprète les apparitions et révélations envoyées aux hommes par les dieux, qui sont les « choses vues ou dites par celui qui est

dans les textes où l'arrière-plan idéologique est sophistique, on peut avancer cette hypothèse : *Platon n'aurait élaboré véritablement la* phantasía *qu'à seule fin de caractériser la position sophistique et de la discréditer.* De la sorte, la détermination de cette notion relèverait plutôt de la pensée des sophistes et ne jouerait chez Platon qu'une fonction essentiellement critique. Cela semble confirmé par le fait que *phantasía* est un terme employé par Protagoras lui-même[54]. Platon aurait ainsi repris un terme sophistique et l'aurait déterminé avec rigueur pour décrire d'autant mieux la position sophistique. Quoi de plus naturel de la part d'un philosophe si attaché à la précision des mots, si attentif au langage?

Conclusions

De cet état des lieux des éléments définitionnels de la *phantasía* dans son emploi pré-aristotélicien, on peut dégager le profil-type de ce que la notion signifie alors :

a) La *phantasía* désigne l'apparence soit au sens d'aspect que prend une *chose* soit au sens de représentation dans l'*âme* d'une chose, ces deux acceptations ne s'excluant nullement, et étant, au contraire, souvent tenues ensemble.

b) Cette apparence est le plus souvent visuelle mais pas nécessairement, comme le montre le témoignage de Protagoras cité par Platon, qui l'associe à la chaleur et donc au sens du toucher. La *phantasía,* à l'origine, n'est pas exclusivement comprise en rapport avec la vue mais ce lien s'affirmera surtout dans la postérité du concept.

sous le coup de la folie mantique » (p. 241), par opposition au *devin* (homme qui guide l'homme quand la raison ne peut intervenir). Platon écrit alors : « ces prophètes eux-mêmes, certains leurs donnent le nom de "devins", parce qu'ils ignorent totalement que ce sont des interprètes de révélations et d'apparitions (*phantáseos*) qui prennent la forme d'énigmes et nullement de devins ». Comment comprendre l'emploi de *phántasis*? Est-il strictement identique à *phantasía,* comme l'affirme le Liddle-Scott-Jones? On penserait plutôt, en s'appuyant sur E. Benveniste (« Les Noms homériques en *sis* », dans *Nom d'agent et nom d'action en indo-européen,* Paris, Adrien-Maisonneuve, 1948, p. 82-86), que Platon a voulu signifier par ce terme une nuance qu'il faut saisir. Selon E. Benveniste, les mots en *sis* permettent souvent de substantiver les verbes « factifs », qui désignent « l'actualisation concrète de la notion conçue, sur le plan noétique, comme effective et objective » (p. 82). « On exprime par *sis* la notion comme étant hors du sujet et, en ce sens, objective, et posée comme accomplie du fait qu'elle est objective » (p. 85). Ainsi, alors que la *phantasía* peut signifier une réalité vaporeuse, illusoire, la *phántasis* désignerait un objet sensible, ontologiquement plein en tant que résultat objectivé d'une action des dieux, et s'inscrirait alors à l'opposé de la conception ultérieure qui fait de la *phantasía* un pur objet psychologique. Pour exprimer le plein de l'image, Platon utiliserait un hapax.

54. Comme le montre les trois témoignages (deux de Sextus Empiricus, un de Platon lui-même) cités *supra*, p. 148 et 152-154.

c) Cette apparence est par rapport à l'objet que la *phantasía* représente ou apprésente (pour ne pas engager trop tôt la lourde problématique classique de la représentation), dans une situation qu'on a désigné maladroitement par « éloignement » pour rendre ce que l'ensemble de ses modalités a en lui-même d'indéterminé, tant il embrasse de directions différentes. En effet, cet « éloignement » peut être spatial, temporel, existentiel, organique ou épistémologique. L'apparence est alors dans un rapport médiat, indirect, biaisé à la chose.

d) Sont responsables de cette médiation soit la position (temporelle ou spatiale) de l'objet, soit sa nature (sensible donc soumise à des variations), soit son état (mort ou vivant), soit la nature du sujet dont les facultés sont elles-mêmes sujettes à la relativité. Ce sont donc les deux pôles en jeu dans l'apprésentation, le sujet et l'objet, qui sont en cause.

e) L'étude des auteurs et des systèmes de pensée qui recourent à la *phantasía* montre que sa portée est d'ordre essentiellement épistémologique : c'est dans ce domaine que les caractères de sa nature ont le plus d'importance. Deux choses sont à relever. La première est que la *phantasía* détermine l'apparence d'une chose *selon un regard scientifique*. On en veut pour preuve que la recherche par index révèle que les auteurs tragiques ou les poètes n'emploient pas ce terme. La seconde est que les auteurs qui l'utilisent sont tous occupés de signifier la relativité de la connaissance à laquelle la *phantasía* donne accès. Pour la plupart des auteurs, elle est alors dénigrée à ce titre.

f) Il apparaît que la *phantasía* est une notion malgré tout encore vague, floue, indéterminée dans la mesure surtout où elle n'est pas définie (la seule exception se trouve chez Platon). Son usage semble se faire sur la base d'une communauté présupposée de sens entre l'auteur et son lecteur. Elle ferait donc peut-être partie du vocabulaire courant de la langue grecque, en passe seulement d'entrer dans le lexique philosophique.

g) En dernière analyse, pour indéterminée qu'elle soit, la *phantasía* n'en est pas moins une notion polémique. Les trois auteurs qui en font l'usage le plus extensif sont en effet engagés dans une relation de discussion, ou plutôt on voit Démocrite et Platon faire tous deux référence aux propos de Protagoras pour les contester. On peut même aller jusqu'à dire que l'utilisation platonicienne de la *phantasía* est essentiellement conditionnée par un contexte protagoréen. La *phantasía* est donc une notion sans doute encore en gestation mais dont la signification est lourde d'implications et engage le débat, voire la polémique, engagé(e) entre philosophie et sophistique.

L'ÉLABORATION ARISTOTÉLICIENNE DE LA *PHANTASÍA*

Il reste à évaluer la contribution aristotélicienne à la détermination de la *phantasía*, à apprécier la part d'innovation et la part de prolongement conceptuel qui y sont impliqués, à mesurer si les modifications apportées engagent la notion dans une ligne de fracture ou la maintiennent au contraire dans la lignée de son emploi pré-aristotélicien. L'enjeu d'une telle analyse est alors de considérer la position d'Aristote au sein de ce qui nous est apparu comme un débat et, plus spécifiquement, sa relation également polémique à Platon.

Le fait de la théorisation

La première rupture visible se situe vraisemblablement dans le mode d'utilisation de la *phantasía*. Cette utilisation répond en effet à quatre modalités : nombre élevé (on relève jusqu'à cent-seize occurrences du terme), régularité (ces occurrences sont réparties dans vingt et une œuvres), intensification (la fréquence de l'emploi de ce mot augmente au moment de l'écriture des textes des plus tardifs[55]) et amplitude (la *phantasía* intervient dans l'examen de questions aussi variées que l'action, la mémoire, le rêve, la perception et la pensée).

Conséquence de ce premier changement radical dans l'abord de la *phantasía,* la nécessité dans laquelle Aristote se trouve de définir et même de théoriser[56] une notion si présente. Cette détermination répond aux exigences aristotéliciennes de la définition, à savoir qu'« elle porte sur l'essence et la substance » (*Seconds Analytiques,* 90b30), l'essence se composant du genre et des différences qui distinguent une espèce des autres espèces d'un même genre (*Topiques*, 103b). Cette définition se constitue[57] dans le *De Anima* (III, 3), au terme d'une progression en trois étapes. Après avoir déclaré la nécessité, à ce niveau de son raisonnement, de définir la *phantasía,* Aristote commence par préciser le genre auquel elle appartient :

55. G. Watson attribue ce phénomène à d'éventuels débats sur ce terme à l'Académie (*Phantasia in classical Thought, op. cit.*, p. 15), ce qui souligne encore l'atmosphère polémique qui existe autour de la *phantasía.*

56. Nous prenons ici « théorie » au sens de conception méthodique, systématiquement organisée d'une notion, conception qui naît de la volonté de l'auteur de prendre cette notion comme objet d'analyse et d'en faire un usage spécifique et structurant à l'intérieur d'un système donné.

57. Il faut cependant noter que plusieurs commentateurs contestent l'existence d'une théorie de la *phantasía* chez Aristote. On peut en trouver un relevé chez G. Watson (*Phantasia in classical Thought, op. cit.*, p. 14, n. 1).

> Si, donc, il s'agit de la représentation (ἡ φαντασία) en vertu de laquelle nous disons avoir une sorte d'apparition (φάντασμά τι) devant nous et qu'on ne l'entend pas dans quelque sens dérivé, c'est une quelconque de ces dispositions (δύναμις), facultés ou états (ἕξις), en vertu de laquelle nous exerçons notre discernement pour dire, soit le vrai, soit le faux[58].

Puis il indique les différences propres par lesquelles elle est distinguée successivement de la sensation, de la science et de l'intellection, enfin de l'opinion (428a5-10), en dégageant à chaque fois le point sur lequel porte la différence. Enfin, il spécifie le *lógos* même de la *phantasía* : « un mouvement produit par la sensation en acte » (428b30-429a2).

On peut donc, à mon sens à juste titre, situer le premier geste aristotélicien de rupture dans le passage qu'il effectue de la *phantasía* comme *notion*, encore vague et indéterminée, à la *phantasía* comme *concept* structurant un système qu'il contribue à autonomiser. Toutefois il est permis de s'interroger sur la pertinence de l'emploi du mot « rupture » pour exprimer le simple fait qu'un auteur en vienne à privilégier une notion déjà existante. Sans doute. Mais il reste à voir si cette « promotion » n'est pas intrinsèquement liée à une modification profonde de la signification de la *phantasía,* qui justifierait alors un tel changement de perspective.

Le concept de phantasía

On a établi plus haut un profil-type de la *phantasía* et cherché à isoler quelques-uns de ces éléments les plus caractéristiques. Voyons maintenant comment Aristote à la fois prolonge et modifie cette détermination.

Il affirme tout d'abord, de manière très nette, l'appartenance de la *phantasía* à la psychologie. De fait, elle intervient dans vingt et un textes d'Aristote mais c'est bien dans le *De Anima* qu'il choisit de la définir, c'est-à-dire dans un cadre psychologique, naturaliste et dynamique. Elle est donc élaborée comme une fonction de l'âme et de la vie, dont les fondements sont physiologiques : elle est de l'âme *et* du corps, elle est de l'union de la forme et de la matière. Cette psychologisation assumée de la *phantasía* a pour corolaire son déploiement dans le domaine humain et animal[59] : puisque la *phantasía* joue un rôle dans le processus vital, il est logique que son aire fonctionnelle s'étende aux animaux. Qu'Aristote définisse la *phantasía* dans un traité de psychologie et non d'épistémologie est

58. *DA* III, 3, 428a1-5 (trad. Bodéüs).

59. Je n'entre pas dans les détails du débat visant à déterminer si la *phantasía* appartient à tout ou partie du règne animal et renvoie le lecteur intéressé au premier numéro de la revue *Les Études philosophiques* de 1997 qui traite de cette question, y compris dans son aspect polémique.

en soi très significatif d'un infléchissement majeur, et met en lumière non le rapport de la *phantasía* à l'erreur mais son lien intrinsèque à la vie. Cet élément seul permet déjà de comprendre en quoi la reprise aristotélicienne de cette notion se laisse appréhender comme rupture. De quelle manière la *phantasía* intervient dans le processus vital, nous le verrons plus tard.

D'autre part, si Aristote maintient et même accentue la nature psychologique de la *phantasía,* il en modifie pourtant les modalités. En effet, définir la *phantasía* et donc lui conférer une réalité à part entière, cela signifie d'abord la dissocier du *phántasma.* Or il est remarquable de noter l'indécision d'Aristote quand il cherche à déterminer sa nature. Indécision sémantique, quand il hésite à la nommer *état* (*páthos*) en 427b17, *faculté* (*dúnamis*) ou *disposition* (*héxis*) en 428a4, ou enfin *mouvement* (*kínesis*) en 428b12, soulignée par une indécision grammaticale[60]. Cette indécision donne à voir la réflexion, en train de s'accomplir, d'un philosophe conscient de tâtonner dans la détermination d'une réalité dont il sent les potentialités encore dérobées. Cela étant dit, peut-on avancer un peu plus loin dans la compréhension de la *phantasía* ? Pour commencer, la *phantasía* est-elle une faculté? Cette interprétation est la plus traditionnelle et, quoi qu'on en dise, il faut relever que la simple mention de cette hypothèse suffit à marquer la différence très nette qu'Aristote établit entre *phantasía* et *phántasma,* qui désigne le contenu de l'image. Une faculté, pour reprendre M. Bastit[61], est une « fonction de l'âme distinguée d'elle et des autres fonctions par la raison, spécifiée par son acte et prenant place dans un ordre finalisé par l'âme elle-même ». M. Nussbaum[62] et M. Schofield[63] sont parmi les partisans les plus récents de cette conception de la *phantasía* comme faculté. Cependant, je reprendrais à mon compte l'objection de M. Wedin[64] qui souligne qu'il n'y aucun acte complet et spécifique à mettre au compte de la *phantasía,* qui serait comme un imaginer quelque chose. Il en conclut qu'elle est fonctionnellement incomplète dans la mesure où elle est actualisée seulement dans les contextes où une faculté fonctionnellement complète est actualisée, qu'il s'agisse de la sensation, de l'opinion, du *noûs* ou d'une autre. Les *phántasmata* se produisent donc quand la *phantasía* est secondairement actualisée par rapport à l'actualisation d'une faculté discriminante première. Selon lui,

60. Tout au long de cette définition, Aristote recourt en effet à la construction *án* + *optatif,* marquant sans doute une affirmation atténuée, ou au modélisateur *dokeî* (il semble).

61. M. Bastit, « Qu'est-ce qu'une partie de l'âme? », dans *Corps et âme. Sur le* De Anima *d'Aristote*, C. Viano et G. Romeyer Dherbey (éds.), Paris, Vrin, 1996, p. 13-36.

62. *Aristotle's De Motu Animalium*, Princeton, Princeton UP, 1978.

63. 1978.

64. *Mind and Imagination in Aristotle*, New Haven, Yale UP, 1988.

la *phantasía* n'est donc pas une faculté[65] mais possède une valeur fonctionnelle qui est de permettre à quelque chose de se produire comme objet de pensée, de rêve, de sensation ou de souvenir. Elle est co-occurrente par rapport aux véritables facultés. Dès lors, elle est investie d'un rôle fondamental dans la manière dont les facultés sont orientées vers leurs objets : elle est « une capacité générale (re)présentationnelle qui sous-tend les autres facultés ». Pour l'intentionnalité, c'est-à-dire qu'elle est ce qui fait que les facultés soient *de* ou *à propos* des choses, ou plus généralement, ont un contenu.

Cette conception permet de rendre compte des autres qualifications. La *phantasía* serait dite *héxis* non pas au sens strict, c'est-à-dire comme disposition permanente, qui s'acquiert et n'est donc pas de l'ordre du structurel mais d'une évolution individuelle (la vertu par exemple), mais comme une manière de mettre en doute qu'elle soit une véritable faculté[66]. La déterminer comme *páthos* c'est sans doute insister sur son incomplétude essentielle, sur le fait qu'elle réside dans le processus dynamique d'un passage à l'acte, d'une actualisation sous l'effet d'une faculté en acte, si on comprend ici *páthos* comme « la conservation de l'être en puissance par l'être en entéléchie et semblable à lui de la même manière que la puissance par rapport à l'entéléchie [...] [sens qui] va dans le sens des dispositions positives et de la nature du sujet »[67]. Cela permet aussi de rendre compte de la qualification de *kínesis*, mouvement entendu ici comme altération, qui se rapporte au passage de la passion à l'action.

Qu'Aristote ait besoin de la *phantasía* de manière aussi importante et qu'il lui faille par conséquent la définir n'indique donc pas seulement un changement dans l'histoire de la notion. En effet, cet usage extensif va de pair avec une spécification qui modifie profondément sa signification. De contenu représentatif, elle devient fonction représentationnelle; de la notion épistémologique qu'elle était, elle devient concept psychologique. Telles sont les modalités de ce qu'il faut bien se résoudre à appeler une rupture. Il reste à en mesurer la portée.

Portée de la rupture

Le phénomène de la rupture prend tout son sens au niveau de la question du rapport que la *phantasía* entretient avec l'erreur et acquiert donc là le plus de visibilité. En effet, sur ce point, le traitement de la

65. D'autre part, la conception de la *phantasía* comme faculté se heurte à l'épineuse question du pluriel *phantasíai*, qu'on trouve souvent dans les textes d'Aristote.

66. Aristote insère « *héxis* » comme pour corriger « *dúnamis* » : elle est une « *faculté ou une disposition* ».

67. *DA*, II, 5, 417b12-16.

phantasía semble directement aux prises avec la conception platonicienne[68]. Bien qu'Aristote, contrairement à Platon, n'enferme pas cette notion dans le cadre strict d'une problématique épistémologique, la question de l'erreur reste prédominante. Et pour commencer, remarquons que l'introduction de la *phantasía* dans le *De Anima* s'effectue au moyen d'un *gár*, conjonction de causalité, en réponse à la nécessité posée par Aristote de traiter de l'erreur. La *phantasía* intervient donc pour *expliquer* le processus de l'erreur. Pourtant, si cette question est si importante, ce n'est pas parce qu'elle circonscrirait la totalité du champ d'action de la *phantasía,* mais bien plutôt parce qu'Aristote doit mesurer sa théorie à celle de Platon en le rencontrant sur le seul terrain où il traite de la *phantasía,* celui de l'erreur, pour mieux en définir l'exacte nouveauté.

Pour Platon, on l'a vu, la *phantasía* est un mélange d'opinion et de sensation, ou plus précisément, le nom de l'opinion quand elle se présente par l'intermédiaire de la sensation; c'est donc la *phantasía* elle-même qui peut être vraie ou fausse. La démarcation opérée par Aristote est, de ce point de vue, tout à fait radicale puisque l'ensemble du mouvement définitionnel concernant la *phantasía* de 427b14 à 429a10 peut se résumer dans la répétition quasi obsessionnelle d'une affirmation : la *phantasía* n'est pas la sensation, elle n'est pas l'opinion, elle n'est pas un mélange de sensation et d'opinion. Définir la *phantasía* consiste de manière quasi exclusive à préciser la nature de ses rapports avec la sensation et l'opinion, alors que ses relations avec la science et l'intellection sont expédiées en trois lignes (428a17-19). Aristote consacre même quinze lignes (428a26-b10) à discuter les arguments utilisés dans le *Sophiste*. Comment la *phantasía* peut-elle alors rendre compte de l'erreur? La question de l'erreur est envisagée sous l'angle du contact du dissemblable ou du semblable c'est-à-dire de la similarité qui existe entre le contenu des formes de connaissance et l'objet sensible et intelligible qui en sont l'objet. Or, si ce lien est d'identité, la causalité est parfaite et l'erreur impossible; si ce lien est lâche, le jugement devient arbitraire. Par conséquent, pour que l'erreur soit possible et la connaissance préservée, il faut qu'il y ait entre l'objet et la faculté de connaissance un lien réel mais distinct d'un rapport d'identité. La *phantasía* offre alors la solution : distincte de toutes les facultés elle est ce qui fait que ces mêmes facultés aient un contenu. Elle-même peut être modifiée, en raison de la maladie, de l'ivresse ou de l'enthousiasme (*De Insomniis*, 461a23; *Problemata*, XXX, 14, 957a5-15). Son contenu est donc lié à un processus causal mais peut s'écarter complètement de son

68. G. Watson (1988) soutient même que la théorie aristotélicienne de la *phantasía* est *entièrement* construite comme une conversation avec la conception platonicienne à laquelle elle s'oppose radicalement (p. 15).

antécédent causal. La conséquence est double : d'une part, comme pour Platon, la *phantasía* permet d'expliquer la possibilité de l'erreur ; d'autre part, et en complète opposition à Platon, elle n'est pas *en elle-même* vraie ou fausse. En effet, « la *phantasía* est différente de l'affirmation et de la négation car c'est en une synthèse de concepts que réside la vérité ou l'erreur » (432a10-12) ; elle est différente de l'opinion qui entraîne la croyance et la persuasion (428a22-23). Elle n'est donc pas elle-même susceptible de vérité ou d'erreur mais est « une faculté ou une disposition qui permet de juger en étant dans la vérité ou l'erreur » (428a3-4). La rupture avec Platon est donc consommée sur ce point précis qui dégage la *phantasía en elle-même* de la vérité ou de l'erreur. Elle n'est donc plus dépréciée, dévaluée en tant que porteuse du faux.

Ce *dégagement* permet le *désengagement* de la *phantasía* du domaine épistémologique strict et corolairement son implication dans la psychologie mais aussi dans la philosophie de l'action, point sur lequel se concentre sans doute le plus la nouveauté de l'apport conceptuel aristotélicien. Deux textes surtout sont à retenir : le *De Anima* III, 10-11 et le *Mouvement des Animaux*, 7-8. Commençons ainsi :

> Ceci du moins est clair : il y a deux principes du mouvement local : le désir (ὄρεξις) et l'intellect (νοῦς) – à condition que l'on considère l'imagination comme une sorte d'intellection (εἴ τις τὴν φαντασίαν τιθείη ὡς νόησίν τινα). Souvent, en effet, les hommes se détournent de la science pour suivre leurs imaginations, et les autres animaux ne possèdent ni intellection ni raisonnement mais seulement l'imagination (πολλοὶ γὰρ παρὰ τὴν ἐπιστήμην ἀκολουθοῦσι ταῖς φαντασίαις, καὶ ἐν τοῖς ἄλλοις ζῴοις οὐ νόησις οὐδὲ λογισμὸς ἔστιν, ἀλλὰ φαντασία)[69].

La *phantasía* est donc un principe du mouvement local, à côté du désir. Comment comprendre le traitement symétrique entre *phantasía* et *noûs* ? Considérons deux affirmations. Un peu plus loin, Aristote affirme que « toute représentation (*phantasía*) est rationnelle ou sensible » (*De Anima*, 433b29). Et ailleurs, « nous voyons que ce qui met en mouvement l'animal c'est le raisonnement, l'imagination, le choix réfléchi, la volonté, l'appétit. Tout cela d'ailleurs se ramène à l'intellect (*noûs*) et au désir » (*Mouvement des Animaux*, 6, 700b17). Alors que le désir est le terme générique qui comprend volonté, appétit et impulsion (ajoutée à la ligne 22), l'intellect (*noûs*) englobe la *phantasía*, le raisonnement et la sensation (ajoutée à la ligne 20) ; le choix réfléchi étant « du domaine à la fois du raisonnement et du désir » (700b22). Ainsi, les deux principes du mouvement local sont le désir et l'intellect entendu génériquement, la *phantasía* pouvant être sensible ou rationnelle suivant les conditions.

69. *DA* III, 10, 433a9-12.

Reconstituons à présent le processus du mouvement local : « le mouvement suppose trois termes : le premier est le moteur, le deuxième ce par quoi il meut, le troisième enfin ce qui est mû, Le moteur à son tour est de deux sortes : l'un immobile, l'autre moteur est mû » (433b13-15). Le moteur immobile est le désirable, soit l'objet visé par l'action, parfois nommé « le bien pratique »; le moteur mû est la faculté désirante; l'être mû est l'animal; le moyen par lequel il est mû renvoie à « quelque chose de corporel : aussi est-ce parmi les fonctions communes au corps et à l'âme que l'étude de ces termes doit trouver place » (433b16-21). En d'autres termes, un objet se présente, le désir en est affecté mais il constitue à lui tout seul une impulsion sans objet, un état orectique encore indéterminé; la *phantasía* a alors pour rôle, pour reprendre une image de J.-L. Labarrière[70] qui s'appuie sur l'étymologie douteuse donnée par Aristote de *phantasía* (*De Anima*, 429a3), de faire passer « d'un désir aveugle [encore sans objet] à un désir lucide ». Elle met en lumière l'objet pour le désir, et lui donne ainsi un contenu, à partir de déterminations sensorielles ou rationnelles. Le désir ne suffit donc pas à l'action, il faut également que l'objet du désir *apparaisse* comme désirable, c'est-à-dire qu'il soit un bien *apparent* (φαινόμενον ἀγαθόν)[71]. En effet, « tandis qu'aux yeux de certains [l'objet du souhait] est le bien véritable, pour d'autres, au contraire, c'est le bien apparent [...] [mais] ne doit-on pas dire que, dans l'absolu et selon la vérité, c'est le bien réel qui est l'objet du souhait, mais que pour chacun de nous c'est ce qui apparaît comme tel? Que, par conséquent, pour l'honnête homme, c'est ce qui est véritablement un bien, tandis que pour le méchant, c'est tout ce qu'on voudra? » (*Éthique à Nicomaque* III, 6). Le bien doit de toute façon *apparaître* désirable pour être poursuivi mais ce n'est pas préjuger de la réalité véritable ou non de ce bien. Bien véritable il l'est, comme le précise J.-L. Labarrière (p. 123), s'il apparaît au *spoudaîos* « car son âme et son corps étant en bonne forme, c'est lui le critère et la mesure de ce qui est approprié à chacune de nos dispositions relatives au bien et à l'agréable ».

Tradition et discontinuité dans l'histoire de la philosophie

Avant de conclure, nous voudrions seulement montrer comment l'histoire de la philosophie à son tour fait rejouer les uns contre les autres les éléments notionnels du concept. On a déjà rappelé la révolution

70. « Désir, *phantasía* et intellect », *Les Études philosophiques*, 1997, p. 97-125.
71. *DA*, 433a28.

opérée par les commentateurs M. Schofield et M.C. Nussbaum, il y a une vingtaine d'années. On peut considérer que le débat entre l'ancienne et la nouvelle interprétation de la *phantasía* s'articule schématiquement autour de deux points : 1) la question de savoir si la *phantasía* est une faculté ou non ; 2) le rapport de la *phantasía* au problème de l'erreur. Or, concernant le second aspect, il y a deux possibilités. Soit on considère que la relation avec l'erreur est constitutive de la nature intrinsèque de la *phantasía,* et, dans ce cas, la pensée d'Aristote ne constitue qu'une étape importante dans la formalisation du concept de *phantasía.* On minimise alors le rôle de l'intervention d'Aristote dans l'histoire du concept pour mettre en avant la manière dont sa position prolonge la tradition établie qui a toujours souligné la proximité de la *phantasía* avec l'illusion, la fausseté. Soit, au contraire, on pense qu'Aristote ouvre la possibilité de comprendre la *phantasía* sur un horizon plus large que celui de l'erreur, le problème de l'erreur restant central sans être essentiel. On maximise la part d'innovation introduite par Aristote en étendant le domaine de la *phantasía* hors de la problématique épistémologique. Autrement dit, la question de l'erreur sur laquelle Aristote porte le débat et qu'il place au cœur du concept de *phantasía* devient celle-là même où s'affrontent les commentateurs.

Conclusion

Avec Aristote, la *phantasía* ne joue donc pas seulement un rôle épistémologique ; en tant que fonction de l'âme elle peut intervenir également dans la philosophie de l'action. Or, dans ce domaine, elle cesse définitivement d'être affectée du coefficient de fausseté puisque ce ne sont pas le *vrai* et le *faux* mais le *juste* et l'*injuste*, qui sont les valeurs de la *prâxis.* Dès lors, elle n'est pas ce qui enchaîne les hommes à l'erreur, vouée à la négativité, mais elle devient douée d'effectivité pratique *et même vitale*, en tant que fonction qui détermine le contenu du désir, en le faisant apparaître par contrecoup comme désirable et digne d'être poursuivi, aussi bien pour le sage que pour l'intempérant.

Aussi Aristote a-t-il volontairement situé son emploi de la *phantasía* sur le terrain du prolongement, en concevant la partie définitionnelle de ce terme comme une discussion avec Platon. Il marque par là sa volonté de récupérer une notion existante mais en se l'appropriant. Or cette appropriation pousse ce geste de continuité jusqu'à la rupture dans la mesure où il dégage la *phantasía* de la problématique épistémologique pour lui donner un sens et une portée radicalement différents. La rupture devient alors condition de création du concept, menée dans la discussion polémique.

C'est précisément dans la marge établie par Aristote entre l'héritage et la nouveauté que se loge le conflit des interprétations de l'histoire de la philosophie, prise entre sa propre tradition et son exigence de renouvellement. On pourrait alors ajouter à la détermination du concept qu'il est à la fois ce qui exprime *une rupture* et ce qui contient en germe la possibilité de la *répétition de la rupture*. Le concept est ainsi ce dont la complexité ne cesse de le dérober à lui-même et ce dont la richesse ne cesse d'étoffer sa signification de nouvelles dimensions, parfois en position de rupture les unes par rapport aux autres.

Rupture et continuité : les divisions du Sophiste *de Platon*

Annick JAULIN

Le thème de cette journée du *P.A.R.S.A.*, « rupture et continuité », me conduisait directement vers la question de la définition chez Aristote. En effet, la question de la définition s'inscrit dans une problématique de la continuité du genre qui se différencie sans devenir absolument autre, mais cette problématique de la différenciation continue du genre était une rupture déclarée avec la conception platonicienne du genre. Elle est également le support de la critique des dichotomies platoniciennes. De fait, si la définition est, chez Aristote, « l'énoncé constitué par les différences » (*Métaphysique*, Z, 12, 1038a8-9) [1], la sorte de différence en question est « une altérité du genre » (I, 8, 1058a7), par laquelle une commune appartenance, par exemple au genre animal, prend en chacune des espèces différenciées, par exemple l'homme ou le cheval, une forme autre. Ainsi la continuité est-elle un trait distinctif du genre quelle que soit par ailleurs la diversité de ses aspects, qu'il s'agisse du genre humain ou du genre matière des différences (D, 28, 1024a29-b16) ; cette continuité s'altère par le jeu des différences. Mais précisément cette altération n'est pas une rupture du genre : c'est bien le même genre qui devient autre ; même si l'animal est autre en chacune des espèces animales, « animal » demeure la commune propriété de ces espèces différentes, sauf que ce n'est pas du même animal qu'il s'agit. D'où la caractérisation aristotélicienne du genre comme l'analogue d'une matière pour les différences qui, elles, sont des formes. Ce rapport du genre et des différences est constitutif de l'énoncé de définition, telle est la raison pour laquelle le thème « rupture et continuité » me ramenait à la question de la définition.

Cependant, on l'a dit, l'altération du genre n'est pas rupture, et l'on peut même voir dans la règle de division énoncée en Z, 12, 1038a9-10,

1. Les traductions des textes d'Aristote sont les miennes.

selon laquelle il faut « diviser la différence de la différence », la recherche d'une continuité dans la division ou la différenciation, qui évite une rupture du genre. L'altération du genre produit l'altérité des espèces non celle du genre; les différences opèrent des ruptures à l'intérieur de la continuité. Dans le cas contraire, les différences ne pourraient être dites différences du genre; il y aurait erreur dans la procédure de division du genre et les différences, devenues arbitraires, ne permettraient pas d'aboutir à un énoncé de définition bien formé. On sait que, selon Aristote, l'arbitraire dans les divisions serait l'erreur présentée par les divisions platoniciennes qui suivent la règle dichotomique. Cette critique est exposée aux chapitres 2 et 3 du livre I des *Parties des Animaux*[2]. L'une des critiques les plus vives concerne justement le mauvais usage des différences dans les dichotomies : dans la mesure où l'on ne « prend pas la différence de la différence », nécessairement l'unité de la division sera comparable à celle « du discours par conjonction » (643b17-18). Or, précisément, l'unité par conjonction, dont l'exemple constant est l'*Iliade*, n'est pas celle qui convient à l'unité de l'énoncé de définition[3]. Il y a donc un débat entre Aristote et Platon sur la sorte de continuité qui convient au genre et à sa différenciation en espèces, si toutefois l'on veut atteindre par la division « les espèces particulières » (*Parties des animaux*, 643b26-27). Rupture et continuité était donc aussi le lieu même du débat sur la technique des définitions entre Platon et Aristote.

Cependant comment ce débat sur la technique des définitions devait-il être compris? Comme le signe d'un progrès technique de Platon à Aristote, ou comme celui d'une différence de finalité entre la division dichotomique platonicienne et les définitions aristotéliciennes? « Atteindre les espèces particulières » était-ce le propos de Platon dans les divisions qu'il effectuait dans le *Sophiste* et le *Politique* ? Pour cela, il fallait revenir au *Sophiste*, mais alors le problème de la rupture et de la continuité dans les techniques de définition se redoublait, car, à la question de savoir comment rupture et continuité s'articulaient dans les opérations platoniciennes de division et dans quel but, s'ajoutait celle de savoir si, dans la pratique des divisions du *Sophiste*, Platon opérait une rupture avec ses pratiques antérieures de définition[4]. La problématique « rupture et conti-

2. Elle est aussi présente dans les *Analytiques* : *Premiers Analytiques*, I, 31, 46a31 ; *Seconds Analytiques*, II, 5, 91b6.

3. L'opposition est régulière entre l'unité de définition et l'unité par conjonction. Voir *Poétique*, 20, 1457a28-30; *Métaphysique* Z, 4, 1030b9 et H, 6, 1045a12; *Seconds Analytiques*, II, 10, 93b35.

4. Comme le pensent, de manière diverse, F. Wolff, « Le chasseur chassé. Les définitions du sophiste » et P. Pellegrin, « Le *Sophiste* ou de la division. Aristote-Platon-Aristote », dans *Études sur le* Sophiste *de Platon*, P. Aubenque (dir.), Napoli, Bibliopolis, 1991.

nuité » pourrait d'ailleurs fournir le motif d'un grand nombre des études relatives au *Sophiste*, comme le montre le titre d'un article de Lesley Brown, « Innovation and Continuity »[5], et la description donnée par P. Pellegrin de la situation relative aux divisions du *Sophiste* : « apprécier la méthode de division du *Sophiste* c'est, en platonisme, choisir son camp : le double problème du moment et des causes du surgissement de la *diairesis* chez Platon reçoit chez les divers commentateurs une solution qui est en dernière instance déterminée par leur conception globale de la philosophie platonicienne. Divisons donc, à notre tour : il y a deux espèces de platonisants, les partisans de la continuité et ceux de la rupture »[6].

Pour toutes ces raisons, le traitement du thème « rupture et continuité » a convergé vers le traitement des « définitions » du *Sophiste* et incitait à envisager, d'abord, leur technique et leur fonction et, ensuite, si elles constituaient des innovations dans la manière platonicienne de définir. Il est d'ailleurs fort possible que la réponse à la question de la fonction et de la finalité des divisions implique la réponse à la question de l'innovation. Ainsi conjoindrai-je les deux questions différentes, mais toutes deux relatives à la question de savoir la part de la rupture et celle de la continuité dans les divisions du *Sophiste*.

DES ARTS D'ACQUISITION AUX ARTS DE PRODUCTION

Le but visé par les divisions du *Sophiste* est fixé par le premier terme prononcé dans le dialogue par Théodore : *homologia* (216a1). Certes, comme il se doit dans un prologue, ce mot semble n'avoir pas un sens technique ou philosophique, il renvoie seulement à un « accord » ou à la « convention » passée hier pour le rendez-vous d'aujourd'hui, mais la question de l'« accord » est précisément celle qui va nourrir la recherche de la définition en 218c[7] : s'il faut ne pas s'en tenir au nom seul mais donner une définition, développer autrement dit le nom en *lógos* ou énoncé, c'est qu'il y a là le seul moyen de s'entendre (*synhomologeîsthai*) sur la chose elle-même. La question de l'accord sur ce que l'on dit sera le point de

5. Dans J.Gentzer (éd.), *Method in Ancient Philosophy*, Oxford, Clarendon Press, 1998, p. 181-207.

6. « Le *Sophiste* ou de la division », art. cit., p. 393.

7. On trouve ici la confirmation de la valeur philosophique du prologue, comme M.-L. Desclos l'a soulignée dans « La fonction des prologues dans les dialogues de Platon », *Recherches sur la philosophie et le langage* 14, 1992, *Du Dialogue*, p. 15-29. Dans le cas du *Sophiste*, tous les thèmes importants du dialogue sont indiqués dans la conversation initiale entre Socrate et Théodore.

départ de la recherche et aussi la fin qu'elle se donne. L'*homología* est donc la fin visée par les opérations de division et de définition. Déjà d'ailleurs la recherche de l'*homología*, d'un *lógos* au lieu d'un simple accord nominal, distingue le sophiste du philosophe, mais cela n'est pas dit et n'a pas à l'être car tel est précisément l'objet à propos duquel une *homología* devra être établie : la distinction entre le genre que constitue le philosophe (216b-c) et les « phantasmes » sous lesquels il apparaît aux ignorants qui le confondent tantôt avec des politiques ou des sophistes. La recherche du *lógos* s'inscrit bien dans le cadre d'un exercice diacritique, mais le *lógos* opère dans le cadre de représentations qui sont des « phantasmes ».

Si les divisions ont bien une finalité « diacritique » qui consiste à discerner un genre (la différence entre genre et espèce est négligeable) : le genre du philosophe de celui du politique et du sophiste, cette fonction doit opérer sur les phantasmes dus à l'ignorance. Si l'on est bien dans le lexique de la définition qui consiste dans le rapport entre noms et genres (aux trois noms, trois genres distincts correspondent-ils ou non (217a)?), la définition doit permettre non « d'atteindre les espèces particulières », mais de distinguer entre des choses que l'ignorance de la plupart confond, voire entre des choses dont la similitude (due à l'ignorance) doit précisément être explicitée et défaite, comme l'énonce l'Étranger lui-même, la première fois (car ce ne sera pas la seule, *cf.* aussi 268b) que l'on tombe (inopinément) sur la définition du philosophe, alors que l'on recherche la définition du sophiste. Théétète constate, en effet, la similitude entre certaine pratique sophistique et la « méthode purgative », or c'est bien cette similitude qu'il s'agit de défaire, ce que fait d'ailleurs cette remarque de l'Étranger (231a) qui met en évidence la dissemblance sous la ressemblance : « Comme entre chien et loup, en effet, comme entre la bête la plus sauvage et l'animal le plus apprivoisé. Or pour se bien assurer, c'est, par dessus tout, à l'égard des ressemblances qu'il faut se tenir en garde perpétuelle; c'est un genre extrêmement glissant »[8]. Si la fonction diacritique des divisions doit défaire la fausse similitude (ou la similitude due à l'ignorance du plus grand nombre) entre sophiste et philosophe, et si le moyen de défaire cette similitude est le développement des *lógoi* qui montreront les dissimilitudes cachées sous la proximité des noms et les ressemblances des comportements, alors les divisions du *Sophiste* peuvent être considérées comme une réussite. Car la dissimilitude finira par se montrer sous la similitude, comme une différence de valeur que note le terme *gennaîa* (231b8), différence de valeur que l'on retrouvera dans la mimétique en 267d-e.

8. Traduction A. Diès, Paris, Les Belles Lettres, 1995.

Mais cela signifie que les divisions du *Sophiste* ne sauraient guère être mises sur le même plan que les définitions aristotéliciennes, parce qu'elles n'ont pas la même fonction. Ce point a été souligné, il y a déjà longtemps, par G. Deleuze, dans l'appendice à *Logique du sens*[9] : « L'essence de la division n'apparaît pas en largeur, dans la détermination des espèces d'un genre, mais en profondeur dans la sélection de la lignée. Trier les prétentions, distinguer le vrai prétendant des faux », même si l'on peut contester que la division puisse, à elle seule, opérer cette sélection, comme le remarque P. Pellegrin[10]. Et, de fait, la détermination de l'espèce particulière fait paraître une désinvolture, parfois soulignée et revendiquée par l'Étranger, comme par exemple en 225c[11] lorsque l'on constate le manque d'un nom pour la plus petite espèce, nom dont on se passe aisément, parce que, comme l'accorde Théétète, « ses divisions sont vraiment trop menues et trop diverses ». On peut sans risque conclure que l'*ergon* du discours n'est pas l'achèvement de la différenciation. Ou plutôt ce n'est pas ce genre de différenciation que vise le discours. Mais les divisions ont bien une efficace qui consiste dans le changement de représentation de sorte que l'on pourrait résumer le contenu du dialogue par ce que Goldschmidt nomme le passage du « genre nominal » au « genre participé »[12]. On sait, avec Goldschmidt, que « la méthode de division, placée au début d'une enquête n'en sait pas plus long sur l'objet demandé que l'image (ou l'opinion) »[13]. Ce qui est la traduction exacte de la position du problème effectuée par Socrate au début du dialogue : le problème se pose à partir de l'ignorance du plus grand nombre, et cette ignorance doit être soignée ; elle se marque, en outre, par une confusion des images. Mais comment soigner l'ignorance sans posséder soi-même la science ? Or prétendre posséder la science comporte toujours le risque de la ramener au statut de l'opinion, comme la fin du dialogue le signifiera plaisamment (267c-e). Si l'on cherche à soigner l'ignorance sans réduire la science à l'opinion qu'on se fait de la science, il reste seulement possible de confronter l'ignorance à ses propres productions, ce qui est en effectuer la purification, objet précisément de l'entrée en action de la seconde main, puisque d'une seule main on ne prendra pas un animal si « ondoyant » et du recours aux séparations illustrées par les travaux domestiques (226a-d).

9. *Simulacre et philosophie antique*, 1. « Platon et le simulacre » (1969), Paris, 10/18, 1973, p. 348 et 354.

10. Voir « Le *Sophiste* ou de la division », art. cit., p. 408.

11. Voir aussi 267a.

12. J'emprunte ces expressions à V. Goldschmidt, *Les dialogues de Platon, structure et méthode dialectique* (1947), Paris, PUF, 1963, p. 167.

13. *Ibid.*, p. 166.

Telle était la fonction des divisions dichotomiques initiales : faire paraître à l'opinion sa propre image. Il n'est pas du tout évident que Platon y expose une pensée qui lui soit propre, ainsi la première définition du sophiste comme « chasseur de jeunes – gens riches », obtenue en suivant le paradigme du pêcheur à la ligne et donnée en 223b, est celle-là même proposée par Xénophon dans *De la chasse*, XIII, 3 (à moins que l'on fasse l'hypothèse que Xénophon copie Platon). On voit d'ailleurs toutes les dichotomies faites successivement pour parvenir à cette définition, sous la rubrique de l'art d'acquisition, être tour à tour défaites jusqu'à la première, la différence entre art de production et art d'acquisition (219b-d) ; ce que l'on pouvait aisément prévoir puisque la mimétique qui aura tellement d'importance dans la caractérisation du sophiste est explicitement citée, dès le début (219b), sous l'intitulé de l'art de production, alors que l'on emprunte (sans se faire d'illusion sur la justesse de cette position) la division de l'art d'acquisition. Le paradigme du pêcheur à la ligne entraîne directement sur une fausse piste, mais cette fausse piste révèle à elle-même l'erreur des ignorants et la nature de leur ignorance : l'erreur des ignorants à propos du sophiste, mais aussi à propos du *lógos* en général, est de ne pas comprendre que les opérations du *lógos* sont des opérations poétiques ou de production, comme l'est également la mimétique. Le parcours erroné de la branche des arts d'acquisition n'aura donc pas été vain[14], son échec permet de déterminer la nature de l'ignorance et on aura, en outre, compris que l'appât du gain est un des aspects constants de l'activité sophistique. Cet aspect de la sophistique, sans doute important pour les contemporains de Platon, n'est cependant pas l'objet principal du dialogue, car, si c'était le cas, le passage des arts d'acquisition aux arts de production ne serait pas justifié. Mais que le *lógos* ait une fonction poétique et que la vérité et l'erreur en soient la mise en œuvre, voilà la question importante et qui propose une nouvelle version du traditionnel problème d'identité et d'altérité entre la science et l'opinion, le philosophe et le sophiste. Et aussi une nouvelle définition de la sagesse.

Lógos et production

Trier entre les ressemblances, discerner entre les phantasmes du philosophe, du sophiste et du politique, ce n'est pas si simple dès lors que l'on s'aperçoit du pouvoir poétique du *lógos*. En effet, si l'on suit le passage des

14. De ce point de vue, je ne partage pas le point de vue de Goldschmidt qui parle de « l'échec de la méthode de division » (*Les dialogues de Platon*, p. 168).

arts d'acquisition aux arts de production comme étant le passage du « genre nominal » au « genre participé », il faut en tirer toutes les conséquences. Ce que fera l'Étranger à la fin du dialogue en englobant la sophistique dans la mimétique, assimilée à l'une des formes de la production (265b) : la production d'images. Mais il y a aussi une mimétique divine et humaine; la mimétique n'est pas une activité du seul sophiste, il y a une « mimétique accompagnée de science » (267e). Sans entrer dans le cœur du débat relatif à la question du simulacre, on doit remarquer que la reconnaissance de l'aspect poétique du *lógos*, qui va de pair avec l'établissement de la possibilité du discours faux (266d-e), aboutit, dans les divisions postérieures à l'établissement de cette possibilité, à laisser sans division la production de copies (l'*eikastike*) et à ne diviser que le genre du simulacre (la *phantastike*) en 267a. Le résultat est surprenant (d'ailleurs Théétète ne comprend pas bien), mais a, la plupart du temps, suscité des commentaires insuffisants : soit l'on sous-estime l'opération en question, en maintenant la traditionnelle division entre « la bonne (copie) et la mauvaise (simulacre) image »[15], alors que toute la logique de cette distinction est bouleversée et que les différences ne tiendront pas à la nature intrinsèque des images[16]; soit l'on prend conscience du bouleversement, et l'on y voit « le renversement du platonisme » effectué par Platon lui-même, comme le fait G. Deleuze : « Il se peut que la fin du *Sophiste* contienne l'aventure la plus extraordinaire du platonisme : à force de chercher du côté du simulacre et de se pencher sur son abîme, Platon dans l'éclair d'un instant découvre qu'il n'est pas simplement une fausse copie, mais qu'il met en question les notions mêmes de copie... et de modèle. La définition finale du sophiste nous mène au point où nous ne pouvons plus le distinguer de Socrate lui-même : l'ironiste opérant en privé par arguments brefs. Ne fallait-il pas pousser l'ironie jusque-là? Et que Platon le premier indiquât cette direction du renversement du platonisme? »[17].

En réalité, il n'est pas plus nécessaire à la fin du dialogue qu'en son milieu de confondre Socrate et le sophiste, sauf à ne pas se tenir suffisamment sur ses gardes à propos des similitudes, si l'on se rend compte qu'entre philosophe et sophiste « la proximité de genre », pour reprendre l'expression de l'Étranger en 265a, est consciemment construite tout au long du dialogue : à deux reprises, et non sur des questions secondaires, puisqu'il s'agit de la purification opérée par la réfutation en 230c (la

15. Ce que fait Goldschmidt, *ibid.*, p. 182.

16. *Cf.* M.-L. Desclos, « Idoles, icônes et phantasmes dans les dialogues de Platon », *Revue de Métaphysique et de Morale*, n° 3, 2000, p. 301-327.

17. G. Deleuze, *Logique du sens*, *op. cit.*, p. 350.

kátharsis résultat de l'*élenkhos*) et de l'ironie de « l'imitateur ironique » en 268a. Cette proximité n'est pas le fait d'une contrainte subie, mais un rapprochement voulu, à cause d'une part de la similitude « phantasmatique », effet de l'ignorance, entre philosophe et sophiste, mais aussi et surtout parce que, comme le dira Aristote en *Métaphysique G* (1004b22-26) : « sophistique et philosophie tournent autour du même genre », le genre le plus important du *Sophiste*, à savoir le discours (260a).

Mais la différence canonique entre Socrate et un sophiste est conservée : la différence entre l'ignorance qui s'ignore (229b) ou l'ignorance qui se connaît mais se cache dans le cas du sophiste (268a), et l'ignorance qui se sait comme telle, dans le cas de Socrate. Cette différence sera reprise, à la fin du dialogue, par la distinction entre la « doxomimétique » sophistique et « la mimétique *historike* accompagnée de science » (267d-e). La caractéristique d'*historike* ne laisse pas d'étonner, il s'agit d'un hapax[18] que les traducteurs peinent à traduire[19]. On le comprend puisque les termes de la famille d'*historía* sont, dans les dialogues, d'un usage rare et peu positif : trois usages d'*historía* dont deux (*Cratyle*, 437b1 et *Phèdre*, 244c8) sont dans un contexte d'étymologies fantaisistes, et le troisième (Phédon, 96a8) renvoie à la forme de sagesse récusée par Socrate, à savoir « l'*historía perì phúseos* ». Pourtant on situerait volontiers le sens de ce terme dans le registre de l'enquête et de l'information (qui est le sens d'*historía* donné par Chantraine), comprenant l'opposition ici notée comme l'opposition entre une *dóxa* satisfaite d'elle-même et l'*historía* insatisfaite d'elle-même, opposition qui reprend la différence entre l'imitateur qui sait et l'imitateur ignorant (267d), condensé de la description de l'opposition précédente entre une imitation qui imite sans connaître l'objet qu'elle imite (267c) et une autre. Ainsi la sagesse socratique, et son interrogation persistante d'autrui sur les diverses formes de la vertu pourrait être décrite comme une « *historía perì aretes* ». Il n'y a donc pas à s'inquiéter de la similitude entre Socrate et le sophiste, cette similitude est le thème explicite du dialogue et ne peut en être une conséquence inattendue. En revanche, la différence entre le savant et l'ignorant parmi les imitateurs peut difficilement apparaître comme dénuée de valeur axiologique[20]. On ne pourra donc considérer l'absence de valeur axiologique comme une différence significative entre les divisions du *Sophiste* et celle du *Phèdre* et conclure à une rupture, du moins sur ce point.

18. Brandwood ne donne pas d'autre occurrence.

19. Diès traduit en ne traduisant pas : « à celle qui s'appuie sur la science, le nom de mimétique savante » ; Cordero parle d'une « imitation érudite ».

20. A la différence de ce qu'affirme P. Pellegrin, « Le *Sophiste* ou de la division », art. cit., p. 399.

Contrairement à ce que croit l'ignorance, croyance qu'il entretient, le sophiste n'est pas un sage (268c), mais on a pu mettre ce fait en évidence et lutter efficacement contre « les fictions parlées » (233d) qu'il produit volontiers seulement lorsque le pouvoir poétique du *lógos* a été dégagé, ce qui correspond à la distinction effectuée entre nommer et dire (262d). En effet, le discours ne se contente pas de reproduire, il *fait* quelque chose (*peraínei ti*) « en entrelaçant les verbes avec les noms » : il « montre » d'une certaine manière une chose qui ne se montre pas elle-même et ne peut se définir comme la reproduction simple de cette chose. Il n'y a plus de copies dès lors que l'affirmation et la négation sont des actes de discours qui révèlent les pouvoirs de vérité et de fausseté détenus par ce même discours ; en un mot, sa *dúnamis*. Pour saisir le sophiste, il a fallu mettre en évidence l'aspect performatif du discours, et cet aspect performatif vaut même pour ce que nous appellerions les énoncés « constatifs ». Une action est à l'œuvre dans l'établissement du vrai et du faux : le lien entre les noms et les verbes est bien établi par le locuteur. Cet aspect poétique du discours, s'il est explicité en des termes logiques ou propositionnels dans le *Sophiste*, n'y est cependant pas découvert, l'*Euthydème* affirmait déjà que « parler c'est à la fois agir et faire » (284c). Mais ce pouvoir poétique du discours interdit de reprendre telle quelle la distinction entre *eikastiké* et *phantastike* exposée en 236b-c, ou lorsqu'on semble la reprendre en 266d-e, il n'y a plus rien à classer sous la forme eikastique, les divisions s'opèrent à l'intérieur du « *phantastikon* » (267a), de sorte que même la mimétique savante est une subdivision du *phantastikon*. Est-ce dire que le pouvoir poétique du discours implique la confusion du sage et du sophiste ? Non, cela interdit seulement de penser la philosophie en terme de copie, car comment s'assurer qu'elle a le juste point de vue sur la justice, ou le point de vue vertueux sur la vertu ? Mais la différence demeure qui fait du sophiste l'imitateur de l'opinion, ce qui est, en effet, le cas en 267c, tandis que la recherche paradoxale de la vertu par Socrate le distingue du sophiste, de même que ce qui distingue l'ironie socratique de la tromperie de l'imitateur « ironique » (268a) est qu'il l'applique d'abord à lui-même et proclame son ignorance[21].

Conclusion

Au début du dialogue, la fonction et la finalité des divisions dichotomiques du *Sophiste* semblent donc être de parvenir à un accord entre les

21. Voir G. Vlastos, *Socrate, Ironie et philosophie morale*, Paris, Aubier, 1994, p. 40.

interlocuteurs par la substitution d'un *lógos* au lieu et place du partage d'un nom. En réalité, elles servent à faire paraître diverses représentations que l'ignorance peut se faire du sophiste. Le point commun entre les diverses représentations du sophiste issues de l'ignorance est de situer la sophistique dans les arts d'acquisition. Cependant, la multiplicité des formes dégagées suscite la nécessité d'un tri ou d'une séparation à valeur hautement axiologique, puisqu'il s'agit d'une purification (226d). La seule valeur dont se moque « la méthode des discours » (227a-b) est celle concernant la petitesse ou l'aspect ronflant des noms, ce que met précisément en œuvre le remplacement des noms par les discours. C'est en ce premier point, celui de la réfutation comme purification, que la première similitude entre le sophiste et la « noble sophistique » (231a-b) apparaît, assortie de la mise en garde de l'Étranger à l'égard des similitudes. Les copies les plus ressemblantes peuvent être des faux-semblants. Mais comment le dire ou le faire paraître ?

La multiplicité des compétences sophistiques va susciter la première question véritable sur l'éventualité d'une omniscience : « s'il est possible qu'un homme sache tout » (233a). Cette question est celle qui introduit à la question de fond sur le pouvoir de production du discours, comme explication de la « magie » et de la « sorcellerie » sophistiques (234d-235a). Les divisions ne cherchent pas à dégager l'espèce particulière, elles ne cherchent pas même à « trier entre les prétendants », elles sont une manière de mettre au premier plan la question du *lógos* et de son pouvoir : la technique de la parole est comparable à la technique du peintre (234b-c). Elles sont ainsi un artifice de présentation qui, par la mise en scène de l'usage du *lógos*, conduit à l'interrogation sur son pouvoir. Le *lógos* est le véritable protagoniste du dialogue : les mythes des prédécesseurs qui séparent l'un et le multiple, le repos et le mouvement sont réfutés par la communauté existant dans le discours qu'ils utilisent pour dire la séparation (252a-c). Les cinq genres sur la communauté desquels les commentaires abondent ont pour but de « garder le discours au nombre des genres de l'être. Nous en priver, en effet, serait nous priver de la philosophie » (260a). Il faut donc s'accorder (*dihomologèsasthai*) aussi sur ce que peut bien être le discours : après avoir cherché une *homología* sur les noms par le discours, établir aussi une *homología* sur le *lógos*. Théétète ne comprend pas pourquoi il faudrait aussi faire cela (260b). Il semble que certains commentateurs l'aient suivi sur ce point : il est étrange que l'on ait tellement accordé d'attention aux cinq genres du *Sophiste*, sans se rendre compte que ces genres étaient destinés à assurer l'existence d'un sixième dont on parle moins : le discours. Le dialogue se donne les genres dont le dialecticien a besoin pour mener à bien son entreprise : les genres du

Philèbe ne sont pas ceux du *Sophiste*. Le dialogue se donne aussi les divisions dichotomiques lorsque, comme dans le cas du *Sophiste* et du *Politique*, le dialecticien a affaire à des similitudes entre lesquelles il faut opérer des séparations. Telle me semble être l'unique raison de la division en deux, dont Aristote a raison de dire qu'elle n'est pas l'instrument le plus apte aux divisions complètes, mais elle est la forme de division qui correspond à la séparation du même et de l'autre[22]. Le *lógos* sur lequel on s'interroge est aussi celui qui, par la combinaison du même et de l'autre, a un pouvoir poétique ou un pouvoir de fiction : l'établissement du vrai, ou, au contraire, du faux. Discourir n'est pas nommer : le pouvoir performatif du discours exclut les simples copies, dans le cas du philosophe comme dans celui du sophiste.

Tout cela signifie également que le dialecticien dispose en chaque dialogue les éléments qui lui sont nécessaires pour la démonstration à laquelle il veut parvenir. Pour cette raison, l'abord des dialogues selon l'optique évolutive de la rupture et de la continuité ne me paraît pas fondé. Ou, pour dire la même chose autrement : quelle rupture et quelle continuité peut-on établir entre l'*Euthydème* et le *Sophiste*?

22. P. Pellegrin présente le Même et l'Autre comme « la vérité ontologique de la méthode diairétique » (« Le *Sophiste* ou de la division », art. cit., p. 410).

Polyphonie et dialogisme[1]
Rupture par et pour la continuité et continuité de la rupture chez Platon

Isabelle MILLIAT-PILOT

Pour Françoise Frontisi-Ducroux.

Les dialogues *de Platon* tels qu'ils sont voulus et *fabriqués*[2] par l'auteur, ne sont pas seulement une *forme*, l'effet de style gratuit d'un dramaturge contrarié, l'enveloppe décorative[3] d'un discours de fond qui pourrait bien alors être extraite sans dommage. L'opposition forme/fond est par trop simpliste, laissant entendre qu'il pourrait s'agir de deux *espaces*[4] absolu-

1. Où le dialogue serait signifiant par delà sa forme dialogale et aussi par delà sa seule référence à la méthode dialectique.

2. J'avance le terme de fabriqué dans la mesure où ce *poieîn* renvoie à la responsabilité du *faire* que l'on trouve chez tout artisan et que l'on retrouve comme responsabilité de l'écrit chez Platon. Rejoignant J. Pigeaud qui, dans *L'art et le vivant*, Paris, Gallimard, 1995, expose ce qu'il en est d'Homère et de la responsabilité de son écrit, je veux évoquer ici la *tension poïétique*, *tension du faire* qui s'établit, dans les textes de Platon, sur le mode du rapport, du Dialogue. Voir *infra*, note 7.

3. La *forme* dialogue n'est pas ce qui illustrerait le projet philosophique de Platon. Si ce n'était qu'une illustration, on permettrait alors la critique de l'inauthenticité du « dialoguer platonicien », pour reprendre l'expression de L. Rossetti dans son article, « Le coté inauthentique du dialoguer platonicien », dans *La forme dialogue chez Platon. Évolution et réception*, F. Cossutta et M. Narcy (éds.), Grenoble, Millon, 2001, p. 99-118. Le « lieu commun » du dialogue ouvert au lecteur, n'est une topique que dans la mesure où justement, on ne voit cette forme dialogue que comme un jeu, comme une *théâtralisation* d'une pensée où l'on irait revêtir le *khiton* et l'*himátion* pour y jouer un rôle, c'est-à-dire suivre les conseils d'un metteur en scène. Or ce n'est pas de cela qu'il s'agit, ce n'est pas ainsi que l'on participe. La forme dialogue est bien plutôt, non pas ce qui illustre, mais ce qui rend cohérent et par suite, garanti le projet philosophique de Platon.

4. Espace doit être compris au sens de ce qui forme une étendue, de ce qui à la fois occupe une place et est occupé par quelque chose, de ce qui peut-être, déplié, arpenté, de ce qui peut s'ouvrir. Espace encore, comme lien : soit la possibilité de rapports ; et séparation : soit la possibilité de distinguer, de *voir mieux* et de limiter, les limites chez Platon n'étant pas des fermetures mais des invitations à traverser les frontières, à devenir *theorós*.

ment distincts et, par là même, séparables absolument. Il n'y a pas de césure entre la forme et le fond, pas de rupture, mais pas non plus de continuité au sens où la forme ne serait qu'un prolongement, une *ombre portée* du fond. L'imbrication de ces deux espaces est plus complexe et plus productive que cela ; ils s'interpellent et se dérangent, ils participent.

Plus encore, si la *forme dialogue*[5] fait fond en elle-même – le fond, ce que l'on considère, probablement à tort comme étant *Le* propos, est lui-même une *forme de dialogue*[6]. Mais ce n'est pas là, pour autant, d'une fusion[7] qu'il s'agit, mais bien d'un échange constant : là encore, d'un Dialogue[8]. Si Dialogue porte ici une majuscule c'est pour exprimer qu'ils sont dialogiques, c'est-à-dire qu'ils sont signifiants par-delà leur forme dialogale et aussi par delà leur seule référence à la méthode dialectique ; mais encore qu'ils développent la faculté de se *retourner* sur eux-mêmes, ruse de la rupture, pour s'empêcher de se clore – pour une continuité. Le Dialogue est en excès de lui-même. On n'y est plus dans la limitation et l'imitation, mais dans la construction et l'expansion, dans la non-totalisation conservatrice de diversité et génératrice de sens.

« La forme dialoguée est originaire et constitutive de la parole philosophique elle-même »[9] et je ne peux qu'être en accord avec Frédéric Cossutta. Il y a une valeur philosophique de la *forme*[10] dialogue. Cela est

5. La forme comme ce qui semble, à tort, ne ressortir que de la théâtralité, soit la mise en scène, ce qui relève des gestes et postures, des personnages et de leurs identités, de leurs noms ou absence de nom, mais encore des lieux, des *tópoi*. La forme donc comme espace quasi-matériel, manifestation de la géométrie des dialogues, des lignes que trace Platon entre les protagonistes et encore dans les descriptions qu'il donne de leur manière de se montrer, d'être en représentation, de ce qui est à la fois dessin et dessein d'un philosopher en mouvement. Cette forme fait sens, elle parle et ne bavarde pas et en cela elle ne transgresse pas les préventions envers la *mímesis* si présente dans les dialogue.

6. Le fond n'est pas le fondamental, la fréquence fondamentale, comme en musique, sur quoi tout repose ; il n'est pas davantage monolithique et évident, une simple suite. Il est l'expression d'une élaboration, de la manière dont le propos s'élabore avec, contre, pour. Il y a un *comportement textuel*, un travail du texte en lui-même, sur lui-même.

7. Fusion à entendre comme confusion ; pas d'indistinction mais participation, *interprêtation*, échange. Il convient de considérer le fait qu'il y a dans l'imbrication dialogique, une épaisseur sémantique que Platon utilise pour obliger l'effort, la participation non-passive, obliger le lecteur à *faire face* au texte, à la *matière textuelle* dans son épaisseur.

8. Dialogue majuscule, dialogue de bout en bout.

9. F. Cossutta, « Dimensions dialogiques du discours philosophique : Les dialogues de Platon », dans *Le Dialogique*, Colloque international sur les formes philosophiques, linguistiques, littéraires et cognitives du dialogue, Université du Maine, 15-16 septembre 1994, Berlin, Peter Lang, 1997, p. 28. Voir également B. Groethuysen, *Anthropologie philosophique*, Paris, Gallimard, 1953, p. 15, « le dialogue platonicien, [...] n'est pas un simple moyen de la représentation artistique ; il est l'expression même de la philosophie platonicienne, d'une médiation qui reprend sans cesse ... ».

10. Ce terme n'est pas satisfaisant et peut prêter à confusion. Comme j'espère avoir su l'indiquer, nous ne sommes jamais seulement devant une forme.

entendu, mais jusqu'à quel point? C'est par le jeu complexe de la rupture et de la continuité qui s'y exerce que l'approche de l'originalité des dialogues de Platon[11] va se faire.

Il y a une nécessité du dialogue dans le projet philosophique de Platon mais, pour que l'expression de cette nécessité soit effective, il faut tout d'abord que ce qui permet de considérer sa philosophie comme *Dialogue* ne soit pas anéanti par le procédé de transcription lui-même, par la technique, par le *gráphein*, le moyen de représentation. Il ne faut pas que Platon commette ce qui pourrait alors s'apparenter au trompe-l'œil[12]. Le dialogue ne peut être la dissimulation, ni la théâtralisation de la pensée d'un homme sous peine de n'être alors qu'un traité déguisé. Si d'ailleurs il en était ainsi, on voit mal pourquoi Platon aurait produit des intervenants multiples et surtout existants[13]. Il ne semble pas qu'il ait eu davantage et pour les mêmes raisons, la volonté de faire de ces *personnages* des généralités psychiques chosifiées, des archétypes, des objectivations de psychologies particulières et rigides qui seraient articulées par la présence virtuelle de l'auteur, par sa seule *conscience*. Ce ne serait alors qu'une illustration à visée plus *prosélytique* que véritablement pédagogique maintenant le lecteur dans un état de dépendance, d'esclavage[14] même. Si le dialogue

11. Dialogues *de Platon* plutôt que « dialogue platonicien » qui me paraît revêtir un sens par trop *entendu*. Platonicien m'apparaissant comme un adjectif dénaturé et qui ne rend plus le *faire* particulier de Platon, mais plutôt le *contrefaire* de nos lectures aveugles et/ou serviles.

12. C'est-à-dire, si finalement, Platon produisait un *effet monde* aussi pervers que celui des sophistes, si ce n'est plus, puisque écrit et donc voué à une postérité, une *performance durable* si l'on peut ainsi s'exprimer. L. Rossetti dans « Le coté inauthentique du dialoguer platonicien », art. cit., aborde le problème de « l'atmosphère » des dialogues, de leur « structure enveloppante », du « formatage clandestin » et de l'effet de fascination sur le lecteur. La puissance de l'écriture qu'il remarque à bon droit, de même que les ruses qu'il pointe, sont à prendre en compte. Mais ne convient-il pas de demander si Platon n'insinue pas de quoi se repenser et se re-garder comme lecteur soit de trouver sa véritable place. Une place qui n'est pas celle de n'importe quel spectateur (ceux des trompe-l'œil qui sont contraints et immobilisés, voir *infra*, p. 188-189, notes 40, 41, 42) mais un spectateur à l'appétit aiguisé, un spectateur que Platon en quelque manière fait se retourner (*apostrophè*). S'il est un conditionnement à la réception du texte, n'est-ce pas celui qui demande une sortie de lecture, une entrée dans les textes qui n'est alors plus un enfermement où bientôt tout cicatrise, comme les chairs se referment autour d'un corps qui n'est plus pour longtemps étranger et le dissolvent. Les arguments en faveur du « formatage » que donne L. Rossetti, me semblent être l'expression du *revers* possible d'une *lecture* mal embarquée.

13. Les personnages de Platon sont réels, à part les quelques exceptions que sont les anonymes, l'Étranger, etc.; exceptions qui ne mettent en rien à mal la légitimité philosophique des dialogues, bien au contraire. Ils sont des figures de la rupture, des *visages* de la rupture.

14. Finalement ce type d'illustration ne serait pas plus honnête qu'un discours de prétoire et ses contraintes d'efficacité, fatalement lapidaires. À propos du discours, de la liberté et de l'esclavage, rappelons le *Théétète*, 172c-d : « Entre ceux qui depuis leur jeunesse traînent dans les tribunaux et les endroits de ce genre et ceux qui ont été nourris dans la quête du

est bien une rupture de discours – c'est-à-dire, le moment où l'expression d'un raisonnement accepte de rompre son enchaînement monologique pour *accueillir* une autre voix – n'est-ce pas parce qu'il fait intervenir l'autre comme véritablement autre, extérieur et libre, parce que s'installe la controverse[15], et qu'ainsi il devient un espace définitivement ouvert?

Par précaution, il me faut préciser ici qu'il convient de se méfier de ce « lieu commun » de l'ouverture permettant au lecteur une participation active « dans les conditions idéales pour dépasser ce qu'il lit [et] faire l'essai d'un prolongement de sa réflexion à la suite du texte et la faire avancer librement au cours d'un dialogue silencieux avec Socrate et les autres locuteurs que Platon met en scène »[16]; ouverture où le lecteur, par ailleurs manipulé, jouirait de la liberté « d'aller plus loin et n'importe où ». Peut-être est-ce un lieu commun parce que justement on ne va pas au bout de l'idée de participation du lecteur. Ce n'est pas véritablement, pour ce dernier, une possibilité de *parler à la suite*[17], mais bien plutôt d'expérimenter une façon de se tenir *face*[18] au texte afin que celui-ci puisse délivrer l'espace de l'utile, le lieu du philosopher auquel participer. Le dialogue ne peut d'avantage n'être qu'une enluminure de la méthode dialectique. Dans *Le naturel Philosophe*, Monique Dixsaut fait remarquer que Socrate, dans les dialogues, pratique une résistance à la contrainte du discours[19], qu'il

savoir et dans ce genre d'occupation, la différence d'éducation risque d'être celle qu'il y a entre des esclaves et des hommes libres », et 173c : « Car tu l'as très bien dit : nous, qui jouons notre partie dans le chœur dont tu parles, nous ne sommes pas aux ordres des discours, mais ce sont les discours qui sont à nous, comme des esclaves et chacun d'eux attend d'être mené à son terme quand c'est notre idée : car il n'y a pas parmi nous de président, juge ou comme pour les poètes, spectateurs, pour exercer une censure et même le commandement ».

15. Je précise que la controverse n'est pas une contradiction, il n'y a pas d'exclusion dans la controverse. Voir *Ménon* 75c-d : « Si ce sont des amis qui veulent comme toi et moi en ce moment, causer ensemble, il faut répondre plus doucement et d'une manière plus conforme aux convenances de la conversation. Or ces convenances ne consistent pas, ce me semble, à répondre la vérité, mais encore à fonder sa réponse sur des choses que celui qu'on interroge reconnaît savoir ».

16. L. Rossetti, « Le coté inauthentique du dialoguer platonicien », art. cit., p. 100.

17. Comme une continuité pervertie, altérée.

18. C'est-à-dire, comprendre et accepter la rupture, la distance pour être l'autre du texte, sa continuité.

19. M. Dixsaut, *Le naturel philosophe. Essai sur les dialogues de Platon*, Paris, Vrin, 1995, p. 91. « Socrate est le paradigme d'une résistance qui signifie que la puissance du *logos* n'est pas celle que les sophistes lui attribuent ». Mais nous sommes là dans l'idée que le dialogue représente la structure de la pensée, le dialogue de l'âme avec elle-même. Or c'est aller vite en besogne. Si Socrate dans le *Théétète* donne la pensée comme un dialogue de l'âme avec elle-même, il ne faut pas trop vite, comme dans un mauvais miroir, renverser les données et faire des dialogues des illustrations du processus de pensée, de réflexion. On ne saurait penser seul comme on ne saurait boire seul dans la Grèce de Platon, Grèce où l'on se voit au miroir de l'autre.

morcelle le *lógos*[20] pour montrer que sa puissance est dialectique, et que le savoir n'est pas tout entier du coté de la réponse. Certes, mais, pour autant, il n'est pas qu'un jeu d'affirmation et de réfutation géométriquement ordonnée, une dialectique[21] qui jouerait simplement le jeu des contradictions. Car alors n'y aurait-il pas un *péril* à faire courir à la philosophie platonicienne? Voir la forme dialogale dans la seule *perspective* dialectique reviendrait, en effet, à l'accuser de n'être que copie trompeuse, que reproduction, recréation *a posteriori* d'un dialogue ne pouvant alors être considéré autrement que comme une simple forme vidée de sa sève, de son mouvement originel, de n'être que *monologie*[22], puisque dans ce cas le *dialogue fictionnel*[23] ne serait plus que dialogue fictif, que *réalisation* d'un seul intervenant : l'auteur. C'est intentionnellement que j'emploie le terme de *réalisation* en lieu et place d'*œuvre*, qui a par trop le sens d'exercice d'une force de création, où le créateur inscrit son autorité, sa trace : L'œuvre comme lieu de son affirmation. Or il ne semble pas que ce soit le

20. *Hippias mineur* 369c-d : « Ah! Socrate, ... tu détaches ce qui y a de plus difficile dans un sujet, tu t'y attaches, tu le traites par petits morceaux, au lieu de t'en prendre au sujet entier qu'on discute... ».

21. Ce dialogue, cet échange de questions et de réponses n'est pas, comme il a été dit trop souvent, le paradigme de la méthode dialectique une simple illustration de la dialectique, du dialogue de l'âme avec elle-même (*Théétète*, 189e-190a). Méthode dialectique et dialogue sont certainement à repenser ensemble mais il faut pour cela, il me semble, remettre en cause l'affirmation selon laquelle le dialogue chez Platon ne serait *qu'une* représentation de la méthode dialectique. Le dialogue, donc, *pour* une dialectique et non *comme* dialectique, en accord avec F. Cossuta, « Dimension dialogique du discours philosophique », art. cit., p. 28-31 : « Le rapport entre le dialogue comme forme d'expression de la doctrine, et la dialectique comme forme du procès de pensée, repose sur une liaison intrinsèque et nécessaire. Dans la mesure où ce rapport est nécessaire, l'activité dialogique ne relève pas d'une pratique empirique de la conversation ni d'une reconstruction comme genre littéraire, mais est informée par la théorie philosophique dont elle médiatise l'explication ».

22. Critique que fait F. Jacques dans « Dialogue et dialogique chez Platon : une réévaluation », dans *La naissance de la raison en Grèce*, J.-F. Mattéi (dir.), Paris, PUF, 1990, p. 392 : « Le platonisme semble être le moment où la fonction médiatrice de la communicabilité a été une première fois reconnue dans le dialogue pour être aussitôt réduite dans ses effets à une activité monologique; le moment de la pensée interrogative a été mis en œuvre, pour être bientôt confinée à la reconnaissance d'une suprématie unilatérale ».

23. Le dialogue n'est pas seulement fictif au sens où il est une œuvre de l'imagination, il est *fictionnel* au sens où il est didactique. Au-delà de la fiction, qui est un fait, il y a le fictionnel qui est une forme intentionnelle visant à communiquer, à transmettre, mais transmettre ici, ne peut pas être transmission magistrale d'un discours qui serait alors un enseignement dont la forme serait contraire à tout ce que j'ai pu montrer jusqu'ici, de nécessité de l'étonnement et de l'autonomie. *Dialogue fictionnel* est donc ici, pour moi, ce qui dirait l'intention que je tente de défendre chez Platon : l'invitation à l'étonnement, lors que, *dialogue fictif* prend le sens de tromperie, de trompe-l'œil : une autre intention, une autre pédagogie en tout point comparable à celle des sophistes.

cas avec Platon, et d'ailleurs cet aspect d'une certaine *absence* de l'auteur paraît aller dans le sens de l'affirmation du dialogue comme n'étant pas seulement une *forme dialogale* mais l'exercice d'une certaine *dialogicité*, une *dialogicité* paradigmatique bien différente du paradigme dialectique qui a toujours du mal à échapper au systématisme méthodologique et au risque de clôture en ce qu'elle ne livre que la démarche rationnelle de l'esprit, que l'ensemble de processus ordonnés de la réflexion, sans ce qui la nourrit et la dérange.

Le dialogue donc, pour être le dérangement perpétuel du questionnement, se doit d'être une *polyphonie*. La « polyphonie » au sens que lui a donné Bakhtine, repose essentiellement sur deux idées, la première étant que tout texte se présente comme une mosaïque, comme le lieu de résurgence, de réapparition de ce qui l'a précédé, c'est-à-dire de la culture dont il est issu. C'est ce que Julia Kristeva appellera l'« intertextualité »[24]. Il y a donc, à l'intérieur du texte, un *dialogue* de composants linguistiques, stylistiques, culturels, le *jeu* d'une pluralité de sens que porte un énoncé unique. Chez Platon il n'en va pas autrement. Mais s'il y a présence de ce qui excède la volonté de l'auteur, de ce qui constitue *l'aspect inconscient* des textes, s'il n'échappe pas à son temps, il y a aussi la trace volontaire de la réalité du monde qui s'insère dans le *formalisme* des textes et y palpite. Platon comprend et reprend art, histoire, culture et mythes, non pas pour effectuer un retour à un passé immobile – retour et continuité[25] – mais pour amener un renversement – renversement et rupture[26] – qui consiste justement en un dialogue entre *états du monde* passé et présent, non pas pour la gloire du premier, mais pour l'avènement d'un futur, d'un autre *temporellement infini*. Platon dépasse l'intertextualité ou l'utilise. Il en joue le jeu, il met en vis-à-vis les *faces* du monde. À cet aspect intertextuel s'ajoute une autre idée originale, celle de la *dialogicité*[27], c'est-à-dire le fait

24. Idée que tout texte est le *produit* d'autres textes. Valeur dialogale intrinsèque du texte. Voir, T. Todorov, *Mikhaïl Bakhtine. Le principe dialogique*, Paris, Seuil, 1981, p. 8 : « Chaque discours entre en dialogue avec les discours antérieurs [...] ainsi qu'avec les discours à venir ».

25. Le retour vu comme continuité serait appréhendé comme une continuité, comme le désir de reconduction *ad libitum* d'un *même* sans mouvement, sans *autre*.

26. Il y a une proximité du renversement et de la rupture qu'il convient d'observer. Le renversement est une rupture particulière qui ne condamne pas la continuité mais la nourrit. Le renversement est un étonnement. Voir H. Joly, *Le renversement platonicien. Logos, épistémè, polis*, Paris, Vrin, 1980.

27. Je reprends à Tzvetan Todorov, le terme de « dialogique » pour signifier la pluralité des voix indépendantes et libres qui ne sont pas les simples objets de la conscience de l'auteur. Voir, M. Bakhtine, *La poétique de Dostoïevski*, trad. fr. I. Kolitcheff, Paris, Seuil, 1970 (1re éd. 1929, *Problème de l'œuvre de Dostoïevski*), p. 44. Le dialogisme c'est le fait que, ni le sens, ni la légitimité ne précèdent le discours, mais que le sens et la légitimation se construisent au

que l'auteur ait choisi le dialogue comme moyen d'expression, un dialogue qui ne se réduit pas à « la seule conscience de l'auteur », mais qui met au monde, une « pluralité des consciences équipollentes et de leur univers »[28], un dialogue où les intervenants ne sont pas des objets. Il y a, en effet, chez Platon, ce qui exprime la volonté de non-chosification de l'autre. Une *non-chosification de l'autre* qui demande, sinon un éclaircissement exhaustif, une mise en exergue de ce de quoi elle dérive directement, à savoir le statut nouveau du face à face chez Platon[29].

Rappelons-nous ici que la double particularité de l'homme grec, c'est qu'il doit correspondre à l'idéal du καλὸς κἀγαθός[30], et qu'il ne se peut voir, s'envisager, que dans le face à face, sous le regard d'un semblable[31]. Il convient de préciser que ce rapport social s'insère tout entier dans une *théorie optique de la vision*[32] qui nous est absolument étrangère et dont nous ne pouvons faire l'économie sans fausser l'approche de ce que je choisis de nommer le *miroir grec*[33]. Exister, pour un homme de cette époque, c'est entrer dans la lumière, mais ce n'est pas comme pour nous une façon métaphorique de dire que l'on vient au jour. Le Grec pense ce qui voit comme lumière et la lumière comme ce qui voit. De la même manière, mais en quelque sorte selon le schéma inversé de la conception

contraire dans le rapport énonciatif d'interlocution et d'échange discursif. Où dialogual ne fait référence qu'à une forme et ne peut bien être qu'une imitation, qu'un trompe-l'œil qu'un *monologisme* déguisé (le dialogual rejoint ici la fiction, la *dialogicité*, en revanche, en appelle à une relation véritablement interlocutive. Ce que je m'attache à faire apparaître c'est la situation communicationnelle, la présence du monde dans le texte et d'une certaine façon le texte comme monde.

28. M. Bakhtine, *La poétique de Dostoïevski*, *op. cit.*, p. 35.

29. Pour partie, objet de ma recherche.

30. Voir, W. Jaeger, *Païdéia. La formation de l'homme grec*, Paris, Gallimard, 1964, p. 473, note 4. Être bel et bon, avoir beauté physique et *arete*, valeur morale, la première étant même le signe tangible de l'autre; H.-I. Marrou, *Histoire de l'éducation dans l'antiquité* (1948), Paris, Seuil, 1981, p. 79; H. Joly, *Le renversement platonicien*, *op. cit.*, p. 43. Platon va renverser cet idéal. La beauté physique ne sera plus garante de la beauté morale, bien au contraire, c'est la beauté morale qui seule importera. De l'image de la beauté nous passons donc à la Beauté elle-même, garante d'elle-même qui donne, par un autre *effet de miroir* d'un autre ordre que la simple réflexion, la beauté à celui qui la possède, fût-il laid et sans parure (*Banquet*, 116d-117a; *Théétète*, 143e-144a; *République* III, 402d-e).

31. Un semblable, c'est-à-dire, non pas un autre homme quel qu'il soit, mais un homme de même condition.

32. Voir, G. Simon, *Le regard, l'être et l'apparence dans l'optique grecque de l'antiquité*, Paris, Seuil, 1988; W. Deonna, *Le symbolisme de l'œil*, Paris, de Boccard, 1965; J.-P. Vernant, F. Frontisi-Ducroux, *Dans l'œil du miroir*, Paris, Odile Jacob, 1997, « La vue mode d'emploi », p. 133-146.

33. *Miroir grec* comme façon de se voir et de voir l'autre pour un grec, sur quoi et contre quoi je propose le *miroir platonicien*, soit la manière de se voir et de voir l'autre dans les dialogues de Platon. Voir *infra*, p. 193, note 61.

de l'œil, le soleil qui émet des rayons est également conçu par le Grec comme un regard[34]. Deux plans distincts, ciel et terre, se reflètent, se répondent et en même temps se mêlent dans une lumière qui leur est commune. Reflet, face à face et fusion.

Pour ce qui concerne le face à face, le regard éclaire celui qu'il voit et celui qu'il voit l'éclaire de la même façon[35]. Le vocabulaire témoigne de cet état de fait. *Ópsis* entre autres, la vue, dit à la fois la perception et l'aspect des choses[36]. La transmutation du visible en *vu* se fait donc éclat contre éclat, dès lors on comprend mieux pourquoi cette réciprocité demande une analogie, pourquoi seul le semblable peut agir sur le semblable dans l'évaluation. Pas d'introspection[37] donc! Le citoyen grec se voit par conséquent au miroir d'un autre citoyen, il n'existe que par ce regard et n'est même, nous dit J.-P. Vernant – et là réside le nœud du problème – que ce que l'autre voit de lui, le regard transmettant à l'objet regardé ce qu'il a éprouvé en le voyant[38]. Tout se passe comme si l'objet regardé n'était que l'image de lui-même, son reflet. Il n'y a donc pas de réflexivité, l'homme grec ne se pense pas comme on pense *en son poêle*, en conscience[39]. Les rapports humains se calquent tout entier sur un procédé purement quantitatif, sur les règles du jeu du monde matériel. C'est comme s'il n'y avait pas de rupture entre ce qui relève du sensoriel et ce qui ressort de la représentation mentale, pas d'opposition comme c'est le cas pour nous modernes, entre objectif et subjectif, entre objet et sujet, à tel point que « l'un et l'autre » se dit *allelous*, c'est-à-dire « l'autre et l'autre », et qu'*autós*, le même, s'emploie comme troisième personne : il[40] – fusion et confusion.

34. Voir, F. Frontisi-Ducroux, *Du masque au visage. Aspect de l'identité grecque*, Paris, Flammarion, 1995, p. 25-26, à propos de la « définition matérielle de la vision comme émission de rayon ». Platon, d'une certaine manière, reprendra ce schéma de l'échange de lumière, ce thème du soleil et de la lumière commune.

35. L'œil émet un rayon visuel, sorte de « pseudopode » sensitif qui rencontre et relie les choses entre elles. Platon reste dans cette théorie de la vision (*Timée*, 45b-d; *Théétète*, 156e; *Alcibiade*, 133a; *Phèdre*, 251b-c), mais il y joint le propos sur l'œil de l'âme et la lumière commune s'en trouvera différente et différée.

36. F. Frontisi-Ducroux, *Du masque au visage*, *op. cit.*, p. 20-28; *Dans l'œil du miroir*, *op. cit.*, p. 140. De la même façon *tûphos* veut dire à la fois aveugle et invisible. Il n'y a pas de coupure entre le visible et la vue c'est-à-dire que l'on ne dit pas tant, comme nous le dirions, une belle vue ou une bonne vue, mais les deux en même temps. La conjonction et est ici plus qu'une marque de rapprochement, une véritable fusion.

37. J.- P. Vernant, *L'individu, la mort, l'amour. Soi-même et l'autre en Grèce ancienne* (1982) Paris, Gallimard, 1996, p. 225.

38. J.-P. Vernant, *L'homme grec*, Paris, Seuil, 1993, « Introduction », p. 7-33.

39. Voir, J. Redfield, « Le sentiment homérique du moi », *Le genre humain*, n° 12, 1985, p. 93-111, p. 104.

40. F. Frontisi-Ducroux, *Du masque au visage*, *op. cit.*, p. 157-158.

Il appartient finalement à l'homme grec, non pas tant d'être, mais de paraître, pour offrir à son vis-à-vis une apparence qui pourra[41] bien constituer tout le *poids* de son être. Troublant rapport où le *soi-même* ne se dit que par et pour l'autre, mouvement vers l'altérité sans souci de la différence de l'autre mais seulement de son regard en ce qu'il peut être affirmation du même[42]. Relation où l'on ne ramènerait pas tant l'autre à soi que soi à une image convenable et convenue qui se puisse poser en vis-à-vis, en reflet complaisant de l'autre et donc de soi-même. Ambiguïté difficile à exprimer d'une *égologie* toute faite d'altérité. Il faut avoir cela à l'esprit comme ce qui constitue le butoir, la faille par où peut s'infiltrer la *perversion du voir*, puisque c'est contre cela que va s'élever Platon. Ce qui fait l'originalité de sa demande de réforme du regard se révèle au travers de ses propos sur l'art, sur la représentation, sur l'imitation. La nouvelle *théorie optique platonicienne*[43] – c'est ainsi, en effet, que j'ai voulu considérer la si discutée *théorie de la Mimésis*[44] qu'il ne faut plus, dès lors, entendre comme théorie de la vue, mais bien comme théorie du voir par demande de réforme, de conversion du regard – qui ainsi apparaît, a pu me permettre de considérer à nouveaux frais le *face à face*, l'espace qu'il installe entre les hommes, et de demander comment il convient d'être face à l'autre ; pour quel reflet, quelle communication, quelles frontières et quels moyens de les franchir. La mise en place cette théorie prend appui sur l'apparition des nouvelles techniques de sculpture et de peinture qui surviennent à l'époque de Platon et qui sont l'*análogon* technique de ce temps qui a, en quelque sorte, perdu la vue. Platon assiste, en effet, à l'émergence de techniques et de manières nouvelles, toutes ressortissant du trompe-l'œil[45] : la

41. On est dans la marge de risque, entre le visage comme « surgissement d'un au-delà du miroir, [...] ouverture sur l'invisible » (*Du masque au visage*, *op. cit.*, p. 28) et « le problème de la dissimulation et de l'hypocrisie » (*ibid.*, p. 32).

42. Même au sens d'identique, comme une copie de soi (illusion de soi).

43. C'est ainsi que je choisis de nommer ce qui est à la fois la reprise et le renversement de la théorie optique grecque que Platon déplace du domaine physique au domaine de l'intelligible, tout en gardant le sensible.

44. Pour un aperçu de ces deux courants on peut consulter, de J. Derrida, *Dissémination*, Paris, Seuil, 1972, p. 212 et l'article de J.-P. Vernant, « Image et apparence dans la théorie platonicienne de la *mimésis* », repris sous le titre « Naissance d'image », dans *Religion, histoires, raisons*, Paris, Maspero, 1979. Où les auteurs soutiennent la thèse selon laquelle toute image chez Platon est du coté de l'illusion et de la simulation ; ainsi que l'ouvrage de J.-F. Mattéi, *L'étranger et le simulacre*, Paris, PUF, 1983, p. 114 *sq*. Voir également l'article de M.-L. Desclos, « Idoles, icônes et phantasmes dans les dialogues de Platon », *Revue de métaphysique et de morale*, n° 3, 2000, p. 301-322, qui à l'inverse, rend à l'*eidolon* sa valeur épistémologique et ontologique.

45. Le trompe-l'œil, a pour particularité de demander à celui qui le regarde une position particulière dans l'espace et une certaine immobilité, ce qui ouvre des voies d'investigation chez Platon, où le regard clairvoyant arrive souvent de la marge, survient par le biais et ou l'immobilité n'est qu'un prélude au mouvement déstabilisateur. Voir *supra*, p. 183, note 12.

perspective, *skenographía*[46], le jeu d'ombre, *skiagraphía*[47], qui rajoute encore à l'illusion de profondeur, les déformations pratiquées sur les statues colossales et l'expressionnisme de la nouvelle peinture et de la nouvelle statuaire qui tend, en outre, vers le portrait[48] dans cette Grèce où l'on va

46. Le peintre scénographe Agatharchos, qui avait élaboré à Athènes, au milieu du Ve siècle, un premier décor de théâtre prenant en compte les illusions de la perception, avait laissé un commentaire qui permit aux philosophes Démocrite et Anaxagore de composer un premier traité de « perspective ». Cette notice jointe à d'autres, et notamment aux allusions quantitativement les plus nombreuses faites par Pline à des traités écrits par des peintres, ainsi Parrhasios XXXV, 67, Euphranor XXXV, 129. Le terme de *skenographia* n'apparaît pas chez Platon, il est implicitement confondu avec celui de *skiagraphia* comme le fera également Aristote – que d'ailleurs elle utilise, mais cette technique se trouve *exposée* en *République* II, 365c. Voir, R. Martin, *L'art grec*, Paris, Le livre de poche, 1994, p. 374-385.

47. A propos de la *skiagraphia*, *Phédon* 69b; *Théétète* 208e; *Parménide* 165c-d; *Critias* 107d; *République* II, 365b, IX, 583b, 586b-c; *Lois* 663c. A. Rouveret, dans sa thèse, *Histoire et imaginaire de la peinture ancienne*, fait très justement remarquer la richesse et l'ambiguïté du sens du mot *skiá*, « ombre », « fantôme », donc « double de l'être animé », p. 20. Apollodore le skiagraphe (fin -V^e^-déb. -IVe s.) est généralement donné pour l'inventeur de cette technique. Peintre athénien, surnommé le peintre des ombres, il est associé à Zeuxis dans la conquête primordiale qu'effectua à cette époque la peinture grecque la maîtrise de la lumière. Voir, Pline XXXV, 36, 5; XXXVI, 8. Zeuxis est présent chez Platon en *Protagoras* 318b-c et *Gorgias* 453c. Voir R. Martin, *L'art grec*, *op. cit.*, p. 367-374. J.-L. Labarrière dans « L'orateur politique face à ses contraires », dans *Aritotle's* Rhetoric, Princeton (NJ), Princeton UP, 1994, p. 231-253, revient en première partie sur la skiagraphie « indistincte de près et trompeuse de loin » qui chez Aristote est rapprochée de la *hupókrisis*, mise en scène de la voix, ce que nous rencontrerons chez Platon avec les sophistes. Mais si cet article revêt ici quelque importance c'est surtout par l'erreur qu'il commet en confrontant l'usage *démonstratif* qui est fait du procédé skiagraphique chez Platon et chez Aristote. Comme d'autres il reproche en quelque sorte à Platon de n'avoir pas compris Aristote. Moins ironiquement, je dirais que J.-L. Labarrière cherche à prendre en défaut la perception de la skiagraphie par Platon. Il lui reproche d'avoir donné cette technique comme trompeuse pour n'avoir par compris qu'elle ne cherchait qu'à « produire un effet », à avoir une efficacité vis-à-vis du spectateur afin de le bien servir. Platon serait un être obtus, ne la tenant que « pour une tromperie pure et simple » en ne la jugeant qu'à « l'aulne du vrai et du faux ou du canon des proportions réelles ». Or Platon pense dans un autre registre que celui-là. Il a bien compris l'efficace et le fait qu'il s'agissait de la voir d'un certain point de vue, unique, ce qui effectivement révèle une « tromperie » qui se donne comme telle. Mais c'est justement l'immobilité qu'il conspue, l'impossibilité du mouvement, le conditionnement. Platon et Aristote n'ont pas le même conception de l'efficace et n'usent pas du paradigme, puisque c'est bien ainsi qu'il faut l'entendre, de la *skiagraphia* et encore et surtout, ne se situent pas au même *niveau de procédure* (il y a un *système* d'imbrication chez Platon qui n'existe pas chez Aristote) Cependant nous sommes là devant l'exemple même de ce qui contribue à fausser la perception claire de Platon : le regret qu'il ne soit pas Aristote et qu'il n'ai pas écrit de traité ou encore le banc comparatif pour disputer quel est le meilleur père. Problème type de la philosophie institutionnelle.

48. Il n'y a pas en Grèce, avant la seconde moitié du Ve siècle, de portrait mimétique. Les réalisations anthropomorphes de la statuaire ne célèbrent jamais une identité. Elles sont des représentations de ce qui lie l'homme à l'harmonie du *kósmos* elles cherchent à exprimer l'absence et l'éloignement par la présence et la proximité dans la transcription plastique. Elles

de plus en plus vers l'individuation[49]. Ainsi, ce qui se donnait comme présence, *être au monde*, et signifiait ainsi l'appartenance à un ordre[50], se donne maintenant sous le rapport de la ressemblance. De la représentation, reflet d'un ordre cosmique qui en quelque sorte venait de derrière l'homme et le traversait[51], on passe à une représentation en avant de l'homme, projetée au devant de soi, comme le reflet d'un miroir qui ne fait que produire une copie sans profondeur et sans distance. On se déplace en quelque sorte du *spéculaire* – quand la représentation est miroir de ce qui la précède et l'excède – au *spectaculaire* – quand l'homme se mire dans sa représentation, quand « c'est lui-même qu'il aime »[52]. Il n'y a plus maintenant que l'identique pour toute identité.

Chez Platon, s'opère un retour au spéculaire, mais non plus selon une implication, une liaison conditionnelle avec *l'antécédent cosmique*, passive et illusoire, mais selon une participation, au sens actif de ce mot, participation qui prend son essor dans un au-devant de soi, au travers du miroir de l'autre. *L'inclusion* désormais n'est plus la même[53]. Si l'on est toujours

n'ont aucune expression et obéissent à un intellectualisme rigoureux qui transfigure le sensible. La statue grecque est une forme de contact avec ce qui dépasse la forme et dont l'expression la plus parfaite que l'homme puisse utiliser est le chiffre. Voir G. Hoffmann, « Biographie et stèles funéraires attiques », dans *Recherches sur la philosophie et le langage* 21, 2000, *Biographie des hommes. Biographie des dieux*, à propos du *mnema*, de la stèle funéraire et de la représentation sans prétention biographique, sans caractéristique relevant du portrait et sans *páthos*. Voir B. Holzmann, « Le portrait dans l'art Grec », *Encyclopaedia universalis*, CD-Rom version 9.

49. P. M. Schuhl, *Platon et l'art de son temps*, Paris, PUF, 1952, p. 52. G. Misener, « Iconistic Portraits », *Classical philology*, n° 2, vol. XIX, avril 1924, p. 97-123, je traduis : « Sous l'influence d'Euripide, les masques de tragédie vont devenir de plus en plus réalistes. Un changement similaire, de l'idéal à l'individualité, commence à apparaître dans l'art plastique » (p. 52).

50. Pour exemple, Polyclète dans son traité, le *Canon*, propose une formule plastique fondée sur une combinaison très complexe de proportions ne laissant rien au hasard : « L'œuvre réussie est, à peu de chose près, le produit de nombreux chiffres ». Plus simplement exprimé, s'y trouvait donc développée la notion de *summetría*, c'est-à-dire la commensurabilité des parties par rapport au tout. Voir R. Martin, *L'art Grec*, *op. cit.*, p. 331-336 ; J. Pigeaud, *L'art et le vivant*, Paris, Gallimard, 1995, « La nature du beau ou le canon de Polyclète », p. 29-44, pour une réflexion très informée sur *summetría, kairós, méson*.

51. C'est-à-dire, qui le précédait et l'incluait en s'inscrivant dans les proportions et dans le jeu de rapports de la représentation.

52. *Phèdre*, 255b, 256b. On trouve chez Platon ce qui prendra forme beaucoup plus tard dans les *Métamorphoses* d'Ovide : le Mythe de Narcisse.

53. On est cependant toujours dans le voir et l'être vu. Mais le miroir de la pupille (et *kóre* est la poupée, le féminin, le miroir des femmes), devient lieu, *tópos*, le *tópos* de l'excellence dans l'œil et dans l'âme. Voir le passage de l'*Alcibiade*, 132d-133c, où l'on glisse du miroir au lieu de l'excellence, et plus précisément, de *kóre* à *tópos*. Ce mouvement est, me semble-t-il, d'importance, mais je ne peux m'y appesantir ici. Voir J. Brunschwig, « La déconstruction du "connais-toi toi-même" dans l'*Alcibiade majeur* », *Recherche sur la philo-*

dans le *voir et être vu*, il ne s'agit plus d'un aller et retour linéaire entre deux surfaces réfléchissantes où l'extériorité se trouve comme enclose dans une soumission au corps. Désormais, pour aller rapidement au fait, c'est par le regard de *l'œil de l'âme* que le miroir est en quelque manière, traversé; l'âme n'étant pas cette entité personnelle (psychologique) que nous connaissons. L'âme raisonnante fait de l'homme une plante céleste, elle le relie à l'immuable, à l'éternel, à l'immortel[54], à l'âme du monde. Se connaître soi-même, c'est se reconnaître comme dépositaire de l'âme intellective, « miroir qui réfléchit la divinité en nous »[55], mais encore qui nous lie et nous relie à *l'Absolue Distance*[56], distance commune qui fait que la proximité du face à face avec l'autre âme se transcende et permet – en un mouvement d'aller et de retour qui n'est plus linéaire et clos, mais qui traverse, embrasse, disjoint et rejoint – de cheminer dans, par et vers la lumière du Bien. L'âme fait donc référence à l'extériorité absolue, mais elle dit encore la connivence[57], connivence intellectuelle qui permet de concevoir et de recevoir la *lumière* de l'Idée[58].

sophie et le langage 18, 1996, *Réflexion contemporaine sur l'antiquité classique*, où l'auteur prend soin de « décomposer » avec Socrate, la signification du *connais-toi toi-même* afin de reconsidérer le face à face. « Ce n'est pas à ton visage qu'il parle mais apparemment c'est à Alcibiade lui-même; or Alcibiade, c'est ton âme », mais cette âme ne se peut déprendre du corps, de cette individuation qu'est le corps, de ce lieux du regard dirais-je. Pour ce faire face il faut occuper un espace et en constituer un, le *lieu* du regard, l'espace du regarder; soit l'ancrage dans le réel qui sera lien au sensible. J'attire l'attention sur la critique de Jacques Brunschwig concernant l'interprétation « horizontale » du rapport de l'œil avec le miroir (p. 72). L'autre œil ne serait pas le seul miroir possible, mais tout objet où coïncide, « vision de l'objet et auto-vision de l'œil dans cet objet », « n'importe quel miroir usuel [pouvant] faire l'affaire »; de plus, il remet en cause le fait que le « la pupille de B qui sert de miroir à l'œil de A » implique la réciproque, c'est-à-dire que « l'œil de B voit celui de A ». C'est me semble-t-il faire complète abstraction de la notion de *voir et d'être vu* qui a cours à cette époque, ainsi que du problème du miroir des femmes, de l'objet miroir dont l'*aner* ne peut user sans se perdre. Si bien sûr la pupille semble être comme il le suggère, la copie du miroir c'est justement parce que la pupille est encore ici *kóre* et que *kóre* renvoie au simple reflet, au *miroir des femmes*, et fait signe vers la perversion du voir et de l'être vu que Platon n'ignore pas puisque, comme je l'ai précisé, c'est contre cela qu'il *entre en lutte*.

54. *Phédon* 80a; *Phèdre* 245c; *République* 602d-603b, où l'âme s'en remet à la mesure et au calcul raisonné.

55. M.-L. Desclos, « Introduction » à Platon, *Alcibiade*, trad. fr. M. Croiset revue M.-L. Desclos, Paris, Les Belles Lettres, 1996, p. XXXI.

56. *Absolue Distance* portant majuscule pour exprimer ce qui invoque et provoque le Désir sans fin et sans faim, le cheminement qui sauve le monde des apparences tout en partant du monde des apparences.

57. Une autre connivence que la connivence physique de ses prédécesseurs.

58. À la fois forger ce concept et l'éprouver comme ce qui est absolument extérieur et que l'on cherche à connaître. On invente l'Idée, au sens de découvrir, et on se donne accès à l'idée. L'Idée est comme un phare, construit par l'homme pour le guider. Le phare éclaire et relie, mais l'homme n'est pas dans le phare, il doit naviguer.

Le miroir de l'autre devient instrument de connaissance de soi[59] : on se scinde dans l'extériorité, par l'autre. Il y a une séparation qui s'opère, celle qui empêche le repli, l'aveuglement du soi-même où, dans le regard de l'autre, on ne s'échange que l'ophtalmie[60], où l'on ne dépasse pas la surface du miroir. Ce *miroir platonicien*[61] est *l'exigence* sur quoi peut se fonder l'idée de polyphonie que j'annonçais tout à l'heure ; ce par quoi elle acquiert une véritable vigueur. Ainsi, « ce n'est que par l'interaction des hommes que se dévoile "l'homme dans l'homme" pour les autres comme pour lui-même »[62]. La polyphonie, ici, n'est pas seulement un chœur obéissant à une partition déjà écrite, mais bien plutôt, pour filer la métaphore musicale[63], ce qui dans la perspective d'un motif donné, c'est-à-dire d'un sujet de discussion, improvise des variations où chacun des pupitres donne sa ligne musicale, et où, toutes les voix ensemble réalisent une *inter-prétation*[64] qui ne sera jamais faite d'une seule voix et où l'harmonie n'est pas accord mais tissage des différences.

De ce point de vue, Michel Narcy exprime fort bien le mouvement particulier des dialogues : « Le dialogue platonicien n'est pas un processus de coopération par lequel les interlocuteurs viseraient l'effectuation d'une commune référence, ni même d'une commune signifiance : si chaque partenaire peut, pour ainsi dire, poser ses propres mots sur ceux de son interlocuteur, ce n'est pas que s'élabore ainsi une compréhension commune, pas plus du sens que de la référence, mais au contraire que la compréhension comme réalisation d'une intersubjectivité ne cesse d'être mise en échec par cette possibilité même »[65]. Intersubjectivité mise en

59. Je rappelle que l'on est toujours dans *le voir et l'être vu*. Nous nous trouvons dans un « stade du miroir » et l'emprunt à Lacan n'ira pas au-delà de la simple expression, car ici s'il s'agit bien de connaissance de soi, ce n'est pas d'un point de vue narcissique qu'il faut l'entendre, c'est-à-dire, le moment d'identification du *moi-même*.

60. *Phèdre* 255d : « Il aime donc, mais il ne sait quoi ; il ne se rend pas compte de ce qu'il éprouve, et il est incapable de l'expliquer ; comme un homme qui a pris l'ophtalmie d'un autre, il ne peut dire la cause de son mal, et il ne s'aperçoit pas qu'il se voit dans son amant comme dans un miroir ».

61. Voir *supra*, p. 187, note 33.

62. M. Bakhtine, *La poétique de Dostoïevski*, *op. cit.*, p. 344.

63. Comme une polyphonie par contrepoint ! Le contrepoint est l'art de faire chanter en toute indépendance des lignes mélodiques superposées, ce qui ajoute à chacune d'elles, une dimension supplémentaire, née de sa combinaison avec les autres.

64. De jouer à plusieurs. Interpréter un thème par interpénétration des différents jeux. Quelque chose se dit entre ce que l'on se donne. Cette situation de don crée d'ailleurs une dette qui ne peut être soldée, ce que l'inachèvement des dialogues semble *illustrer*.

65. M. Narcy, *Le philosophe et son double, un commentaire de l'*Euthydème *de Platon*, Paris, Vrin, 1984, p. 15.

échec par sa possibilité même et interférences intertextuelles : Platon semble écrire de telle façon que ce que nous appelons « polyphonie » puisse, en quelque sorte, s'exercer d'elle-même, que les discours puissent interférer *sur* eux-mêmes[66]. Il y a sans cesse ce *débord*[67] qui relance, empêche la fermeture, permet l'intersection et l'interaction des points de vue et garantit à la fois l'autonomie et l'hétéronomie[68], l'une par l'autre, l'autre pour l'une.

Pour revenir à la métaphore musicale, je dirais qu'une telle structure n'a pas même de chorège[69]. Si Socrate est présent ce n'est pas à ce titre. Tout au plus il est celui qui donne la note d'accord, qui lance le thème ou oblige le chœur à se constituer en réduisant les velléités des solistes, contrairement à ce que peut en dire Francis Jacques – qui donne Socrate comme « maître de jeu et délégué du *lógos*-maître » qui « monopolise l'accès au questionnement, [et] impose une option sur son parcours et son issue » – faisant là jouer, dans son interprétation, un rôle déterminant à la réminiscence ; rôle qu'il faudrait discuter âprement et qui ne peut, au sens qu'il lui concède, ne conduire qu'à un retour au Même, au cercle du *pré-déterminé*, à *l'ascenseur dialectique*[70]. Vu ainsi d'ailleurs, Socrate ou

66. Interférer *avec* lui-même, ne rend pas l'action particulière du dialogue *sur* lui-même, le mouvement qui malgré sa forme écrite lui garde son ouverture, l'hétéronomie nécessaire à l'autonomie. L'influence du texte *sur* lui-même veut dire la surenchère perpétuelle où *avec* ne dirait qu'un compagnonnage. *Sur* marque le dépassement.

67. *Débord* est un concept forgé pour et dans ce travail. Il se nourrit de *et* il exprime, la marge, la différence, le mouvement perpétuel, l'œuvre de la rupture qui doit être ici envisagée comme refus de l'alignement, décalage, déplacement qui permet le mouvement productif, la *perpétuité*, une autre continuité qui n'est plus sans rupture et sans intervalle. *Perpétuité* veut signifier dépassement et action en un sens *épidémique* – qui s'oppose au sens *endémique* de l'habituelle *pérennité* – en ce que nous sommes face à autre chose qu'un discours immuable, durable, *titularisé*, statufié en image de lui-même, mais bien plutôt devant ce qui toujours se *re-produit*, ce qui est toujours en *excès de soi*, ce qui *donne lieu*, fait advenir et donne place au lecteur.

68. Il les garantit l'une par l'autre de façon réciproque. L'autonomie des intervenants garanti l'hétéronomie constructive qui fait par-là même retour à une autonomie non narcissique. Le *miroir platonicien* qui se substitue au *miroir Grec*, s'exprime ici pleinement. Voir *supra*, p. 187-193.

69. *Lois* II, 654a : « Ainsi, à nos yeux, l'homme sans éducation sera celui qui est en dehors de tout chœur… ». S'il s'agit là d'un chœur de danse et de chant il ne faut pas perdre de vue la corrélation que l'on peut faire avec les utilisations métaphoriques qu'il en fait et qui indiquent le sens particulier qu'il veut donner de la pratique des discours ; *Banquet* 197d ; *Théétète* 173c : « Car tu l'as très bien dit : nous, qui jouons notre partie dans le chœur dont tu nous parles, nous ne sommes pas aux ordres des discours, mais ce sont les discours qui sont à nous comme des esclaves… ».

70. Dialectique ascendante et descendante dont le dialogue n'est pas, comme il le reconnaît pourtant par ailleurs, la représentation exclusive. Il reconnaît très justement le dialogue comme « mise à l'épreuve de tous les effets possibles de la parole », comme « métalogie, en ce

Platon, c'est tout un. L'auteur exercerait là un pouvoir dissimulé derrière un personnage, lui-même représentation de la philosophie. Mais, s'il n'est pas chef de chœur en ce sens *totalitaire*, de quelle partition Platon est-il alors l'auteur? Reprenons et demandons-nous, pour explorer plus avant la dimension philosophique de la forme dialogue : où est Platon? Si comme il est parfois supposé, Platon était présent en chacun des interlocuteurs, c'est-à-dire, couvert des différents masques pour donner des « points de vue » différents – pour donner une représentation de ce que doit être la discussion de l'âme avec elle-même, d'ailleurs incompatible avec l'extériorité nécessaire à la perception de soi-même inhérente à ce temps et que j'ai précisé au début de ce travail - ce serait bien là, encore, vouloir *monologiser* ses propos.

En supposant qu'il se donne, à la fois comme extérieur, puisqu'il est l'auteur, et intérieur, comme une sorte de *Fregoli* aux multiples visages, il ne ferait alors que se voir à sa propre source, et ainsi, le jeu d'absence et de présence au lieu d'être une affirmation de l'autre, ne serait ici que la marque de l'omniprésence du même[71]. Outre que nous retrouvons ici le mouvement dialectique privé de ce qui le nourrit, s'il usait ainsi du dialogue, le risque serait grand de finalement se transformer en ce qu'il pointe du doigt et de céder au pouvoir du faiseur de discours omniscient, au fabricant de « prêt à penser ». Mais dans ce cas n'y aurait-il pas alors, de réponses? Or les dialogues restent ouverts, débordent d'eux-mêmes, excèdent toujours le propos. Ils sont comme je l'ai déjà dit, capables d'interférer sur eux-mêmes. Il ne s'agit pas pour autant, de nier le fait que Platon soit l'auteur, ni de le taxer de *schizophrénie*[72], ni davantage de lui allouer des intentions par trop angéliques[73]; mais il semble qu'il ait voulu donner

sens qu'il ouvre la question d'un usage différent de la parole». Sur cet aspect métalogique que je préfère appeler *métadialogique* et je renvoie à ma proposition d'interprétation d'une « parole qui se porte secours à elle-même » qui commence ici dans l'idée d'interférence.

71. Ce que dans le *Gorgias* 506a, Socrate demande qu'on l'en empêche : « Mais si à l'un de vous, je donne l'impression d'en convenir avec moi-même de quelque chose qui n'est pas vrai, il faut interrompre et réfuter. Car moi, je ne suis pas sûr de la vérité de ce que je dis, mais je cherche en commun avec vous [...] ».

72. Au sens littéral de σχίζω scinder et φρήν l'esprit. C'est-à-dire au sens où Platon dédoublerait sa pensée dans un jeu faux de questions et de réponses, où tout serait prévu pour qu'il en aille selon le résultat voulu par avance.

73. On ne peut nier une certaine *manipulation* des personnages au sens où il en est le *demiourgòs pater*, mais contrairement à ce qu'en dit F. Cossuta dans « La joute interprétative autour du poème de Simonide dans le *Protagoras* : herméneutique sophistique, herméneutique socratique? », art. cit., p. 150-153, il ne s'agit pas de savoir si Platon est de mauvaise ou de bonne foi et comment il « machine des effets », ni de comprendre si et comment il « érige le tombeau de Socrate (son apologie perpétuelle) » et comment s'effectue (ou non) le parricide, mais de considérer simplement, pour l'instant, qu'il n'y a pas de rigidité dans l'expression de *la geste socratique* qui en ferait le champion d'un tournoi par ailleurs truqué. Pas

des voix à part entière – où il ne serait pas de façon *anthropophagique*, mais qui ne seraient pas non plus des monologues juxtaposés, un simple inventaire de possibilités – une pluralité *d'individualités* qui ne fusionnent, ni ne s'opposent strictement, mais véritablement dialoguent[74]. On peut, me semble-t-il, prêter à Platon ce que Bakhtine affirme de l'intention de Dostoïevski qui, « ne crée pas, comme Zeus, des esclaves sans voix, mais des hommes libres, capables de prendre place à coté de leur créateur, de le contredire, et même de se révolter contre lui »[75].

Si les dialogues platoniciens relèvent de la *mimésis*, il y a bien, nonobstant, à la fois *co-constitution* des interlocuteurs par l'échange intersubjectif et *co-construction* non pas alors véritablement d'un monde, mais d'un *espace*, par des transactions *intramondaines*[76]. Espace qui peut, par des procédés qu'il faudrait mettre mieux à jour, se déplacer, s'étendre, se *dilater* jusqu'au lecteur qui a alors à en devenir le libérateur et le passeur.

Platon donc, ne participe pas aux dialogues au sens où il n'y est jamais nommément présent, il reste autant qu'il est possible, extérieur, en marge. Sa situation d'auteur est très particulière; elle participe absolument à la rectitude de son intention philosophique. C'est donc par elle que je

d'angélisme donc, mais davantage de manœuvre purement perfide. Cet article dans ses dernières lignes renvoie au lecteur qui témoigne d'une façon de lire qui sera critiquée en ce que la position du lecteur n'est pas pensée sous un angle pertinent pour ce propos. La manipulation est également évoquée par L. Rossetti dans « Le coté inauthentique du dialoguer platonicien », art. cit., p. 103-109, manipulation qui se déplacerait de l'interlocuteur de Socrate au lecteur des dialogues; il s'agit là encore d'une non-considération de la position convenable du lecteur. Le lecteur *tà pros-ekonta* que Platon finalement dessine. S'il est une manipulation elle est de cet ordre là.

74. Voir, J. Souilhé, *La notion d'intermédiaire dans la philosophie des dialogues*, Paris, Félix Alcan, 1919, p. 4, où il est dit, à propos de la méthode conciliatrice de Platon, « la méthode de Platon est essentiellement conciliante. Elle s'efforce de découvrir à travers les systèmes, l'âme de vérité qu'ils renferment, sachant l'utiliser pour la construction d'une doctrine plus compréhensive et plus riche qui ne repousse rien ou n'adopte rien en bloc, mais choisit, sans être pour autant un syncrétisme artificiel », et encore « …le monde ne peut être un amalgame d'individualités éparses que rien ne relie et qui par nature devraient s'entre-détruire. De toute nécessité, il faut réunir ce qu'une vue superficielle laisse entrevoir comme dispersée au hasard des circonstances ».

75. M. Bakhtine, *La poétique de Dostoïevski*, *op. cit.*, p. 34.

76. Ce que D. Vernant dans « Dialectique, forme dialogale et dialogique », *Le dialogique*, *op. cit.*, p.12-25, donne comme dimensions transactionnelles et interactionnelles du dialogue. En voici un résumé succinct : Le dialogue est une activité hétéronome, il n'est pas à lui-même sa propre finalité. Il y a une coopération entre interlocuteur (transaction intersubjective et co-construction des interlocuteurs) visant à la réalisation d'une action sur le monde (transaction intramondaine et co-construction des mondes). Il y a transformation mutuelle des états mentaux des interlocuteurs, tant au niveau cognitif, que volitif, ou encore axiologique. Dans ces transactions interpersonnelles sont en jeu les composants psychologiques et sociaux ainsi que les postures, gestes et regards.

choisis de continuer l'observation de cette polyphonie. Il se place en quelque sorte en observateur et en auditeur des dialogues. Par l'*action* des prologues, il parvient dans le même temps à s'effacer et à placer le lecteur dans une situation particulière. Ce qu'exprime fort bien Patrice Loraux lorsqu'il donne le prologue comme « ruse de la composition dramatique [...] où [Platon] s'arrange pour apparaître comme un intermédiaire des plus anonymes dans la filière de la transmission »[77], comme, « machine à fabriquer le lecteur [...] avec mission d'articuler le scénario dramatique et le contenu doctrinal »[78]. Il ne lui faut pas risquer d'avoir un effet direct sur le lecteur, d'installer un rapport hypnotique aveuglant avec celui qu'il installe pourtant en face, et, pour ce faire, il doit brouiller les pistes qui remonteraient par trop directement jusqu'à lui. Il ne veut être que le révélateur invisible[79] de ce qui le dépasse et me dépasse[80], la nécessité du dialogue. En *République* III[81], au sujet de passages de l'*Iliade*[82], il insiste tout particulièrement sur la *diegesis,* la narration, dans ces différentes formes; indirecte (διήγησις) quand le poète parle de ce qui s'est passé comme un témoin de l'action, ou directe (μίμησις), c'est-à-dire littéralement, à travers une imitation[83], quand le poète endosse le rôle du héros.

Pour l'instant je veux considérer que le problème de l'imitation ne laisse pas d'être troublant et de troubler cela même qui en est dit. Platon, en effet, fait la part belle à l'imitation, certain de ses écrits n'étant même que *mímesis*. En ce cas il n'y a pas de narrateur apparent et le lecteur est alors en quelque sorte livré à lui-même. Lorsqu'en revanche il y a un narrateur, ce peut être Socrate ou quelque autre personnage mais ce n'est jamais Platon. Les prologues ont la charge de poser la situation du lecteur en

77. P. Loraux, « L'art platonicien d'avoir l'air d'écrire », dans *Les savoirs de l'écriture en Grèce ancienne*, M. Détienne (dir.), Lille, Presses universitaires de Lille, 1988, p. 420-455, p. 425.

78. *Ibid.*, p. 426-427.

79. Comme une *occurrence* dionysiaque, Platon masque révélateur, absent et présent, intérieur et extérieur. Celui qui donne le mélange et la proportion.

80. Voir, D. Bouvier, *Le sceptre et la lyre. L'*Iliade *ou les héros de la mémoire*, Grenoble, Jérôme Millon, 2002, p. 203, à propos de l'auteur et du lecteur dépossédés d'eux-mêmes, qui offre un champ de questionnement non négligeable. Platon n'est pas dans la dépossession de lui-même au sens où il se perdrait dans l' « écriture qui le rend autre » et rendrait autre le lecteur toujours dans le sens de la dépossession, mais où il accepterait de faire place à l'autre dans une forme particulière d'oubli de soi, pour permettre de *se trouver*. Sur la situation du lecteur, dans son projet philosophique – quelle place Platon a-t-il voulu ménager au lecteur? – semble être *la* question qui demande à être considérée en tant que notre place est également ce qui en garantit la perpétuité.

81. *République* 392d-396e, 398a-b, 607a.

82. *Iliade* I, 15-16; I, 22-42. Voir note 61, *République* III, trad. Leroux.

83. Voir, D. Bouvier, *Le sceptre et la lyre, op. cit.*, p. 51-54, à propos de la critique d'Homère par Platon et du problème de la *mímesis*.

indiquant celle du narrateur[84] et il y a, dès que l'on se penche sur les textes les plus marqué par le *différé*, un vertige qui s'installe, où l'on ne peut se laisser aller à l'*écoute* simple d'un récit[85], et l'effort est grand quelquefois à évaluer la distance (ou la proximité) qu'indique cette imbrication des propos[86].

Ce qu'il faut considérer ici, c'est que toujours il s'efface, comme si, à ne pouvoir poser sa philosophie autrement que par le dialogue sous peine de trahir cela même qu'il défend, il lui fallait trouver un subterfuge visant à laisser toute latitude à son lecteur sans risquer non plus qu'il soit passif[87] face à ce qui est couché sur le papier, face à ce *biblíon* duquel il se méfie en tant qu'il n'est qu'une représentation, et auquel il reproche son immobilité, sa complétude, son achèvement et son mutisme[88]. Dans le *Phèdre*, en effet, il nous donne le discours lu, donc écrit, comme « Clair, bien tourné [et] précis »[89], « grandiose »[90], donc d'une beauté *téméraire* et *conquérante* et ce qui est plus important encore pour mon propos, il le donne comme « plein »[91]. Rien n'entre, ni ne sort de ce qui est plein de soi-même. Le *biblíon* ne peut ni répondre, ni interroger[92], il est comme

84. Voir, M.-L. Desclos, « La fonction des prologues dans les dialogues de Platon, faire l'histoire de Socrate », art. cit., p. 15-29.

85. Le vertige provient du fait que l'on ne sait plus qui parle, qui raconte et qu'il faut remonter à une source qui semble sans cesse vouloir se dissimuler, si bien que l'on est conduit à se questionner sur le pourquoi d'un tel *brouillage* et d'un tel *relais* de parole. Brouillage et relais que je n'ai jamais pu aborder sans malaise. Nul doute que cette suite dissymétrique participe de l'invitation à la participation active et à l'étonnement.

86. Dans le *Théétète*, par exemple, texte parmi les plus sophistiqué de Platon, il n'y a pas seulement concentricité des propos, selon un schème *en poupée russe*, mais une imbrication plus complexe, où la rupture, la fermeture, du *biblíon* s'exprime en 143b-d.

87. Contrairement à ce qu'avance P. Loraux donnant le lecteur comme destinataire passif du *lógos*. « L'art platonicien d'avoir l'air d'écrire », art. cit., p. 425.

88. *Phèdre* 275d-e.

89. *Phèdre* 234e, « σαφῆ καὶ στρογγύλα καὶ ἀκριβῶσ ». Le discours est στρογγύλος rond, sphérique, compact : fini, ou même autochtone, pourrais-je dire. Il est également σαφής, clair et ἀκριβής, précis. Dans la mesure où nous sommes face à des critiques du *biblíon* on comprend mieux pourquoi le *biblíon* de Platon s'acharne à en prendre le contre-pied pour permettre pourtant la manifestation d'une clarté. Toute la différence, le *rapport* entre le moyen et l'action se dessine ici.

90. μειζώ δε μέγας ; *meizo* aurait-il le sens, ici, de ce qui est trop grand pour un homme, de ce qui est disproportionné?

91. πλείῶ plus nombreux est utilisé ici au sens de πλέος plein (*Phèdre* 234e, 235b, 236b).

92. *Protagoras* 329a : « Les orateurs sont comme des livres qui ne peuvent ni répondre, ni interroger » ; *Phèdre* 275d : « Ce qu'il y a de terrible, Phèdre, c'est la ressemblance qu'entretient l'écriture avec la peinture. De fait, les êtres qu'engendre la peinture se tiennent debout comme s'ils étaient vivants ; mais qu'on les interroge, ils restent figés dans une pose solennelle et gardent le silence. Et il en va de même pour les discours… » (Je rappelle que peindre et écrire se disent de la même manière : *gráphein*).

une âme qui se parle à elle-même, sans rapport avec l'extérieur, comme celle de l'homme du *Philèbe* qui est seul et « se fait à lui-même ses propres réflexions et parfois continue sa route en les ruminant longtemps en lui-même »[93] et dont l'âme « ressemble alors à un livre »[94].

Troublant propos que celui-là. On est renseigné sur le dialogue de l'âme avec elle-même (s'opposant ici de façon nette à une interprétation qui voudrait aller dans l'unique sens d'une pensée solipsiste[95]) qui se pose en équivalence avec un *biblíon* qui n'a pas de contact avec l'extérieur, au sens où l'on ne peut communiquer avec lui, écrit qui a été construit pour lui-même, vit sur lui-même et demande finalement comme un trompe-l'œil à celui qui le lit, d'adopter une position particulière[96]: celle de l'auteur non pas seulement caché derrière, mais absent, πατὴρ τοῦ λόγου, père du dialogue qui ne peut répondre. *Lógos* orphelin par manque, âme orpheline par excès, manque et excès de *présence* de l'auteur ou encore de *conscience*, voilà encore une équivalence qui ne lasse pas de surprendre. L'âme qui rumine n'échange pas, elle reste sur son opinion[97], une *dóxa* solitaire qui ne rencontre pas la *faille*[98] de l'échange et qui se forge en soufflant elle-même sur les braises de son discours. L'âme en son

93. *Philèbe* 38e. Voir également *Phèdre* 275d-e où le discours écrit roule (*kulíndeitai*), autre expression de la rumination, « de droite et de gauche ».

94. Voir l'article de C. Chièsa, « Écrire dans l'âme (*Philèbe*, 38b-39c) », dans *Recherches sur la philosophie et le langage*, 18, 1996, *Réflexion contemporaine sur l'antiquité classique*, p. 109-130; à propos du problème de la tautologie pensée/discours. Aux pages 116-117, son propos suscite l'attention: rendre visible et audible, donc accessible à l'autre. Il faut que la parole soit l'image d'une pensée qui soit nourrie de façon à ce que l'image/*logos* qu'elle profère soit *lisible* selon les points de vue de chacun, qu'elle puisse être discutée. Il y a là l'idée de ce qui serait en amont de la pensée: l'extériorité qui la nourrit. Cependant C. Chièsa exprime le fait que Platon ne fournit pas d'« analyse du processus dialogique et dialectique en lequel s'articule l'activité de penser ». Il n'y a certes pas d'analyse, mais ne peut-on retrouver ce qui dirait que la pensée ne peut être un point de vue unique qui se donnerait l'illusion de la discussion. N'oublions pas que la *dóxa*, pour qu'elle soit chemin vers le savoir, intermédiaire (voir, J. Souilhé, *La notion d'intermédiaire dans la philosophie des dialogues*, Paris, Félix Alcan, 1919, p. 76-92) doit croiser d'autres *dóxai* (*cf.* le mythe de la caverne). Il serait intéressant de considérer sous cet angle le le diadoxavzein cet étrange *hapax* du *Philèbe* 38b, et voir si elle relève de « l'opinion réfléchie » ou du *voir au travers* de l'opinion de l'autre. La compréhension de l'âme comme *biblíon* ne prendrait-elle pas alors un tour tout particulier?

95. Interprétation coutumière que l'on trouve, entre autres, chez R. Schaerer, *La question platonicienne. Étude sur les rapports de la pensée et de l'expression dans les dialogues*, Paris, Vrin, 1969.

96. Voir *supra*, p. 183, note 12; p. 189, note 45.

97. *Théétète* 18 e-190a, l'âme dialogue avec elle-même et, « quand ayant tranché, [...] elle parle d'une seule voix, sans être partagée, nous posons que c'est là son opinion »; *Sophiste* 263e-264a, dialogue intérieur et opinion.

98. Faille comme rupture.

dialogue intérieur, ne vaut que si elle est nourrie par l'extérieur, par ce qui lui est étranger. C'est à cette condition qu'elle peut être à elle-même son autre. Elle n'est, sinon, rien d'autre qu'un livre qui parle[99]. Il est non seulement autosuffisant[100], clos sur lui-même, mais encore dangereux en ce que docile il demande en retour une docilité[101]. Il est proféré comme une parole vive, ce qu'il n'est pas puisque orphelin d'un père sans lequel il ne peut répondre, et rendu d'autant plus dangereux qu'il peut être écrit διὰ μιμήσεως de façon à ce que le lecteur soit invité à s'effacer comme si les personnages parlaient par sa voix[102].

Platon, et c'est un argument pour ce qui va suivre, met en scène dans le *Théétète* ce problème[103] de l'écriture proférée comme une parole vive. Dans ce dialogue où l'ultime rupture se fait dans la lecture d'un *biblíon* porteur d'une parole différée plusieurs fois[104], et finalement lu par un esclave, un *non-libre*, se dessine la *monstration* du danger du différé qui se veut comme non-différent – dans une continuité perverse – égal à lui-même, toujours. Distance trompeuse de l'éloignement de l'origine et proximité aveuglante de la répétition d'une parole faite sur le mode de la ressemblance. Que faire alors? Le morcellement[105] dialogal ne peut valoir

99. Et le livre véritablement *parle* puisqu'en Grèce on lit à voix haute. *Phèdre* 268c : « pour avoir entendu parler quelque part de ce que l'on trouve dans un livre ». Le Grec dit ἐκ βιβλίου ποθὲν ἀκούσας (pour avoir entendu *lire* [et non dire] la chose quelque part). *Théétète* 143c : « et bien esclave, prend ce livre et parle ». Voir J. Svenbro, *Phrasikleia : anthropologie de la lecture en Grèce ancienne,* Paris, La Découverte, 1988, p. 53-57, « Le lecteur et la voix lectrice, statut instrumental de la voix ».

100. Reproche que fait L. Rossetti dans « Le coté inauthentique du dialoguer platonicien », art. cit., p. 113, à l'écriture platonicienne. Si je ne peux qu'acquiescer à la « puissance de l'écriture platonicienne », je ne peux que marquer de la réserve à l'affirmation d'« autosuffisance ».

101. Docilité comme continuité.

102. *Théétète* 143c-d. Le récit est, explique Euclide, retranscrit « comme si c'était lui-même (Socrate) qui s'entretenait avec eux », juste avant que de le faire lire (parler) par l'esclave. Il y a là le thème de la possession par le *biblíon* qui est indiqué. Voir J. Svenbro, *Phrasikleia : anthropologie de la lecture en Grèce ancienne, op. cit.*, sur la passivité et la soumission du lecteur, « Le lecteur et l'éromène. Paradigme pédérastique de l'écriture » p. 207-238.

103. Problème exposé également en *République* III, 392d-396e.

104. « Des entretiens avaient eu lieu entre Théétète et Socrate, qui les avait fixés en mémoire. Euclide, un homme de Mégare, se les fait raconter (au style indirect). De retour chez lui, il fixe par écrit le souvenir des conversations avec Socrate. Et il fait régulièrement la navette entre Athènes et Mégare pour rectifier à la source, ses souvenirs. Ultérieurement, il retranspose tout en style direct. C'est maintenant un *biblion* en dépôt », P.Loraux, « L'art platonicien d'avoir l'air d'écrire », art. cit., p. 421-423.

105. Le morcellement, la fragmentation : « Quelles raisons se cachent et sont à l'œuvre derrière ses représentations par échantillons » demande L. Rossetti dans « Le coté inauthentique du dialoguer platonicien », art. cit., p. 102; donnant dans sa question même les éléments de réponse. Il y a du caché derrière et il ne s'agit pas là d'une *digression heideggerienne.*

que s'il ne risque pas, sitôt posé, d'être immobilisé et immobilisant, il lui faut donc « contrer la misère pitoyable ou arrogante du *lógos* livré à l'écriture »[106] pour que nous puissions aller « là où le dialogue, comme un souffle, nous portera »[107]. Le *biblíon* qu'écrit Platon doit être ce qui permet de nourrir l'âme et non de la condamner à la rumination. Il se doit d'être un bon père[108] et de faire de son absence, non pas ce qui constitue la marque défective du *biblíon*, mais au contraire ce qui absolument *milite* pour un *lógos* vivant.

De la même manière qu'il y a, pour la peinture chez Platon, moyen d'être autre chose qu'un trompe-l'œil, il y a pour cet autre *gráphein* qu'est la chose écrite, le moyen d'être ce au travers de quoi le lecteur peut voir et penser. Comme pour la représentation figurée, la différence, la distance doivent s'affirmer. La primauté de la parole, « le primat ontologique de la parole sur l'écriture »[109] est exprimé par Platon pour mieux donner à penser le rôle de l'écriture comme représentation de *ce que parler veut dire* – représentation de ce que la parole *est* et ne peut exprimer d'elle-même sur elle-même – mais ne constitue pas, à mon sens, ce qui mettrait en évidence l'aspect défectif des dialogues comme *représentations infidèles*.

Les écrits de Platon sont, me semble-t-il, l'expression du discours qui peut se porter assistance à lui-même[110]. Composé comme il l'est, il permet la non-fermeture[111] garante de vie. Le lecteur ne reste pas dans une périphérie stérile, mais peut et doit s'y mouvoir. Il n'est jamais condamné à l'immobilité : de fait, souvent c'est bien plutôt le lecteur qui immobilise le texte.

Platon est bien le père, père absent, forcément absent, mais en redoublant son absence, en disparaissant volontairement et en donnant à ces textes tout ce que j'ai exposé dans ces pages et qui relève et participe du mouvement plus que de la pétrification, n'a-t-il pas redonné un *lógos*-

Il y a de l'*hupográphein* chez Platon, ce qu'il trace en dessous; et il n'est pas tant de « raisons qui se cachent derrière » que de *l'écrit en dessous* comme raison, soit ce qui explique et participe à la fragmentation.

106. J. Derrida, *La dissémination*, Paris, Seuil, 1972, p. 95.

107. *République* III, 394d.

108. *Phèdre* 276d-277a. Est-ce là ce que Platon se propose de faire?

109. M.-L. Desclos, « La fonction des prologues dans les dialogues de Platon. Faire l'histoire de Socrate », art. cit., p. 26.

110. *Phèdre* 27 e-277a : « [...] des discours qui peuvent se tirer d'affaire eux-mêmes et tirer d'affaire celui qui les a planté, des discours qui ne sont pas stériles, mais qui ont en eux une semence d'où viendront d'autres discours qui, poussant en d'autres naturels, seront en mesure de toujours assurer à cette semence l'immortalité, et de donner à celui qui en est le dépositaire le plus haut degré de bonheur que puisse atteindre un homme ». Ce qui est dit ici s'applique, me semble-t-il, très bien aux dialogues.

111. Non-fermeture et continuité.

zoion[112]? Platon est *zoográphos*[113] peintre du vivant, mais il va me semble-t-il, dépasser Dédale qui disait-on, produisait des statues capables de marcher. Plus encore, il est *ethográphos*[114]. Il peint une parole vivante porteuse de ce qui la rend vivante, de ce qui la remet sans cesse au monde, et n'en déplaise à ceux qui ne veulent voir dans les dialogues platoniciens, qu'un ersatz défectueux de l'exercice oral[115], il semble bien qu'il y ait dans la forme *polyphonique* des dialogues écrits par Platon[116], tout le halo, la périphérie des propos qui en lieu et place de la *réalité* entourant la parole vive du dialogue parlé, permet aux dialogues écrits de n'être pas seulement un échange artificiel mais de valoir comme communication verbale où Platon révèle l'importance d'Autrui[117] et répond, avant qu'elle ne soit posée, à la question, « que se passe-t-il quand autrui fait défaut dans la structure du monde? »[118].

Ses textes sont engendrés, ils sont *bien nés*, de bonne race, deux fois nés même comme Dionysos[119]; de Socrate d'abord, père d'un dialogue vécu, puis à sa mort, repris par Platon, père d'un dialogue recréé, inventé[120] et perpétué par l'écrit, non pas seulement porté à la postérité,

112. Expression reprise à J. Derrida. *La dissémination, op. cit.*, p. 99 et note 9, p. 98. L'auteur rappelle l'intérêt des sophistes pour le *logos* vivant contre la « rigidité cadavérique de l'écriture ». Une fois encore nous pouvons constater la reprise et le renversement que Platon fait subir, tant à l'écrit, qu'à l'oralité. Avec ce retrait de Platon, on est encore dans le thème de la rupture pour la continuité.

113. Je rappelle ici que la représentation est essentiellement anthropomorphique à cette époque. Voir A. Rouveret, *Histoire et imaginaire de la peinture ancienne,* Rome, École française de Rome, 1989, p. 16-18 et 50. Tout est centré sur l'homme et la réflexion de Platon ne fait pas exception à cela.

114. Voir M. Villela-Petit, « La question de l'image artistique dans le *Sophiste* », dans *Études sur le* Sophiste *de Platon*, P. Aubenque (dir.), Naples, Bibliopolis, 1991, p. 53-90, p. 89-90 pour son propos qui fait le rapprochement entre Platon et le peintre Polygnote qu'Aristote qualifiera de peintre d'ἦθη c'est-à-dire de peintre de caractère, au sens non pas psychologique, mais éthique. Platon ἠθογράφος.

115. En réponse à F. Jacques, *Dialogiques, recherches logiques sur le dialogue*, Paris, PUF, 1979.

116. Si l'on oublie pour un temps le problème épineux de la transmission et des transcriptions et traductions qui est à elle seule un problème philosophique mais sur lequel je n'ai pas les moyens de m'étendre.

117. Où Platon pose et répond peut-être à la question : comment faire du soi-même avec de l'autre? Comment se *voir-voyant* dans un monde où l'homme a besoin du regard de l'autre, un autre qui doit être de même condition. Ce face à face entre *égaux* où la seule proximité de condition permet de se voir va se modifier chez Platon où il semble bien que la notion de semblable doive prendre un tout autre tour.

118. G. Deleuze, *Logique du sens*, Paris, Minuit, 1969 p. 355, à propos du Robinson de Tournier dans *Vendredi ou les limbes du pacifique*.

119. Dionysos, dieu qui joue en virtuose le jeu de la rupture et de la continuité.

120. Inventé au sens de découvert. Découverte du sens de la dialogicité.

mais comme ouverture d'une perpétuité. Platon est comme le *demiourgòs pater* du *Timée*, celui qui crée l'espace et lance le mouvement à partir du modèle, puis se retire une fois la tâche accomplie, et les dialogues ne sont pas (seulement), « le plus bel hommage qui ait jamais été rendu d'un disciple à son maître »[121]. Le face à face et son importance *originelle* n'est pas trahi à peine posé, il est au contraire rendu à la vie. L'espace ouvert ne s'est pas réduit à la surface des pages imprimées.

Les dialogues sont des textes[122], soit *l'ensemble de ce qui constitue l'écrit* et quoiqu'il puisse paraître bien inutile d'énoncer semblable banalité, il s'agit surtout de mettre en évidence, ce qui justement se *manifeste* par et dans les dialogues ; les dialogues comme lieu où rupture(s) et continuité(s) jouent un jeu fort sophistiqué qui remet en cause et oblige à regarder mieux ce qu'il en est du statut de l'écrit chez Platon. Les dialogues comme ce qui répond à la question : qu'est-ce qu'écrire ? – non pas une philosophie, mais philosophiquement. Qu'est-ce que philosopher *dans* le risque de l'écrit ? Comment ne pas faire mourir ce qui se fixe par l'écriture, mais faire nourrir et se nourrir ce qui vivra par la lecture, par le lecteur : le philosopher ainsi que Platon cherche à nous le livrer.

121. R. Schaerer, *La question platonicienne. Étude sur les rapports de la pensée et de l'expression dans les dialogues*, Paris, Vrin, 1969, p. 46.

122. Une matière textuelle.

*Penser, raconter et représenter la violence : encore une leçon des Grecs ?**

Anna BELTRAMETTI

ENTRE XXe ET XXIe SIÈCLES

Entre le XXe et le XXIe siècles, le thème de la violence s'est imposé avec une évidence croissante. Le siècle dernier l'a théorisée et utilisée soit comme instrument pour désigner l'élite parmi les « amis », soit comme instrument pour s'imposer face aux « ennemis ». Avec la redécouverte et la mise en œuvre de nouvelles guerres saintes contre les forces du mal, notre début de siècle n'a eu d'autre choix, face à tant de violence, que de produire un pacifisme qui s'avère particulièrement agressif si l'on prend la peine de s'attarder sur les paradoxes qui l'habitent.

Au beau milieu du mal-être provoqué par les atrocités déclenchées au nom de justes causes, au nom du choc des civilisations, au nom des traditions, de la foi, des valeurs, des mythes simplifiés dont on affuble les luttes politiques, les passions impérialistes et autres revanchismes ethniques, les réflexions nouent toujours plus étroitement les mots « croisade » et « *jihad* » au leitmotiv de la « guerre nécessaire ». Cependant, elles prennent garde de ne jamais convoquer les Anciens. Plus encore que les Romains,

* Les principaux points de ce travail ont été présentés, pour la première fois et dans une version plus courte, lors des Conférences de Grenoble que M.-L. Desclos avait organisées les 25 et 26 avril 2002. Le 21 mars 2003, deuxième jour de la guerre en Irak, une seconde version, plus détaillée, de ce même travail a été présentée au séminaire de Littérature Grecque destiné aux étudiants de maîtrise et de doctorat de l'Université de Pavie. Je tiens à remercier particulièrement les étudiants et les collègues pour la discussion qui suivit mon exposé et dont j'ai essayé de tenir compte pour la rédaction finale de ce texte. Je remercie aussi L. Canfora qui m'a autorisée à reprendre l'article déjà publié dans sa revue *Quaderni di Storia* 60, 2004, p. 5-45. Par la suite, ma contribution pour le séminaire de Pavie a été incluse au volume *Le dissimulazioni della violenza*, Ibis, Pavia, 2006, G. Rajna que je remercie également.

les Grecs semblent échapper à la pensée de la violence qu'appellent les purifications ethniques et les génocides qui ont donné lieu aux guerres de la fin du XXe siècle au Rwanda ou en ex-Yougoslavie, pour ne citer que les scénarios les plus connus[1]. Toutefois, au moment où il s'efforce de justifier l'attaque contre l'Irak en tant qu'expédition tout à la fois généreuse, libérale, anti-tyrannique et punitive, Georges W. Bush donne l'impression de faire référence aux Grecs, aux châtieurs de l'*húbris* troyenne et perse. Chacun sait d'ailleurs que le président Bush s'inspire directement des néo-conservateurs de son *establishment*. Ceux-ci ont sans doute dû relire Thucydide ou peut-être seulement le dialogue des Athéniens et des Méliens (V, 84-114), tout au moins la leçon qu'en a tiré Léo Strauss lorsqu'il y voit la seule justification du recours à la force comme *extrema ratio*[2] pour la démocratie athénienne. Mais, à la tête d'une superpuissance, surdimensionnée en moyens et en alliés par rapport à l'ennemi, Bush n'a pas convaincu ; à force d'évocations apocalyptiques du jour du jugement dernier, avec le ton justicier des prédicateurs, il a fini par déclencher le mouvement pacifiste le plus universel et le plus largement partagé de toute l'histoire moderne et contemporaine.

Donc, les Grecs ne serviraient pas à penser la guerre et surtout pas à penser ces atrocités – les viols, les génocides, la torture, la profanation des cadavres – qui prennent de curieuses formes de justifications à l'heure de la nouvelle mystique guerrière. La civilisation qui a été au centre des grands débats sur la liberté et la démocratie[3] serait complètement étran-

1. *Cf.* le recueil de textes *Sulla violenza* (1996), F. Héritier (dir.), Roma, Meltemi, 1997. Les publications du *P.A.R.S.A.* s'adressant également à un lectorat italien, les références aux ouvrages cités le seront toutes à leurs éditions italiennes.

2. L. Strauss, *Gerusalemme e Atene. Studi sul Pensiero politico dell'Occidente* (Chicago-Londres, The University of Chicago Press, 1983, Stuttgart, J.B. Metzler Verlag, 1989), Torino, Einaudi, 1998, en particulier p. 411 *sq.*, « Observations préliminaires sur les dieux dans l'œuvre de Thucydide », trad. A.Patrucco Becchi, appendice. Le 4 octobre 2003, S. Montefiori a publié dans le *Corriere della Sera* un article très bref, mais tout à fait incisif, sur le rôle de L. Strauss au sein des universités américaines en tant que médiateur de la pensée grecque. Le journaliste explique comment les néoconservateurs américains s'appuient moins sur une lecture rigoureuse des textes de Strauss que sur un recours systématique à son nom et sur une représentation simpliste de sa pensée.

3. On se limitera à citer quelques noms de la très riche bibliographie sur le sujet : M.I. Finley, *La democrazia degli antichi e dei moderni* (1973), Bari, Laterza, 1973 ; Cl. Mossé, *La fin de la démocratie athénienne*, Paris, PUF, 1963 ; N. Loraux, *L'invention d'Athènes. Histoire de l'oraison funèbre dans la cité classique*, La Haye-Berlin-Paris, Mouton, 1981 ; D. Lanza, M. Vegetti (éds.), *L'ideologia della città*, Napoli, Liguori, 1977 ; P. Vidal-Naquet, *La democrazia greca nell'immaginario dei moderni* (1990) Milano, Il Saggiatore, 1996. L. Guerci, *La libertà degli Antichi e la libertà dei Moderni. Sparta, Atene e i « Philosophes » nella Francia del '700*, Napoli, Guida, 1979, reprend la question que posait explicitement B. Constant dans son célèbre *De la liberté des Anciens comparée à celle des Modernes*, 1819.

gère à la violence dont elle ne donne aucun modèle ni par les faits, ni par les mots, ni par les représentations. En effet, aucun doute que les plus nobles formes de pensée et les plus prestigieuses représentations de la culture grecque archaïque et classique – de l'épopée en passant par la tragédie et les dialogues socratico-platoniciens jusqu'aux traités aristotéliciens – ne constituent qu'un perpétuel appel à la modération, une sempiternelle mise en garde contre la violence, une condamnation explicite du pouvoir non tempéré; bref, une mesure constante de la *bía* et du *krátos* sans laquelle les portes s'ouvrent à toutes les déviations tyranniques, absolutistes, personnelles et totalitaires comme c'est le cas, par exemple, pour Zeus, le nouveau maître, lorsqu'il torture le Prométhée enchaîné d'Eschyle ou du pseudo-Eschyle[4].

Le théâtre, institutionnalisé au moyen des concours publics, et la pensée, exercée de façon systématique dans les plus célèbres milieux intellectuels (dans les milieux occultes la violence disposait d'un espace très différent, à la fois symbolique, réel et aussi physique), constitueraient des remèdes efficaces, faits d'images et d'arguments, contre les atrocités des *túrannoi* repoussés vers le passé héroïque du mythe ou vers l'Orient barbare. Une fois relégués en ces espaces inatteignables, on peut montrer du doigt ces monstres et leurs violences comme de simples déviations ponctuelles dans l'histoire micro-asiatique, égéenne et grecque et, *a fortiori*, dans l'histoire athénienne qui se fonde sur le mythe du tyrannicide[5], sur le culte des tyrannicides et sur la crainte de la venue de nouveaux tyrans au pouvoir.

4. Héphaïstos dit à Prométhée: « En dieu qui ne se laisse pas effrayer par la colère des dieux, tu as dépassé ton droit en gratifiant les hommes de leurs honneurs. En récompense, tu vas monter sur ce rocher une garde sans agrément, debout, sans dormir et sans ployer le genou. Tu pousseras des plaintes sans fin et des lamentations sans effet; car le cœur de Zeus est inflexible comme tous ceux *qui ont le pouvoir depuis peu* » (*Prométhée* 29-35; je souligne).

5. Chez Hérodote, les tyrans montrent explicitement leur intempérance et leurs excès dans les récits sur Périandre de Corinthe et ses rapports avec Polycrate de Samos (III 39-53), tandis que la conquête du pouvoir par Pisistrate recouvre un caractère d'exception (I 59-64). Le motif du tyrannicide et de ses héros, Harmodios et Aristogiton, était l'objet de telles affabulations que les grands historiens opposaient des arguments d'autorité aux faits et aux légendes s'y rapportant. De son côté, Hérodote relativise nettement la mort d'Hipparque qui, selon lui, ne réussit pas à mettre fin à la tyrannie de son frère Hippias (VI 123) qui dura encore quatre ans. Thucydide, quant à lui, confirme globalement les dires d'Hérodote et considère les versions habituelles du tyrannicide comme un manque d'attention aux faits. Il réduit l'assassinat d'Hipparque à une conséquence de la liaison amoureuse entre Harmodios et Aristogiton, et de la vengeance qu'Aristogiton avait tramée contre le plus jeune des Pisistratides qui convoitait son amant. (I 20, 2 et VI 54).

Mystification ou condescendance?

L'Islam, l'Orient des Samouraï et des Kamikazes, le Moyen Âge occidental proposeraient les coordonnées, les motifs et les mots pour décliner la mystique guerrière et le mépris de la mort. Pas les Grecs. Les Grecs, les Athéniens en particulier, ceux qu'étudie attentivement Werner Jaeger dans sa monumentale *Paideia*, semblent être les représentants d'une société de la modération et de la douceur, un modèle de culture correspondant au mieux à l'idéal occidental de civilisation. Tout au moins est-ce là la présentation de la Grèce propre aux synthèses du Troisième Humanisme, présentation qui conditionnera de manière déterminante les grandes lignes d'autres travaux de la plus haute importance. Les Athéniens correspondraient donc au premier exemple accompli et cohérent de culture systématique assurée par une éducation : la *paideía*. Celle-ci doit être entendue comme un complexe d'institutions matérielles et morales qui visent la conservation et le développement d'une communauté fondée non pas sur des individus exceptionnels mais bien plutôt sur une figure ou une catégorie sociale prédominante, plus évoluée que les grandes populations de l'histoire de l'Orient et éthiquement distinctes d'elles[6].

Jaeger et le Troisième Humanisme sont redevables à Jacob Burckhardt et aux leçons qu'il tint de 1872 à 1885 et qui aboutirent à l'imposante *Griechische Kulturgeschichte*. Leur dette concerne surtout la place accordée à la spécificité grecque dans la *Kultur* car, en dehors de cela, la philologie allemande a instauré des distances insurmontables vis-à-vis de l'interprétation conflictuelle et pessimiste que Burckhardt a donnée de la Grécité entendue comme une tension entre la religion, la culture et l'État. Entre les deux guerres, et plus exactement pendant les horribles années Trente, dans un climat de fascination intellectuelle pour la violence et de violences déjà consumées par l'histoire[7] – il faut savoir que le premier volume de *Paideia* voit le jour en 1933 et est plus largement connu à partir de la seconde édition de 1935 – Jaeger et les nouveaux humanistes ont tendance à composer des tableaux de l'antiquité plus idéaux qu'historiques.

6. *Cf.* W. Jaeger, 1953, p. 14-16 de l'*Introduction* à l'édition italienne de *Paideia. The Ideals of Greek Culture*.

7. À l'époque, Berlin, où travaille Jaeger, vit ses heures les plus tristes. La ville devient le théâtre de la prise du pouvoir d'Hitler (celui-ci est appelé à prendre la tête du gouvernement le 30 janvier et, le 5 mars 1933, il remporte officiellement les élections qui laissent présager l'obtention des pleins pouvoirs pour le Chancelier et son gouvernement), de l'incendie du Reichstag (le 27 février 1933) qui aura comme conséquence la prise de mesures spéciales par la police. Ce sont aussi les années où l'on assiste à Berlin à la dissolution du SPD, à la nuit des longs couteaux (30 juin 1934) durant laquelle les SS d'Hitler massacrèrent les SA de Röhm et à l'apparition des *lois de Nuremberg* (septembre 1935) que soutenaient d'incessants battages propagandistes et des messages plus subtils pétris de traditionalisme ésotérique.

Ils perçoivent les Anciens comme des modèles et des antidotes pour un présent qui semble fuir non seulement la morale mais aussi la moindre forme de rationalité[8].

C'est dans ce contexte que Jaeger influencera de manière décisive l'analyse des productions intellectuelles et artistiques de la Grèce antique moins en raison des solutions interprétatives qu'il propose que des problèmes qu'il soulève et des textes qu'il étudie. En mettant particulièrement en évidence la production athénienne du Ve et du IVe siècles, et après un rapide passage par la culture archaïque et gentilice, Jaeger s'écarte implicitement de cet idéal dorique, de cette « doricité », das *Doriertum*, qui était encore à l'œuvre en 1934 dans l'essai d'inspiration nietzschéenne, *Le Monde Dorique*[9], que G. Benn avait écrit sur base du matériel burckardtien. Si Jaeger s'accorde avec les plus authentiques admirateurs de l'idéal dorique dans son enthousiasme pour la communauté plutôt que pour l'individu, pour l'esprit collectif plutôt que pour la singularité personnelle, pour l'éthique plutôt que pour l'esthétique, il n'en exclut pas moins la force de son vocabulaire critique. Jaeger parle très peu de l'*húbris* et lorsqu'il l'évoque, c'est toujours en fonction de la *díke*. Il retrace les grands tournants historiques – ceux qui sont liés aux tyrannies du VIe

8. Il faut considérer avec la plus grande attention les dates des trois préfaces qui accompagnent respectivement la première et la seconde édition berlinoise ainsi que la première édition italienne. « J'ai essayé de souligner la place de la *paideía* grecque dans l'histoire. Il s'agit d'un problème plus vivant que jamais et particulièrement discuté [...] la simple connaissance historique ne peut pas nous fournir la solution puisque c'est nous qui sommes en question et non les Grecs. Mais la connaissance approfondie du phénomène culturel grec est un fondement indispensable pour toute connaissance actuelle et pour toute visée éducative ». Telle est la conclusion de la préface à la première édition berlinoise qui date d'octobre 1933. « Être obligé de fournir une deuxième édition du livre à même pas un an et demi de sa publication, me semble un signe encourageant de la ferveur qu'il a rencontrée [...]. Il s'agit d'une recherche qui a pour objet la *paideía* des Grecs et, en même temps, des Grecs comme *paideía* ». Tels sont les propos qui commencent et achèvent la préface de la seconde édition berlinoise, sortie en juillet 1935. « Mais il me faut insister [N.d.l.R. : en réponse aux objections de G. Calogero] sur la nécessité, en ce qui concerne l'appréciation des faits historiques rassemblés dans ce volume, de ne pas adopter une théorie fermée sur elle-même dont les concepts surgiraient sans qu'on ait tenu compte des faits ou ne seraient qu'en rapport avec les temps modernes. J'estime au contraire qu'une des tâches les plus urgentes de la philosophie est de trouver dans l'antiquité classique le plus grand nombre d'enseignements quant à la conception des problèmes fondamentaux de l'homme ». La fin de la préface italienne du 1er février 1936 se propose donc d'accorder la plus grande attention à l'éducation grecque et de considérer les Anciens beaucoup plus comme un modèle à suivre pour répondre au présent que comme un sujet à traiter à partir du présent des chercheurs.

9. L'essai a d'abord été publié dans l'*Europäische Revue* pour paraître en version définitive en ouverture du volume *Kunst und Macht* en octobre 1934, emprunts plus ou moins déclarés à Burckhardt et à Nietzsche y compris. *Cf.* les notes du commentaire de L. Zagari à G. Benn, *Lo Smalto sul Nulla*, Adelphi, collana Biblioteca Adelphi, 1992, p. 374-376.

siècle y compris – en termes de « passage, évolution, assainissement moral et économique, de phénomène spirituel et de force motrice d'une profonde transformation culturelle » plutôt qu'en termes de lutte ou de violence[10]. Certes, Jaeger ne retombe pas dans la grécité sereine du beau que les philologues sont allés puiser dans la grande spéculation philosophico-littéraire du XVIIIe siècle allemand[11]. Mais il évite aussi de remettre en jeu les traces de violence que Burckhardt avait relevées dans les failles des autoreprésentations athéniennes et dans les inquiétudes qui hantent la mesure du *lógos* que Nietzsche avait appelé dionysisme. Si, à l'instar de Burckhardt et de Nietzsche, Jaeger n'aime ni la démocratie athénienne ni la spéculation sophistique et laïque qui en exprime au mieux la pluralité et les dynamiques intellectuelles et sociales, il croit cependant pouvoir saisir et faire valoir dans la production de la *polis* l'articulation rigoureuse d'une conduite morale invariable et irréductible à la politique. Les voix qui dictent cette conduite s'entendent lors des conflits et tracent la route pour retenir la violence : ce sont les voix des héros tragiques, celles de Socrate-Platon et celles d'Isocrate et de Démosthène qui dominent toutes les autres.

Après Jaeger, après Pohlenz et Snell, la violence des Grecs ne sera plus facilement repérable en raison d'une mystification prolongée (encore faut-il tenir pour acquis que l'opération de Jaeger, tout à fait décisive pour le Troisième Humanisme[12], a été mystificatrice) qui évoquerait une Grèce calme et douce, une Grèce inconciliable avec l'horreur du présent de l'Allemagne et de l'Europe en marche vers sa propre fin au détour de ses génocides, de ses purges, de ses programmes secrets d'extermination et de ses gestes éclatants de punitions exemplaires. Après Jaeger, le lien entre la Grèce ancienne et l'Allemagne moderne, ce lien particulier, imaginaire et coercitif, souvent mal compris, qui remontait à Wolf et à sa réforme des études et que l'expression « Germanogrèce »[13] synthétisait, ce lien se défait. Depuis lors, le thème de la violence en Grèce antique aura tendance à

10. Cf. *Paideia* I, et en particulier les pages dédiées aux tyrannies, p. 401, 402, 404.

11. Pour la reconstruction du contexte pré-hégélien, on se réfèrera encore et toujours à P. Szondi, *La poetica di Hegel e Schelling* (1974), Torino, Einaudi, 1986. *Cf.* R. Bodei, *Le forme del bello*, Bologna, Il Mulino, 1995.

12. Le Troisième Humanisme de L. Helbing, auteur de *Der dritte Humanismus* (1928) conduirait dans une toute autre direction. Pour G.L. Mosse, le livre de Helbing, avec ceux de H. Blüher et d'O. Weininger, constitue l'une des principales affabulations sur le thème de sociétés élitistes fondées sur les liens d'Eros et sur la pureté du sang. *Cf.* G.L. Mosse, *La nazionalizzazione delle masse. Simbolismo politico e movimenti di massa in Germania 1815-1933* (1975), Bologna, il Mulino, 1976, p. 318.

13. *Cf.* A. Grafton, *« Germanograecia » : lo spazio del greco nel sistema dell'istruzione*, dans S. Settis (éd.), *I Greci*, vol. 1-4, Torino, Einaudi, 1996-2002, vol. 3, p. 1261-1286.

disparaître du champ de la réflexion. Il ne s'impose pas aux amoureux du monde classique ni même aux spécialistes du monde antique. Il n'aura pas d'écho particulier auprès de l'école parisienne qui, avec les noms de Gernet et Vernant, ramène les études grecques vers la sociologie de Durkheim et de Mauss et vers la psychologie historique de Meyerson au point de constituer, petit à petit, une nouvelle référence après le Troisième Humanisme. De même, le thème de la violence ne s'imposera pas non plus dans les œuvres polyphoniques de grande envergure[14] qui tendent à se substituer aujourd'hui aux synthèses individuelles.

Quoiqu'il en soit, Jaeger regardait le spectacle qui se déroulait de nuit comme de jour sur sa ville et dans toute l'Allemagne avec des yeux dégoûtés ou, pour le moins, convaincus de l'inutilité de l'usage et de l'abus de la violence. Mais Jaeger n'a pas effacé la violence de la Grèce antique. Si l'on a bel et bien eu affaire à une mystification, au sens de refoulement, d'oubli ou de transfiguration de la violence grecque, il faut en revenir aux origines : la mystification est grecque. Le défaut de Jaeger et de tous les classicismes, surtout si on les examine avec la malice de l'après-coup, c'est d'avoir trop cru aux Grecs eux-mêmes. Jaeger n'est pas coupable d'avoir trahi les Grecs mais d'avoir voulu trop croire à leur conscience, de s'être trop laissé prendre au charme de leur tromperie.

Dissimulations grecques et habitudes contemporaines

Traiter du thème de la violence dans la Grèce antique ne signifie pas qu'il faut dépasser les apories qui lui sont propres. Il s'agit plutôt de faire face à deux types de difficultés. La première provient de l'implacable contrôle que le *lógos* grec exerce sur la force et sur ses usages ; elle provient également de la tendance athénienne à exclure, voire à nier, l'espace de la violence. La deuxième difficulté dérive de l'hypertrophie de la violence dont témoignent les images et les discours de notre temps. Ces deux difficultés nous empêchent de superposer les clichés qui modèlent la violence à l'heure actuelle à ceux qui modelaient les représentations grecques. Mais ce n'est pas tout : les discontinuités qui séparent notre perception de la violence de celle des Grecs ont valeur de véritables transformations épistémiques et esthétiques. Entre les Grecs et nous s'étend la révolution du XXe siècle qui déploie un cortège bouleversant de pratiques politiques de la cruauté. Dans le champ de la violence, la psychanalyse et les technologies travaillent en synergie et obtiennent le même effet.

14. En ce sens, il faut rappeler ici l'exemple récent que donne l'Italie avec le travail qu'a dirigé S. Settis pour Einaudi entre 1996 et 2002. *Cf.* S.Settis (éd.), *I Greci*, *op. cit.*

Aujourd'hui, les récits et les théories sur la violence ne cessent de se multiplier. La mémoire des derniers témoins des exterminations parvient finalement à se délier même si c'est à trop longue distance des faits. Tendue entre la parole et l'écoute, la psychanalyse opère encore et toujours une anamnèse du passé. Récits, théories, mémoire, anamnèse sont autant d'éléments qui concourent à dépasser la réalité de la violence au moyen de l'emprise symbolique, qui effacent les frontières strictes du corps et de l'âme, de la blessure et de l'offense, des choses et des mots, de la conscience et de l'inconscient. On assiste ainsi à un déplacement de la violence du monde du dehors vers l'intériorité du dedans. Entre-temps, en arrière plan, les technologies des médias offrent une surabondance d'images qui accoutument le regard au spectacle d'une violence extrême, qui neutralisent la critique en la transformant en voyeurisme et qui éclipsent les gestes concrets de la cruauté derrière des écrans grondants d'hyper-cruauté fantasmée ou, parfois, caricaturée. La technologie de la guerre s'engage dans la même direction que les technologies médiatiques et leur esthétique surréelle. Les armes intelligentes, qui visent leur cible de façon chirurgicale, parviennent à éloigner de plus en plus l'attaquant et l'attaqué et donnent ainsi l'impression de laver (sans purifier ni éliminer pour autant) la violence consumée. Leur violence, si précise et si distante, est de plus en plus aseptisée par la violence imaginée.

Plongés dans la multiplicité des images de la violence hyperbolique, envahis par la confusion des faits et des gestes, il est difficile de percevoir la violence que les Grecs avaient niée en allant jusqu'à exclure la mort de leurs scènes tragiques. On préfère ne pas la voir et n'admettre comme violence que l'éloignement progressif de l'Occident vis-à-vis de ses nobles racines grecques. Pour Léo Strauss et Martin Heidegger, il s'agit là d'une distanciation certaine voire d'une falsification de notre passé[15]. Mais est-on seulement en mesure de voir cette violence, ses modalités, ses territoires et ses cachettes?

Théories modernes et problèmes antiques

Au début du siècle dernier, l'Angleterre vit dans un climat plus ouvert au pluralisme culturel – même si celui-ci vise encore l'exploitation colo-

15. *Cf.* spécialement M. Heidegger, *Sentieri interrotti* (1950), Firenze, La Nuova Italia, 1968; *La questione dell'essere* (1976), dans E. Jünger-M. Heidegger, *Oltre la linea*, Milano, Adelphi, 1989; L. Strauss, *Gerusalemme e Atene. Studi sul Pensiero politico dell'Occidente*, *op. cit.*, en particulier le chapitre « Progrès ou retour? », p. 37-85.

niale – qu'à la pureté de la race. On y est davantage porté à connaître et à reconnaître les autres cultures qu'à retrouver les origines occultes de la sienne. C'est dans ce contexte que les continuateurs de Frazer découvrent que la grécité n'est pas seulement douce modération. Pour reprendre une opposition dont l'histoire de la pensée a peut-être abusé[16], on pourrait dire que les héritiers de Frazer s'aperçoivent que la Grèce n'est pas entièrement apollinienne mais aussi dionysiaque. Les études de Jane Harrison pour commencer, mais aussi celles de Francis M. Cornford, de Gilbert Murray[17], puis les travaux déterminants d'Eric Dodds[18] redécouvrent dans la religion grecque les témoignages incongrus d'une extrême violence rituelle. Les chercheurs anglo-saxons retrouvent dans les rites ce que les mythes s'efforçaient de camoufler au mieux. C'est aussi plus ou moins à la même époque, à Bruxelles et à Liège, que H. Grégoire et M. Delcourt[19] reprennent en main les dossiers contradictoires d'Oreste, d'Œdipe et d'Héphaïstos pour en saisir les motifs les plus répugnants. Bref, la violence est alors perçue sur le terrain de la religion et du sacré, sur le plan des rapports avec les dieux, rapports asymétriques que, par définition, on ne peut ni négocier ni dominer. Quelques dizaines d'années plus tard, en 1972, suite à la guerre du Viêt-nam et aux révoltes étudiantes, deux livres d'une importance capitale sortent respectivement à Berlin et à Paris : *Homo Necans* de Walter Burkert et *La violence et le sacré* de René Girard. Les deux ouvrages renforcent le lien entre la violence et la religion et redécouvrent le culte comme forme primaire de rationalisation et de neutralisation de la violence individuelle et collective. De son côté, Girard dédie une attention particulière aux Écritures bibliques et à certaines tragédies athéniennes : les *Bacchantes* et *Œdipe Roi*. Burkert, quant à lui, explore les origines et les rites des fêtes grecques et des mythes connexes. L'un comme

16. *Cf.* C. Isler-Kerényi, *Mitologie del moderno : « apollineo e dionisiaco »*, dans S. Settis, *I Greci*, *op. cit.*, vol. 3, p. 1397-1418 et M. Detienne, *Apollo con il coltello in mano* (1998), Milano, Adelphi, 2002.

17. Murray rapproche Oreste et Hamlet comme deux interprètes de rites cathartiques violents. Voir G. Murray, *Le origini dell'epica greca* (1907), Firenze, Sansoni, 1960; *The Classical Tradition in Poetry*, Cambridge (Mass.), Harvard UP, 1927.

18. *Cf.* E.R. Dodds, *I Greci e l'irrazionale* (1951), Firenze, La Nuova Italia, 1959; *Euripidis Bacchae*, Oxford, Clarendon Press, 1960.

19. Dans ses commentaires des tragédies pour les Belles Lettres, H. Grégoire met en évidence les lieux de la violence retrouvés dans les textes d'Euripide en rapport avec leur contexte. De son côté, M. Delcourt s'intéresse plutôt aux histoires des personnages qu'elle resitue sur de longs laps de temps à partir de fonds les plus variés mais toujours en prêtant attention à la récurrence des noyaux les plus inquiétants. *Cf.* M. Delcourt, *Œdipe ou la légende du conquérant* (1944), Paris, Les Belles Lettres, 1981; *Hephaistos ou la légende du magicien* (1957), Paris, Les Belles Lettres, 1982; *Oreste et Alcméon. Étude sur la projection légendaire du matricide en Grèce*, Paris, Les Belles Lettres, 1959.

l'autre, chacun à sa manière, suggèrent que la religion est l'alternative fondamentale à la guerre. Si la guerre canalise la force de manière défensive ou de manière offensive, la religion organise la fonction fondatrice de la violence à travers l'expiation et/ou la propitiation. Pour les deux historiens, les principaux codes de la pensée, du récit, de la traduction en mots des douleurs et de la mise en « ordre » des comportements agressifs se structurent dans la guerre et dans la religion. Ils repoussent la violence vers le sacré et les tabous qui lui sont liés, ils la renvoient au temps des origines, au paléolithique de Burkert, au temps de la fondation du monde de Girard. De la sorte, ils exorcisent la violence de l'histoire et cette dernière ne peut alors qu'en cultiver les reliques par des simulations et des substitutions rituelles.

Quelque dix ans avant eux, Frantz Fanon publiait *Les damnés de la terre* avec une préface de Jean-Paul Sartre. Même si Girard et Burkert ne semblent pas particulièrement prêter l'oreille aux analyses de Fanon, celles-ci n'en prennent pas moins en charge le thème de la violence en termes de rapports de pouvoir, notamment au niveau de la relation particulière qui s'établit entre le colon et le colonisé. Avec comme toile de fond la guerre d'Algérie, la relation coloniale correspond, chez Fanon, au paradigme de tous les rapports de force et de toutes les inégalités qui trament l'histoire. On peut aisément retracer le parcours qui conduit Fanon et sa rhétorique, au détour de Sorel et de la lutte des classes, à la dialectique hégélienne du maître et de l'esclave dont la contradiction colon-colonisé ne constitue qu'une dérive. Le principal courant de réflexion occidentale sur la violence se réfère à cette matrice philosophique allemande qui associe, voire identifie, la violence, le pouvoir et l'autorité par le même terme : *Gewalt*. C'est encore à cette matrice que se réfère le jeune Walter Benjamin dans son essai *Pour une critique de la violence*[20] qui – bien qu'encore sous l'influence de Sorel – s'inspire plus directement du marxisme et se base entièrement sur les implications réciproques de la violence et de la justice, du droit et de la lutte des classes ainsi que sur le rapport institution-révolution. Et c'est juste à l'époque de Fanon, au moment de la redécouverte par l'*intelligentsia* marxiste française de l'après-guerre de cet essai de Benjamin (qui avait été boudé en Allemagne lors de sa sortie), plus précisément en 1960, que Vernant donne son impressionnante lecture du mythe des races d'Hésiode[21], lecture qui sera

20. *Cf.* W. Benjamin, *Angelus Novus* (1955), Torino, Einaudi, 1962, p. 5-28. La date de la première publication remonte à juste après la guerre, aux environs de 1918, année où Benjamin obtient sa maîtrise à Berne, cf. *Introduction* (éd. italienne) ainsi que les notes de R. Solmi.

21. *Cf.* J.-P. Vernant, *Mito e Pensiero presso i Greci* (1965), Torino, Einaudi, 1970, p. 13-38.

entièrement déterminée par le binôme *húbris* contre *díke* et qui semble marquée de façon non équivoque par le contexte ambiant.

Les réflexions plus récentes sur la violence ne modifient pas vraiment les données théoriques. Elles se construisent encore comme corollaire des réflexions sur le pouvoir et sur ses différentes dynamiques. Au bout du compte, les analyses d'Heinrich Popitz, qui s'efforcent de cerner les manifestations tortueuses du pouvoir dans la violence, en reviennent toujours au schéma théorique traditionnel. Wolfgang Sofsky ne change pas d'approche non plus lorsqu'il accumule les efforts et les exemples pour illustrer les cercles vicieux à double sens où la violence génère des crises et où l'ordre ne peut être rétabli qu'à coups de violence.

Seul le brillant essai d'Elias Canetti, *Masse et Pouvoir*, publié en 1960, que Sofsky cite et tente d'imiter du point de vue de la structure narrative, se démarque. Mais s'agit-il seulement d'un essai ou d'un récit d'expériences ou, plus exactement encore, de récits redécouverts sous l'explosion d'une inextinguible fulguration? L'originalité de sa pensée et son architecture le rendent tout à fait unique. Il demeure irréfutable, inexplicable, étranger à toutes les habitudes et à tous les procédés de la recherche scientifique. Avec un ton prophétique et des images impressionnantes, Canetti ressent et décrit la violence de la masse qui rassemble et agglutine[22] alors que la fascination et les techniques du pouvoir séduisent et dominent indirectement. Si l'œuvre a un impact indéniable, quasi émotif, elle ne parvient pas, malgré tout, à modifier l'horizon conceptuel. Le lien pouvoir-violence était d'ailleurs tellement dominant à l'époque qu'Hannah Arendt[23] s'était elle-même efforcée de le désarticuler. Selon elle, on ne peut pas considérer la violence comme la manifestation la plus évidente du pouvoir, parce qu'il s'agit au contraire de la manifestation d'un pouvoir malade, dépourvu d'acceptation. La *pólis* classique nous donnerait une preuve de la fausseté de ce lien puisqu'elle s'érige sur *l'isonomie* : un principe qui place l'égalité à la place de la domination.

À l'instar des philologues du Troisième Humanisme, Arendt exclut donc, ou plutôt, ne perçoit pas la violence au sein de la *pólis*. Elle va même plus loin lorsqu'elle attire l'attention sur les manifestes démocratiques qui séparent le pouvoir et la violence. En effet, entre le Ve et le IVe siècles, la souveraineté démocratique du *nómos* se décrit et se construit en opposi-

22. *Cf.* E. Canetti, *Massa e potere* (1960), Milano, Adelphi, 1995, ainsi que G.L. Mosse, *La nazionalizzazione delle masse. Simbolismo politico e movimenti di massa in Germania 1815-1933* (1975), Bologna, il Mulino, 1976, en ce qui concerne la description de mécanismes d'attraction que des mythes simplifiés et féroces déterminent et rassemblent.

23. *Cf.* H. Arendt, *Sulla violenza* (1950), Le Fenici Tascabili, 2001 (1996), p. 39 *sq.* Les argumentations d'Arendt sont reprises par les réflexions sur les dispositifs de constitution et d'exercice de l'autorité par B. Lincoln, *L'autorità* (1944), Torino, Einaudi, 2000, p. 132 *sq.*

tion et comme remède à la force, *bía* ou *iskhús*, peu importe le nom qu'on lui donne. D'ailleurs, Socrate dans la *République* platonicienne (557a-558c) estime que les composants du gouvernement démocratique sont si variés, si faiblement structurés et soumis à de si nombreuses forces centrifuges qu'ils risquent d'être la cause et la source de violences répétées et réciproques au sein de la communauté à moins d'être soumis à un contrôle vigilant. Ainsi, pour ce Socrate-là, la violence ne manifeste pas le pouvoir mais la fuite du pouvoir, son vice de forme, son absence.

Opacités

Si l'on repasse des études et des théories modernes aux textes des Grecs, la violence ne semble indiquer que le pouvoir vicié, le non-pouvoir des indignes, des mauvais interprètes de la souveraineté. Ce sont les tyrans et leur autorité par définition illégitime. Ce sont les fils légitimes des rois qui ont hérité du trône sans le mériter, sans vraiment y être à leur place, simplement à cause du droit dynastique, comme c'est le cas pour Cambyse et pour Xerxès[24]. Ce sont les chefs brutaux et tonitruants de la démocratie post-péricléenne. Dans les caricatures d'Aristophane, ce sont les Cléons-Paphlagoniens et leurs plus coriaces adversaires, les *pampóneroi*, qui se manipulent les uns les autres sous la houlette occulte des Cavaliers, les « derniers, irréprochables hommes d'honneur »[25]. Ce sont les successeurs historiques de Périclès, cette bande d'hommes médiocres restés anonymes qui se disputaient le pouvoir, le contraire absolu de Périclès, selon Thucydide. En II 65, l'historien rédige une synthèse à la fois étrange et tendancieuse qui reprend le moment du gouvernement de Périclès et qui laisse présager le désastre sicilien. Il dépeint le règne de Périclès comme un pouvoir construit en parole sur une démocratie, mais en fait incarné par le charisme de l'homme le plus en vue de l'époque qui, en plus d'être absolument incorruptible, agissait avec mesure, assurance et calme

24. Pour Cambyse, *cf.* Hérodote III 13-17, 19-21, 29-34, 61-75; pour Xerxès, VII-IX *passim* et Eschyle, *Perses*, *passim*.

25. Récemment, j'ai étudié (*cf.* A. Beltrametti, « Il furore e la ferita. Morte e trasformazione del guerriero nella cultura della politica », dans P. Pinotti (éd.), *Il guerriero immaginato. Funzioni ideologiche e rappresentazioni simboliche del guerriero tra antico e moderno*, *L'immagine riflessa*, n.s. 10, 2, 2001, Alessandria, Edizioni dell'Orso, 2004, p. 217-250, spécialement p. 234-236) ce rapport par le biais du jeu de rôles que construit Aristophane dans les *Cavaliers* qu'il écrit en 424, après la victoire athénienne de Pylos. Un chœur de Cavaliers y envoie au massacre Cléon le Paphlagonien, un membre de la même strate sociale, en appelant au pouvoir un marchand de saucisses plus radical que lui.

(*métrios, asphâleia, hesukhía*). Selon Thucydide, autant Périclès était parvenu à contrôler les extrémistes téméraires (*parà kairòn húbrei thrásountas*), autant ses successeurs se laissèrent dépasser par des dynamiques où l'ambition, les intérêts privés (*philotimía* et *ídia kérde*) et les calomnies personnelles (*ídiai diabolaí*) prirent le dessus au profit de changements soudains et d'avantages particuliers. Et, du point de vue oligarchique de l'auteur anonyme de la *Constitution des Athéniens*[26], la violence c'est aussi ce peuple de la mer, le véritable noyau dur de la cité démocratique, qui a pour caractéristique principale l'agressivité politique. Ce sont enfin les marins qui n'acceptent pas les connaissances météorologiques du bon patron du vaisseau[27], les radicaux pragmatistes que Socrate pointe dans la *République* de Platon (faut-il n'y voir qu'une simple allégorie du texte platonicien?) en recoupant la méfiance de l'Anonyme.

Les textes du Vᵉ siècle et notamment les descriptions socratiques des différentes formes de gouvernement présentent la violence non pas comme une forme spécifique de pouvoir ni comme pouvoir tout court, mais comme un motif rhétorique récurrent pour pointer toutes les formes de pouvoir dégénérées. Dans l'imaginaire collectif, c'est l'*húbris*, l'excès[28], l'irrespect qui corrompt le pouvoir avant même que le pouvoir ne se manifeste comme l'*húbris.* Dans le deuxième *stasimon* d'*Œdipe roi*, après le différend entre Œdipe et Créon et après la confrontation du roi avec Jocaste, au moment où le règne miraculeux d''dipe découvre ses traits aussi inattendus que monstrueux, le chœur des Thébains affirme (v. 873 *sq.*) « *húbris phuteúei túrannon* ». Et, presque au même moment, le chœur des femmes de l'*Hippolyte*[29] d'Euripide chantait qu'*éros* est *túrannos.* Du point de vue des chœurs, qui reflètent la conscience collective et les idées reçues, l'excès et le désir donnent une connotation de violence à la seule véritable forme de pouvoir à laquelle croit le peuple grec : un pouvoir absolu, personnel, toujours convoité et jamais acquis, érotisé, une sorte de souveraineté qui va jusqu'à légitimer les plus grandes des injustices. Dans les *Phéniciennes*, Etéocle le dit textuellement devant sa mère :

26. *Cf.* L. Canfora (éd.), Anonimo ateniese, *La democrazia come violenza*, Palermo, Sellerio, 1982.

27. Cf. *République* V 488a-489c. Blumenberg s'intéresse à ce passage car il y perçoit une revalorisation du savoir naturaliste et une forme de révocation du tournant éthique de la recherche socratique. *Cf.* H. Blumenberg, *La legittimità dell'età moderna* (1966), Genova, Marietti, 1992, p. 257 *sq.*

28. Il est difficile de trouver des correspondances plus adéquates, même après les explorations systématiques des oscillations et des répétitions du terme dans des champs sémantiques privilégiés comme ceux de la religion et du droit. *Cf.* N.R.E. Fisher, *Hybris*, Warminster, Aris & Phillips Ldt., Teddington House, 1992.

29. *Cf.* aussi fr. 136 N2. La reprise platonicienne de la réplique a toute son importance : cf. *République* 573a-b.

> Je monterais au ciel jusqu'aux levers des astres, je descendrais sous terre, si j'en étais capable, pour avoir la Souveraineté, de toutes les divinités la plus grande. Ce bien-là, ma mère, je refuse donc de le céder à un autre, au lieu de le garder pour moi. [...] Et maintenant, viennent l'incendie et viennent les glaives ! Attelez les chevaux, emplissez les plaines de vos chars ! S'il faut violer la justice, c'est pour la souveraineté qu'il est le plus beau de le faire ; la piété doit s'appliquer au reste (v. 504-525).

On peut prendre de nombreuses voies pour explorer les territoires du désir : on peut s'élancer sur la voie politique ou personnelle, s'installer sur la place publique ou rester dans le privé, s'engager sur la route de la possession et du pouvoir. Chez les Grecs, quelle que soit la direction choisie, le désir demeure l'endroit privilégié pour accueillir les relations malades qui offensent la communauté des personnes et des choses au profit d'un seul. Une étonnante correspondance lexicale et conceptuelle surgit alors entre l'historiographie et l'écriture tragique : pour l'une comme pour l'autre, l'*húbris* dépend d'*éros*, de cette fièvre sans limite qui peut pousser à commettre les transgressions les plus extrêmes – qu'on pense seulement à l'infanticide prémédité de Médée, au catastrophique mensonge de Phèdre, à Clytemnestre qui tue en même temps son roi et son mari, à la folie de Cambyse[30], à l'ambition d'Alcibiade[31]. En Grèce, ce n'est pas le pouvoir mais l'envie du pouvoir, sa convoitise, son ardent désir qui entraîne la violence.

Si on en reste à la surface des textes, si on ne pénètre pas dans les discours et les représentations grecques, si on ne veut pas relever les traces enfouies des origines – ce qu'ont essayé de faire Burkert et Girard – la violence semble exclue non seulement de la bonne autorité mais aussi du culte public. Dès lors, depuis les origines de la civilisation grecque, le sacrifice animal semble tenir à distance le sacrifice humain, l'inceste et le cannibalisme, dont les textes sur le passé mythique et héroïque témoignent pourtant abondamment, et s'y substituer. Mais, en cherchant le consentement de la victime et en la consacrant, le sacrifice animal tombe lui-même dans ce que Burkert appelle une comédie de l'innocence : il finit par transcoder et justifier la violence du geste mortel comme une offrande pour les dieux.

Substitutions sacrificielles et sacralisation des victimes animales sont l'aboutissement de deux parcours spéculaires et synergiques selon lesquels le pouvoir et le culte refusent le meurtre et contrôlent les meurtres nécessaires. Dionysos, le dévorateur de chair crue, l'*omestes* dont parle Alcée dans la triade de Lesbos[32] n'a pas laissé de traces en Grèce continentale.

30. *Cf.* note suivante.

31. *Cf.* Thucydide V 43 et 45, VIII 45-47 ; et Plutarque, *Vie d'Alcibiade*.

32. *Cf.* Alcée fr. 129, 9 V, mais aussi H. Jeanmaire, *Dioniso* (1951), Torino, Einaudi, 1972, p. 200, 229, 252 et 256, qui en montre la présence non seulement à Lesbos mais aussi à Chios et à Ténédos au nord est de la mer Egée. Plutarque, *Vie de Thémistocle*, 13, 2-5,

De même, alors qu'en Tauride on vénère la féroce Artémis avec des sacrifices humains, en Grèce, les cultes qui lui sont dévoués évoquent effectivement le sang avec des morts initiatiques[33] et des gestes symboliques mais ne le font jamais vraiment couler. Le manque de preuves archéologiques certaines et le silence des sources antiques renvoient bien au cadre culturel que les grands textes permettent de reconstruire. Dans la tragédie que Sophocle écrit dans les années quarante, Antigone, la première suicidée de l'Antiquité, est condamnée sans appel par Créon qui ordonne qu'on ne la tue pas mais qu'on la laisse mourir.

> Au terme d'un sentier dont nul mortel n'approche, je la murerai vive au fond d'un souterrain ; pour toute nourriture ne plaçant devant elle que ce qu'il faut, ce que demande le précepte sacré (*hos ágos*) pour que la cité puisse échapper à la peste (*míasma*). (v. 773-776)

Tels sont les mots pleins de scrupules et de religiosité qu'emploie Créon pour répondre au coryphée qui lui demande comment il voudra tuer Antigone. Et quand il sera déjà trop tard, le même Créon s'efforcera de revenir sur ses pas pour libérer celle qu'il a définitivement emprisonnée. Ce revirement de situation s'explique seulement en raison de ce que lui a révélé Tirésias. Le devin a entendu une clameur d'oiseaux sinistres et furieux poussant des cris barbares, un inquiétant bruissement d'ailes, signe sûr qu'ils s'entre-déchirent de leurs serres meurtrières au-dessus des autels ardents ; tandis que les victimes des sacrifices ne prennent pas feu, la graisse des cuisses se met à fondre, à suinter, à baver sur la cendre révélant ainsi le sacrilège (v. 1001-1009). Dans ce passage, Sophocle saisit parfaitement la superposition de la dimension religieuse et laïque : le

rapporte que le stratège Thémistocle, poussé par la foule en délire, aurait sacrifié trois jeunes perses de haut rang en l'honneur de Dionysos *omestes*, avant la bataille de Salamine. Dans le contexte, Plutarque cite cependant Phanias d'Eresos, un historien de l'île de Lesbos : il s'agit peut-être d'une superposition due à l'imaginaire de l'historien du IVe siècle.

33. *Cf.* Hérodote IV 103 et Euripide, *Iphigénie en Tauride*, spécialement les vers 1454-1461 et 1462-1467 de l'*exodos*: *ex machina*, Athéna enjoint à Oreste de fonder à Halae le culte d'Artémis Tauropole. On l'honorera par un rite de décapitation symbolique qui renouvelle et relance celle qui était destinée à Oreste en Tauride. La déesse enjoint aussi à Iphigénie de présider le culte de Brauron dont les femmes mortes en couches et le rituel des ourses continuent à évoquer la cruauté originaire. Quelques études importantes ont récemment déchiffré les signes de la déesse aux sacrifices extrêmes sous les traits hellénisés de la vierge chasseuse qu'Hippolyte vénérait. Les Grecs avaient déjà réinterprété ces signes en termes de guerre ou de mort initiatique, *cf.* J.-P. Vernant, « Artémis et le sacrifice préliminaire au combat », dans J.-P. Vernant et P. Vidal-Naquet, *La Grèce ancienne. Rites de passages et transgressions*, Paris, Seuil, 1992, p. 317-338 ; M. Giuman, *La dea, la vergine, il sangue*, Milano, Longanesi, 1999 ; B. Gentili et F. Perusino (éd.), *Le orse di Brauron. Un rituale femminile nel santuario di Artemide*, Pisa, Edizioni ETS, 2002.

pouvoir, qui ne cesse de se proclamer laïque, ne demeure légitime qu'à condition de respecter scrupuleusement les tabous religieux; la religion, qui ne cesse de s'opposer au pouvoir, continue à diriger les gestes politiques au nom d'une justice qui ne coïncide jamais avec la légalité. Mais même avant Sophocle, en 458, dans une *pólis* troublée par les luttes entre démocrates et aristocrates, dans le final de l'*Orestie* qui met en scène le passage du monde ancestral du sang au monde laïque de la politique, la déesse Athéna avait déjà sacralisé les institutions de la démocratie athénienne naissante avec une dissonance surprenante : *sébas, sébein* sont les mots-clés du discours de la déesse quand elle salue l'institution de l'Aréopage[34]. Du côté d'Euripide, le sacrifice humain, le plus souvent celui d'une vierge, est certes un motif récurrent mais justement en raison du scandale qu'il provoque, du discrédit qu'il entraîne pour celui qui l'a ordonné, de l'admiration et de la sympathie qu'il suscite pour ceux qui le subissent, surtout s'ils acceptent de s'immoler pour sauver le *génos*, la *pólis*, la famille ou la collectivité dont ils sont issus. On pense ici à Mégara, à Polyxène, à Ménécée et à la dernière Iphigénie qui se présente au sacrifice que son père a décidé d'offrir au nom de la Grèce tout entière[35]. Le théâtre d'Euripide ne supporte plus la mort violente, peu importe qui la demande : dieux ou puissants. Ainsi, par exemple, dans les *Héraclides*, Démophon, qui a pourtant veillé à respecter tous les rites avant d'entrer en guerre contre Eurysthée, refuse d'immoler une vierge en l'honneur de Coré même si tous les sages et les devins le lui demandent. Démophon refuse : ni sa fille ni aucune autre (v. 410). Dans les *Phéniciennes*, Tirésias demande à Créon, avec la réticence qui colle à son rôle tragique, d'immoler le plus jeune et le plus innocent de ses fils. Mais le père ne cède pas à la demande du sage et prépare un plan de fuite qui ne sera pas appliqué par Ménécée. Chez Euripide, la prescription désacralise : on parle moins souvent de *thúein, thusía, spházein, sphage*, de sacrifice et de meurtre rituel, que de *kteínein, ktánein* et *phónos*[36], de meurtre pur et simple, cependant, dans certains contextes, les lignes lexicales semblent se recouper et se superposer au hasard. Mais s'agit-il vraiment d'un hasard? Grâce à ces oscillations lexicales, le sacrifice, notamment le sacrifice humain, en revient à se confondre avec ce qu'il était à l'origine, à savoir : le meurtre

34. *Euménides* 681-710.

35. Cf. *Héraclides* 550 *sq.*; *Hécube* 546 *sq.*; *Phéniciennes* 985 *sq.*; *Iphigénie à Aulis* 1368 *sq.*

36. Les superpositions sont plus fréquentes dans les tragédies des Atrides *Oreste, Electre, Iphigénie en Tauride, Iphigénie à Aulis*. P. Bonnechère, *Le sacrifice humain en Grèce ancienne*, *Kernos*, Supplement 3, 1994, p. 231, n. 13, observe les combinaisons lexicales et appelle de ses vœux un examen plus attentif.

que la religion avait renommé et justifié de manière rituelle en fonction du pouvoir[37].

Dans ce processus de contrôle de la violence, de l'usage de la force et de la contrainte physique (punitive ou éducative), l'articulation fondamentale et primaire de la religion et du pouvoir coïncide dans la désarticulation du complexe autrefois unitaire *némesis-nómos-díke*. L'étymologie nous encourage clairement à aller dans cette voie : *némesis* et *nómos* ont la même racine. Donc, si la vengeance exprime originairement la justice distributive qui est acceptée et partagée au point d'être représentée par une divinité, dans un deuxième temps, la vengeance de sang n'est progressivement plus perçue comme une règle et est soumise aux lois. On n'a plus affaire à la justice mais à un thème juridique.

L'*Orestie* d'Eschyle, en particulier le troisième volet du drame, représente de façon tragique et conflictuelle ce processus controversé, cette conquête intellectuelle qui n'est jamais complètement assimilée par la mentalité collective. Suspendu entre la figure du justicier et celle du criminel, Oreste devient ainsi l'icône dramatique d'un passage pas tout à fait réussi de la *némesis* vers le *nómos*. De son côté, Apollon, le *Loxias*, reste dans l'*Orestie* un personnage pour le moins ambigu : il réclame d'abord le crime extrême du matricide, comme vengeance nécessaire et inéluctable du père, et, ensuite, il élimine à jamais les déesses de la vengeance en les transformant en Bienveillantes. Trente ans plus tard, sur les scènes d'Euripide, Apollon, Oreste et la vengeance posent encore des problèmes : Oreste, le vengeur matricide, y pend place tantôt comme la marionnette d'un dieu injuste, tantôt comme un criminel récidiviste, en tout cas comme un fou et un impur[38].

37. R. Girard, *La violenza e il sacro* (1986), Milano, Adelphi, 1980, met en évidence comment dans la *Genèse* – exemple archétypique d'une manipulation religieuse de la violence – Jacob fait preuve de violence sacrificielle lorsqu'il immole des brebis, qu'il se couvre de leur laine et qu'il donne leur chair à Isaac pour le troubler et l'amadouer avec un banquet grandiose. De la sorte, il tentait d'obtenir de son vieux père aveugle la bénédiction qui était destinée au fils aîné, Esaü. L'intérêt pour les implications et les superpositions réciproques de la mort, de la religion, de la souveraineté et du sacrifice continuent à produire des études très intéressantes comme en a témoigné récemment le travail de Gilberto Sacerdoti, *Sacrificio e Sovranità. Teologia politica nell'Europa di Shakespeare e di Bruno*, Torino, Einaudi, 2002. Ce travail croise les documents, le théâtre et la littérature pour reprendre le problème au moment crucial du XVIIe siècle.

38. On affirme la pureté d'Oreste dans les *Euménides* (spécialement aux vers 448-452 qui rappellent la purification au moyen du sang d'un cochon de lait), mais, en opposition à Eschyle, Euripide souligne son impureté dans l'*Iphigénie en Tauride*. Aux vers 947-960, Oreste déclare qu'il est à l'origine de la fête des Choès, qui se déroulait au cœur des Anthestéries, cette journée qui était considérée comme particulièrement impure à Athènes.

Dans les *Héraclides*, la vieille Alcmène exige et obtient de tuer de sa propre main Eurysthée, s'engageant seulement à en restituer le cadavre pour les funérailles. Lors d'une bataille, le roi d'Argos est capturé sans être tué par Iolaos; une fois prisonnier, Eurysthée ne peut pas être supplicié : le fils de Thésée l'interdit et garantit la clémence pour les vaincus tout comme son père lutte, dans *Les Suppliantes*, pour que l'on donne une sépulture aux héros d'Argos morts à Thèbes. Du coup, seule la mère d'Héraclès, Alcmène elle-même, peut accomplir la besogne. Au cœur même des lois du bon gouvernement des descendants de Thésée (v. 973-980), elle venge son fils au nom des liens du sang, d'un devoir, d'un besoin pressant. Par ailleurs, en 424, dans une atmosphère gorgée d'or et de sang, Hécube, la mère la plus célèbre de tous les théâtres du monde, se venge de Polymestor avec une violence encore plus radicale et éclatante. Le goût de l'or avait en effet poussé ce dernier à jeter à la mer l'enfant qu'Hécube lui avait confié. Celle-ci, démoniaque (cette Hécube est peut-être le personnage le plus eschyléen du théâtre d'Euripide) lui promet davantage de richesses, s'il accepte de la suivre. Et là, devant les yeux d'un public conquis, dans l'ombre de la tente, avec l'aide des prisonnières Troyennes, la vieille Hécube se venge en lui tuant ses jeunes enfants, en le torturant et en lui crevant les yeux (*Hécube* 953 *sq.*).

L'espace de la force se rétrécit en Grèce une fois que les vengeances familiales en ont fini de laver le sang par le sang. Tandis qu'Athènes devient Athènes en instituant des tribunaux et en livrant les crimes de sang à l'Aréopage, Sparte devient Sparte en sanctionnant l'usage de la violence initiatique : à l'époque, restée indéterminée, de Lycurgue, les jeunes de la *krupteía*[39] qui avaient l'autorisation de se rudoyer les uns les autres, de voler et de tuer les Hilotes pouvaient/devaient accomplir leurs méfaits en cachette et pendant la nuit. Des mesures rigoureuses réglementaient leurs crimes au moyen de punitions physiques qui réprimaient moins la violence des actes que le manque d'adresse et le flagrant délit. Par ailleurs, au moment des élections, les Éphores déclarent officiellement la guerre contre les Hilotes que les jeunes avaient licence de tuer pour s'entraîner et que la police secrète devait déjà éliminer en temps de crises[40].

La guerre donne le permis de frapper et de tuer mais, sur les champs de bataille, la force n'est pas la violence. Elle se fait plutôt héroïsme.

39. *Cf.* Xénophon, *Constitution des Lacédémoniens* 12, C4 qui, contrairement à Plutarque, *Vie de Lycurgue* 28, ne parle pas explicitement de *krupteía* mais insiste sur l'éducation qui doit se baser sur des punitions sévères, sur des équipements pauvres, sur l'apprentissage du vol, sur la capacité à se cacher et à épier. Platon, *Lois* 633b-c représente la *krupteía* seulement comme un entraînement physique pour endurer les peines.

40. *Cf.* Thucydide IV 80.

Autrement dit, on utilise la force en fonction de codes d'honneur et de valeurs, en fonction d'une réciprocité qui implique la défense des amis et l'agressivité contre les ennemis. Simone Weil[41] peut définir l'*Iliade* comme le poème de la force parce qu'elle projette sa spiritualité gorgée d'amour et de *khári*s, sa sensibilité étrangère à la culture de la *time* et du *kléos* sur les rapsodies et les antagonismes qui composent le texte. Il n'y a pas de violence dans l'*Iliade*. Même l'hécatombe d'hommes et d'animaux qu'Achille offre devant le bûcher de Patrocle[42] n'est pas violente puisqu'elle prend place dans le cadre d'un rituel dont la valeur est clairement établie. Aux yeux de l'aède, seule la profanation du cadavre d'Hector[43], qu'Achille oppose au douze jeunes nobles[44], est violente, ni imaginable ni représentable, *aeikéa érga*. Si l'embuscade nocturne de la *Dolonie*[45] est féroce, c'est qu'elle n'est pas conforme au code guerrier, elle est préparée à grands coups de déguisements animaliers, d'armes effroyables, de casques de cuir décorés de crocs, de peaux de loup : sa cruauté archaïque rappelle une chasse sauvage.

La violence éclate après la mort de l'ennemi. Elle est liée au sacrilège, à la violation des sacro-saints interdits, aux transgressions d'Ajax Oïlée[46]. Cela ne vaut pas seulement pour l'épique archaïque, si on peut encore considérer archaïques des poèmes à ce point influencés par la *pólis*. Cela vaut aussi pour l'histoire : la force illicite s'y réveille pareillement, une fois la guerre terminée. C'est ce que nous racontent Xénophon et Plutarque notamment quand ils évoquent les mesures que les Spartiates prennent contre les Hilotes. Lorsque l'ennemi est battu et que la cité est vaincue, à la fin de la guerre, à son issue, le recours à la force n'écrit plus d'histoire mais des tragédies. Et cela, aussi bien à Troie qu'à Thèbes : on déporte des femmes, on exécute un petit prince troyen, des frères s'entretuent, on refuse de donner une sépulture aux Argiens. Chez les Grecs, la violence est

41. *Cf.* S. Weil, *L'*Iliade, *poema della forza* (1953), trad. C. Campo dans *La Grecia e le intuizioni precristiane*, Milano, Rusconi, 1974, p. 9-44.

42. Les cérémonies rituelles commencent au chant 18 v. 314-368 lorsqu'Achille se met à pleurer. Elles occupent aussi une partie du chant 23 avec de nouvelles lamentations, la préparation du cadavre, la construction du bûcher, la sépulture des os et les jeux.

43. *Iliade* 22, 376-404. La pratique de la mutilation du cadavre, *maskhalismós*, est également perçue comme sauvage dans la tragédie qui s'y réfère pour Agamemnon, *cf.* Eschyle, *Choéphores* 439 et Sophocle, *Electre* 445.

44. *Iliade* 23, 19-26 et 175-183. *Cf.* à ce propos, D. Hughes, *I sacrifici umani nell'Antica Grecia* (1991), Roma, Salerno Editrice, 1999, p. 90 *sq.*

45. *Iliade* 10, 299-579.

46. Ce n'est pas un hasard si l'*Iliade* censure le sacrilège d'Ajax qui arrache Cassandre à l'*agalma* d'Athéna auquel elle s'agrippait et qui emporte également avec lui la statue. Le tout suscita d'abord la colère d'Athéna ensuite celle de Poséidon ensuite. Cf. *Odyssée* 4, 499-510. *Cf.* aussi Apollodore, *Bibliothèque*, V 22-23.

la force au-delà de la nécessité de la guerre ou encore la force qui s'insinue entre les membres d'une même communauté et la désagrège dans la *stásis* au lieu de frapper l'ennemi. Aux yeux de Thucydide, le plus désenchanté des historiens, durant les luttes intestines, toutes les batailles s'avèrent toujours injustifiées et les valeurs s'y aplatissent forcément : *l'arete* y devient *húbris*, la négociation s'y transforme en trahison, en *prodósis*[47]. Au sein d'une même *pólis* et, plus profondément encore, au sein d'une même *hetairía*, le meurtre de l'ennemi se fait fratricide. Le combat d'Etéocle contre Polynice en constitue d'ailleurs la métaphore la plus parfaite et la plus récurrente. Plus la communauté se rétrécit, plus les liens se resserrent entre ses membres, plus l'opposition entre amis et ennemis se détend : le *génos*, au propre comme au figuré, ne supporte pas la force. La guerre terminée, l'usage de la force se transforme en crime et l'*húbris* se met au service d'un *éros* immodéré. L'hostilité se met alors à contaminer les liens de sang[48], à souiller les amitiés, à dégrader l'hospitalité[49] au sein d'une même famille. Dans tous ces cas, la force n'est plus ni épique comme pour les guerres, ni historique comme pour les jeux de pouvoir mais purement tragique.

Bien sûr, du point de vue de la culture de la *pólis*, du point de vue de la poésie archaïque filtrée par les rédactions « politiques », les territoires de la violence semblent beaucoup plus localisés et les seuils de perception de la violence beaucoup plus élevés que ce que notre sensibilité ne supporte à l'heure actuelle. Ce qui compte pour les Grecs, ce n'est pas tant la blessure ou la mort – blessure extrême s'il en est – que l'occasion, la raison et l'objet qui ouvrent la blessure. En grec ancien, le vocabulaire de la force[50] est très pauvre. On ne trouve pas de mot qui porte la connotation négative de notre « violence » mais des entre-deux dont le sens varie en fonction du contexte comme *bía* et *iskhús*. Ces deux termes désignent tantôt la miraculeuse capacité de résistance aux chocs des grands héros – celle d'Héraclès et d'Ajax, par exemple – tantôt la sauvagerie des peuples reculés qui emploient encore des gestes là où les Grecs se servent du

47. *Cf.* M. Moggi, *Stasis, prodosia e polemos in Tucidide*, dans M.Sordi (éd.), *Fazioni e congiure nel mondo antico*, Milano, Quaderni CISA, 1999, p. 41-72. *Cf.* aussi la demande qu'adresse Athéna aux Erinyes : *Euménides* 858-866.

48. Thucydide III 80-84 : selon l'historien, l'hétérie a écrasé les liens de sang, *tò sungenes*, durant les événements de Corcyre.

49. Diomède et Glaucos, ennemis sur le champ de bataille, donnent la préséance aux liens d'hospitalité qui unissent leurs familles (*Iliade* 6,119-236).

50. Sur l'usage tragique de ce vocabulaire *cf.* G. Zanetto, *Esiste un lessico della non violenza nella tragedia greca ?*, dans C. Barone (éd.), Atti del XV-XVIe Congresso internazionale di studi sul dramma antico, *La violenza nel teatro greco e latino* (Siracusa 11-13 settembre 1997, XVI congresso), Padova, Esedra editrice, 2002, p. 333-344.

lógos[51]. Euripide met ces mêmes termes dans la bouche de Jason quand il invective Médée pour la première fois. Il lui reproche d'avoir tué son père et son frère, de ne pas avoir su apprécier l'accueil de la culture grecque, de la *sophrosúne*. À ce moment de la tragédie, Jason ignore encore et n'imagine même pas quel sera le raffinement rhétorique de la vengeance de Médée. Il lui reproche donc de ne pas connaître l'efficacité de la parole, les dissimulations, les glissements de sens, la correspondance indirecte des mots et des choses ; autrement dit, il lui reproche de ne pas partager et de ne pas accepter les dispositifs symboliques. Bref, elle est principalement coupable de ne pas admettre le mensonge politique sur lequel s'échafaudent en outre les noces de Jason avec la fille du roi de Corinthe.

Même dans les cas comme celui de *Médée*[52], où l'hypocrisie et la falsification se révèlent intrinsèques à la légalité et à la raison dominante, *bía* et *iskhús* restent des termes dont la valence négative ne vaut qu'en opposition au *nómos* et au *lógos*. Mais un troisième terme, à la fois beaucoup plus spécifique et beaucoup plus dense que les deux autres, détermine le champ sémantique de la force en Grèce et l'oriente du côté de la transgression et de l'excès. Le mot *húbris* fait entendre la violence comme un excès de force que l'on peut rapporter étymologiquement ou para-étymologiquement à *hupér*. C'est la fille de l'impiété (*dussébeia*) pour les Erinyes d'Eschyle[53], mais c'est aussi un délit qui est précisément codifié dans la *graphe húbreos* et poursuivi par la loi. Le mot, à la différence de *bía* et d'iskhús, condense aussi un trait d'identité culturelle qui le noue à *time* et *aidos*, à *arete* et *kléos* dans un même champ lexical. Il n'y a pas d'équivalent d'*húbris* dans d'autres contextes anthropologiques et la négativité de notre violence ne peut certainement pas rendre la richesse du terme. Dans les *Histoires* d'Hérodote, *húbris* est un mot-clef et un motif déterminant. Il y définit notamment soit la bonne souveraineté de Crésus[54], la royauté des dons faits aux hommes et aux dieux, le triomphe de la surabondance,

51. Le préjugé selon lequel le *logos* grec se rapporte à la douceur et l'action barbare à la férocité, ne date pas d'hier. Goethe le reprend à son compte dans sa très classique *Iphigénie en Tauride*, en 1787, deux ans avant que n'explose la Révolution Française. Sur le plan de la douceur et de la retenue, sa composition s'avère « naturellement » plus conforme au classicisme de l'époque que celle d'Euripide. L'œuvre de Goethe s'échafaude tout entière sur l'opposition entre la douceur des paroles de la prêtresse grecque et la rudesse de l'élan du roi barbare. *Cf.* les répliques d'Arcade (Acte I, scène 2, vers 139 et 164-165). L'héroïne de Goethe a donc perdu tous les traits scabreux dont Euripide l'avait affublée. Elle incarne ainsi un idéal féminin où s'expriment non seulement la poétique piétiste du XVIIIe siècle européen mais aussi l'idéalisation de la Grèce.

52. *Médée* 446-464 et 522-575.

53. *Euménides* 534.

54. Hérodote I 26-56 et 69-92.

soit le mauvais règne de Cambyse[55], la chute du roi et de sa dynastie dans la folie, le sacrilège, la violation des interdits. Le mot *húbris* qualifie deux univers diamétralement opposés qui, cependant, restent l'un comme l'autre étrangers à la juste mesure que cultivait la sagesse grecque. Ainsi pour Louis Gernet, cette notion était capitale non seulement au cœur de la pensée et du comportement religieux mais elle était aussi le fil conducteur du passage ou, plus exactement, de la progressive transcodification des valeurs religieuses en valeurs juridiques. Sur les traces de l'*húbris*, le philologue avait recomposé un parcours parallèle et spéculaire à celui que l'*Orestie* dessine sur celles de la *némesis*. Par ailleurs, *húbris* et *némesis* sont les deux mots et les deux thèmes qui constituent la tension qu'Albin Lesky[56] attribue à l'essence de la tragédie et à son cortège de transgressions et de punitions divines.

Quel que soit le point de départ, que l'on prenne la route du signifiant ou celle du signifié, la question de la violence grecque ramène toujours au même endroit. La voie thématique nous conduit au *génos* où la force se fait faute sans arrêter pour autant l'inexorable mouvement de vengeance divine et humaine. Si l'on prend la voie lexicale, on arrive à la tragédie : celle-ci fonctionne comme un laboratoire de la faute du point de vue des personnages ou comme une machine à vengeances du point de vue de la dynamique de ses enchevêtrements narratifs. Bref, on débarque en plein conflit entre conscience de la violence et inévitabilité de la violence. *Génos* et tragédie se rejoignent en un point qu'Aristote a indiqué à plusieurs reprises de façon très lucide[57]. Là, entre *génos* et tragédie, c'est moins un cercle qui achève de se tracer qu'une spirale qui ne cesse de s'ouvrir, une sorte de moulin hamletien de la violence.

Transparences

La tragédie dramatise les processus dont l'historiographie narre ou décrit les effets. Au laboratoire de la faute, on broie la violence. On y reconstruit les dynamiques de mitigation et les mécanismes de contrôle de la force – qui font des Grecs ce qu'ils sont peu à peu devenus – en les transposant dans des enchevêtrements narratifs. À partir des exemples

55. Hérodote III 13-17, 27-38.

56. Du début (1938) à la fin (1972) de son travail sur la tragédie, Lesky accorde une attention particulière au nœud transgression-punition : *Die griechische tragödie*, Stuttgart-Leipzig, Kröner, 1938; *La poesia tragica dei Greci* (1972), Bologna, il Mulino, 1996.

57. Cf. *Poétique* 13, 1453a10-22.

précédemment cités et pour résumer brièvement, on peut cerner les principaux dispositifs tragiques d'un mouvement culturel qui rend la violence de la *pólis* insignifiante et/ou invisible. Le théâtre d'Eschyle, du moins ce qu'il en reste, semble constituer la tragédie de formation du nouveau monde quand il est lu de manière orthodoxe. En effet, sur la scène eschyléenne, la conscience politique se construit de façon complexe au détour d'aventures traumatiques et exemplaires qui dépassent la simple violence archaïque de l'ordre collectif. Sans doute est-ce ainsi que ce théâtre devait et souhaitait être interprété. Du moins, est-ce ainsi qu'il semble avoir été plus simple de l'interpréter au cours des siècles. Au nom d'une loi impersonnelle, supérieure aux conflits interpersonnels et privés, Eschyle aurait donc écrit un manifeste ou une suite de manifestes qui exaltent la bonté des institutions politiques, du *gámos* (*Suppliantes*), des tribunaux (*Orestie*) et qui valorisent les fonctions de médiation propre au *lógos* pacificateur. De même, le premier Sophocle – celui qui écrit *Ajax*, *Antigone* et *Les Trachiniennes* – compose des intrigues qui imposent l'exclusion de la force, de la *bía* et de l'*húbris* : sur scène, les personnages incarnent une violence si radicale que le *lógos* et la mesure ne peuvent que triompher.

Le *lógos* est la première des stratégies de contrôle de la violence. Dans les tribunaux et dans les assemblées politiques, la parole se substitue au geste. Mais, à ce premier usage de la parole, succède un autre *lógos*, spécial, drogué de rhétorique, non communicationnel mais persuasif; un *lógos* qui cherche moins à décrire et à raconter qu'à modifier le cours des choses. Dans le final des *Euménides* (v. 885-886), Athéna a recours à la Vénérable Persuasion pour garder les Erinyes à Athènes et les pousser à se transformer en Euménides. La déesse préfère ne pas les bannir de la cité ou les chasser ignominieusement. Elle oppose ainsi la douceur et l'enchantement de la persuasion à la force colérique (*ménos*) de l'aiguillon affilé de la rancœur (*kótos*) que les déesses ne cessent d'invoquer et d'évoquer (v. 804 et 873) obsessionnellement dans les litanies hypnotiques qui martèlent leurs esprits (*húmnos ex Erinúon désmios phrenon* v. 304 ; 331-332 ; 344-345). Athéna ne doit employer ni la force[58] ni le mensonge pour mettre un

58. Les vieillards du chœur de la première tragédie, *Ajax* 385 *sq.*, connaissent bien la force que peut exercer une triste Persuasion, insupportable fille des conseils aveugles d'Até (βιατα δ'ηα τλαινα Πειτῆ/*proboúlou paîs áphertos Átas*). Si on la lit sous l'angle de leur mise en garde qui précède les actions de la trilogie, la persuasion séduisante qu'invoque Athéna s'avère des plus inquiétantes. Sur le lien persuasion-violence, outre l'étude de M. Detienne, *I maestri di verità nella Grecia arcaica* (1967), Roma-Bari, Laterza, 1977, spécialement p. 35-58, on peut utilement consulter A. Cozzo, *Tra comunità e violenza. Conoscenza, logos e razionalità nella Grecia antica*, Roma, Carocci, 2001, spécialement p. 113 *sq.* Lors d'un séminaire de recherche à Pavie, M.T. Clavo Sebastian de l'Université de Barcelone a donné des interprétations particulièrement intéressantes sur la persuasion dans les *Euménides*. On ne peut que se réjouir de la publication imminente de son travail.

terme à la violence de leurs vengeances et rendre les déesses obéissantes. Il lui suffit de les séduire en leur promettant des honneurs. Toutefois, c'est bien dans le mensonge, dans l'illusion et le ravissement des mots, dans *l'apáte* que Gorgias exalte, que la plus haute puissance du *lógos* s'exprime et les deux mécanismes principaux de canalisation de la violence, *lógos* et *dólos*, se confondent inextricablement.

Depuis toujours, le *dólos* est un trait caractéristique de la culture grecque. Il s'allie à la ruse, *metis*, et la valorise afin de limiter la violence. En Grèce, la *metis* appartient aux dieux et aux héros. Elle préside la cosmo-théogonie d'Hésiode et prend corps avec Ulysse, le *polúmetis* par antonomase. Après dix ans de batailles valeureuses et de duels au corps à corps, c'est la tromperie, le *dólos* de son cheval de bois qui va lui permettre de prendre d'assaut Troie. Démodocos chante ce *dólos* après avoir chanté celui des chaînes qu'Héphaïstos avait préparées pour lier Aphrodite et Arès[59]. Une fois la guerre terminée, ceux qui sont destinés à dominer ne sont donc pas les colosses aux épaules larges mais ceux qui savent réfléchir. Telle est en tous cas la réponse d'Agamemnon à Teucer dans l'*Ajax* (v. 1250) de Sophocle, quand il justifie le double affront que subit Ajax à qui on n'a pas remis les armes d'Achille (qu'on avait données à Ulysse) et à qui on refuse même le droit à la sépulture. Ulysse, le survivant de la guerre qui détourne les obstacles par la ruse, laisse une marque et une descendance dans la culture politique qui ne sait plus quoi faire des géants, des guerriers encombrants, des héros de la force. Sa présence est récurrente au sein des tragédies. Dans le *Philoctète* de Sophocle, par exemple, il enseigne à Néoptolème la technique de la tromperie. Il y improvise le rôle d'un marchand pour le moins inattendu[60] pour essayer d'abuser une dernière fois Philoctète. Il y thématise aussi la tromperie qui permettrait d'éviter la violence ou, au moins, de ne s'en servir qu'en dernier recours. Enfin, il y fait du théâtre dans le théâtre et il y montre comment le théâtre constitue justement la plus efficace des tromperies.

L'oubli est le dernier, mais pas le moindre, des antidotes contre la violence. Il fait partie des signes de la mesure grecque. Il impose le silence à la violence et à son souvenir. Il empêche que toute action entraîne une réaction. Il brise la chaîne du sang. Bien avant que la loi de la cité n'impose l'oubli de la terreur et de l'horreur engendrée par les Trente pour qu'on ne se souvienne pas, *me mnesikakeîn*[61], des faits qui pourraient

59. *Odyssée* 8, 276 et 494.

60. Sur la controverse quant à cette épisode *cf.* A. Masaracchia, « La scena dell'emporos nel "Filottete" di Sofocle », *Maia*, 16, 1964, p. 79-98.

61. *Cf.* A. Natalicchio, « "Me mnesikakein" : l'amnistia », dans S. Settis, *I Greci*, *op. cit.*, 2 II, p. 1305-1322.

susciter des représailles et de nouveaux accès d'hostilité, la tragédie met en scène l'oubli thébain. Ismène, incarne l'aspect vital et positif du besoin d'oublier : elle refuse de suivre sa sœur, Antigone, qui cultive et nourrit la mémoire du *génos* œdipien. Ismène l'implore d'en finir avec le passé et ses déshonneurs répugnants : les morts comprendront[62]. Plus ou moins trente ans plus tard, sur la scène des *Phéniciennes* d'Euripide (v. 63-68), Etéocle et Polynice interprètent la ruse politique qui consiste à faire oublier : dans le prologue d'une Jocaste ressuscitée, on informe le public que tous les personnages de la perversion thébaine sont encore là, qu'"dipe est encore vivant et qu'il est à Thèbes et qu'il maudit ses fils. Ceux-ci l'ont enfermé dans les cachots du palais royal pour que son cas, si difficile à constituer, soit oublié.

Lógos ou les bonnes argumentations. *Dólos* ou la tromperie qui évite la force physique. *Pseûdos* ou le mensonge pieux et nécessaire. Avec l'*oubli, lógos, dólos et pseûdos* président non seulement à la *pólis* historique dans son unité mais aussi aux règles d'or de l'utopique et parfaite *kallípolis* socratique. Dans la *République* de Platon, Socrate la décrit de manière à parer toutes objections éventuelles. Il prévoit ce que les élus du nouveau *génos* devront croire, à savoir : qu'ils devront tous être frères comme les métaux qui sont fils de la terre[63]. Il fixe en sourdine ce qu'ils ne devront pas savoir ou oublier : comment ils sont nés et qui les a élevés[64]. La tragédie façonne et dramatise les parcours qui conduisent à la société, à la culture de la raison et aux bonnes règles qui font passer du code extérieur de la honte vers le code intérieur de la responsabilité et de la faute. La coupe que l'on peut établir à travers l'éloquence judiciaire et d'autres filtres de représentation beaucoup moins sophistiqués que ceux des tragiques, confirme le tableau général d'une société qui n'ignore pas la violence des rapports humains et du groupe, sans cesse scandée de crimes et de délits, mais qui dispose des institutions et des sujets en mesure de pacifier l'agressivité de chacun, capables de mesurer et de punir l'illégalité, aptes à classifier les déviances et à les isoler comme des anomalies qui ne menacent pas la communauté et qui ne compromettent même pas l'identité du groupe ni la modernité de la *pólis*. Dans la légende et en dehors, la raison, la tromperie, l'oubli et – ajoutera-t-on – la dévalorisation des corps[65] semblent être les principes fondamentaux de la paix extérieure et

62. Sophocle, *Antigone* 49-68.

63. *République* 414d- 415d.

64. *République* V 458a-464b. *Cf.* P. Pinotti, « Dal *Frankenstein* di Mary Shelley alla *Repubblica* di Platone. Storie permesse e storie proibite sulla paternità asessuata e sui figli della scienza », *Materiali per una storia della cultura giuridica*, 30, 2, 2000, p. 493-510.

65. En ce qui concerne l'adoucissement des dispositifs de pouvoir et de domination qui ont toujours moins besoin de s'appliquer aux corps-théâtres pour organiser et normer la vie

du bien être intérieur que véhiculent, dans notre imaginaire occidental, Athènes et les Grecs et qui font d'eux nos pères et nos maîtres.

Bas les masques

Il suffit pourtant de sortir du sillon premier de l'écriture athénienne, il suffit de faire quelques pas en dehors de son univers grave, du *spoudaîon* comme disait Aristote, il suffit de s'aventurer dans le monde discrédité du *geloîon* pour perdre ses repères. On a alors l'impression de découvrir que les Grecs de la cité classique, les maîtres pour discipliner et nier la cruauté, avaient réussi à localiser la force maligne de leur modération sans la nommer explicitement. La solidarité entre le rire et la cruauté existe depuis longtemps. Ainsi, à Sparte, dans la ville des louanges et des humiliations publiques (*épainos* et *psógos*), des travaux *pónoi* et des punitions corporelles, Lycurgue avait-il érigé une petite statue dédiée au Rire[66]. La comédie assume donc et transforme la violence. Elle prend en charge ce que la tragédie prétend exorciser et dépasser par la logique de ses enchevêtrements narratifs. La comédie s'enracine directement dans les drames sociaux. Elle est à la fois l'héritière et la gardienne de formes dramatiques rituelles et élémentaires : qu'on pense à l'*agon*, à la joute où deux parties adverses s'affrontent ou bien à la *parabasis* qui laisse encore apparaître la pratique du *komos* itinérant et railleur[67]. La comédie perpétue l'usage de

des individus en société, force est de renvoyer à Michel Foucault et à ses écrits décisifs pour l'histoire de la pensée. On pense évidemment à ses essais lumineux : *Histoire de la folie*, *Naissance de la clinique*, *Surveiller et punir* qui sont essentiellement dédiés à l'étude de l'âge classique en France, mais on pense aussi, et surtout, à sa trilogie sur l'*Histoire de la sexualité* qui reconstitue les processus de pouvoir et de domination depuis la Grèce. *Cf.* D. Defert, « La violenza tra poteri e interpretazioni nelle opere di Michel Foucault », dans F. Héritier (éd.), *Sulla violenza*, *op. cit.*, p. 66-89.

66. Plutarque, *Vie de Lycurgue* 25.

67. On compte de nombreuses recherches à propos de l'enracinement du *psógos* dans la tradition iambique et dans les rites de l'*aiskhrología*. On s'intéressera en particulier aux études qui abordent le sujet de manière systématique : E. Degani, « Insulto ed escrologia in Aristofane », *Dioniso*, 57, 1987, p. 31-47 et « Giambo e Commedia », dans E. Corsini (éd.), *La polis e il suo teatro*, Saggi e materiali universitari VII, serie di Antichità e Tradizione classica VI, vol. II, Padova, Editoriale Programma, 1988, p. 157-179 ; E. Pellizer, « Per una morfologia della poesia giambica arcaica », dans A.A.V.V., *I canoni letterari. Storia e dinamica*, Trieste, Lint, 1981, p. 35-48 ; C. Miralles, « La tradizione giambica », *Quaderni di Storia*, 29, 1989, p. 111-132. M. Treu (*Undici cori comici. Aggressività, derisione e tecniche drammatiche in Aristofane*, Genova, D.AR.FI.CL.ET "Francesco Della Corte", 1999 ; « La violenza oltre la scena : lo *psogos* nelle commedie di Aristofane », dans *La violenza nel teatro greco e latino*, *op. cit.*, p. 367-381) reconstruit la problématique et présente des éclaircissements inédits à propos de la violence chorale et des objectifs en-dehors de la scène.

la parole comme une arme. Elle ne pratique pas un *lógos* de médiation ou d'argumentation mais d'outrage; un *lógos* qui vise symboliquement le corps pour frapper l'âme et l'identité profonde de ses victimes jusqu'à les conduire à une mort sociale. On ne trouve pas de discours plus performatif que celui de la comédie. Il s'agit d'un véritable geste verbal. Contrairement à la malédiction tragique et biblique[68], l'invective iambique et comique va droit au but sans invoquer l'intervention divine.

Mais ce n'est pas tout. Si le *skomma*, la parole moqueuse, est le substitut comique de l'arme tragique, l'exécution verbale de condamnations à mort archaïques[69], alors le rire et les mécanismes linguistiques et gestuels qui le provoquent font de la comédie le lieu où de nombreux masques peuvent librement tomber et de nombreux messages se dévoiler. Avec le rire comme passe-partout, la comédie dit ce qui ne serait pas dicible avec un ton sérieux. Elle offre ainsi des grilles de lecture non conventionnelles des textes phares de l'idéologie de la cité. Elle déniche la violence qui se tapit dans les institutions de la cité, dans ce lieu historique de la modération politique. Elle suggère que le véritable nerf du théâtre tragique (celui d'Eschyle y compris) et de ses vicissitudes exemplaires se situe moins dans le dépassement politique de la violence archaïque que dans la dénonciation de la nouvelle violence qui surgit et s'insinue là où le sang coulait auparavant. On rencontre donc cette nouvelle violence dans la manipulation rhétorique de la tradition, dans le consensus et dans les consciences, dans la férocité des institutions et du bien collectif[70]; férocité qui s'avère d'autant plus implacable qu'elle est anonyme, masquée et qu'elle ne provoque aucune effusion de sang.

68. A propos des malédictions bibliques, des modalités et des fonctions de ce genre de paroles performatives, *cf.* B. Lang, « La violenza al servizio della religione: su alcune forme elementari di aggressione nella Bibbia », dans F. Héritier (éd.), *Sulla violenza*, *op. cit.*, p. 123-143. Sur les différences, historiques et fonctionnelles, et sur les analogies entre genres poétiques grecs et arabes que suggèrent les commentaires d'Averroès sur la *Poétique* d'Aristote, *cf.* G. Serra, *Da tragedia e commedia a lode e biasimo*, Stuttgart-Weimar, Verlag J. B. Metzler, 2002.

69. L. Gernet (*Anthropologie de la Grèce antique*, Paris, Maspero, 1968) révèle les analogies qui rapprochent certaines condamnations à mort laïques et politiques des exécutions rituelles très archaïques et des gestes d'exclusion verbale que l'on peut subir dans le monde contemporain, notamment quand on appartient à une minorité. Ainsi il évoque le cas de l'*apotumpanismós*: il s'agit d'une torture située entre la bastonnade publique et la crucifixion (*cf.* en particulier chapitres III et IV, section « Droit et Prédroit », p. 288-329).

70. Sur les modes et les formes de violence qui persistent sous les institutions et la paix de la *pólis*, *cf.* G. Serra, *Da tragedia e commedia a lode e biasimo*, *op. cit.*, Le thème de la violence dans les pratiques verbales et politiques d'une part, et dans les écoles philosophiques d'autre part, est le fil conducteur de l'analyse d'A. Cozzo, *Tra comunità e violenza. Conoscenza, logos e razionalità nella Grecia antica*, Roma, Carocci, 2001.

En ce sens, il faudrait établir une analyse linguistique détaillée des comédies : on y parle assez peu de violence mais on y retrouverait des métaphores littéralement exsangues, vieillies, on y redécouvrirait la cruauté que cachent les translations et les substitutions habituelles, on verrait l'annulation des procédés symboliques, on creuserait le *lógos* hypocrite et rigide des institutions pour lui faire dire ce qu'il exprimait originellement. Et c'est sur la base de cette langue réanimée, qu'on évoque et qu'on commet des actions atroces, souvent là où le bien était censé triompher. Une fois que les palais où avaient eu lieu les massacres mythiques se sont écroulés, les centres de violence réapparaissent dans les organes vitaux de la politique. Là, on manipule sans cesse la vérité, les jeux sont toujours des jeux de dupes et les complicités ne sont jamais gratuites.

Dans les *Acharniens*, en fin de compte, le brave Dicéopolis, qui parvient à rétablir la paix et le bien-être disparus depuis la guerre, donne certes naissance à une cité qui est principalement un nouveau marché, libre et surabondant, mais qui est aussi une sorte de trafic qui autorise un Mégarien à mettre en vente ses filles en prétendant qu'il s'agit de truies. L'ambiguïté linguistique qui se rattache au double sens de *khoîros* est politiquement correcte et lui permet de justifier son action.

La confrontation publique entre les deux rivaux des *Cavaliers* prend des allures de cannibalisme. En effet, du début à la fin, elle se joue sur le registre métaphorique de la nourriture et de la dévoration. Tandis qu'ils se déchaînent l'un contre l'autre, ils donnent l'impression d'agir comme s'ils étaient manipulés de manière occulte par les derniers hommes respectables, les Cavaliers qui donnent le titre à la pièce. Si ceux-ci ne descendent pas dans la rue, ils n'en gardent pas moins les commandes de la chose publique.

Dans les *Nuées*, c'est au tour de la parole de Socrate de prendre des accents inquiétants. Elle semble plus ou moins s'y confondre, aux yeux du *polítes* moyen et du spectateur implicite, avec la spéculation intellectuelle des sophistes. Si une telle spéculation ne constitue pas vraiment une malversation dans l'esprit de ceux qui la conduisent, elle a cependant comme fin la prévarication indue de ceux qui l'emploient dans un but affairiste et idéologique.

Dans les *Guêpes*, les tribunaux, institués pour trancher les controverses et contenir la violence, donnent plutôt l'impression d'être plus proches de lieux d'abus que de tutelle et semblent ne pas offrir autre chose que des occasions de concussion et de corruption. Ainsi l'exagération comique favorise-t-elle certaines formes de prostitutions. Pareille faillite de la justice se dessine entre les attaques du fils et l'affection fanatique du père pour la plus glorieuse institution athénienne, entre des juges arrogants et des citoyens intéressés.

En dernier lieu, l'utopie révèle – en les caricaturant – les relations complexes que la cité historique entretient avec les rêves des philosophes. Que ce soit dans la cité des *Oiseaux* ou dans celle des femmes au pouvoir de *L'assemblée des femmes*, l'utopie finit toujours par engendrer une nourriture avariée – des brochettes d'oiseau – et une sexualité monstrueuse et dévorante – une vieille qui se démultiplie en trois Parques obscènes qui luttent sur le corps d'un jeune homme. À nouveau, on dira que ces images sont autant d'allusions à un cannibalisme des plus féroces et des plus archaïques.

La comédie déniche et met en scène la cruauté qui s'insinue dans les dynamiques sociales et dans les institutions censées assurer la paix politique. Elle rouvre l'interprétation des textes canoniques qui ont donné son idéologie à la cité. Elle montre comment le doux animal est en réalité méchamment griffu. Bien que tardivement et sans doute en raison de la guerre, nous sommes dans le dernier quart du Ve siècle, la comédie pointe des transparences inattendues et pas seulement dans les textes qui lui sont contemporains. Si l'on éclaire le théâtre d'Euripide à l'aide de la comédie – il faut savoir que l'auteur des *Bacchantes* était la référence constante, voire l'obsession, d'Aristophane – il se détricote au point que chaque mouvement apparent semble y révéler un mouvement contraire. On n'entend plus alors que le contrepoint de la trame et des dialogues, des actions et des répliques, du langage d'un personnage et de son adversaire.

Qu'on se limite à convoquer *Médée*. Tragédie emblématique de cette dramaturgie contradictoire : selon l'interprétation classique, le texte condense et dramatise toutes les oppositions fondamentales de la culture grecque – grec-barbare, homme-femme, raison dialectique-force brute – de sorte que tous les points négatifs semblent retomber sur Médée, la mère infanticide, et que toutes les points positifs aillent à Jason, l'Argonaute. Une telle interprétation semble également concorder avec la thèse tenace de la misogynie d'Euripide. Quoiqu'il en soit, Médée semble effectivement avoir le rôle de celle qui démasque la mesure invoquée par Jason au nom de la bonne vie politique comme un calcul opportuniste. C'est encore elle qui perçoit dans l'autocontrôle de la *sophrosúne* une forme voilée d'intolérable subordination et dans le *nómos* une violence qui autorise seulement le droit du plus fort. C'est elle, enfin, qui montre que le *lógos* – dont elle se sert avec une habilité supérieure à celle des Grecs, ses ennemis obtus, – est le dol suprême. Pour elle, il s'agit d'une ruse qui n'évite en rien la violence, qui ne se limite même pas à l'occulter simplement mais qui la tolère. Si on l'utilise avec adresse et radicalité, le *lógos* n'empêche en rien l'infanticide : il y prédispose. Tout comme, chez Eschyle, il avait prédisposé au massacre d'Agamemnon sous la hache de Clytemnestre, qui se fait gloire de sa dissimulation : « J'ai tenu tout à l'heure un long discours, conformément à la circonstance *kaírios*; je ne rougirai de le démentir »[71].

Rappelons encore le juste Thésée d'Euripide, sa violente attaque contre Hyppolite (*Hyppolite* v. 936 *sq.*) et toutes les différences, aussi bien de comportement que de mentalité, que la cité admet tout en les méprisant chez les végétariens, les puritains, les intellectuels. Sur la scène, la violence explose dans les malédictions du père contre le fils et le spectateur antique, comme le lecteur d'aujourd'hui, s'aperçoit alors que la cité de la tolérance, des savoirs évolués, du respect physique et des bonnes manières avait sans doute suffoqué la force violente mais qu'elle ne l'avait pas éteinte.

On a vu l'insistance avec laquelle Euripide décline dans son théâtre le motif de l'intolérable sacrifice virginal. Il s'agirait peut-être d'un symbole archaïque et profondément pathétique pour représenter, à l'aide du sang innocent que demandent les dieux et les puissants, le très haut prix à payer pour alimenter l'ordre en vigueur et la douce concorde. En ce sens, l'*Iphigénie en Tauride*, la réécriture du début de la légende grecque, la tragédie de la vierge par excellence, le prix de la victoire grecque sur Troie et de la civilisation s'avèrent particulièrement significatifs. Dans ce texte, on découvre que le sang coule au nom de la très pure sœur d'Apollon et au nom de son hypostase grecque, au nom de la vierge sauvée qui est elle-même devenue ministre des sacrifices humains pour sa déesse. Ce sang est le sang qu'on se limite toujours à évoquer mais qui est clairement présupposé par les cultes initiatiques qui avaient historiquement lieu à Halae et à Brauron. *Iphigénie en Tauride* est le texte qui thématise et relativise le sacrifice humain des barbares en regard du matricide politique d'Oreste.

C'est toujours en ce sens qu'il faut lire l'*Ion*. Il s'agit d'une œuvre qui a obtenu sa réputation plus en fonction de son statut d'expérimentation formelle que de son investissement thématique. Le texte répète cinq fois, en suivant toutes les variantes expressives possibles (*rhesis*, monodie, dialogue et dialogue lyrique, récit), la légende mère des autochtones Érechtéides. Cette légende se perpétue de génération en génération ni tout à fait pareille ni tout à fait différente : des filles de Cécrops à Créuse, fille d'Érechthée, aux filles de l'Athènes historique qui, chaque année, suivant leur rôle d'Arrhéphores portent rituellement le coffret sacré du temple d'Athéna aux grottes de l'Acropole. Ion, l'enfant trouvé de Delphes, connaît par cœur la saga athénienne mais, en parfait *eíron* qu'il

71. *Agamemnon* 1372.

est, il oblige Créuse à remuer le passé et à rappeler les passages les plus scandaleux et les plus connus du mythe. Dans la longue et dense stichomythie du premier épisode, les questions d'Ion sont de véritables amorces de récits qui contraignent Créuse à évoquer notamment la mort des filles de Cécrops qui avaient découvert le secret du coffret que leur avait confié Athéna : celui-ci contenait le petit Érichthonios, futur chef de la lignée des autochtones. Elle passe ensuite au sacrifice des filles d'Érechthée, ses sœurs, immolées pour favoriser la victoire d'Athènes sur Eleusis[72]. Elle fait aussi allusion au viol qu'Apollon lui a imposé par la force, *bíai*. Ce premier mouvement de la tragédie suggère encore l'attribution erronée d'un fils, Ion, à Xouthos l'époux de Créuse et la double vérité qui permet à Ion de régner comme le fils légitime de son père et comme héritier des traditions Érechtéides puisqu'il est le fils naturel de Créuse et d'Apollon.

Par-delà l'épique grecque et les mythes athéniens, Euripide construit ses *Iphigénie* et l'*Ion* sur la mémoire persistante de l'*Orestie* d'Eschyle. Plus particulièrement, l'*Ion* rejoue, avec les mêmes divinités et dans le même milieu delphico-athénien, l'autre aventure capitale pour la fondation d'Athènes qui s'avère complémentaire du matricide d'Oreste. Il s'agit d'une autre histoire de violences et de mensonges qui ouvre une spirale où mensonges, faux-semblants et violences se relancent et se recouvrent de façon simpliste et défigurée. Dans les deux histoires, le dieu panhellénique et oraculaire est le moteur, la déesse poliade la garante et Hermès l'entremetteur[73]. La cité et ses institutions se transforment et grandissent sur le sang le plus consanguin de la mère et sur les trônes gorgés de sang des nouveaux dieux arrogants qui chassent les vieilles déesses. C'est du moins ce qu'insinue Eschyle lorsqu'il tisse pour chaque thème un contre-thème et qu'il noue ensemble les oxymores qui fondent le sens de la trilogie. Et, encore pour Euripide, la cité naît et ne peut se perpétuer qu'à condition de verser, génération après génération, le sang le plus pur et le moins cher du point de vue social, à savoir : le sang des vierges. N'en va-t-il pas exactement de la même façon pour les vierges d'Euripide que pour la prostituée contemporaine du film posthume de Kubrick, *Eyes Wide Shut?* La jeune femme, que le docteur du film sauve d'abord d'une overdose et qui se sacrifie ensuite à sa place lors du sabbat masqué, lors de cette orgie de pouvoir occulte, insaisissable et chatoyant derrière ses grands masques, ne

72. *Cf.* W. Burkert, *Homo Necans. Antropologia del sacrificio cruento* (1972), Torino, Boringhieri, 1981, et P. Bonnechère, *Le sacrifice humain en Grèce ancienne*, *op. cit.*, spécialement p. 74 *sq.*

73. Hermès récite le prologue de l'*Ion*. Il y clarifie dès le départ son rôle d'accompagnateur d'Ion, fils d'Apollon, son frère. Dans les *Euménides* (*cf.* v. 89-93), Apollon invoque Hermès comme guide protecteur d'Oreste.

trouve-t-elle pas son archétype dans ces vierges sacrifiées durant l'Antiquité?

Oui, la naissance de la *pólis* semble bien toujours renvoyer à des histoires embarrassantes que chacun connaît. Peut-être n'en connaît-on pas les moindres détails, peut-être peut-on feindre de ne pas les connaître ou d'en connaître des versions un peu différentes. Mais, dans tous les cas, par volonté d'Athéna et de toutes les bonnes mises en scène politiques, l'oubli doit y valoir dans la même proportion que la mémoire.

Dans les tribunaux, la civilisation trouve un lieu pour prévenir les massacres bestiaux. C'est du moins ce que soutient Tyndare quand il s'oppose à Oreste[74], avant que *l'ángelos* ne raconte le déroulement d'une assemblée dirigée par le plus indécent des orateurs[75] (du moins si l'on adopte le point de vue de l'*ángelos* qui était certainement aussi celui d'Euripide). Force est de constater que le récit de l'*ángelos* contredit la foi du vieillard dans les institutions : parce qu'elle est fort orientée, l'assemblée finit par se prononcer en faveur de la condamnation à mort pour les matricides. Les *lógoi* dirigent et orientent les faits. Ils préservent contre les décisions précipitées et stupides, contre la violence des mesures extrêmes. C'est en tout cas ce que Diodote[76] avance contre Cléon lorsqu'il sauve de la mort les Mytiléniens en obtenant de justesse la majorité des voix. Mais Cléon[77], qui s'était exprimé avant lui avec un pragmatisme aussi radical que déconcertant aux yeux de Thucydide, avait dénoncé l'illusionnisme des discours. Le grand historien de la Grèce présente d'ailleurs le discours de Cléon en renversant l'oxymore habituel de la persuasion qui force : il l'interprète comme un discours tellement violent (*biaiótatos*) qu'il devient au plus haut point persuasif (*pithanotatos*). Reste que Cléon présente les mots comme ce qui fait dévier les comportements et qui génère des monstres par l'endormissement de l'esprit : des spectateurs de mots et des auditeurs de faits filtrés et déformés par la rhétorique (*theataì mèn ton lógon*; *akroataì dè ton érgon*).

74. Euripide, *Oreste* 524.

75. Certaines informations textuelles tout à fait pertinentes permettent d'identifier Cléophon comme le vigoureux métèque qui domine l'assemblée. Il s'agissait d'un des chefs de la restauration démocratique après l'échec du coup d'état oligarchique de 411. C'est à cet épisode que l'on doit le départ contraint de Critias pour la Thessalie (*cf.* Aristote, *Rhétorique* 1375b32) mais aussi la plus ferme opposition au retour d'Alcibiade.

76. Thucydide, III 42-48. On devrait se souvenir de la complexité et du raffinement de cet extrait pour éviter les simplifications naïves du plus célèbre dialogue des Athéniens et des Méliens. C'est ce même dialogue qui avait été interprété au début de ce travail comme un manifeste de *Realpolitik* avant la lettre de la part de Thucydide.

77. *Ibid.*, 37-40.

Le mensonge rhétorique comme le silence mystifient les faits. Ils réduisent la violence. Ils atténuent la crise. Et ce, jusqu'au moment où la mémoire comprimée et bafouée n'explose et ne déchire les voiles ; jusqu'à ce que Dionysos, le Dionysos renié, le Dionysos apprivoisé par la cité, ne revienne avec la violence absolue qui détruit le palais du pouvoir, qui pousse les Bacchantes à dépecer Penthée et qui renverse les fondements de la civilisation. Et ce, jusqu'à ce que Lysias ne décrive dans les moindres détails les exactions d'Eratosthène, l'avidité et la cruauté des Trente et de leurs sicaires, non pas comme s'il s'agissait d'une aberration ou d'un dérapage impromptu mais comme d'un programme de destruction qu'ils adoptèrent avec lucidité. Et ce, jusqu'à ce que la religion, cet excellent prétexte, ce réservoir sans fin d'images et d'histoires, qui avait couvert les projets des *hetaîroi*, ne se retourne contre eux lors des procès pour *asébeia*.

Ce contre-chant des Grecs nous a presque échappé. On n'a pas bien saisi leurs histoires de retour de la violence métamorphosée. On a à peine aperçu leur dépersonnalisation de la violence. On n'a pas toujours vu la violence désincarnée et métaphorique. Or même les dieux fantoches n'ont plus affaire, comme Benjamin le croyait encore[78], avec les épiphanies de la violence métaphysique ou l'avènement de la création du droit. Comme l'affirment certains personnages d'Euripide – d'Héraclès à Hécube en passant même par Iphigénie (*Iphigénie en Tauride*, 380-391) qui a été victime et prêtresse des mêmes rites cruels -, les dieux sur scène sont plutôt des masques pour la violence humaine. Ils proviennent du mensonge fondamental des poètes. Reste que l'assujettissement lié aux formes de la rationalité qui organisent la vie plutôt que de marquer les corps, que le déplacement de la violence du pouvoir vers le savoir, de la coercition vers l'idéologie, vers les alibis, les alias s'avèrent beaucoup moins voyants que les négations et les contrôles outranciers et beaucoup plus silencieux, dissimulés sous le bruit d'innombrables hommages à la douce modération.

78. *Cf.* W. Benjamin, *Angelus Novus*, *op. cit.*, p. 22. Ce n'est pas par hasard si Benjamin évoque Apollon et Artémis. Il utilise les frères divins, qui avaient tué Niobé et sur lesquels Euripide revient sans cesse en les entremêlant à leurs hypostases humaines, Oreste et Iphigénie, pour illustrer cette violence fondatrice.

Table des matières

Numéros déjà publiés

Cahier n° 1
Septembre 1981 – 148 pages (épuisé)
Présentation du Groupe de Recherches, par Janine Chêne. *Lecture, lecteurs, lettrés, littérature*, par Pierre Bourdieu. *Les origines frégéennes de la distinction entre ce qui « se dit » et ce qui « se voit » dans le* Tractatus Logico-Philosophicus *de Wittgenstein*, par Jacques Bouveresse. *Valéry, Wittgenstein et la philosophie*, par Régine Piétra. *Essai sur la rationalité et la pensée mythique grecques*, par Henri Joly. *Le « Récit scientifique » à l'âge baroque : l'exemple du récit de la découverte de la circulation du sang*, par Jacques Lambert.

Cahier n° 2
Juin 1982 – 180 pages
Entre temps et récit : Concorde/Discorde, par Paul Ricœur. *Le temps du conte et le non-temps de l'inconscient*, par Monique Schneider. *Le rôle du récit dans l'avance en âge*, par M. Philibert. *La notion du sujet parlant*, par Oswald Ducrot. *La peinture tirée du tombeau*, par C. Stanislas. *L'Être (et le Néant) dans sa lettre*, par François Heidsieck. *Le corps-langage – Inscription, parole, phantasme dans l'hystérie de conversion*, par Janine Chêne. *Le corps-langage – le corps anagrammatique*, par Monique Broc-Lapeyre.

Cahier n° 3 – La Philosophie dans sa langue
Juin 1983 – 177 pages
Vices et vertus des cercles (pour introduire aux problèmes de l'auto-référence), par Daniel Bougnoux. *La langue et le discours de la méthode*, par Jacques Derrida. *Rêver de ses plaisirs. Sur l'onirocritique d'Artémidore*, par Michel Foucault. *La philosophie entre le clair et l'obscur ou Kant et Hegel devant l'« Aufklarung »*, par Henri Joly. *L'archipel et le signe (sur la pensée kantienne de l'historico-politique)*, par Jean-François Lyotard. *Secret, dissimulation et art de persuader chez Pascal*, par Louis Marin. *L'*Aufklarung *et la problématique de la langue : enjeux culturels et université scientifique*, par Marianne Schaub.

Cahier n° 4 – Langage et philosophie des sciences
Juillet 1985 – 219 pages (épuisé)
Les formes fondamentales de la prédication : un essai de classification, par Jules Vuillemin. *Connaissance des mots, connaissance des choses : théorie du signe et épistémologie à l'âge classique*, par Ukich Ricken. *Le synthétique* a priori *et la science moderne*, par G. Granger. *Platon, Aristote, Descartes, sur l'espace*, par Jean Largeault. *Logique médicale*, par Anne Fagot. *Lecture et identification dans l'histoire naturelle ; Cuvier et le déchiffrement des organismes*, par Jacques Lambert. *La recherche contemporaine sur le mythe : une révolution pas encore conçue*, par Kurt Hubner. *Wittgenstein critique de Frazer*, par Jacques Bouveresse. *Identité, désignation et matérialisme*, par Pascal Engel.

Cahier n° 5 – Pratique de langage dans l'antiquité
2e trimestre 1985 – 175 pages (épuisé)
La sophistique dans l'Antiquité : Grèce, Inde, Chine, par Régine Piétra. *L'égalité du droit à la parole dans la démocratie grecque – la notion d'*isegoria, par Janine Chêne. *Pourquoi Baubô a-t-elle fait rire Déméter ?*, par Monique Broc-Lapeure. *Épicure : un langage pour la sagesse*, par François Heidsieck. *Remarques sur la logique du changement*, par Frédéric Nef. *Le mot, la phrase, le roman et l'existence chez Flaubert*, par Claude Boyard. *Le langage des droits de l'homme*, par Jean-François de Raymond

Cahiers n° 6 et 7 – Philosophie du langage et grammaire dans l'Antiquité
Avril 1987 – 464 pages – Actes du Colloque du 3 au 6 septembre 1985
Avant-Propos, par Henri Joly. *Les mots et les choses : la philosophie du langage chez Démocrite*, par Aldo Brancacci. *Dire et savoir* (legein – eidenai) *chez Xénophane et Parménide*, par Anna Kelessidou. *Observations concernant* legein *et* logos *chez Héraclite*, par François Heidsieck. *Théorie et langage. Le langage comme* logos théorètikos, par Georges Antonopoulos. *Comment faire des choses avec des mots grecs. Les actes de langage dans la langue grecque*, par Françoise Letoublon. *Les mots et les formes dans le* Cratyle *de Platon*, par Charles Kain. *Platon entre le maître d'École et le fabriquant de mots. Remarques sur les* grammata, par Henri Joly. *Discours des vieillards et discours sur la vieillesse chez Platon et aujourd'hui*, par Michel Philibert. *Isocrate et le langage de la culture*, par Jean-François de Raymond. Logos-*phrase et* logos-*texte chez Platon et Aristote*, par Anna Maria Thornton. *Structure sémantique et forme logique d'après l'analyse aristotélicienne des phrases d'action*, par Pascal Engel. *Symbole et signe dans le* De Interpretatione, par Curzio Chiesa. Legomenon *et* Kategoroumenon *chez Aristote*, par Lambros Couloubaritsis. *Paradoxes linguistiques. À propos de* lexis *chez Aristote*, par Denis Zaslawsky. *Pour une réinterprétation des catégories stoïciennes*, par Claude Imbert. *Remarques sur la classification des propositions simples dans les logiques hellénistiques*, par Jacques Brunschwig. *Le problème de l'expression et de la communication dans le scepticisme grec*, par Françoise Caujolle-Zaslawsky. *Critique de la théorie du signe et langage chez Sextus Empiricus*, par Venant Cauchy. Elementa. *Remarques sur le rôle de l'écriture dans la linguistique antique*, par Francoise Desbordes. Pecuslpecunia,

un acte de parole, par Claire Feuvrier-Prévotat. *La sémantique de St Augustin est-elle vraiment mentaliste?*, par Frédéric Nef. *L'électisme et le développement de la grammaire hellénistique et romaine: les unités du discours*, par François Charpin. *L'ordre de la langue. Observations sur la théorie grammaticale d'Apollonius Dyscole*, par Jean Lallot. *The Treatment of the Greek Middle Voice by the Ancient Grammarians*, par A. Rijksbaron. *Donat ou Priscien: syntaxe et figure de construction dans la grammaire latine au XVIe siècle*, par Bernard Colombat.

Cahier n° 8 – Le Langage et le mental
Année 1987 – 145 pages
Épistémologie du sommeil paradoxal, par Claude Debru. *Pierce, lecteur de Berkeley: l'esprit et les signes*, par Claudine Engel-Tiercelin. *L'individuation des états psychologiques et le statut de la psychologie populaire*, par Daniel Laurier. *La linguistique aux frontières de l'anthropologie et de la phénoménologie*, par Françoise Letoublon. *La notion de système en philosophie*, par Daniel Parrochia. *Retour aux Grecs: Réflexions sur les «pratiques de soi», dans l'usage des plaisirs*, par Henri Joly.

Cahier n° 9 – La Métaphore
Année 1989 – 338 pages
Henri Joly (1927-1988). La philosophie comme métaphore, par Henri Joly. *Métaphores sporadiques et linéarité du signifiant chez Gorgias de Léontinoi*, par Alonso Tordesillas. Métaphora: *le fonctionnement sémiotique de la métaphore selon Aristote*, par Jean Lallot. *Métaphore et* methesis *dans la* Rhétorique *d'Aristote*, par Alain Petit. *L'euphorie de la langue*, par Pierre Rodrigo. *La question du sens figuré dans l'interprétation de l'écriture*, par François Heidsieck. *Métaphore et théorie des classes de noms chez Hobbes*, par Martine Pecharman. *Le problème de la métaphore et la controverse sur l'imagination à l'âge classique*, par Ulrich Richken. *La métaphore chez Nietzsche*, par Monique Broc-Lapeyre. *Nietzsche et le métaphorique: des métaphores, des concepts et des catégories*, par Monique Dixsaut. *La métaphore et les philosophes: quelques réflexions sur l'invention philosophique de la métaphore*, par Silvana Borutti. *Symbole et métaphore*, par Lambros Couloubaritsis. *La métaphore vive dans les langues mortes*, par Françoise Letoublon. *Le sens littéral des métaphores*, par Pascal Engel. *Les conditions d'acquisition de la métaphore chez l'enfant*, par Joëlle Gardes-Tamine. *Images et métaphores poétiques*, par Régine Pietra. *Dialogue de la musique et de la métaphore chez Michel Butor*, par Jean Sgard. *Comique et jeu métaphorique*, par Michel Gilot. *Le transfert à l'idiolecte: sur Paul Celan et l'antagonisme des langages*, par Jean Bollack.

Cahier n° 10 – Sémantique formelle et philosophie du langage
Année 1989
Introduction: la sémantique formelle a-t-elle un intérêt philosophique?, par Pascal Engel. *La sémantique kripkéenne et les doctrines logiques de Leibniz*, par Maurice Boudot. *Peirce ou la version sémantique-sémiotique de la logique formelle*, par Claudine Engel-Tiercelin. *Comparabilité et incomparabilité des théories physiques*,

par Jules Vuillemin. *Can there be a Substantive Account of Truth?*, par Thomas Baldwin. *The Sorites Paradox and its Significance for the Interpretation of Semantic Theory*, par Crispin Wright. *Adverbial modification and perception reports*, par Martin Davies. *States of affairs, Bedeutung and the Contingent* a priori, par Graeme Forbes. *Sémantique et psychologie : la sémantique des attributions de croyance*, par Pierre Jacob. *The Onogenesis of Conceptual Roles*, par Andrew Woodfield. *Représentation du sens ou représentation des connaissances*, par Daniel Kayser. *Quelques propriétés formelles élémentaires des fantômes*, par J. Jayez. *Événements et propositions : quelques aspects de la référence anaphorique en allemand*, par R. Bauerle. *Conclusion sur la table ronde*, par Frédéric Nef.

Cahier n° 11 – Valéry : la philosophie, les arts, le langage
Année 1989 – 281 pages
In Memoriam Henri Joly, par Régine Piétra. *Avant-propos*, par Régine Piétra. *Paul Valéry devant les paradoxes de la philosophie*, par Simon Lantiéri. *« Penser ce qui n'existe pas »*, par Ned Bastet. *Un système éclaté*, par Florence de Lussy. *Croisée de perspectives : Paul Valéry et Ortega y Gasset*, par Monique Allain-Castrillo. *Le chef d'orchestre dénubien furibond et Monsir Follerie*, par Monique Broc-Lapeyre. *Alain et Valéry*, par Judith Robinson-Valéry. *Valéry, William James et le problème de « l'Expérience Mystique »*, par Paul Gifford. *Suivre Léonard ou la Question du récit*, par Jeannine Jallat. *Teste et l'Impossible réel*, par Jean Levaillant. *« Plus je pense, plus je pense » ou concerto pour cerveau seul*, par Nicole Celeyrette-Piétri. *Valéry et le Socrate de son* Eupalinos *: écrire ou ne pas écrire*, par Silvio Yeschua. *Valéry et le cratylisme*, par Robert Pickering. *Langage et inspiration poétique : le témoignage valéryen*, par E.A. Moutsopoulos. *Le fonctionnement théâtral du dialogue philosophique chez Valéry :* L'Idée fixe, par Huguette Laurenti. *L'autre, l'obscur, du discours*, par Shushi Kao. *Le Modèle valéryen de l'esprit à la lumière des sciences naturelles de nos jours*, par Ulrike Heetfel. *L'art de l'ingénieur et la pensée valéryenne*, par A. Kaufmann. *Construire, connaître, douter*, par Vittorio Ugo. *Le fort et le ban : Valéry ou la récusation de l'art modeme*, par Jean-Charles Gateau. *Valéry et l'esthétique du cinéma*, par K.A. Bluher. *Langage musical/langage poétique : Valéry à la recherche de son chinois poétique*, par Brian Stimpson. *« Océan sonore » : la genèse du* Cimetière marin, par M.T. Giaveri.

Cahier n° 12 – Hommage à Henri JOLY
Année 1990 – 470 pages
Avant-propos, par J.C. Pariente, F. Letoublon, R. Piétra. *Bibliographie d'Henri Joly. La construction sociale du sexe*, par Pierre Bourdieu. *De la vertu « rapetissante » d'une grande biographie. Mais comment les plus petits détails de la vie originaire font extraordinaire le destin de Nietzsche*, par Monique Broc-Lapeyre. *Le titre des* Indalmoi *de Timon ; d'Ulysse à Pyrrhon*, par Jacques Brunschwig. *La grande illusion : pour servir à une mise en scène de l'*Hélène *d'Euripide*, par Barbara Cassin. *La forme éponyme. Participation et éponymie chez Platon*, par Curzio Chiesa. *Prolégomènes à la cosmologie de Pléthon*, par L. Couloubaritsis. *L'enfant, le cru et le philosophe.*

Orthopédie et sauvagerie dans les dialogues de Platon, par Éric Debardieux. *La voix de l'ami*, par Jacques Derrida. *Thalès ou Socrate, qui commence? ou : De l'ironie*, par Monique Dixsaut. *La philosophie du langage entre le clair et l'obscur*, par Pascal Engel. *L'argent dans les* Topiques *de Cicéron*, par Claire Feuvrier-Prévotat. *L'idée de forme logique dans les Six* Essais d'un art des signes *de J.H. Lambert*, par Gilles-Gaston Granger. *Le naturel et l'institué. Réflexion sur deux héros-types*, par Stéphan Imhoof. *Plato as a Socratis*, par Charles Kahn. *Le renversement platonicien :* logos, épistémé, polis, par Anna Kelessidou. *Poésie, Philosophie, Politique*, par Philippe Lacoue-Labarthe. *Quelques remarques à propos des notions de l'espace*, par Jean Largeault. *Le Temps s'en va*, par Françoise Letoublon. *« C'est moi que je peins... ». De la figuration du langage à la figuration du moi chez Montaigne*, par Louis Marin. *Les états généraux de la philosophie : l'École d'Athènes de Raphaël*, par Régine Piétra. *Prélude à une brève rencontre : la correspondance de Descartes avec la reine Christine de Suède*, par Jean-François de Raymond. *Du sens, de la méthode*, par Dominique Sainte-Rose. *Autour de l'*Aufklärung, par Marianne Schaub. *Lieux de parole, temps du discours dans « Sur* les sophistes *d'Alcidamas »*, par Alfonso Tordesillas. *Le comique comme idée. De la toquade à l'extravagance et au rire déchaîné : comparaison entre Racine et Aristophane*, par Jules Vuillemin. *Henri Joly, professeur*, par J.P. Carlet, D. Falcy, J.P. Falcy, A. Ribaud, A. Rubino, E. Buissière, V. Blanchard, I. Poulain, V. Coussedière.

Cahier n° 13 – Simone Weil et les langues
Année 1991 – 305 pages
Simone Weil et le refus de la langue de bois, par Monique Broc-Lapeyre. *Langage et réflexion politique chez Simone Weil : les années de formation (1926-1931)*, par Domenico Canciani. *« Ma solution, si j'avais pu... : L'analogie », ou l'analectique entrevue*, par Robert Chenavier. *Les rapports entre la science et la politique chez Simone Weil. Le problème de la forme*, par Francis Chiappone. *La langue des* Upanisad *chez Simone Weil. Une herméneutique retrouvée selon l'expérience intérieure*, par Alyette Degraces-Fahd. *Simone Weil : le langage d'une écriture*, par Gabriella Fiori. *Quelques oppositions de termes obéissance/révolte, malheur/bonheur chez Simone Weil. Une démarche linguistique à rapprocher de certains principes de méthode weiliens*, par Patricia Fogarty. *Simone Weil, traductrice de l'*Iliade, par Simone Fraisse. *Sur quelques problèmes de traduction et d'interprétation du* Timée, par François Heidsieck. *La critique de l'algèbre à la lumière des idées de Simone Weil*, par Pierre Kaplan. *Grandeur et misère du langage chez Simone Weil*, par Patricia Little. *Le problème du « nous » entre l'individu et le collectif*, par Florence de Lussy. *Pensée poétisante, poésie méditante*, par Adriano Marchetti. *Simone Weil et la cité platonicienne*, par Michel Narcy. *Langage de la place publique – langage de la chambre nuptiale. Quelques remarques sur le sens théologique d'une distinction philosophique chez Simone Weil*, par Heinz Robert Schlette. *Le langage des mathématiques chez Simone Weil*, par Michel Sourisse. *Des paroles à la parole. Ressources weiliennes pour un nouvel humanisme chrétien*, par Eric O. Springsted. *La recherche de l'homme par Dieu. Le sens mystique du folklore dans les écrits des derniers jours chez Simone Weil*, par Mayumi Tomihara.

Cahier n° 14 – Du Dialogue
Novembre 1992 – 352 pages
Prologue, par Denis Vernant. *La fonction des prologues dans les* Dialogues *de Platon. Faire l'histoire de Socrate*, par Marie-Laurence Desclos. *Idéal du dialogue ou idéal de la science? Un débat entre Ugo Spirito et Guido Calogero*, par Évelyne Buissière. *Heidegger, philosophe du dialogue*, par Alain Boutot. *Le dialogue et l'apprentissage du langage*, par Sandra Laugier. *Signification et fonctions du dialogue chez Galilée*, par Jacques Lambert. *Le « dialogue » homme-nature*, par Marie-Dominique Popelard. *Dialogicité et subjectivité*, par Pierre Million. *Peut-on et doit-on définir un* a priori *communicationnel?*, par Francis Jacques. *La volonté de s'entendre : dialogue et intentionnalité*, par Éric Grillo. *La violence dans le débat philosophique. La controverse Derrida/Searle*, par Mathieu Potte-Bonneville. *La logique dialogique par Gerhardt Heinzmann. Le sens dans l'interaction*, par Daniel Luzzati. *Modèle projectif et structure actionnelle du dialogue informatif*, par Denis Vernant. *Attitudes cognitives et actes de langage en situation de communication homme-machine*, par Jean Caelen et Anne-Lise Fréchet.

Cahier n° 15 – Merleau-Ponty, le philosophe et son langage
Année 1993 – 464 pages
Avant-propos, par François Heidsieck. *Ouverture du Colloque*, par Jacques Merleau-Ponty. *Le langage entre chair* [Leib] *et corps* [Korper], par Bernard Andrieu. *De la parole à l'être : le problème de l'expression comme voie d'accès à l'ontologie*, par Renaud Barbaras. *La dicibilité du monde, la période intermédiaire de la pensée de Merleau-Ponty à partir de Saussure*, par Mauro Carbone. *Faire parler les événements*, par Janine Chêne. *Le processus dialectique ouvert de la chair et le problème du chiasme comme accession à l'intro-ontologie*, par Roger Decriem. *Culture et mémoire dans* Le visible et l'invisible, par Jean Deprun. *L'institution de l'œuvre chez Merleau-Ponty*, par Koji Hirose. *Merleau-Ponty et Machiavel*, par Giovanni Invitto. *Merleau-Ponty, entre Husserl et Heidegger, de la phénoménologie à la « topologie de l'être »*, par Arion Kelkel. *Langage et signification*, par Jésus Martinez-Velasco. *La dette symbolique de la phénoménologie de la perception*, par Kasuo Masuda. *L'ambiguité de la liberté, « La liberté, en particulier chez Leibniz » de Merleau-Ponty*, par Shoishi Matsuba. *Topologie phénoménale : sur l'actualité scientifique de la phusis phénoménologique de Merleau-Ponty*, par Jean Petitot. *L'histoire de la philosophie dans la philosophie de Merleau-Ponty*, par André Robinet. *La possibilité de la réflexion philosophique*, par Urs Schällibaum. *La genèse de la peinture et/ou la constitution du monde esthétique*, par Makato Shimizu. *La démarche ontologique de Merleau-Ponty*, par Xavier Tilliette. *La fibre poétique de la pensée de Merleau-Ponty*, par Anne-Marie Vidal. *Le soi incarné, Merleau-Ponty et la question du sujet*, par Maria Villela-Petit.

Cahier n° 16 – Stanislaw Lesniewski aujourd'hui
Année 1995 – 336 pages
Prologue, par Denis Miéville et Denis Vernant. *Remembering Stanislaw Lesniewski*, par Czeslaw Lejewski. *Lesniewski and Ontological Commitment*, par Peter Simons.

Les démonstrations de la non-existence des objets généraux chez Lesniewski, par Georges Kalinowski. *Sémantique et ontologie : réflexions sur la théorie des objets et les propriétés*, par Frédéric Nef. *Stanislas Lesniewski et l'importance d'une logique développementale*, par Denis Miéville. *Logique et pragmatique : la genèse du concept d'assertion*, par Denis Vernant. *Une descendance des systèmes de Lesniewski. Le calcul de Lambek (de la grammaire logique aux grammaires de logiques des types)*, par Alain Lecomte. *Représentations centrées objets, formalisation en linguistique et systèmes de Lesniewski*, par Jacques Rouault. *Implémentation des principes méréologiques*, par Mounia Fredj. *Anaphore associative et méréologie*, par Alain Berrendonner. *Le « langage méréologique » ajoute-t-il quelque chose aux descriptions psychologiques ?*, par Olivier Houdé.

Cahier n° 17 – Max Weber et le destin des sociétés modernes
Année 1995 – 292 pages
Prologue, par Pierre Million. *Regard sur les rationalités wébériennes*, par Pierre Million. *Max Weber d'après la tradition « formiste »*, par Michel Maffesoli. *Les ambiguïtés de la sociologie compréhensive et ses conséquences sur la pratique sociologique*, par Monique Hirschhorn. *Les valeurs de l'homme Weber*, par Henri Leroux. *Max Weber et les contradictions de la modernité*, par Carlo Mongardini. *Max Weber, le prophète de la modernité*, par Robert Motta. *La discipline de soi comme base de la personnalité moderne. Différenciation, processus de civilisation, religion : aspects d'une théorie de la modernité*, par Aloïx Hahn. *La conception wébérienne de la discipline et le thème de la* Lebensführung, par Pierangelo Schiera. *L'Image de l'Europe chez Husserl et Weber. Le processus de rationalité chez Weber et l'appel à la raison chez Husserl*, par Elisabeth Suzanne Kassab. *L'éthique de la responsabilité et le décisionisme*, par Philippe Raynaud. *L'Entreprise politique de la société de masse : l'approche wébérienne du mode occidental de différenciation du politique*, par Patrick Lecomte. *Max Weber et les problèmes actuels du religieux*, par Jean-Pierre Sironneau.

Cahier n° 18 – Réflexions contemporaines sur l'Antiquité classique
Année 1996 – 288 pages – Journées Henri Joly
La Stasis *dans la démocratie par Lucio Bertelli. La notion de* φθόνος *chez Platon*, par Luc Brisson. *La déconstruction du « Connais-toi toi-même » dans l'*Alcibiade Majeur, par Jacques Brunschwig. *Le mythe, une catégorie hellène ?*, par Claude Calame. *Écrire dans l'âme* (Philèbe, *38b-39c*), par Curzio Chiésa. *Socrate, poète et rhapsode. Quelques remarques sur l'*Ion, par Marie-Laurence Desclos. *Hérodote, les fleuves et l'histoire*, par Gian Franco Gianotti. *Philosophie ou science ? La question des mondes multiples chez Anaximandre*, par Ada Neschke. *Le « cornu » : notes sur un problème de logique éristico-stoïcienne*, par Daniel Schulthess. *Le* logos *dans le* Phèdre *de Platon (265d, 266a et 270c)*, par Michel Fattal. *L'entrelacs et la bigarrure dans la pensée grecque antique*, par Anne Gabrielle Wersinger.

Cahier n° 19 – Religiosité, religions et identités religieuses
Année 1998 – 376 pages
Religion et politique en Europe, par Pierre Brechon. *L'Identité catholique dans les conflits actuels d'appartenance en France*, par Mrg Gérard Defoix. *La catégorisation religieuse*, par Francis Jacques. *Le noyau identitaire du religieux face à l'analyse compariste*, par Yves Lambert. *De l'identité de Dieu*, par Pierre Magnard. *L'Influence des auto-compréhensions religieuses sur le droit étatique*, par Francis Messner. *Peut-on penser un Dieu? Réflexions sur quelques stratifications du langage religieux*, par Pierre Million. Homo religiosus *et expérience du sacré*, par Julien Ries. *L'Héritage d'Héra. Réflexions sur l'identité de la cité grecque et sur les syncrétismes antiques*, par Pierre Sauzeau. *Identité et religions séculières*, par Jean-Pierre Sironneau. *La mise en cause de la validité intellectuelle de la religion dans la France de Louis XIV (1661-1685)*, par Jacques Solé. *L'oscillation de l'intention dans les métaphores religieuses : déisme ou foi chrétienne*, par Antoine Vergote. *Quel est le sujet de la religion?*, par Jean-Louis Vieillard-Baron. *Traditions, traditionalité, traditionalisme. Diversité confessionnelle des représentations et des modes de gestion de « la » tradition*, par Gilbert Vincent.

Cahier n° 20 – Esthétique : des goûts et des couleurs
Décembre 1998 – 293 pages
Présentation, par Régine Piétra. *Pourquoi « des couleurs »*, par Dominique Chateau. *De la possibilité d'une révolution copernicienne en esthétique*, par Alain Roger. *Pour une Critique impure de l'esthétique*, par Régine Piétra. *Fin et renaissance de l'esthétique*, par Bernard Lafargue. *Le goût à rien*, par Monique Broc-Lapeyre. *Esthétique épidermique, critique viscérale*, par Michel Philippon. *Art, plaisir, esthétique*, par Jacques Morizot. *Propriétés esthétiques, force évaluative, et différences de sensibilité*, par Jerrold Levinson. *Réalisme et anti-esthétique dans l'attribution des propriétés esthétiques*, par Roger Pouivet. *Description ou évaluation. Sur les définitions de l'art*, par Jean-Pierre Cometti. *Hume, De la norme du goût : la voie moyenne de l'expertise*, par Carole Talon-Hugon. *Adorno, un certain goût pour la rumeur*, par Jean-Louis Déotte. *La guerre des nomades. Controverse esthétique et rivalité des œuvres selon Adorno*, par Daniel Payot. *Au théâtre (juger selon le goût?)*, par Maryvonne Saison. *La poésie relève-t-elle de l'esthétique?*, par Françoise Armengaud. *Le cas de l'émotion esthétique en architecture*, par Jean-Maurice Monnoyer. *Pourquoi j'aime Lipatti*, par Christian Doumet.

Cahier n° 21 – Biographie des hommes, biographie des dieux
Année 2000 – 274 pages
Avant-propos, par Marie-Laurence Desclos. *La forge d'Héphaïstos ou le malheur d'être dieu*, par Silvia Milanezi. *Une blessure d'Athéna*, par Renée Piettre. *« Biographie divine » et aspirations de l'aède. Une lecture de l'*Hymne homérique IV *à Hermès*, par Maria Vamvouri. *Sappho sans sa vie*, par Martin Steinrueck. *Vie et portrait d'Ésope*, par François Lissarague. *Raconter la vie du héros ou la biographie entre mythe et histoire*, par Colette Annequin. *Biographie historique ou roman héroïque : la* Vie de Pyrrhos *de Plutarque*, par Claude Mossé. *Sur la notion de « vies*

parallèle » dans Plutarque, par Catherine Darbo-Peschanski. *Biographie et stèle funéraire attique*, par Geneviève Hoffmann. *Écrire la vie de Socrate : analyse de quelques biographèmes*, par Marie-Laurence Desclos. *Un processus de mythisation à partir de la Vie d'Apollonios de Tyane*, par Philippe Hanus.

Cahier n° 22 – Fichte : Idéalisme, Politique et Histoire
Année 2003 – 190 pages
Avant-propos, par Jean-Marie Lardic. *Fichte et la querelle des interprétations*, par Jean-Marie Lardic. *La grammaire de l'effectuation*, par Isabelle Thomas-Fogiel. *Fichte, lecteur de Kant*, par Jean-Michel Buée. *L'unité originairement synthétique de l'aperception chez Kant, Reinhold, Maïmon, Schulze et Fichte*, par Martin Bondeli. *L'éthique fichtéenne : autonomie ou autodétermination*, par Myriam Bienenstock. *Fichte et la liberté de penser*, par Jean-François Goubet. *Droit et nature : le droit naturel chez Fichte*, par Ives Radrizzani. *Le droit pénal chez Fichte*, par Jean-Christophe Merle. *Peuples, État, Histoire universelle*, par Claudio Cesa.

Cahier n° 23 – Hare et la philosophie morale
Année 2004 – 252 pages
Avant-propos, Hare en perspective, par Jean-Yves Goffi. *Hare et l'ontologie*, par Jean-Pierre Clero. *Les deux niveaux de la réflexion morale : J.S. Mill et R. Hare*, par Catherine Audard. *L'autre versant de la philosophie morale britannique : genèse et enseignements du sentimentalisme*, par Philippe Saltel. *Hare : principes, situations et éducation morale*, par Brenda Almond. *Le prescriptivisme universel, l'identité personnelle et les valeurs qui ne « peuvent dire leur nom »*, par Alan Montefiore. *Hare et la métaéthique contemporaine*, par Stélios Virvidakis. *Prescription, motivation et rationalité*, par François Clementz. *Survenance : le moral et le mental*, par Ruwen Ogien. *Trois remarques sur le langage et la morale ou l'apport de la pragmatique à la métaéthique*, par Denis Vernant. *Prescriptivisme et internalisme chez Hare*, par Christine Tappolet. *Du bon usage de la Règle d'Or : R. Hare et la question de l'avortement*, par Bernard Baertschi. *La philosophie morale de Hare et les limites de son application : la question de l'esclavage*, par Helena Kalokairinou. *Le principe des actions à double effet*, par Jean-Yves Goffi. *R. Hare, Une bibliographie.*

Cahier n° 24 – Du nouveau dans les sciences
Année 2006 – 574 pages
Introduction, par Sarah Carvallo et Sophie Roux. *La Nouveauté comme valeur culturelle : lieux, formes et norms des revendications de nouveauté chez les érudits des sociétés islamiques*, par Sonja Brentjes. *Histoire du tonus : ruptures ou continuité ?*, par Sarah Carvallo. *Les Origines d'un nouvel élément chimique : l'affaire du chlore*, par Hugues Chabot. *Qu'y a-t-il de nouveau dans l'œuvre scientifique de D'Alembert ?*, par Pierre Crépel. *La Psychologie : une nouvelle science entre sens commun, physiologie et métaphysique ?*, par Michel Dufour. *Comment naît un instrument ? Étude de l'invention de l'actinomètre*, par Jérôme Fatet. *Découvertes multiples en chimie pharmaceutique et analytique*, par Philippe Jaussaud. *Les nouveautés de Stahl et Lavoisier*

vues par Kant, par Mai Lequan. *Poincaré, précurseur du chaos?*, par Loïc Petitgirard. *Découvrir le principe d'inertie*, par Sophie Roux. *Les contributions de Clausius et Boltzmann à l'élaboration de la signification physique de l'entropie à partie du travail de Carnot*, par Jérôme Viard.

Cahier n° 25 – La logique et les normes. Hommage à Jean-Louis Gardies
Année 2008 – 172 pages
In memoriam Jean-Louis Gardie, par Jean-Marie Lardic. *L'héritage frégéen dans l'œuvre de Gardies*, par François Schmitz. *Prolégomènes au principe d'identité. Gardies, critique de Leibniz et de Frege*, par Ion Vezeanu. *Le raisonnement par l'absurde*, par Denis Vernant. *La philosophie mathématique de Jean-Louis Gardies*, par Jean-Claude Dumoncel. *La «grammaire pure»: une grammaire des normes*, par Alain Lecomte. *Nature et fonction de l'intuition phénoménologique dans la philosophie du droit de Jean-Louis Gardies*, par Pol Boucher. *Bibliographie de Jean-Louis Gardies.*

Cahier n° 26 – L'invention philosophique humienne
Année 2009 – 300 pages
Avant-propos, par Philippe Saltel. *L'intérêt de lire Hume aujourd'hui*, par Jean-Pierre Cléro. *Les naturalismes de Hume*, par Cédric Brun. *Le problème de la substance corporelle dans le* Traité de la nature humaine *de David Hume*, par Richard Glauser. *L'invention humienne du concept de* croyance naturelle, par Claire Etchegaray. *Hume, Realism or Quasi-Realism?*, par P.J.E. Kail. *Scepticisme cartésien et scepticisme humien*, par Pascal Engel. *Hume et la fiction de l'identité*, par Ion Vezeanu. *Peut-on échapper de façon kantienne au problème humien de l'identité personnelle?*, par Wayne Waxman. *De la sympathie à l'interaction, la dette de la sociologie américaine à l'égard de David Hume*, par Céline Bonicco. *Hume and the Concept of Convention*, par John Latsis. *L'invention des conventions de justice chez Hume et sa* skepsis *envers la rétribution*, par Ignace Haaz. Happiness and Dignity: *remarques sur la théorie de l'obligation chez Hume*, par Philippe Saltel.

Hors-série – La structure du monde: Objets, Propriétés, États de choses
Année 2004 – 664 pages – sous la direction de Jean-Maurice Monnoyer
Combinatorialism, par David Arsmtrong. *«Sur ce qu'il y a»: la question et la réponse selon Boltzmann*, par Jacques Bouveresse. *Still Here: in Defense of Primitive Identities*, par John Bigelow. *The Place of Relations in a Trope Philosophy*, par Keuth Campbell. *Why There are no Tropes*, par Jerrold Levinson. *Worldmakking made hard*, par Michael Devitt. *Modal Problems for Australian Metaphysics*, par Chris Daly. *Le problème des universaux: aspects historiques et perspectives contemporaines*, par Claudine Tiercelin. *The State of the Laws*, par Stephen Mumford. *The Causal Efficacy of Mental States*, par Peter Menzies. *Rightness and Right-makers*, par Jonathan Dancy. *Fictionalism about Universals*, par Graham Oppy. *The Space of Perceptual Objects*, par Brian O'Shaughnessy. *Geography of the Reality*, par Barry Smith. *Individualiser les propriétés?*, par Frédéric Nef. *Relations, dispositions et propriétés causales*, par François Clémentz. *Apologie du particulier*, par Roger

Pouivet. *Why Nearly – but not Quite – Everything is an Object*, par Peter Simons. *Des premiers compas : l'origine de la théorie symplectique des groupes*, par Jean-Marie Souriau. *Reply to Michael Devit*, par Paul Boghossian. *Truth and Truth-makers*, par Paul Horwich. *Reply to Paul Horwich*, par David Armstrong. *Reply to Jonathan Dancy*, par Franck Jackson.

Hors-série – Lambertiana. Hommage à Jacques Lambert
Année 2010 – 470 pages – sous la direction de Pierre Édouard Bour et Sophie Roux

Hommage à Jacques Lambert, par Michel Meulders. *« Comment l'anatomie a trouvé le cœur… » : la métaphore anatomique chez les moralistes classiques*, par Bernard Roukhomovsky. *Les fausses évidences : dire et représenter la mort à l'âge classique*, par Sarah Carvallo. *Les pharmaciens français dans les grandes institutions scientifiques*, par Philipe Jaussaud. *Georges Canguilhem : la connaissance de la vie*, par Claude Debru. *L'Un et les figures de la rationalité chez Jérôme Cardan*, par Jean-Marie Lardic. *Un miroir des Princes Florentins : la lettre de Coluccio Salutati à Charles de Duras, roi de Naples*, par Jean-Yves Goffi. *L'*Essai de logique *de Mariotte : une naturalisation de la méthode?*, par Sophie Roux. *Les tentations bibliothécaires du conseil, Montesquieu entre Machon et Lamy*, par Robert Damien. *L'*Encyclopédie *sans Lumières? Perspectives sur la mémoire industrielle à la lumière de Jacques Lambert*, par Jean-Claude Beaune. *La philosophie du* comme si : *Hans Vaihinger et Henri Poincaré*, par Christophe Bouriau. *Vailati et Mach*, par Jacques Lambert. *La légende des faits objectifs*, par Christiane Chauviré. *Peirce, épistémologue de la vertu?*, par Pierre Édouard Bour. *L'espace et le problème corps-esprit chez Riehl et Schlick*, par Michael Heidelberger. *Ce que peut nous apprendre le pragmatisme en philosophie de la perception : la réponse de Hilary Putnam*, par Yannick Chin. *La théorie de l'espace Poincaré*, par Philippe Nabonnand. *L'idée d'une théorie générale des classifications*, par Daniel Parrochia. *Explication scientifique et explication non-scientifique*, par Michel Dufour. *Biologie moderne et science des matériaux : éléments pour une approche comparative*, par Yves Brechet et Franck Bruckert. *L'effet de serre : un dialogue exemplaire entre citoyens et spécialistes*, par Jacques Villain.

ACHEVÉ D'IMPRIMER
EN AVRIL 2011
PAR L'IMPRIMERIE
DE LA MANUTENTION
À MAYENNE
FRANCE
N° 652608X

Dépôt légal : 2e trimestre 2011